下泰平書

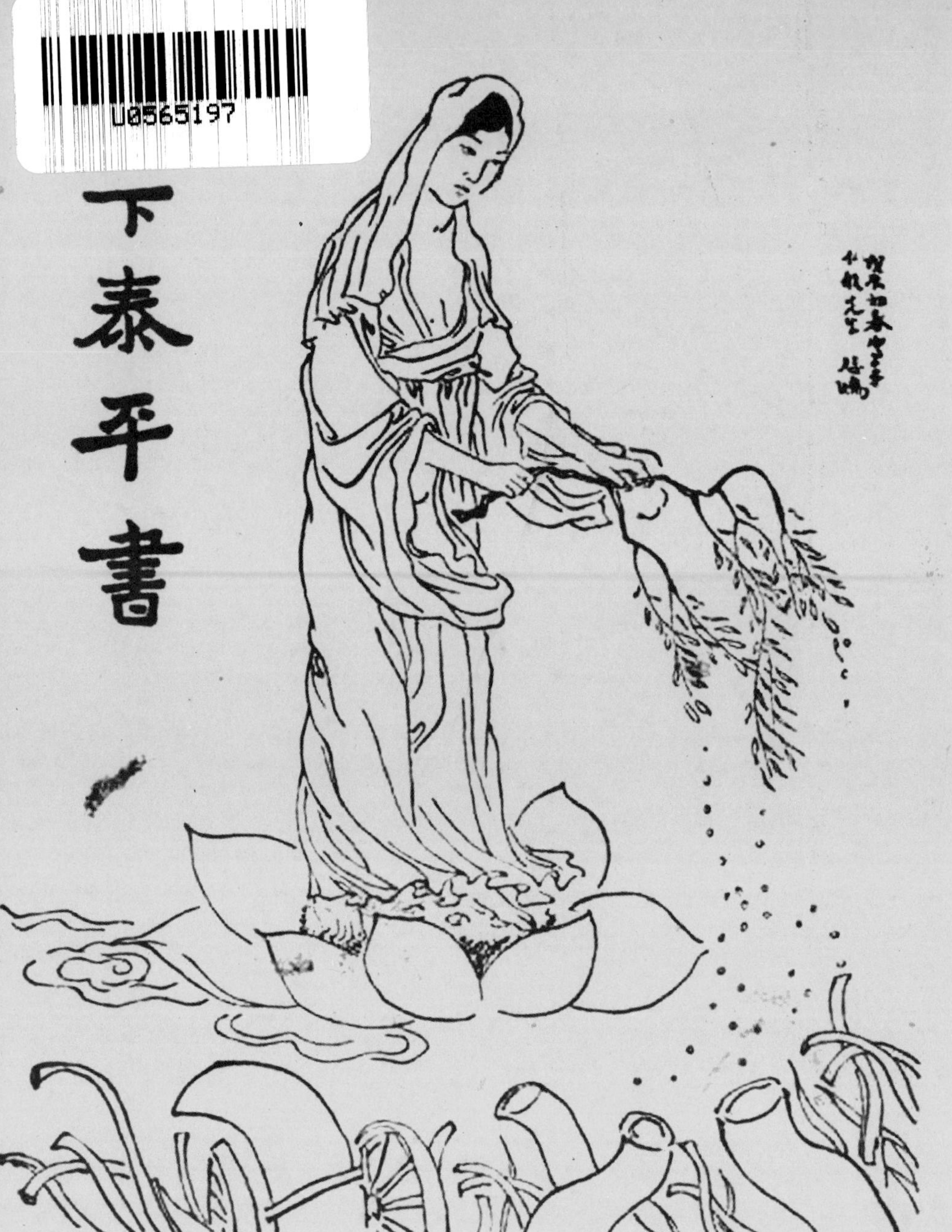

民國滬上初版書·復制版

劉仁航 著

SJPC
上海三聯書店

图书在版编目(CIP)数据

天下泰平书 / 刘仁航著. ——上海:上海三联书店,2014.3
（民国沪上初版书·复制版）
ISBN 978-7-5426-4647-7
Ⅰ.①天… Ⅱ.①刘… Ⅲ.①性社会学—研究②人性论—研究
Ⅳ.①C913.14 ②B82-61
中国版本图书馆 CIP 数据核字(2014)第 038383 号

天下泰平书

著　　者 / 刘仁航
责任编辑 / 陈启甸 王倩怡
封面设计 / 清风
策　　划 / 赵炬
执　　行 / 取映文化
加工整理 / 嘎拉 江岩 牵牛 莉娜
监　　制 / 吴昊
责任校对 / 笑然

出版发行 / 上海三联书店
(201199)中国上海市闵行区都市路 4855 号 2 座 10 楼
网　　址 / http://www.sjpc1932.com
邮购电话 / 021-24175971
印刷装订 / 常熟市人民印刷厂

版　　次 / 2014 年 3 月第 1 版
印　　次 / 2014 年 3 月第 1 次印刷
开　　本 / 650×900　1/16
字　　数 / 480 千字
印　　张 / 41.5
书　　号 / ISBN 978-7-5426-4647-7/C·510
定　　价 / 186.00 元

民国沪上初版书·复制版

出版人的话

如今的沪上，也只有上海三联书店还会使人联想起民国时期的沪上出版。因为那时活跃在沪上的新知书店、生活书店和读书出版社，以至后来结合成为的三联书店，始终是中国进步出版的代表。我们有责任将那时沪上的出版做些梳理，使曾经推动和影响了那个时代中国文化的书籍拂尘再现。出版“民国沪上初版书·复制版”，便是其中的实践。

民国的“初版书”或称“初版本”，体现了民国时期中国新文化的兴起与前行的创作倾向，表现了出版者选题的与时俱进。

民国的某一时段出现了春秋战国以后的又一次百家争鸣的盛况，这使得社会的各种思想、思潮、主义、主张、学科、学术等等得以充分地著书立说并传播。那时的许多初版书是中国现代学科和学术的开山之作，乃至今天仍是中国学科和学术发展的基本命题。重温那一时期的初版书，对应现时相关的研究与探讨，真是会有许多联想和启示。再现初版书的意义在于温故而知新。

初版之后的重版、再版、修订版等等，尽管会使作品的内容及形式趋于完善，但却不是原创的初始形态，再受到社会变动施加的某些影响，多少会有别于最初的表达。这也是选定初版书的原因。

民国版的图书大多为纸皮书，精装（洋装）书不多，而且初版的印量不大，一般在两三千册之间，加之那时印制技术和纸张条件的局限，几十年过来，得以留存下来的有不少成为了善本甚或孤本，能保存完好无损的就更稀缺了。因而在编制这套书时，只能依据辗转找到的初版书复制，尽可能保持初版时的面貌。对于原书的破损和字迹不清之处，尽可能加以技术修复，使之达到不影响阅读的效果。还需说明的是，复制出版的效果，必然会受所用底本的情形所限，不易达到现今书籍制作的某些水准。

民国时期初版的各种图书大约十余万种，并且以沪上最为集中。文化的创作与出版是一个不断筛选、淘汰、积累的过程，我们将尽力使那时初版的精品佳作得以重现。

我们将严格依照《著作权法》的规则，妥善处理出版的相关事务。

感谢上海图书馆和版本收藏者提供了珍贵的版本文献，使“民国沪上初版书·复制版”得以与公众见面。

相信民国初版书的复制出版，不仅可以满足社会阅读与研究的需要，还可以使民国初版书的内容与形态得以更持久地留存。

2014年1月1日

劉仁航 著

天下泰平書

中華民國十七年仲春初版

Oh, Fair sex the saviour of Mankind:
Since five thousand years to this present day
The mania of wars made innocent souls blind,
Regardless of loved ones, men were led astray.
Wake up deplorable daughters of courage
Possessors Peace and sons so great—
Succeed women ; and save Mankind now,
least redemp tion be too late:—
We broken hearted mothers who gave our sons,
For our kings & courtries & to uncivilized laws,
Sons who left homes their wealth & loved ones,
To face grim death, & the woe of wars;—
For centuries & centuries no power could cease,
The inveterate animosity of a human race,
We women alone all come forth & urge Peace;
With firm resolution, a reward must replace!

Mrs Morris

雄性互殺　垂五千年　聖哲無救　仙佛玄談

只有坤化　去殺相憐　世界大同　人類安全

焦易堂

焦序

學術爲人類生存之要素，故其適人類之要求者，則有益，反是則大害。自歐西物質學與，世界文明固大進步，而人類爭競亦愈趨激烈，是物質雖有益吾人之生存，而害亦深矣。夫人類所希望，不過衣，食，住，行及教育娛樂等之滿足而已。顧今人類所用以達此之手段，不由和平而由殘殺，溯源究始，寗非學者偏重物質階之厲耶？考西洋唯物派學者，如達爾文輩，其初多係研究動物學，而社會學者宗之，往往以研究動物所發現之原則，認爲人類原則。夫人類爲動物之一，固矣，而絕非普通動物可比。對於動物，宜以動物學原則說明之，對於人類，宜以人類學原則訂爲公約以維持之。乃近代學者不出於此，專以肉食動物生活原則，演爲法理，施之人類，使互相吞併，是視全人類爲與普通動物無殊，而以世界爲一虎豹豺狼之大動物苑，無怪乎日相殘害，成屠殺場矣。哀哉！乃者劉子仁航博通中外之故，用東方佛老耶慈柔愛之原則，用西方托氏克氏韋氏各家社會學比較發明一新法，著成天下太平書。提倡坤化主義，從生物科學上，歷史上，統計上發現人類雄性殘暴女慈祥，男殺女生公例。又根據人類科學史考察上古本是母系時代，母子相保，樂治雍熙，及男系握權，乃爭殺大起。故其書要旨在主張，以女子爲世界主母，保育子女，而男子副之。如是慈祥愷悌者司生養之職，互助愛羣，公平支配經濟，無復互相殘害之事，去殺廢兵，以和平方法，達衣食住行教育娛樂之圓滿目的，蓋實二十世紀奇書，而全人類福音也。惟是劉子著書，初尙在哲學文化學理上研究，愚深知其爲救今世界大慘殺之良方，進一步而提倡世界女治太平主義，實行組織統一世界女性政府，是人類太平之良好原則，乃實現於二十世紀世界矣。夫同是人類，何以女慈而男暴？雖曰生理上之關係，亦歷史惡習慣所演成，在昔原人時代，人獸互爭，男子以膂力剛強，征服獸類，故首出庶獸，得握大權，今則已由游牧時代輾轉而進於工商文化時代，科學昌明，只須以發明之機械，生產有益人類共存之物質，卽可達到各盡所能各取所需境界。萬物萬人有萬物萬人用，並無饑饉爭競之害，而全人類康泰安寧，雖未到佛耶之極樂世界，抑亦世界大同樂世界矣。劉子坤化學說主情化主義，不以養人者害人，期不殺一人而天下泰平，與愚所見相同。愚決非反對唯物說者，要以心靈運用物質，而不主張因物質而遂互相殘殺，以害及身心，申言之，卽爲人生之物質學，人生之經濟學，而非反乎人類生存之學術也。以愚近年思想與劉子極有吻合之點，願讀劉子書者，共勇猛實行，勿徒託空言，庶世界第二次大戰可得救濟也。抑余重有感者，今世界爲文化思想戰爭時代。吾國向來均受舶來思想之支配，劉子能滙合中外爲吾中華民族文化上製成一出品，今國內革命成功已不日可觀成，對於國際文化事業上有此主義，抑卽國際間亦增東方之色，願國人注意焉。

十七年二月焦易堂序

坤化主義之藥石

靈華老兄，好久不見，你好麽？你的天下太平書，已經脫稿沒有？近來我對於世界，越觀察越失望；我以爲世界陸沈，不過指顧間事。你老兄素來是樂觀的，你以爲世界是可救的，你以爲男子雖然無可救藥，而女子却是溫良的，和善的，愛和平的，無抵抗的；只要你的坤化主義一行，沈嬉將軍出馬，取男子而代之，組織起一個鶯聲燕語玉軟香溫的政府來；戰爭就可以消滅了，殺人流血的慘劇，從此就沒有了，世界就可安臥而致太平了。我覺得你老兄未免太偏於理想不顧事實，未免知其一不知其二，未免被小說家所騙了；小說家因爲想歆動男子的緣故，愛把女子說得如何高貴，像紅樓夢一類的書就是；其實事實上未必盡然。我以爲現在是末法時代，人心壞到極點，無論男女老幼，大多數都日以心鬬，就男子說：暴戾恣睢，陰毒險很，機巧變詐，不一而足；所以謀用是作，兵由此起；弄得死傷遍野，血流成河屍骨堆山；這當然是男子之罪。至於女子？蹐伏在男子鐵拳之下幾千年，早已失了戰鬬力，當然不會像男子那樣橫暴；但是陰險譸張，刻毒，忌嫉，鬼祟等惡德，却也更僕難數；他們應用這些武器，作起怪來，連九尾狐狸精都趕不上；社會上不是有句俗話說：『最毒婦人心』麽？我們只要把歷史打開來一看，女子的罪狀，怕也堆積如山呢！老兄只知道男子豺狠成性，却忘記了女子虺蜴爲心；所以不由得拜倒在石榴裙下了。這樣說，我不是反對老兄的坤化主義麽？倒也不是，男子。治。世界。治。了。幾。千。年，把世。界。弄。得。

焦頭爛額；那麼，換一個花樣，叫女子來治一下，看看成績如何也不算錯。不過凡事要從根本做起，我們要想建立女子世界，就得先培養新女性；換句話說：就是先要把女性改造。就像一把鏡子一樣，如其不把塵埃拂拭掉，光明不顯；那麼，不把女子陰險，譸張，忌嫉，刻毒，鬼祟的毒牙拔掉，溫良，和善，愛和平，無抵抗的天性，就也要像可愛的冬日，被烏雲遮住，不但不能夠煦嫗覆育萬物，怕還要叫人們不寒而慄呢！只管讚美薔薇花如何嬌嫩，如何芳香；卻忘記了他柄上有刺，未有不被他刺傷的。老兄既然想把黃袍加在女子身上，就該像醫生一般，一面用剜肉的刀，一面用生肌的藥，先把他們的瘡痍治好，然後才講得到叫他們治國平天下；否則也就是不揣其本而齊其末了！老兄是素來講辦法的，這是坤化主義的致命傷，要有辦法才好！……一片狂言，還望素來錯愛我的老大哥指教！

祝你的坤化主義大行！

弟懺華一六，一二，一一。

按黃君是我的愛友，同以佛眼觀衆生，故替我如此說法。

不用殺人 ☷☰ 天下泰平書總序

乃者，世界第二大戰之聲日益喧騰矣！聞西國預言家謂：在一九二八年五月，而据英海軍部著作家 Bywatt 白瓦弟据軍實上設備推算，謂太平洋大戰，當在一九三一年起，凡三年而止，而据韋而士 Wells 所著世界史綱預言此次大戰戰略，與上次大不同。該書第三十九章十四節。

下次戰爭之預言云

一九一九年，十二月某日，英國陸軍少將約克孫路易爵士 Sir Lous Jackson 在倫敦對一羣總司令，中將，少將等演說云，新軍備有發展之必要，凡一國能努力于此，下次必獲勝利，乃竟有人大呼裁滅軍備。……路易爵士深信機械輸送，爲戰術上重要發展之一事，故曰，鐵甲戰車者怪物也。其特點乃使機械輸送，能不全恃道路而行，能隨時在田園野地中闖過，凡槍炮子彈軍需品乃至兵士等皆裝戴其中，雖破。壞。田。園。禾。稼。只。餘。飛。塵，然大。軍。可。以。馳。空。而。過。也。路易爵士又主有使用毒氣之必要，謂法律制止毒氣之無效。而曰，戰爭者。戰。爭。也。其惟一定律，在予敵人以最大之損失耳。所有一切人道正義云云，皆無暇顧慮也。爵士更論空中戰爭之重要，幷申言「下次大戰爭」投炸彈者，將不在軍隊之前線取目標，而將越過戰場，深入內地，轟擊製造軍用品與訓練軍隊之中心，以收更佳之效。將使人口稠密都市，皆一。時。玉。石。俱。焚。上次在倫敦英格蘭東部僅小試其端，若「下次戰爭」行見無數飛機蔽空，更大炸彈如雨下也。……聽衆皆大贊成之。

又有佛勒上校發表之鐵甲戰車一文，「Tanks in the Great war. By Fuller 其言曰，「下次戰爭中」極快之鐵甲戰車，將備毒液若干噸，一到敵國境界，所遇任何都會城市鄉村，人烟聚落等處，無論動物植物等，一概自由毀滅洗盪之，不留一物。更用大隊飛機破壞敵人工業改治中心。其目的幷不在敵人軍隊之一部分，而在其市民也。

要之，此次戰爭有三點，更爲進步，一，以前戰爭尙僅屬前方兵士戰爭，而相戒不害無戰鬬力之局外人，此次則普遍以全國人命爲犧牲矣。二，以前戰爭僅以戰場爲攻擊目標，此次則以各國文明市府，政府，文化工場之後方接濟策源地爲目標。三，此次純用電化學戰爭，空中戰爭，及海底戰爭，卽普通鎗炮已將成過去矣。充其能力，可以將全球市府人命皆實現世界末日電化學之酸化，然則吾人今日直待死耳。故美國人有曰，將來火藥之價，恐較女人所用化裝品爲更貴，而更普遍也。抑火藥與女用化裝品并論者，亦自有故，因各國國防化學工場之製造，化學火藥與製造化裝品之手續，乃同源而異流，製造方法第一第二步并無異，其所異者，止是第三步以後，乃分別目的，是否製造火藥或製造化裝品，平時各國製造場，卽是化裝品製造場，一旦開戰，卽將其化裝品變更手續，忽然都化成火藥矣。

我，于此，生一大感想，若有何法能使女人所用化裝品之製造，至第一步第二步而止，不變成火藥，豈非世界太平之佳兆乎！豈如新發明一不殺人之大機器乎！常常作此想，而未得其法，偶于克魯泡金之互助論Kropotkin,s Mutual Aid　中所述高加索等山民「女子弭兵」風俗，深有感于女性有廢兵之可能，乃用託氏克氏例，廣搜中外奇書，得古代母系太平女兒國，最近地理歷史科學及新社會科學生物科學條例，證据確實，遠自中花日本南洋西至西域印度埃及苛理通希拉，其始皆小亞細亞化，固皆女國也。凡女國皆泰平也。雖有政府，亦合乎老氏尙雌，尙牝，尙柔，尙谿，尙谷，尙母，戒殺不爭之例矣。因動物學公例，凡爭者。皆。雄。性，而凡。雌皆。不。爭。也，老氏眞眞人哉！

不但老氏理想雌性新會爲然，卽儒家周易亦有之，俗稱周易乃是錯誤，應作𠸤易，𠸤是循環，易是進化，相反相成，故易有三，夏易連山首☳尙止也，殷用歸藏首☷尙靜也，周用𠸤易首☰尙剛也。天地陰陽，往來消息，女男柔剛，有代謝之運焉。今人類史初本是女系極泰平，自雄性佔据舞臺已四五千年，造成大殺世界，而今日炮火如此進步猛烈，非復物質抵抗力之可能。剝極必復，自當由乾之剛，変入泰卦之和，亦非全用☷，止聞文明之離☶，如此則男下女上，乾下坤上，天下泰平矣。

不但孔老二家學說如此也，耶教亦然，舊約耶利米三十一章云：「地上有一件新事，就是女人衛護男子」大抵凡預言，早晚無不驗者，故耶穌傳道，大半得女子之力。自聖母馬利亞爲一最愛自由愛之活潑青年，其後馬大二姊妹等，實助耶穌爲惟愛運動最親密之良友。絕無後世墳墓式教堂習氣，至今耶徒廢兵運動仍不輟，託爾士太Tolstoy其代表也。

不但耶徒然也，佛徒尤然，佛教創于釋迦，然考亞洲各村，皆有觀音寺，俗人止知觀音菩薩，救苦救難耳。菩薩本無男女，而人多信觀音是女身，則亦可現女身矣。記一九一四年，歐戰時，日本人曾畫一歐洲戰場白骨慘狀，上畫一觀音放光照之，此即可爲世界女化救濟雄爭之預言，而用 Kropotkin, Gamhle, Morgan 等各家學術可證明女系文化泰平無疑者也。

上述本書著作動機及選材標準，至其內容本尚未完成，但今後決意爲全世界和平廢兵運動，根本以憐憫大悲之念，救濟所謂階級鬭爭者，數月後先公布英文世界女治綱要一書 The Outline of Femirine world Government 與世界士女共討論之。此漢文書乃爲中華而設，中華今日程度，本尙未足以言女治，能眞實現中山先生之男女平等可矣。雖然，中山先生晚年手書大同篇，可見其「晚年定論」在大同。而眞欲打倒各種帝國及國家，則與其俟中華何年練五千萬兵，千艘戰艦，潛艇，萬羽飛機，戰勝全球，乃實現大同，不如喚醒各國士女，各自覺悟，使爲女者，爲妻者，爲姊妹者，爲情人愛寵者，各勸化其眷屬，聯合請雄閥下野罷兵，另組世界坤化政府之易行也；吾甚希望中山三民主義之速實現成功于中國。而其晚年大同主義之速實現于世界，不但制止此次世界大戰，并可使一切製造廠，此後盡製造女男必需之衣食歌舞化裝品，入耶之樂園，佛之北俱樂洲，而永不再製造相殺之火藥。此爲吾中華五千年文明民族二十世紀之貢獻于世界，亦吾爲人類應貢獻于人類之義務也。

大中華民國十七年仲春西一九二八年仲春劉仁航靈花序于上海天養館

不用殺人☰天下泰平書各卷總目

不用殺人 ䷊ 天下泰平書目錄卷一

天下泰平書目錄卷二

不用殺人 ䷊

人而不如鳥乎　動物性人性比較學

族閭鬥　人援異類禽獸以殘人小史　黄帝教虎豹　田單用火牛　西米拉美女王之象戰

晉靈公嗾獒　關公騎赤兔馬斬人　西班牙人用獵犬　歐大戰用鴿助殺人　蘇格蘭王

勃魯士見厄於獵犬　人類互殺多借動物　名王頭賤馬蹄尊　虎狠蛇蝎不率人去殺其類

人類罪惡獸所無　南洋婚俗與軍官帽章

乙　動物報恩小傳

一益州弔鳥山　二浙江義烏縣　三亞基鳥動感獵人　四義犬四條　五瑞士之義犬救人

隊　六英文豪斯哥脫 Scott 義犬傳　七義牛　八義猴二條　九義馬　十義獅　十一

山西義虎

第十五章　仁讓之比較

禪讓禮文之虛僞　救僞讓之三法　一天民派　二義俠派　三明因果

第十六章　廉恥之比較

蟬德頌　虎狠蛇不犯耶老戒　動物所有權觀極微　又無遺產法　始皇與亞力山大　曹

孟德與魚蝦　孝廉乎　養廉捐廉之僞　一暴政府下官吏之無恥　荀子之媚世儒術與佞

莊子早知今人相食之預言　今德法各國熬人油之事實　太姆伯 Temple 所發明之一千里大炮

第十八章　人仙與鳥仙工夫之比較

動物睡眠狀態　獸類睡工　魚類睡工　動物眠蟄三昧　一覺七十年之蛙與陳摶

第十九章　人類飛行與鳥之比賽

第一節、飛艇小史

飛艇小史　法人廿必大初製氣球　飛艇學鳥圖式　甲單翼式飛機圖　乙複翼式飛機圖

第二節　蠅類之飛速於最速飛艇三倍

人類飛行劣於鳥之四點

第二十章　人類與動植萬物之比較

第一節　人類中心說之破產

山中小草也開花　人玩花香如犬食糞

第二十一章　動物性人性比較學結論

人類應當懺悔認罪否

不用殺人☰天下泰平書目錄卷三卷四

不用殺人 ☰天下泰平書目錄卷五

原始母性與世界女俗考

第六章　世界女俗考

不用殺人

三三天下秦平書目錄卷六

女性分類考

第七章　歷代女后與妃嬪

第三節　動物殉情

秦吉了　鴛鴦　元好問雁井詞　李仁卿和詞　雁四則　燕　烈鸛碑　義鴿　象　紅蝙

蝠　紅飛鼠　蛤蚧

第四節　植物之配偶

相思草　鴛鴦草　有情樹　馬櫻花詩　合歡花　合歡草

第五節　物理相愛

相思石　磁電

第十章　神妓義妓

序　妓與政府官僚資本問題之同待解決

第一節　古代各國神妓之風

三皇　希拉神妓　羅馬神妓　印度波斯神妓　孔子在魯失敗之故

第二節　義妓

長沙義妓與秦少游　宋高宗獎張穠　毛惜惜罵叛將而死　郭妓評語

不用殺人☰天下泰平書目錄卷七

歷代婦女與文學

第一章　孔子與楚女

第二章　屈原派之女性文學

第一節　騷之女性美

女嬃乃屈子哲學之情友　嬃屈乃達觀悲觀兩代表　全騷美人芳草皆嬃之背景　騷勝於

六經　楊肉墨骨莊老騷魂嬃屈乃文壇教主

第二節　屈原自殺節之悲哀與其美政主義

一敘論　二自殺較被爲尤難　三千古才子之同情　四個人自決與社會問題　五屈子之

美政主義　十三種美　結論

第三節　宋玉之女性文學

文學派與道學派之異點　由招魂高唐主人女諷賦等可證屈原爲女性文學開山祖師

第四節　漢賦初祖司馬相如與卓文君，及文君在文學上之價值

司馬相如本傳　文君誄詞　由司馬女性文學派至杜甫　屈苦馬樂　女嫛文君與回教主

母凱地加之比較

第三章　漢之女學者

伏生女授書　班昭　蔡琰

第四章　陶潛理想國哲學，與兩性美之關係

第一節　閑情賦之研究與批評

知遇之感與兩性之感　不折腰者乃拜倒裙下　昭明之偏見

第二節　無常觀與人生觀大解放

陶詩與楊子憐生學派　四海兄弟大同思想　文藝家四種本領　一觀自然　二性解放

三觀無常　四游大化　陶詩與華嚴經

第五章　唐蘇蕙迴文錦之奇美文學

不用殺人☰天下泰平書目錄卷八

紅樓夢鏡花緣的社會學研究

第五章　賈林是無政主義的知己

第一節　厭惡禮教與仕進

寶玉的賤權服女似淵明

第二節　薛政府派的混帳話

第三節　賈的廢君臣主義與老子楊子

寶釵也有託爾斯泰思想

第四節　沒有靈魂的甄寶玉

林賈似佛與文殊

第六章　賈之兩性社會觀，與林之禪機

第一節　女善男惡

對女性無條件降服　要防女漢奸　司棋紫娟罵盡天下男人

第二節　林賈的貴人賤物主義

情化主義　撕扇子作千金一笑　男女互助服役　賈林與拍拉圖及克氏之同情

不用殺八 ☰☰天下泰平書目錄卷九

兩性諸問題

不用殺人䷊天下泰平書目錄卷十

女男優劣決定論

不用殺人☰☷天下泰平書目錄卷十一

經濟，組織，及羣性三種大改造

不用殺人 ☰天下泰平書目錄卷十二

全書結論　歡喜佛　俱樂洲　今日實現之決定

不用殺人

三三天下泰平書卷一

五千年衆兇手大審判

天養館叢書甲部之四

下邳劉仁航靈花著

第一章　本書著作之動機在去殺

頃山西學術研究會提出「女子問題」，徵求學術上根本解決之原理及方法，囑本會會員對于社會上貢其所知，例不當辭。應本我良知，以證諸人人良知，發表其意見。但余不能不先聲明者，須知人類所以爲靈，在乎肯爲學術研究，在乎集思廣益，在不固持舊習慣之主觀，而從客觀各面公平研究。此乃人道之責任，否則軼出公平研究之範圍，失研學之資格，不足與口舌爭矣。無論如何，余生平良心上，以爲人類之生，由于相愛不應相害，至少亦應以去殺爲談學第一步也。

第一節　世界大兇手殺人數計略

欲研學理，先觀察社會事實材料爲歸納之統計，然後有平允判斷，可以有提出之價值。不能以私心主觀，臆度武斷。今吾與讀者試一縱觀人類有史七千年來，至今年今日，社會現象，圓滿乎？抑不圓滿乎？人道上要求，合理乎？不合理乎？人類上判斷，無罪惡乎？有罪惡乎？社會組織，非惡濁乎？抑惡濁乎？所謂人類幸福，安樂乎？抑苦痛乎？吾知答者必承認其後者多而前者少也。何則？有史以至今年今日，除理想唐虞世以外，試任意翻史鑑一頁，此一頁中，不知有鮮血淋漓之人頭若干，從其父母所生至寶貴至溫煖；至親愛之身命上，用冰冷快利之鋼刀截去。而俗所認爲英雄豪傑者，卽贊嘆其殺人之多耳。諸君皆曾讀史傳，最易記者，自有歷史，黃帝率熊羆貔虎諸獸，教之殺同類之人類。其子孫至今豔稱。周書克商篇：『武王憝國九十九，馘億十萬七千七百九十七人。』伐紂也，血流漂杵。周公滅國五十，幷誅其胞弟管叔，秦大將軍白起，攻韓魏，斬首二十三萬。沈趙卒二萬人於河。攻韓，斬首五萬。夜坑趙降卒四十萬于長平，僅遺小者二百四十人歸趙。項籍坑秦降卒二十萬，燒秦宮室，火三月不滅。項王多殺漢卒十餘萬，睢水爲之不流。光武破王尋兵百萬人，屋瓦皆震。諸葛亮周瑜縱火燒曹兵八十二萬，今尚有赤壁，蘇軾爲賦以哀之。晉劉聰載紀：『聰寇洛陽河南，王師十二萬，敗死三萬餘人。』唐黃巢殺人稱八百萬。宋太祖紀：『王全斌克劍門，斬首萬餘級，又殺蜀降兵二萬七千于成都。』晉惠紀：『石勒下東郡，太尉王衍王公以下斬首十餘萬人。』明史流賊傳稱：『張獻忠殺男女六萬萬。』統計大致不確，然亦可想見矣。元成吉斯汗 Genghis 忽必烈 Foo Pe Li 父子兄弟祖孫，以兵强馬大，混一亞歐非，滅國屠城數百千，共殺人五百萬。十字軍東征，二百年大戰九次，殺人數十百萬。新舊教互爭，殺人五千萬。焚于火者，四十五萬。德國一國死于八百萬。亞力山大王 Alexander 混一三洲，滅國破城數十百計，殺人若干萬。羅馬大將凱撒 Caesar 西征，殺百萬，虜百萬，降百萬。西班牙大將哥沸士 Cortez 殖民于墨西哥，殺人四百萬。羅馬大將鐵度 Titus 滅猶太，攻耶路撒冷 Jerusalem 死者十萬，掠者九萬七千，後撒鹽於猶太城，使草木不生。

彭標 Pompey 滅國十五，破城八百。西比阿 Scipio 南破加爾達額 Charthage 焚燒十七日。拿破崙 Napoleon 大亂歐洲，殺人頭二百萬。今德王威廉第二 William II 大亂歐洲，四年餘殺人頭或曰三千萬，或曰一千七百萬。要在千萬以上爲確。左僅列十七至十八十九世紀二百年來歐洲雄匪殺人表以供參考。（據英文學生百科全書）

第二節　二百年來大戰死亡表

時期	交戰者 (Belligerents)	人數
1793-1815	英國與法國 (England and France)	1.900,000
1828	俄國與土耳其 (Russia and Turkey)	120,000
1830-40	西班牙與葡萄牙 (Spain and Portugal)	160,000
1830-47	法國與阿耳及利亞 (France and Algeria)	110,000
1848	歐洲 (Europe)	60,000
1854-56	英國，法國，俄國，(England, France, Russia)	485,000

1859	法國與奧大利 (France and Anstria)	63,000
1863-65	合衆國 (United States)	656,000
1866——	普魯士與奧大利 (Prussia and Austria)	51,000
1864-70	巴西與巴拉圭 (Brazie and Paraguay)	330,000
1870-71	法國與德國 (France and Germay)	290,000
1876-77	俄國與土耳其 (Russia and Turkey)	180,000
1899-1902	英國與德蘭士瓦 (England and Transvol)	22,450
	總計	4,427,450

第三節　一九一四年大戰死傷表三家說

一九一四年後大戰死傷統計表　(上海商會月報)

交戰國	死亡人數	受傷人數
俄羅斯	一・七〇〇・〇〇〇	四・九五〇・〇〇〇

德意志	一・七七三・〇〇〇	四・二一六・〇五八
英吉利	九〇八・三七一	二・〇九〇・二一二
法蘭西	一・三五七・八〇〇	四・二六六・〇五八
奧地利亞匈牙利	一・二〇〇・〇〇〇	三・六二〇・〇〇〇
意大利	六五〇・〇〇〇	九四七・〇〇〇
美利堅	五〇・二八〇	二〇五・六九〇
土耳其	三二五・〇〇〇	四〇〇・〇〇〇
保加利亞	八七・五〇〇	一五六・三九〇
羅馬利亞	三三五・七〇六	一二〇・〇〇〇
塞維亞	四五・〇〇〇	一三三・一四八
比利時	一三・七一六	四四・六八六
希臘	五・〇〇〇	二一・〇〇〇

偉爾士論為最確

葡萄牙	七・二二〇	一三・七五一
門的內哥羅	三・〇〇〇	一〇・〇〇〇
總計	七・四六一・二九三	二一・二四五・二三五
又昭和三年(卽一九二八)日本年鑑	八・五四三・五一五	二一・二一九・四五二

如此則死者數多出百一十萬餘人。

又据偉爾士世界史綱，述歐戰死傷人數如下：

歐戰延長至四年三閱月之久，共戰死者達一千萬。因戰後之困苦與騷亂而死者，二千乃至二千五百萬。至因缺乏食物與憂愁致病死者，更不知其幾千萬人也。以上三說，要之死傷人數，不下四五千萬人矣。

大戰開始日期

奧塞絕交，在一九一四年七月二十三日。

俄羅斯加入戰爭，在一九一四年七月三十日。

德意志……………………………八月一日

英……………………………七月二十八日

美……………………………在一九一七年四月六日

宣布停戰,在一九一八年十一月十一日。(原書一〇三三至五一頁)

For four years and a quarter, the war had lasted, ten millions of people killed through the fighting, another 20 or 25 millions had died through the hardships & disorders entailed, Scores of millions were suffering & enfeebled by under-nourishment and misery. Outline of History. P. 1051. By H. G. Wells

此所舉不過人屠之最著名者,其餘斬首若干級,晉爵有差云云,不可勝數矣。由來加幾級云者,原于秦法,殺人首若干級,晉爵幾級也。吾此搜者,皆敘述自歷史社會現象,毫非杜撰,讀者當認可爲大致確實公案耳。

以上述人類相殺之事實,以下乃論殘殺是否爲人類之正道?

第二章　殺人案卷功罪之審查

第一節　屠豬之功勳應殺於屠人

吾更問：人類善惡；以何爲標準？生人愛人者，可謂近於善乎？殺人害人者，可謂近于惡乎？吾不敢武斷，試徵讀者之良知同情；自體驗之。吾今與諸君同坐此書堂，有猪屠焉，著其血衣，跨其砍刀，來加入吾會，試問諸君之感情如何？將羣起主表示歡迎之？且贊美其功德乎？吾知殆無一人不皺眉，起不快美之感，而無一肯贊歎者。因一見屠者之衣與刀，則憶及猪臨殺時喊呼之聲，與血汗之狀，至慘痛而愀然不樂也。雖然，諸君此見乃大誤，夫屠者殺豬，貢獻吾人日日烹調之肴饌旨甘，令吾人醉飽，卽贊歎其殺豬之功德。平心論之，有何不可？然諸君必不肯聽吾爲屠者辯護，而表示同情。今有日日佩殺人之刀于身，且爲徽章于其衣冠，而表其殺人頭多寡以爲功勳者，跨刀帶鎗，來登吾公衆會堂，諸君將如之何？其不舉座歡迎贊美功德者，吾見亦罕矣！甚矣哉！是非之顚倒也。墨子所謂：『見少黑謂黑，見多黑則謂爲白。少苦謂苦，多苦則謂甘。』此之謂矣。屠豬之功德，貧人賓客庖廚者，無人贊歎，而屠人之功德，不可以充食啗者，轉有人贊歎，甚矣不平至是乎！駁者曰殺人誠惡矣！然殺有罪人，則固不可謂惡，毋寧贊歎之，有何不可？夫真操刀而殺；所謂有罪之人者，定當推「劊子手」彼曾不妄殺一人，皆奉司法宣告，認可爲正當而執行殺人刀者。今試與諸君共坐此堂，有劊子手帶刀登堂而上，諸君能否有喜色起立歡迎？恐諸君之感情，與見屠者來正同，殆無一人歡迎者。諸君試反而求之，是誠何心哉？吾知必一時未得完全之答覆。吾爲代答曰：不論其執如何名義以殺人，要之以人殺人，殺人之事，非吾人類同情心理上所歡迎也。此種感情，無以名之，名曰；「天良」名曰；「性善」反此者則爲惡矣。更精密察之，非但殺人爲人類同情上不快樂之事，卽殺禽獸亦然。故任何人決不歡迎贊美豬屠，此卽人類天良之發現也。而有贊美人屠者，噫！真墨子云『多食苦以爲甘。』佛云：『窮子覿面而不識其父』牿亡之久，盡失本來天性故也。

至「罪」之一字，其界說頗難定。如前歷舉某人坑人殺人若干萬，當其坑殺之時，無一自認爲有罪而認人爲無罪者。乃至黃巢，其殺人亦必有主張之理由。今歐洲大戰無不宣布敵人罪狀，以自矜其義直。究之死者卽有罪耳！若但論其時王之制，彼箕子，比干，耶穌，穌克雷地囮皆當時宣告之罪人，若論良心上之認罪，則佛言：『我不入地獄，誰入地獄？』禹下車而泣罪。湯曰：『萬方有罪，罪在朕躬。』伊尹曰：『一夫不獲，實予之辜。』則第一當認罪者，乃非無知蚩氓，而在有位有良知者耳。良知爲何物？其發現卽不歡迎屠劊二事，可證明矣。

由前所發見人性良知，本有惻隱憐憫之同情。惟男性一到成丁以後，此良心忽卽昧沒喪失，若不可見，而有所謂軍國民之義務者。此種義務，寄附于種種名詞之下，据實言之，卽殺戮人類同胞之義務而已！吾亦知此條訂于各國法律，非由個人自由可避，然吾雖未必能避，亦應考其致此之由。吾少習儒家言，動云：『人之所以異于禽獸者幾希！』『人爲萬物之靈！』又聞耶教言：『上帝愛人，乃仿上帝自己形像而造人，又賜人以管理禽獸之權，故人有靈魂，高出禽獸。』斯言自達爾文克魯泡金未出世以前，無科學常識之流，皆津津樂道之。雖然，試就詩書所稱述而比較人所以優于動物之點安在？

第二節　鳥獸毒蛇社會，較人泰平

詩云：『呦呦鹿鳴，食野之苹。伐木丁丁，鳥鳴嚶嚶。相彼鳥矣，猶求友生。』于此二詩，可見禽獸猶樂鳴而思其羣。即暴戾若熱帶之響尾蛇，印度非洲之虎豹，吾未聞聚集數千萬虎狼蟲蛇，噴毒霧沙石相攻戰，連年不解，而殺數千萬之虎豹毒蛇者，乃不幸此例，于萬物最靈之人羣史中，數千年來屢見不一見焉！于今爲烈。此而猶自謂爲靈，不知使虎豹狼蛇聞之，竊笑人類面目與彼等之皮厚相等否？彼羣虎羣蛇將聚而曰：吾之虎道主義，蛇道主義，尚未殘殺如彼號稱人道者也。而我人類乃猶靦然自認爲靈，不知動物數十萬種，尙有較此不靈者否？人道中，萬惡之首，尙有過于殺惡者耶？沈沈萬年，人類中獨無一有慚愧羞惡之心者，爲人類一雪此恥，爲虎蛇等一道歉耶？答曰：

有之，佛教二百五十戒第一：「戒殺。」孔子主：「仁民愛物，」老子云：『兵者不祥之器，戰勝以喪禮處之。』孟子曰：『爭地以戰，殺人盈野，爭城以戰，殺人盈城，此所謂率土地而食人肉，罪不容於死。故善戰者服上刑。殺人之父，人亦殺其父，殺人之兄，人亦殺其兄；能爲君約于國，戰必克，今之所謂良臣，古之所謂民賊也。』墨子非攻篇亦言之詳，皆人道公言。然獨未覺悟，凡昔稱殺人善戰，及今訂成了有殺人義務之法律者，皆由人類中一部分人爲之，而非人類全體也。

以上言殺之爲惡，以下證明孰爲當案兇手？

第三章　五千年衆兇手案總判決（雄匪也）

第一節　男子有懷胎者否？

試檢查前舉歷史，項羽黃巢等殺人公案，而問操此快利氷冷鋼刀，加于父母所生之人身上者誰乎？男子耶？女子耶？

吾知答者必茫然以思，直承認而答曰：男子耳！女子縱有操刀殺人者，在案中極少；恐多在被殺之列耳。吾更于此公案中第三步提議曰：此被殺之若干萬人，殆無一人若伊尹生于空桑中，必有忍十月懷胎之苦，呻吟牀蓐而生育之，保抱之長養之者。果孰生之養之耶？男子耶？女子耶？男子有能懷胎者耶？

答者不費思索，即直答曰：被殺若干萬男女，皆其母所生。其母無一非女子，而無一男子耳。因吾人從未見亦未聞；男子有懷胎者也。

此前二條答案之論理學若不誤，搜查之證據若確實，吾乃秉春秋之筆，大書特書而公判曰：

此五千年中若干萬女男之人命，生之者皆女子，而殺之者皆男子也。

試問此公判誤耶？否耶？質之男女兩造，是耶？非耶？此公判若不誤，吾又根據事實現象，以推女男陰陽兩性性理，而判之如下：

凡女性母性≡好生人者也。　凡男性≡好殺人者也。

凡女性母性☰愛人者也。　凡男性☰好害人者也。

吾再問人類善惡以何爲準？生人愛人者爲善乎？殺人害人者爲惡乎？答者必曰：生人愛人者爲善，殺人害人者爲惡。吾于此又得一斷案如下：

女性生人愛人，故比較上殆可名爲善良。男人殺人害人，故事實上不得不名爲惡劣。男好殺，女好生。乃女性善，男性惡之鉄證。尤有最顯見證明者，爲雄閥之吶喊聲，與女子之撫慰聲，及禱歌聲是也，兩雄互殺，則女任紅十字會醫事，救護兩軍受傷者，至兼撫養敵人。而被殺者無非其父夫子弟兄弟耳。又女子常在禮拜堂飾以鮮花，作種種之讚美歌；以音樂舞蹈娛大衆之魂。而男子在家，每醉而毆罵其妻，在國則驅于功名狂，弄兵殺女子之夫父子女而已。此男子所以報女子者至明了矣。

友人言：安徽某縣一木匠，捉其妻奸。將奸夫與其妻同時幷殺之，報于縣官。官曰：法律上可捉不可殺，然亦竟含糊了却。此事不但安徽；各地男子多有之，且以爲勇。不能者，反以爲辱。而古來從無女子見其夫與人通，或其夫挾妓時，能直入而一刀幷殺之者，非其力不能，乃絕對不忍起此情想也。卽此一例，已可判男性惡劣好殺，而女性善良慈愛矣。男性處處好殺人，而女性處處好救人，此例見于歷史尤夥，略舉其著者：

第二節　男殺女生諸例

一　埃及公主救摩西

希伯來聖人摩西，Moses 本生于埃及。埃及國法，希伯來族男子，生者必殺之，不得留。摩西之母不忍比子死，爲箱以投諸水，國王之女至河濱，視之，則一希伯來族男也。冒父王國法而留養之，爲名曰摩西，授以相當教育，遂爲創基督教始祖，故其教之存，乃埃及公主冒險救其仇國之男子，遺惠澤至今也。

二　羅馬女廢兵之俗

羅馬初興，本一羣蠻族而無妻，酋長曰羅慕路，與其黨謀刼雪賓族衆女子爲妻，雪賓族大怒，合兵來攻，布陣于野，諸女子乃集于兩陣中間而勸之和，曰：羅馬人勝，則被殺者衆女之父兄弟也。雪賓人勝，則被殺者女之夫也。君等必欲戰者，吾輩女子不如皆先自殺。兩族感之，遂易寇而爲婚媾焉。

按此等女子「廢兵同盟；」應速推行今世界，解決各種問題。

苛雷倫尼母妻解圍法

萬惡殺爲首

羅馬將軍，有曰苛雷倫尼 Coriolanus 者，初以事犯，逃之外國瑞利西 Volsci 族，旋率兵來攻羅馬；羅馬人大恐，初命專使，繼派高僧說和，均不許。最後乃派婦人隊出爲首者，乃苛雷倫尼之母與妻，跪而哀求其退兵，苛雷倫尼不得已，遂退。

即前三例，可知女性與男性根本之殊，雖父女母子兄妹之間，而女性要以保其慈善不殺，爲其天性之常。若夫『激而行之，可使在山』一切動物，均有自衞本能，亦無足怪也。乃至男子，則甚相反，如吳起殺妻求將，張巡殺妻以爭功，世界所有殘暴屠戮，皆男性爲之也。

夫天地之大德曰「生」（惟佛教除外）而萬惡應以殺爲首。殺者，人羣最慘之事也。男女兩性，事實上一主生，一主殺，乃千百年謬學者猶謂「陰惡陽善」，陽爲君子，陰爲小人，陽德陰刑，此真不從事實上調查，而主觀謬想耳。吾再據前例，詢問讀者，自有史以來，操生殺與奪之柄，活動于社會上者，男乎？女乎？答者曰：男子耳。各國雖偶有一二女王，要真正關係甚少。若漢呂后殺人屠之韓信，大盜之彭越，殺人者人恆殺之，亦其宜耳。蓋自來數千年中，完全爲男權統制 Patriarchy 時代，一切社會之活動，皆男子主之，以成今日現象也。然則吾又得一研究歸納之結論：

過去數千年中，殺人害人，大恐怖不圓滿極惡濁之社會，皆雄閥政府由男子片面包辦，皆雄性互殺男性主動造成，而不許女子過問。所有罪惡，亦與女子無關，至今日雄閥舞臺史，已宣告破產者也。

五千年雄閥互殺史之破產宣告

吾再質問四海同胞，過去之社會組織如此矣！將來仍提倡殺人害人主義，可以圓滿人類幸福乎？抑提倡生人愛人主義，以圓滿人類幸福乎？答者曰：亦生人愛人主義耳。惡有倡殺人害人主義者哉？吾將再問：就歷史統計調查所證明，因男權活動故，已殺人害人數千年至于今日矣！今後求達到人類幸福方法，不走入殺害一路，欲另易一主義而求入愛生一路，則不得不于男性社會外，另求諸女性社會，使發展愛生之天性，而改造此今日血雨腥風之世界焉。是或一道與？且夫人有二目，若左目疾或瞽，必代以右目。人有二手，若左手傷者，必代以右手。人有兩足，左足傷者，必倚賴右足。今盈

地天泰

柳暗明又有村

天地間，本男女兩性之社會所組織共成者。『一陰一陽之謂道』。乃一向獨由亢陽片面社會，殘暴專殺以至于此，猶不自覺悟，亟濟以陰德，則殺亂大禍，何自而已乎？吾于此得一結論曰：

天地間爲男女兩性活動之社會，今過去數千年來，專殺之社會，皆由亢陽暴行釀成大禍，此後宜用陰德以調劑之，卽陰陽共濟成化，其卦爲䷊地天泰是也。吾前述歷史現象，從人類兩性上爲事實之觀察，更進而從動物學上與人類，爲各方面之比較研究焉。

樂天却病詩（共十四卷）**靈花著**

動物觀卷一

坤乾觀卷二

此兩卷爲太平書之韻語綱要，

凡讀太平書者，必須熟讀。

☰ 天下泰平書卷二

天養館叢書甲部之四

下邳劉仁航靈華著

不用殺人

動物性人性比較學

人而不如鳥乎

人有恆言，所謂「首出庶物，」「萬物之靈，」「異于禽獸者幾希；庶民去之，君子存之。」云云，豈不以人類品格高出于禽獸哉？夫昔人科學知識淺薄，常爲籠統虛憍之言，于動物學研究甚少，概名彼爲禽獸，而自稱爲人；猶昔日皇族自名爲天潢之胄也。自達爾文種源論出，而知人類元祖，要必與猴系血統爲近親。于是上帝特別造人之說，除耶教外，信者不多。而中土人研科學者少，仍安守天人性命籠統之泛論。對于人類在然界之位置，無精確之觀察。一本其虛憍之氣，自命爲動物界之靈秀，而不知其久假而不歸也。今試据動物學所載之人類祖系圖及動物分類表以明之：

人類祖系年代表

脊椎動物
- 哺乳類
  - 有胎盤類：人類、猿類、食肉類、食虫類、翼手類、有蹄類、游水類、齧齒類、貧齒類
  - 無胎盤類：有袋類、一穴類
- 鳥類、爬虫類、兩棲類、肺魚類、魚類

地球		
近生代	第三紀	
	白堊紀	胎盤類之祖
中生代	侏羅紀	有袋類之祖
	三疊紀	一穴類之祖
		哺乳類之祖
古生代	石炭紀	兩棲類之祖
		（陸上動物之祖）
		原索類之祖
		（脊椎類之祖）
原始代		扁蟲類
	片麻岩紀	無核蟲類（有動植性二種）

表類分物動

界　空　虛

界　雲　星

界　星　八

界　地

(界物礦)

界物植　　界物動 Kingdom, Ani al

門　椎　脊	1	門……椎脊	Sub-Kin dom
門　節　圓	2	類……乳哺	Class, mam alia
門　體　柔	3	目……食肉	Order, carnivora
門　形　蠕	4	科………犬	Family, canidie
門　皮　棘	5	屬………犬	Genus, canise
門　輻　輪	6	種……家犬	Species, Familiar
門　綿　海	7		
門　生　原	8		

夫所謂人爲萬物之靈，而自負高等動物者，其靈點何在耶？試與三十六萬六千種動物，一一比較之：

第一章 身體之比較

將謂其身體之高大耶？人特比蟲類及普通禽類及小獸爲高大耳。世稱龍伯國人，長八丈，大抵理想；而地球上世紀之哀龍，（或曰載域龍）Atlantosaurus 及中世紀爬蟲類之恐龍，Dinasauria 徵其化石，凡長十二三丈；而今日現存之大動物，水族莫若鯨族，長鯨類之西巴爾的，Sibbaldia 凡長百餘尺，小者七八十尺，生于熱帶海中，其油凡四五百石云。若以人類九尺四寸以長之曹交比之，蓋渺乎小矣！陸上大動物莫若象，象之長常一丈餘，其體力爲陸上動物最；故真有皇帝之能力者，在海爲鯨皇帝，在陸爲象皇帝，二君真可分王陸海，爲動物界大元帥矣。又今人每着美服，高冠峨峨，則高視闊步，顧盼自雄，訑訑之聲音顏色，拒人于千里；而內驕其妻妾。而不知世界首

大人之頭尾

頸最高者，乃非此等人類，所可望其項背；蓋動物界身體最高者，爲芝拉夫Graffe（或譯長頸鹿或譯麒麟） 長頸鹿之首出動物，猶油核李樹 Enralyktus 之高出植物也。長頸鹿今英國博物院所藏者，高十八尺，其二十尺以上者，多產于非洲，可自由食樹葉，而俯視一切，其走甚疾，非駿馬可及，其舌極尖利，可入針鼻。又產于奈塔爾 Part Natal 之辟戎大蛇 Python 及美洲蟒，皆長三四丈，小者亦二丈五尺，皆非人身之長可望也。

昨某友來，談其在河南住旅館中，有二兵士，强之移房讓大人住。友曰：「甚麼是大人？頭大耶？尾大耶？脊骨大耶？若如聖賢所謂大人，則我將北面請教，不然則我將與之比身材之高下耳。」俄其大人至，則一矮小之連長也。平心論之，頭大而真有稱大人之資格者，莫如象；尾大而有稱大人之資格者，莫如鯨；頸高長而身有文采者，莫如長頸鹿矣。彼三大人者，真可稱大人之模範而無愧也。

第二章　壽命之比較

將謂其壽命之長耶？不知人特比下等蟲類，普通家畜，及朝生暮死之蜉蝣，其命較長耳。古代仙人天皇地皇時代，人稱一萬八千歲，然今實無之，故古詩云：「生年不滿百，常懷千歲憂！」而以比動物之年齡，則如下：

動物年壽表（一）鳥類

鳥名	年歲
烏鴉	一〇〇
大烏鴉	一〇〇
鷲	一〇〇
鵠	一〇〇
鸚鵡	六〇
蒼鷺	五九
鵝	五〇

動物年壽表（二）水族與獸類

名稱	年歲
龜	五〇〇
鯨	四〇〇
象	一五〇
蝦蟆	一〇〇
駱駝	一〇〇或曰五〇
猿	五〇或三〇
馬	三〇

動物年壽表

一鳥類

雀鴿	四〇
告天子	三〇
鶴，時辰鳥，孔雀，	二四
紅雀	二三
鴿	二〇
鶯	十八
金絲雀	十五
黑冠雀 鶯屬	十五
鷓鴣	十五
天鷚	十三
黑鳥 鶇屬	十二
鷗洲鴿鳥	十一

二水族與獸類

犬	一五
蟻母 郎王	一五

鷄，歐洲鵝　　十〇

鷦鷯　　〇三

由此觀之，若以壽命長短計，人不過與馬牛相伯仲，下者或不如犬蟻，上者亦等于蝦蟆耳，欲求爲龜，何可得哉？何可得哉？

第三章　面目顏色聲音之比較

將謂其面目顏色聲音之美好耶？則此事比各動物不但遠遜，而且甚有愧色矣。夫動物之美色美聲者，固多在熱帶，然即非熱帶之動物，聲色美者亦不少。吾人所常見如燕，黃雀，鶯，黃鸝，野鷄，公鷄，糊蝶，蜻蜓，羽毛之美；乃至虎豹之文繡，花斑之紋蛇，以吾人類身體比之，其無文采甚矣。若孔雀自恃其美，常展其廣大五彩之翼，與宮女錦繡競美。山鷄每對鏡，則翩翩起舞焉。新幾內亞有風鳥，或稱仙鳥，其羽毛五彩，尤能以時變

粉黛無顏色

蔡松坡鸚鵡所吟絕句

禽獸宣布人類罪狀

幻，故名極樂鳥云。Bird of Paradise 而一切禽獸毛羽五彩之美，皆由其天賦父母身體上所自生，非加顏料染色粉飾，如人類之加冕與粉黛，賴所謂黼黻文章鳳冠霞帔之虛飾而成。又非若人類戕害各生物之皮以自文身，抽無罪之蠶筋，附以染色，而自炫。凡此外觀，一失足落于溝瀆，則其美立即消失矣。須知人之美，遠不如動物之憑据，觀人好以禽鳥之毛，戴于頭上，以翡翠雉翟爲國王或夫人公卿大夫冠飾，而知之矣。試問何以禽獸不賴人之羽毛爲美飾，而人非襲取他人皮毛，久假不歸耶？此其殘忍虛僞，無慚愧，無道德，亦甚矣！若禽獸知公理者，應籲于上帝，（此非耶穌教命人應食動物之上帝）而訴冤以宣布人類兇殘之罪耳。至聲音之美，則人類善歌舞者，皆賴八音絲竹等以助之而鳴，禽類有天然之發聲機，如黃鸝，畫眉，燕，皆麗色而美聲。百舌之鳥，以能作各種聲音，故得此嘉名。若鸚鵡，昔楊太真曾教以誦心經，蔡松坡之鸚鵡，可以誦詩。友人唐君，聞其四句云：「春遊芳草地，夏賞綠荷池；秋飲黃花酒，冬吟白雪詩。」秦吉了鳥，則尤能讀書，與蒙館近者，聞先生教學生，彼即可隨而熟誦之，而北

戲樂鳥之特色

活自鳴鐘之貓眼

蠅四千眼

蜻蜓六千眼

土魚蟲之奇鼻

美之戲樂鳥，Mockingbird 能擬數十百種鳥聲，歌喉千囀，常于靜夜月下吟唱，致迷惑獵者之耳，可謂鳴禽中之極致。乃至川中游魚錦鱗，亦極富于美色，或飛于天，或躍于淵，彼各有以自樂，且供給吾人耳目之樂賞焉。且据史稱，黃帝吹簫，本以效鳳鳴，由今科學考之，人之唱歌，乃學自鳥，則鳥乃人類啓蒙樂師，人真其晚生後進矣。則彼有造于人類幸福，亦大矣哉。

第四章　官能知識之比較

將謂其官能知識之優異耶？則貓之眼不但夜放金光，而且可以隨子午。十二時變化，如明月之圓缺。午時貓眼如線，而子時正圓；故視貓眼，可以代自鳴鐘之用。一蠅眼內有四千眼，其飛平常一秒可展翅六百次，行五呎。若當恐懼時，每秒可展四千次，行三丈五呎。聽者必以爲甚奇矣。不知蜻蜓之目，乃有六千，所以蜻蜓能食蠅，因比蠅多二千眼也。又鼢鼠者，行于土內，殆如魚之在水，可名土魚，有五爪，前爪特利，每日可翻土

占候家以鳥蟲爲師

三百英呎。而啄木鳥可以啄入木中數寸之深。犬之嗅覺與耳之聽，皆遠過于吾人，而蟲類雌雄相求，能從二十英哩（合華里六十餘里）以外，聞其气而訪知雌蟲所在。蟻之力，可曳大于己身三十倍之重物。鷹之眼，在空中下視，可辨一針。巢居知風，穴居知雨，鳥鳴知春，蟲鳴感秋，占天候潮，讀月令夏小正，知人類常以鳥蟲類爲師。蓋凡物類感覺，無不超越人類。若兔之善走，燕之善飛，魚之善游，爬蟲類可巡游水陸，兩得自在，較人類居住轉徙自由之權亦大矣。鷹之翼，虎之牙，蛇之舌，犀之角，鹿之蹄，特如軍犬之嗅覺，固皆吾人知覺所遠遜；以此證以官能知覺證人之爲靈者，固完全劣敗也。

下附觀鳥詩一首。

記動物社會智能工作與人羣進化之關係。

Eichler's The customs of mankind 厄矢耳氏著人類風俗志。內述人類語言之始。由學鳥獸語言而進化。又音樂唱歌起原。完全由于學鳥。按古書言黃帝制律呂效鳳鳴。只完全學一種善歌舞之孔雀類鳴禽耳。然則鳥爲樂歌之祖師矣。因廣此義成一首。關係深遠。願人類學者精究此問題。以判斷人禽之優劣。其與此學無根抵者。幷無發言資格。最好多聞闕疑。勿武斷也。

調心貴內游。格物重外觀。師蜂立君臣。占鳥計暑寒。羊羣雁有序。蟲蟄龍蛇盤。鹿羣鳥孝義。歌舞出鳳鸞。月令夏小正。蟲鳥促農田。網罟法蜘蛛。兵機悟螳蟬。良匹羨鴛鴦。貪戾惡鷹鱣。詢馬歸識路。玩鶴友靈仙。魚雷師游魚。飛艇效飛鳶。（觀飛艇魚艇種種式樣、可知完全由學鳥魚而來）、乃至性善惡。諸教論便便。耶主人食獸。云操天賦權。孔孟辨人禽。仁義寫盈篇。自詡萬物靈。相斫有誰憐?老莊較公允。達觀得自然。佛張平等義。輪回業報圓。近世生學明。進化爭人天。達文泡士金。學戰壁壘堅。羣性日顯豁。一洗謬說玄。我願匯中外。分類互精研。造成圓文化。花鳥自在妍。寄語觀化者。妙用得魚筌。

第五章　飲食起居生活之比較

將謂其飲食起居生活之美備耶?莊子曰:「人食芻豢,麋鹿食薦,(草也)蝍蛆甘帶,

聖賢仙佛生活乃近草食動物

貓科文明

虎蛇禱告上帝文

）蛇也）蜣螂食糞」此言各適其適，本無高下可言，至爲平等。若必于食中論高下，則蟬類飲風露而不食，且居高樹，以美聲悅人之耳，殆人中辟穀仙子，且奏天樂者耶？而人類若孔子之蔬食水飲；顏子之簞食瓢飲，不飲酒，不茹葷；佛家及修仙道士多素食。夫聖賢仙佛人類中之最寶貴者，其生活亦與若馬牛羊象駱駝諸草食動物等耳，又何優等之足言？若夫火食所謂「煙火氣」者，仙家已斥其濁穢；故印度之婆羅門及中國仙人，常餌藥草，飲清水，以希高尚淡泊之樂，此即鳥獸蟲魚自然之生活也。由此言之，若承認人類之聖賢仙佛最高貴生活，則亦恰與自然界之生活等。惟桀紂隋煬帝及羅馬數暴主，乃肉林酒池，以爲縱欲之計耳。即等而下之，如此等輩，亦不過與肉食動物虎狼鷹鸇同科。蓋肉食動物，若貓科之類，即日日喫大菜耳。若羨慕大菜之文明，即貓科文明也。甚至蛇蛆之穿入死屍堆中，烏鴉豺狗之嚙死屍，飲戰場中之血，而嚙其骨，亦彼之大菜耳。又何文明足言？印度之虎蛇，歲食人二三萬，彼將臨食而祈禱曰：「感謝上帝，天父賜人與我食，令我一家老虎小虎虎子虎孫食之，皆得平安，精神

熊之特性

強健，阿門！」蛇亦將率其家屬而新禱曰：「感謝上帝，聖靈賜人與我食，令我一家蛇族同胞醉飽，蛇子蛇孫食之，皆得平安，精神強健，阿門！」其他肉食動物，亦莫不準此矣。由此言之，人類嗜鮮血肉食，亦未見優于肉食動物也。果爾則熊類專食生人生物而吸其血，若已死之肉，即不食之，應尤高於人矣。或曰未已也，人類住居樓閣宮殿，為動物所不及，明堂清廟，阿房未央，以及臨春結綺，千門萬戶，此乃人類獨優之生活也。

高等動物者鳥也

應之曰若論此點，則人類根本失敗，不啻自認為下等動物矣；真正之高等動物，其惟鳥乎？彼能翱翔于雲表，而來去自由，嬉遊萬里之長空，而一空羈絆；古今詩歌贊鳥之功德，而羨慕其自由者，不可勝數也。于易「離為雉，」表其文明也。

詩經君后學鳥獸

詩二南首關雎，終麟趾，皆以喻君及后妃之德，故曰：「黃鳥于飛，集于灌木，其鳴喈喈。」小雅「伐木丁丁，鳥鳴嚶嚶；相彼鳥矣，猶求友聲，矧伊人矣，不求友生？」而孔子讀緡蠻之詩，「緡蠻黃鳥，止于丘隅。」因贊之曰：「于止知其所止，可以人而不如鳥乎？」大抵詩詞比興，百分之九十，皆深感慨吾人身世德性不如鳥之意也。後世詞人，亦往

孔子曰人而不如鳥乎

岑參羨鳥詩

孟遲不如燕詩

王昌齡不如鴉歌

燕子眞以四海爲家

往寫人生之不如鳥。岑參詩曰：『曉隨天仗入，暮惹御香歸；白髮悲花落，青雲羨鳥飛。』彼以陪天仗惹御香之人，仍自認鳥之不如矣。何況吾儕小民乎？孟遲長信宮詞曰：『君恩已盡欲何歸，猶有殘香在舞衣，自恨身輕不如燕，春來還繞御簾飛。』王昌齡宮詞，『奉帚平明金殿開，且將團扇暫徘徊；玉顏不及寒鴉色，猶帶昭陽日影來。』此二詩皆皇宮嬪妃自歎其不如燕及烏鴉之自由也。蓋天地間最自由者爲候鳥，如雁燕之類。彼對于四季气候之感覺甚靈，而能力甚大，可隨時令之寒熱而遷徙自由。燕之翼，可以三日間飛過大西洋。例如：秋八月以後，雁南嚮而燕亦南行，以避寒也。交正月則鴈北嚮而燕亦北遊，以避暑也。俗儒妄諛天子以四海爲家，而不知事實上乃燕子以四海爲家，過人間帝王遠矣。今西人好避暑，試問眞能有避暑之暇者，千萬中有幾人乎？而若雁燕之流，則全體無不有此幸福，雖佛爲太子時，所享受之三時溫涼

鳥糞佛頂

蠅交媾于皇后面上

首出庶物者鳥耳

殿，不及此也。人伏處斗室，老死不得離地一尺，何可比其萬一乎？昔人言：姜聖太公望不遇時，仰天而歎，烏鴉洩糞，適墮其口中。此言固未必真，而實可信。友人中遇鳥遺糞于頭面或帽上者，往往而有，因此可見鳥類天驕，貴于吾人遠矣。吾屢見廟中佛頭著鴿糞者，雖佛亦無法可說也。況于人乎？且吾正為此文，當飯食時，屢有蠅在余之面部及麵包上行交尾禮；吾靜思之，以吾頭面之尊，與食品之貴，乃為彼公然男女交合之穢地，吾竟無奈彼何，只有付之一笑耳。不獨吾一人如此，恐雖各國帝王之尊嚴，公主帝后之嬌貴，神聖不可侵犯者，彼蒼蠅公然侮嫚，以其面目為交媾牀第，彼毫無抵抗力也。而論者猶云：『天地間人為最貴，首出庶物，』不亦太誇大，而忘其本來面目乎？

第六章　政治制度之比較

將謂其政治制度之文明耶？讀者腦中之根据，大抵注意此點，而對于前五條，尚視為客位；以為人類優秀于物類者，必在此矣。而吾所以公判人類文明程度遠不及鳥類者，亦卽在此條。昔拍雷圖 Plato 研究生殖動機，由于觀狗。余研人不如鳥之動機，由于觀鳥也。試以余詩一首反覆咏之，則于人類社會飲食男女觀念，思過半矣。

林中觀鳥詩幷序

余住北京法源寺。寺極寬廣，多林樹，羣鳥棲焉，或翔或止，或飛或鳴，或噪相啄也。余問居人；此鳥曾相啄至死否？答曰：無有也。余因歎人類有史以來，無一日不相殺者，眞不如鳥乎！劉君少少語余：鳥不須道政齊刑，何以無大爭殺？以視吾人類法律道德日紛拏者，對于鳥眞有愧矣。余感其言，因賦詩曰：

未得他心通，且玩羣鳥意。林間自鳴躍，衆巢旅其次。朝出各飲啄，暮棲各安睡。雖或起噪聒，未至殘同類。日暖東風和，靑天騰遠翅。春來百花發，熙熙共娛戲。雌雄應和呼，自由逞妍媚。相生而相養，孳卵少憔悴。縱浪遊大化，曾未識仁義。不聞君與帥，誰爲長與吏？生前無封爵，死後無册謚。時來孔子贊，翔集無避忌。一枝天地間，寬宏樂簡易。安用鑽木葉？縱橫成文字。生活聊爾爾，世間眞鷗寄。雖遜逍遙游，几損身名累。

太空任馳騁，豈爭城與地？不積不多藏，上下孰爭利？自然知風雨，節候隨四季。但覺易毛革，春秋那復記？昂頭白雲表，俯向倮蟲咥。畫地作天囚，鉄血造兇器。同胞易子殺，慘戮無不至。饑寒愁苦聲，孤寡含悲淚，原野饜血肉，室家轉相棄。或稱識時豪，摸金博一醉。羣盲尚捫象，斷斷角同異。強者頌戰功，弱者標文治。天實謂之何？寧不聞慚愧？靜言思奮飛，升天永不墜。化作鳳凰鳴，來儀真人瑞。

觀此可知今人所鼓吹之種種「超人主義」「天國主義」「無國界主義」及新鮮空氣之日光衛生，竊謂惟鳥類社會足以當之耳。若鳥類者，真可謂超人也已。天國也已。無國界之淨土也已。雖吾人充其量以學之，恐斷斷不逮也。真莊子所謂：『不治而不亂者。』以視吾人類日日爭殺，誰爲文明？孰非文明耶？成湯聖人，囚于夏臺。文王聖人，囚于羑里。孔子聖人，微服而過宋。孟子賢人，問齊國大禁，然後敢入。異服則受察，異言則受察。真有如鳥之來去自由耶？鄭所南詩云：『地走人形獸，天開鬼面花。』彼鳥類之「首出庶物」高視一切，較之下土兩足人形獸，豈止有上下牀之別乎？真所謂天

真超人

鳥無國界教界等

湯文孔孟無鳥之自由

不止上下牀林

上人間雪泥之差。若兩足類欲進化至鳥類之自由程度，真難于登天矣。柏舟之詩曰：『靜言思之，不能奮飛。』屈原卜居之詞曰：『寧與黄鵠比翼乎？將與鷄鶩爭食乎？』古來聖賢豪傑，死于囹圄者何限？欲與鳥類社會一較其自由之幸福，多見其不知量也。故孔子曰：鳥獸不可與同羣。鳳鳥不至，河不出圖，吾已矣夫！皆嘆鳥之至德也已。

屈原思與黄鵠比翼

中外忠孝烈聖傷心史

第七章　法律保障，及轉徙，言論，結社自由之比較

將謂有法律上人權保障，及居住，轉徙，言論，信教，結社，等等自由權耶？此乃根本大誤。且夫箕子爲奴，比干剖心，誰奴之剖之？非死于君臣耶？申生見殺，尹伯奇見放，非死于父子耶？伯夷叔齊餓死首陽山，死于仁義之名也。耶穌大聖而釘于猶太十字架；蘇克雷地爲西洋孔子，而仰藥于雅典獄中；勃拉諾以曠代哲學見焚于意大利；彼何辜哉？死于所謂刑法政制也。聖保羅之下獄，馬丁路得與託爾斯太之破門，彼何辜哉？厄于宗教禮文格律也。申包胥何爲七日秦庭？諸葛亮何爲鞠躬盡瘁，隕身五丈原？文天祥

世世莫生帝王家

何爲勤王泣血？顔真卿何爲斷頭割舌？鉄鉉景清何爲受鐵箒掃血，滅夷十族？陸秀夫何爲而蹈海？史可法何爲而投江？乃至崇禎帝何爲而縊死煤山，幷手刃其親愛之公主？曰有國家之苦痛也。凡此聖賢豪傑，偉人烈士，帝王將相，固慷慨赴義哉！然當其蹈火赴水，臨刀投繯，仰藥就戮時，若謂毫無父母妻子之眷戀，肉體之苦痛，而甘之如飴，與享考終命之五福，爲同得人性之正者，蓋斷斷無之。果然，則必彼諸人者，非父母所生血肉之軀，與木石等而後可也。是故若以人類之政教法制禮樂仁義，與鳥類一較其文明幸福之高下，真井底蛙之仰天鶂耳。試一翻諸人之哀歌，與吾林中觀鳥詩對吟之，自可悟矣。至所謂居住轉徙之自由，試舉李白詩一節以明之。蜀道難詩註云：

『諷章仇也，以寫世路艱險耳。』

蜀道難詩

噫！吁嚱！危乎高哉！蜀道之難難于上青天。……使人聽此凋朱顔。連峯去天不盈尺，枯松倒挂倚絶壁。飛湍暴流爭喧豗，砯崖轉石萬壑雷。其險也若此。嗟爾遠道之人胡爲乎來哉？劍閣崢嶸而崔嵬，一夫當關，萬夫莫開。（喻權勢當道賢人不進）所守或匪親，化爲狼與豺。朝避猛虎夕避長蛇。磨牙吮血殺人如麻。蜀道之難難于上青天，側身西望長咨嗟！

又橫江館云：『橫江館前津吏迎，向余東指海雲生。郎今欲渡緣何事？如此風波不可行。』

觀行路難之詞，稍涉世路者，莫不有『豺狼當道，安問狐狸？』之歎。孟嘗君鷄鳴而出函谷；伍子胥橐載而出昭關。以孔子之知津，而厄于陳蔡，絕糧七日。以佛之神足通，而被提婆達多傷其足。聖佛豪傑且然，何況常人？詩云：『駕彼四牡，四牡項領，我瞻四方，蹙蹙靡所騁。』此屈原所以問天。鮑焦所以沈淵者耳。轉徙自由云乎哉！

至于言論結社自由，載于中外法律，然事實上吾輩果自由乎？

朱餘慶宮中詞云：『寂寂花時閉院門，美人相幷立瓊軒；含情欲說宮中事，鸚鵡前頭不敢言。』文字之獄，萬國同有，視彼『呢喃燕子語樑間』者，其自由何如也？

又某人詠黨禍詩云：『寄語沙邊鷗鷺羣，也須從此斷知聞。諸公有意鋤鈎黨，甲乙推

如此風波不可行

孟嘗君伍子胥無轉徙自由孔佛亦無轉徙自由

朱餘慶宮中鸚鵡詩

鳥獸無文字獄

黨禍詩

排恐到君』。噫！可以悟矣。

第八章　衣冠服御器用之比較

人衣冠虛飾皆由掠奪鳥獸而來

裸人之文采不如裸鳥裸魚

將謂其有衣冠服御器用耶？前已略言之，人衣皆掠奪他動物以自爲飾，比于鷹燕之羽，虎豹之文，美彩天成者，已不可同年而語。而人類中能掠彼之皮以爲裘，抽彼之筋以爲錦繡者，不過少數。此最少數之最大幸福，已不能代表人類全體。若以今日獨立生活主義律之，吾人旣自身不能長美麗之羽毛，與彼競美，已爲可愧。又不能如魚之倮而游水，鳥類隨四時而變易其毛羽，已失獨立資格。復出下策剝彼之毛羽，强附我身，抑殘忍不恕之至，尙不如服木棉之爲愈也。則衣服一層，已不能如鳥類蟲魚之能獨立生活，應告退首出之席矣。在俗士口中，每言我中國衣冠文物，謂無衣冠者爲無禮儀，詈爲禽獸夷狄。而不知人類所以異于禽獸者，乃在其內而不在外，因人類十六萬萬，其在熱帶者，本有五分之一不以衣冠爲禮者也。若重在外乎？則沐猴而冠冕，亦

熱帶眞人之俗

三皇巢父許由壺公子桑戶焦先等眞人之祼行

如孟子之斥梁襄王，『望之不似人君』有已。若以衣冠爲禮乎？則今中國亦盛行脫帽爲禮，然則不冠固亦禮也。且自古中國亦以免冠肉袒爲禮者矣。尤奇者南洋人以不掛寸絲爲俗，西教士至其地，他衣盡去，而不肯露其陰部，以布復之。土人大以爲怪，羣迫而脫去之；蓋以爲彼獨祕不以示人，必有隱病或異狀故也。故古書云：『禹入祼國，亦祼而出。』信乎以衣冠定人物道德高下之無當也。且上世郅治，人稱三皇，三皇之世無衣冠，僅以樹葉蔽身，恬淡無爲，而天下化。次爲五帝，堯舜茅茨土階，耕稼陶漁，稱至德，亦無後世之瑤臺瓊室區區「邦君樹塞門」者，是人類所以可貴，貴乎其爲人，非貴乎其作爲種種虛僞之繁文也。果然，則王莽曹操司馬懿父子等受禪之儀式，將亦爲其文明之證據乎？若用衣冠器用等物質以論文化高下，乃適得其反。試舉數例：今人類中所最貴者，非所謂聖賢仙佛耶？而除郅治三皇不著衣冠無宮殿外，名士哲士高人亦多如此。庾子山小園賦云：『一巢之上，巢父得安巢之所；一壺之中，壺公有容身之地。』家語載，子桑戶不衣冠而處，欲同人道于牛馬。而仲弓方且因孔子許已

彌衡裸體罵曹

迪克尼犬儒學派之高標

托爾斯泰藝術論推翻僞文明

南面，而問子桑伯子之爲人，孔子亦許其簡易。原憲肘見踵決，子貢盛服見之，反有愧色。可見良知不借外表。後世有禰衡者，裸父母天真之體，爲漁陽三撾，伐鼓淵淵，痛罵衣冠禽獸僞爲丞相之曹瞞。雖以是枉死，而天下大快，足寒奸臣之胆，而高士焦先常露體伏草中，今尚留焦山，崎立大江中，爲人千秋崇拜。其在印度稱裸體真人，赤脚大仙者，今尙遍地皆是。其人不飲不食，身無一絲，安坐修道，余所譯北美瑜珈學派，即其仙經也。佛捨王位宮殿，居大樹下，偏袒右肩，著百衲衣，持鉢乞殘食，與鳥獸生活正等。耶穌之教弟子，身不掛袋，手不持錢，夜眠無枕，世尊爲聖。而希臘名哲，有「迪克尼派」者，Diogenes 迪克尼本狗之義，以此派生活與狗類相等而得名千古。又與其同派之人常裸體遊雅典城；意謂城中無一人也。「迪克尼哲學派」者，創于迪克尼斯，人常呼以狗名，而伏木桶中，與一世獅子亞力山大對話，致彼獅子王太息折服而去。夫此諸聖天仙佛哲人高士，非人類之明星，而社會所最崇拜最高貴者耶？其生活乃極簡易，最與鳥類生活相接近。而今世文化明星託爾斯太，乃痛惡都市文明之虛僞；其藝術論乃舉所有近世美學，若音樂雕刻圖畫戲劇等奢侈品，根本推翻之，以牧豎歌謠，樵唱漁謳，爲自然真美，與蘇克雷地自比白鳥之歌者相等。故今之自然派，與古之老莊派，均對于虛僞奢侈文明，一致下機關槍之總攻擊。若就三皇巢父子桑戶迪克尼等哲人，冠裳之有無，與禽獸較文化之高下，不但禽獸不承認，卽人類中聖賢仙佛祖師先喝斥之矣。且夫三皇子桑戶迪克尼等，雖不冠裳，其文化程度，決不得判爲野蠻人；乃若今人但以外表取人者，乃真無異于禽獸。試取一例：今夫狗，見有人至其主人之家，其衣服惡者，雖顏回原憲季路，彼必迎而吠之；其衣服美者，雖桀紂操莽，彼必搖尾而恭敬之；是知狗之眼，不識人之內，而但論人之外也。故明明人也，而以衣冠外貌，判人禽文化程度之高下者，是狗眼中之文明而已矣。

狗眼中之文明判斷

第九章　能笑之比較

將謂人爲能笑之動物耶？動物學家，間有謂人之笑筋發達，爲各動物所不及者。雖然，

動物亦有能笑者

賣笑之妓女

諂笑之官僚

奸臣盧杞李林甫之笑

公叔文子包拯之不笑

佛之瑞笑

此例是否足定人格之高下？尙在未定，因動物若猿猴，猩猩等，亦能微笑，特未若人之大笑耳。又人類笑筋發達，較動物果文明乎？抑否乎？是另一問題也。何者，動物與動物交，雖不免野蠻，尙多直道而行；其不善笑者，或其詐僞陰險，尙未至如人格之卑劣耳。若人類中倚門賣笑之娼妓，以此爲生活營業。今世界足稱文明國都市，動以千萬計，此乃禽獸界所無之怪現象，而號稱文明人類，自古行之，于今爲烈。又脅肩諂笑之官僚劣董，時時伺上司一顰一笑，視于無形，聽于無聲，韓愈所謂：『足將進而趦趄，口將言而囁嚅』者。此等卑劣生活，又禽獸自食其力者所不屑爲。甚至陰狠險賊，若盧杞李林甫等，笑裏藏刀，曹操奸白臉之冷笑，又禽獸界所無。而世稱直臣君子，聖賢仙佛者，決不苟訾不苟笑。如公叔文子之以不言不笑稱，包拯之笑比黃河淸；而如來普渡衆生，亦不輕笑。拈花一笑，則必放光授記，有佛出世。此不可以鄉愿奄然媚世之笑，可同年而語。故男子媚世之諂笑，女子之賣笑，乃良知低于禽獸之證據。但就人能笑，謂文明高于動物者，其論難成立也。

第十章　從十二巡及人名證人學禽獸而不得之實例

從各面考查，人類所自己公認者，無有一毫過於動物之處，且欲學動物而未能也。試徵之十二巡，以證人生年所屬之可笑。

子鼠，丑牛，寅虎，卯兔，辰龍，巳蛇，午馬，未羊，申猴，酉鷄，戌狗，亥猪。此等習慣流年，西至印度，東至太平洋均用之。生於子年，人皆爲鼠；生於亥年，人皆爲猪。以此卜命宮，算配偶，定吉凶也。天經地義，誰曰全無稽乎？普通人用動物命名者，十之七八，不外馬牛鷄犬之流，而以馬牛爲姓者，遍地皆是，故有馬公館，牛寓者；余每過而異之。謂足證明人比禽獸不高。日本人今尙多姓龜名龜者。至於古來命官，尤多象鳥獸之德：少昊以鳥名官，太昊以龍名官，此風於今爲甚。如虎威將軍，乃竟爲總統，而歐洲之王名獅心王者，其慘酷爲一有名之電影。且歐洲南洋稱王之號，即稱之爲「獅，」Lion 猶吾國之王稱真龍也，王后乃比鳳耳。最近斯賓塞乃大呼教育應採完

生于子年人皆是鼠

古以鳥獸名官

東方之龍鳳崇拜與西方獅之崇拜

堯舜朝及孔門多以禽獸命名

馬丁路得以燕名

全動物主義。故從各面觀之，所謂人自命尊嚴，而卑視動物者，真不通之論耳。

或謂普通姓名官吏稱號，此流俗人則然矣。孟子曰：『人之所異與禽獸者幾希。』聖哲賢人，必力求異於動物矣。應之曰，君未思耳。實大謬不然。試查史事，唐虞朝臣八元八凱，均有聖人之資，而名曰朱虎，熊，羆，夔龍，均禽獸也。禹亦是一種動物。孔子以鯉名其子爲得意，而其弟子司馬牛冉伯牛均賢者。柳下惠爲聖之淸，而名展禽。傳大同今文學者，爲公羊高，著公羊傳。而古以龍鳳龜麟爲四靈。方叔召虎以賢者而爲王之虎臣。揚雄賢者，而解嘲以龜自況。東坡詩：『寒來聳縮如凍龜。』耶教馬丁路得爲改教之主，Martin馬丁亦一種燕也，與飛燕皇后同稱。惟老子知之審，故云：『呼牛牛應之，呼馬馬應之。』而家語稱子桑伯子不衣冠而處，欲同人道於牛馬。蓋非世俗所謂牛馬，乾爲馬，坤爲牛，象天地之德焉。俗云：『犬馬比君子，』蓋非偶然矣。今人雖受深恩，每每倒戈，而犬向無吠主者。以事實論，人道有遠遜于犬馬者矣。故凡忠臣自矢于君者，乃上表自認「竭犬馬之勞，」明無二志也。犬馬之德，不亦高乎？乃至於佛，尤爲明顯。由

佛徒亦取獅象名

來印度稱其王爲象，而佛說法，必稱龍象，均畜生也。佛又自命爲獅子王，三千佛名經，有象王佛，大牛王佛等是。華嚴經言「文殊師利如象王回，視諸菩薩，」佛且現身六道，與蟲蟻爲一類。不但獅象而已，阿彌陀佛且化身爲各種鳥以說妙法。故人間至高之道德，正與動物同化者也。與儒家關睢比文王，鵲巢比諸侯，麟趾喻貴戚，羔羊比大夫者，正等耳。聖哲仙佛，均學鳥獸惟恐不及，安有賤惡動物者乎？是愚人執着空詞故耳。其亦不思之甚也。

第十一章　從自然崇拜上證人不如動物之例

漢宣帝拜馬與雞

水經注三十七，淹水出越嶲，東南至靑蛉縣，遂久縣徼外。注，縣有禺同山，山神有金馬碧雞。漢宣帝遣諫大夫王襃祭之，欲致其雞馬，襃道病，卒不果。王襃碧雞頌曰：「持節使者敬移，金精神馬，縹縹碧雞。黃龍見兮白虎仁，歸來歸來可爲倫。」由此可見皇帝之動物崇拜，乃不如禽獸之證，未見有禽獸拜人者也。世界一切宗教起源，皆從崇拜

李鴻章拜蛇

拜蛙拜貓拜牛拜鱷魚拜樹之俗

鳥獸決不拜人爲教主

自然而起。如中國天子拜天地，諸侯拜山河，而庶人不許拜天地，只好拜風，雨，雷，電，蛇，蛙。今廟中有牛母王，馬王，蝗王，蠶王等神，亦有拜樹王者。余家間奉狐仙，而最通行者，如運河邊人皆拜大王；大王卽總河大臣如李鴻章，當河水發時，迫於衆議，不敢不隨衆禮拜大王，大王即一小蛇也。西人曾笑之矣，謂一宰相，乃拜一蛇。埃及人拜神貓，殺貓之罪與殺人等；貓死服喪三月，又拜蜣螂。印度人拜牛及鱷魚。道家拜星。天主教亦拜土木偶。此通世界民族人類史，莫能外也。然若從反面以觀，鳥獸蟲魚，決不崇拜人，不奉人爲神，爲人立廟，爲人叩頭，向人求福也。由此證明，人奉動物爲教主，動物貴而人賤矣。而一切動物，決不以人爲教主也。

第十二章　倫理之比較

將以人有倫理耶？夫倫理者，動物亦有之，且往往爲人所師。如師蜂蟻而立君臣，師巢穴而營巢窟；巢居知風，穴居知雨，老馬識途，人皆借以爲占候動物，而不能自知也。乃

羊烏馬黑魚之孝

若羊羔跪乳，烏鴉反哺，馬不欺母。黑魚幼時，其母以產小魚而盲，幼魚則羣聚於母側，以供其食，俟至一定時間，母眼能視，幼魚亦長大而自游泳以去；其報恩天性，有非人間不孝忤逆之子可及。

人倫慘史

吾所親見親聞之人，有活埋其父而賣其老母者。而號稱君公元首，如晉獻公殺其世子申生。衞宣公上烝下報，取其子伋之妻，又殺其子二子。乘舟之詩，千古至痛。齊桓霸功蓋世，而納其姊妹，不嫁者六人。噫！皇皇國君如此，何況人民！宮闈之事如此，民間可知矣！

佛出世之大緣

夫佛出世大緣，號稱大慈救世者也。佛經云：「古來因爭國而殺父者，有十千之多」此佛所以爲被子幽囚之韋提希國夫人，說無量壽佛經。令發願往生阿彌陀佛國，永不願住此萬惡社會也。而年來報載逆倫案，日見其多，上海至演戲以警世，且勿言今爲邪說暴行大作之世，卽考之千古聖賢豪傑，多有愧色。試舉一詩爲證：

李白箜篌謠及上留田詩

李白箜篌謠：周公稱大賢，管蔡寧相容。漢謠一斗粟，不與淮南舂。兄弟尙路人，吾心安所從？

又上留田詩：行至上留田！孤墳何崢嶸，積此萬古恨，春草不復生。悲風四邊來，腸斷白楊聲。借問誰家地？埋沒蒿里塋。父老向余言，言是上留田。蓬科馬鬣今已平，昔之弟死兄不葬，他人於此舉銘旌。一鳥死，百鳥鳴，一獸走，百獸驚。常山之禽別離苦，欲去回翔不能征。田氏倉卒骨肉分，青天白日摧紫荊。交讓之木本同形，東樹憔悴西枝榮。無心之物尚如此，參商胡乃尋天兵。孤竹延陵，讓國揚名，高風緬邈，頹波激清。「尺布」之謠，塞耳不能聽。

詩云：「鶺令在原，兄弟急難。」又於文羣字、美字、義字皆以羊，取羊能愛羣也。夫鶺令鳥類，乃有兄弟手足之情，而人類周公，誅胞弟管叔，而囚蔡叔，唐太宗殺兄殺弟，逼父，霸占其弟婦，以取唐之天下，腐儒獨頌「貞觀之治，比隆三代」可比者，殆即比周公誅弟一事乎？而宋趙匡胤兄弟叔侄間，匡胤尚存「燭影搖紅，好自爲之」之疑案。而自周以親親爲私天下之始，立八百年同族相攻之基，漢七國，晉八王，明燕王棣，又不足道也。尊四海之內皆兄弟之儒教者，動稱四萬萬同胞，乃無年不南北相殺

波斯王巢死鹿家互殺之慘

信人類同祖天父愛我之基督教稱十五萬萬同胞者，亦只能於歐洲大戰時，值耶穌誕日，停戰一天耳！掩耳盜鈴，人類教化，其滑稽有如是者。

余於讀書之暇，因感五千年雄閥英雄主義之悲慘，輯英雄鑑一書，備述英雄末路苦況，以冀雄匪之覺悟。茲錄其「英雄之家庭」一段如下：——

波斯王巢死鹿 Chosrose 弒其父，又爲長子沙老死 Siroes 所弒。沙老死置其父於一洞中，又即殺之，插衆箭於地，次第刺其身，久之乃斃。又殺其諸兄弟。

有一樂譜雁字歌云：「青天高，遠樹稀，西風緊，雁南飛。排個一字一行齊，飛來飛去不分離；好像我，哥哥弟弟，相親相愛手相攜。」

此歌以雁行形容兄弟之義甚確。顧雁行誠相敬愛矣。而人行則何如？誠如演文王周易課者，以占「兄弟爲奪標之仇敵」一家一國皆然，故前之詩事實上應改一句曰：「好像我，哥哥弟弟，相爭相殺首相攜。」此語非輕視人類，從歷史上感覺上目覩其事，吾慚愧而認罪，承認人類恥辱史上有此事也。倫理云乎哉！

夫婦一倫變禍尤多

乃若夫婦一倫，同牀異夢，禍起衽席，變生床第；古來佳偶成爲怨耦，并頭因而斷頭者，不知凡幾。其例不暇舉。嗚呼！此中況味，又何待言，讀者歸而謀諸，恐不如高吟「青雲羨鳥飛」之句耳。是故就倫理上，論人與禽獸之高下，亦相對的，而非絕對的。若直認爲優等動物，其有慚德亦甚矣。

第十三章　戀愛自由之比較

人之大欲，莫甚於男女，然怨女曠夫，千古同慨。人不如鳥，尤形歌詠。左舉李白詩一首以證之：

雉朝飛之曲者，蓋古有一鰥夫年七十，晨見雉雌雄雙飛，感而作此，因自歎而死。李白賦之曰：麥隴青青三月時，白雉朝飛挾兩雌。飾衣綺翼何麗褷？犢牧採薪感之悲。青天和白日暖，啄食飲泉陽氣滿。爭雄鬬死繡頸斷。雉子班奏急管絃，心傾美酒盡玉椀。枯楊枯楊爾生荑，我獨七十而孤棲。彈絃寫恨意不盡，瞑目歸黃泥。

聊齋某生題某女刺繡詩云；雲鬟高髻綠婆娑，自向南窗繡碧荷。刺到鴛鴦魂欲斷，暫停彩線鬭雙蛾。此可證明，凡人好繡蝴蝶皆羨慕蟲魚戀愛自由，而自己願學之也。

白樂天長恨歌，咏唐明皇與楊貴妃密誓詞云；「七月七日長生殿，夜半無人私語時。在天願作比翼鳥，在地願爲連理枝。天長地久有時盡，此恨綿綿無絕期。」其後玉環竟死於馬嵬坡，長恨永留，此可見以皇帝后妃，尙不如眞比翼鳥之自由，而空發此願耳。

關睢詩曰；關關睢鳩，在河之洲，窈窕淑女。君子好逑，參差荇菜，左右流之。窈窕淑女，寤寐求之。求之不得，寤寐思服。悠哉，悠哉，輾轉反側。」此詩文王因關睢啓興而思后妃。后妃未得之時，羨睢鳩關關對鳴而至於反側也。當其未得，固亦有反側之苦；與不如鳥乎之哀傷矣。

此外凡春怨秋悲傷春惜別之詩，無一不欣羨鸞鳳，贊歎鴛鴦蝴蝶，甚至相思爲情而死者，不知幾千萬，欲求如鳥類之雙飛雙宿，嬉遊太空，萬里偕行，除非於夢中遇之耳。若鳥者真可謂四海爲家，戀愛自由者矣。

第十四章　道德之比較

動物不屑與人講道德

道德之界說

一人對于礦物自然界道德如何

將謂其有高尙道德耶？讀者必以此爲辨人禽之根本，道學家尤据此爲天經地義，光芒萬丈者，而吾即以爲人類與禽獸之辨即在此。不知幸而禽獸不屑與吾輩講道德說仁義耳，萬一開人禽大會議，則人類道德立即破產。何以故？試問道德之界說如何，今於各方面研究之。

謂人類對人類以外動植礦自然界有道德耶？夫自然界若空氣日光水火金土，平常認爲無機物，不感受痛苦者，對之似無所謂道德。然而人類自用火用鐵以來，已鑿破混沌，而發殺機矣。黃帝鑿山通道，益烈山澤而焚之，禹鑿龍門，鯀湮洪水，已與上帝爭權，不可謂非造物中「踴躍不祥之金」矣。故列子謂人爲萬物之盜。及近世電學化

科學明天地毀鬼神不安

上帝之忤逆子

二人對于植物界道德如何

大植物乃世界舊主人

杜甫詩之公道話

學，汽學，照相學，火藥學等大明，陸轟山巔，海驚龍怪，開路礦，鑿隧道，則下徹黃泉；空中騰飛艇，則上闖天宮。既割據上帝之土地爲子孫遺產，復劃虛空之鳥道，爲空中領土。不但分地，而且分天；不但爭城爭地，而且爭空爭天。令天堂地獄神鬼不安。此種動物在自然界中，乃破壞貪殘之尤者，可謂自然界中之彗星。若有上帝者，當亦認爲孽子，忤逆不孝，尙何道德之足言？（一）

若對于植物，更無所謂道德。天道無親，萬物自生，而人類不然，案地球史，古代本爲大植物時代，大樹乃地球舊主人。自人類冶鐵學興，革植物之命，取植物而代之。披荆而斬棘。五穀本與百草平等？而人類特寵榮之，莠與穀本同稟生氣于天，而人類謂穀爲良草，而謚莠爲惡草，去之如惡蛇蝎。此在人類主觀，容有好惡去捨。而豈萬物幷育之天心乎！善乎杜甫之詩曰：

「山果多瑣細，羅生雜橡栗。或紅如丹砂，或黑如點漆。雨露之所濡，甘苦齊結實。」

此詩善贊天地之無不持載，無不覆幬矣。而彼人類者，事事反天以行人治。不但戕賊

人類對于植物之罪惡

莠類百草訴寃上帝

三人對于動物界道德如何

禹周孔孟之罪案

杞柳以爲桮棬，若神農之揉木爲耒，黃帝之刳木爲舟，若益烈山澤，禹刊山木，人類之所謂聖賢，即植物界所謂寇賊也。蓋自神農教稼穡，雷公創炮製，而植物大苦。以至垂之弓，和之矢，公輸墨子刻雕術興，木道多夭。至近世植物藥物機械術，林政學昌明，而草木種族之榮枯，遂一伺人類之喜怒，彼所取之五穀花草藥物園藝者，不過十七萬三千種之最少數。以得人類偏寵故，助其虐焰，而滅他植物之種族子孫，芟夷蘊崇，永無噍類。此穀菓花藥諸種族，徒以蒙人類嬖幸，爲人類之飛廉惡來，留大名于人類歷史，而伸其專擅霸權，殘害植物同胞。實皆人類助紂爲虐所致。不知以植物公理論，人類乃植物界之公敵也。若謂人類有毫毛功德，利益於植物界者，非其寵暱，誰敢認之。此不但植物同胞所不許，抑天道「并育」公理所不容也。(二)

若對動物而講有道德者，此語惟人對于人可秘密自誇，切勿使三十六萬六千種動物竊聽之也。禹之聖也驅蛇龍，周公之聖也驅虎豹犀象，孔子稱至仁，然不過釣而不綱，弋不射宿而已。其食則不厭精，膾則不厭細。禮記內則多言烹調動物之法，孟子大

舊約稱上帝以動物賜人食之大謬

燒烤席之慘酷

廚房者動物之地獄

賢稱無惻隱之心，非人也。然所立君子之標準，不過遠庖廚而已。若基督教義公然稱上帝云。「以動物賜與人食。」此爲天下第一無實据，而大不平之公案。近世大同學家，若託爾斯泰之流，雖信耶教，已實行素食，不嗜殺生，可謂能認罪懺悔者也。且夫鳶飛戾天，魚躍于淵，可謂與人無患，與世無爭之至矣。而大聖孔子何爲上殺飛鳥，下欺游魚。周禮天官所掌，所謂皮革，齒牙，骨角，毛，羽，各有專官。而今動物解剖學興，鯨魚油也，鱉魚肝油也，日日公諸報紙。夫孰憐此魚類，亦愛惜其生命乎？夫人類殺動物之最慘者。莫有所謂燒烤席若矣。人言有食假熊掌者，取生鵝置鐵鏉上，炮烙其掌，使覺熱則必舉其掌，每舉掌時，則必澆以醋油等物，久之掌腫高至數寸，鵝死而醋油等物全浸其中，食此味者，以爲大美，類熊掌云。一書載某甲，好食鱉者，置鍋上微火煎之，旁置醋油等料，俟其乾渴，即與飲之，飲至滿腹斃死，其後某甲舍遭火，甲從窗出，僅伸其頭，不能進退，竟烤死如鱉然。但烤鷄鴨用此法者不少，受報者幾人？要之，此種厨房，真佛所云：刀山劍樹沸湯無間地獄也。顧人類日日研究之，咀嚼之，以娛賓客，供宴樂，用表

午于人之恩德

六畜性善

不知恩者人也

屠獸場之慘

母鯨之慈與人之辣手

動物開大會

其待客道德之厚。夫誰代被殺之動物以鳴不平者？且夫鷄鴨猪羊，自其祖宗以至子孫，世世供人類屠殺，臠切，烹調之用，猶可言也。乃若牛一世爲人耕田，爲人哺乳，其恩幾同乳母，人若無牛殆無粟可食，其老也，終食其肉，而革其皮。馬驢騾之爲人亦然。狗最愛主，日日爲主守家，久之終不免食其肉而寢其皮。此眞出于不得已乎？故一切畜類。任何有恩於人，無能免禍者，人之無良亦至此乎？而今此所稱文明人者，殺機愈甚，迷信肉食衞生，復造罐頭製殺牛羊機器，一點鐘可殺數百頭，並可即刻經過若干手續，裝製罐頭之事立即完畢。故亦有慈悲心者，一至屠獸場，見羣牛觳觫臨刑之狀，感而素食，然鳳毛麟角矣。尤可憐者，魚族在海中，與人類毫無妨害，乃自電學法明，用電燈以誘魚，魚見光大集，乃羣捕之。而捕子母鯨之法，先捕小子鯨，則母鯨徘徊不認去。因得而全捕之。漁人善利用魚類慈幼之天良，以遂其殺欲焉。又捕魚者多乘雌雄魚會合生育之機，因而掩捕之。捕鳥獸蟲者，亦多利用此機，蓋動物夫婦母子會合之時，即人類掩殺剿絕其種類之時也。噫！要而言之，動物有公開大會，與人類中辨公理之

四 人類對人類道德如何

日者，人類尚可一日存于天地間乎？尚能揚首伸眉與動物論道德乎？由此而言，若謂人類有道德于人類以外之動植礦自然界者，無有是處。(三)

將謂人類對于人類同族有道德耶？此條乃人類道德根本破產之實據，鄙人所以著此書之動機，即發源于此。蓋積無數感覺之實例，對于人爲物靈之謬說，良知上不安於心，故錄出以質諸讀者也。今試以人類對人類同胞之道德，與禽獸對于禽獸同胞之道德比較之。夫人類者其意云何？若鳥在虛空中，用平等眼而下視，或有獅子登喜馬山，而俯瞰四海，今五洲黃白粽黑紅種之倫，非統曰人類乎？蓋鳥獸之視人也，何異人之視鳥獸。如人之視馬，無論亞洲之馬，美洲之馬，歐洲之馬，等馬類耳。若有亞洲之馬結爲一羣，與歐洲之馬相戰者，人必以爲怪矣。如有白蛇青蛇花蛇黑蛇各劃疆界，造立國名，結成長蛇陣勢，互相爭戰者；人必以爲怪矣。黑犬白犬黃犬紅犬皆犬種也，各犬如有劃分溷廁，造立國名。講演愛廁主義，運合某色犬，佈陣列隊。置之司令，而與他犬鬬者，人必以爲怪矣。夫禽獸中虎豹豺狼獅熊蛇蝎等雖號兇猛。特對吞食其同類以外之動物。然且至于充飢而止耳。未聞虎結隊千萬，與虎鬭也；狼結隊千萬，與狼鬭也。犬與犬有鬭者。然亦見傷則已，致死者吾未之見。此見犬之仁義可等于宋襄公不禽二毛矣。夫犬或因其豢于人而不自由，虎狼或因數少，若夫蛇則遍地皆是，若聯合而組之，隨地可得數萬，遠過于人數，然古來未聞一戰。惟左傳言「內蛇與外蛇鬭」，想亦不過數頭而已。由此觀之，禽獸有一公例，即同族結大隊自相殘殺之事甚少。余觀鳥詩中言，「强或起噪聒，未至殘同類。」大可代表普通禽獸之公性。試就吾人常見之動物，而研究其同類相殺性之强弱則如下。

準Kropotkin克氏例一切動物同類鬭絕少

一鳥類

一鳥類；　若鳴禽類；鶯，燕及水禽；鵝，鴨，未見鬭。猛禽類；鷹，鸇，搔剝類；雄鷄，鵪鶉，鳥雀等小有鬭，然傷而不至死。且罕合大羣相鬭者。

二獸類

二獸類；　若貓兔豬騾駱駝鹿，殆無鬭。羊尤好羣，往往以鬭爲游戲，非真鬭也。犬馬有鬭，然罕致死者。虎狼獸類有鬭，未聞虎食虎，狼食狼，蛇食蛇，象食象，且聯合千百萬以上同類，爲長年月之戰爭也。

三魚類

四蟲類

惟蟻異族間鬬

人援異類禽獸以殘人小史

三魚類；　任何魚類，但見其躍淵自得，大魚喫小魚則有之，同類之魚結隊戰鬬，絕未之聞。

四蟲類；　惟昆蟲類間有鬬者，若蟋蟀是，但不結大隊，結隊而鬬者，惟有蟻耳。蟻與蟻族相鬬，排成陣勢，如人類用兵然。一陣死蟻甚多，餘蟻且啣其尸歸。蓋蟻爲動物中特異之現象，誠自相殘殺之敗類。雖有黃白同是蟻族，而結陣自殺，此一切禽獸皆不屑爲者，而彼人類，乃不師嚶鳴之黃鳥，合羣之羊。呦鳴之鹿。三十六萬種動物之中，獨效同類自殺之蟻，可謂專學禽獸之劣種者也。雖然人之學蟻也，其與同類自殺之點學之。于其蓄奴制學之，于其專制君主制學之，不知蟻乃真共產主義實行家，與蜂同類，而人數千年中獨未學此。嗚呼！人蟲人蟲。汝既學禽獸至劣之種，又最學其至劣之點，是何種動物哉？是何種動物哉？

若夫人類對於人類，五千年來，爲一部大相斫之歷史。人盡知之矣。而有一種遠劣於禽獸之道德者。互殺同族，且以爲未足，而對於動物，獎勵誘引其不道德之事。至引禽獸，以殘同類。史載黃帝驅貔貅豹虎，與炎帝戰於阪泉。夫黃帝與炎帝之後，同爲人類也。而黃帝乃引非人類者，以殘其同類。後世黃帝子孫，且以此稱其祖爲聖人。齊田單以火牛攻燕，夫田單與燕人同類也，相殺不已，復援火牛，以助同類之自殘。乃至晉楚之戰，胥臣蒙馬以虎皮，雖無真虎，借假虎面具之威，嚇其同類。而武王伐紂，伯夷直斥其以臣弑君，且有虎賁三千人。熱帶諸國上陣，多用象者。亞述女王西米拉美（Semiramis）與印度王戰，印度王驅羣象至，西米拉美后大懼，乃剝三千牛皮蒙於駱駝，畫爲象狀以禦之。人類同胞相殺不足，猶必借非人類以殺其類，此等劣跡，固獸類所不屑爲也。嗚呼！使人類而能如獸類者，晉靈公害其臣趙盾，何必嗾獒，關公過五關，斬六將之同胞，應步行而斬之，何必借力於赤兔馬矣。彼西班牙人殖民於西印度也，常驅獵犬以噬西印度人。而今茲歐洲人類大戰，不但借力於馬類，又復大借力於禽獸，軍用犬也，傳書鴿也，一鴿一犬，一騎一牛，足以致國王大將之死命。彼有名之蘇格蘭王勃魯士（Bruce）即幾送命於一軍犬之鼻。由此言之，謂人命價値能若一狗者，吾未

黃帝教虎豹
田單用火牛
西米拉美女王之象戰
晉靈公嗾獒
關公騎赤兔馬斬人
西班牙人用獵犬
歐大戰用鴿助殺人
蘇格蘭王勃魯士見厄于獵犬

人類互殺多借物動

名王頭賤馬蹄尊

之敢信也。何以故？軍犬之用，卽用於使嗅敵人冠冕勳章之氣味，而使之追逐，大兵隨其後，國王大將之死於犬，卽以其身所佩之勳章冠物故耳。

嗚呼休矣！試觀人類相殺，無一不借牛馬之力，卽知凡言愛人者，皆虛僞耳。不然，卽日在罪惡中而不悟耳。實則人與人相愛之力，遠不如愛其牛馬犬。今有二將牽馬相過，置酒高堂，痛飲爲歡。拴馬於槽，似人貴而馬賤矣。一旦失和，卽騎其馬以追彼將，而戮其首，是殺人者馬也。觀呂布之殺其義父丁建揚、董卓可知也。杜甫出塞詩云：雄劍四五動，彼軍爲我奔；虜其名王歸，係頸授轅門。夫名王者人也，係頸而致之者馬力也。嗚呼！名王之頭，比諸馬之蹄，犬之齒，孰貴孰賤乎？名王且然，而況普通人類乎？人類與人類之道德，不過爾爾，以視羊之羣，鴈之義，鹿之呦呦，鳥之嚶嚶，其文明道德程度，相去不亦遠乎：夫人類對於人類不道德之至於此極，蓋三十六萬六千種動物所罕見也。人類自殘，雖然學於蟻，然蟻幷未又引他類助蟻以自殘也，而人類自有戰爭以來，無日不引非類者以自殘。又蟻類之所不爲矣？嗚呼！吾人類同胞乎！吾亦人類也，何爲揚

虎狼蛇蝎不率人去殺其類人類罪惡獸所無

南洋婚俗與軍官帽章

吾類之惡至是，而贊歎禽獸。吾蓋默觀鳥類同類羣居，其道德實遠非吾類所可及，良知上對彼不能不起慚愧也。噫！與我有同此慚愧，而肯認罪者，其爲孟子乎，孟子曰：庖有肥肉，廄有肥馬，民有飢色，野有餓殍，此率獸而食人也。故「善戰者服上刑」。夫虎道主義，虎不率人以食虎。狼道主義，狼不率人以食狼。蛇蝎道主義，蛇蝎不率人以食蛇蝎。然而號稱人者，率獸以食人。噫！十六萬萬同胞也，四海之內皆兄弟也，民吾同胞物吾與也。人性皆善，而覺有先後也。上帝愛人云云也。此等道德語，吾口誦之，吾耳聞之。吾甚慚愧虎狼蛇蝎諸衆生之竊笑於四周，而嗤人蟲以鼻也。

今南洋生番之俗，掠人爲食，其結婚者，女族必詢男族，積有人頭顱骨若干串？顱骨愈多者，愈爲人所尊敬，猶中國之數田產牛馬也。聞者必以爲怪，爲野蠻，而不知吾國自用秦法尚首功，（尚殺頭顱爲功。）故至今稱「加幾級」者；乃沿秦制斬首若干級。晉爵有差也。然則凡以斬人類同胞之首，而得紅黃帽章者，事實與南洋人之計腦蓋骨爲榮，固無異也。不過彼用直接計算，此則代以徽誌，如算學變爲代數耳。民國初元，孫大總統祭明陵，馬相伯（良）先生演說曰！「須知君等成了功了，所戴軍帽之顏色，紅的，黃的，金的，都是沒成功同胞血染的，不要忘記了前人」一聽者大感動。雖然感者自感，殺者自殺，誰知其極？

聞者曰：止止，人蟲之不道德，有愧虎狼蛇蠍，證据確實，又得孟子言爲信，人類可以認罪矣。應之曰；數人類罪惡，殆真擢髮難計，但吾所言，毋乃太少，將更略舉數案，最易記憶者，使人知之：

動物報恩小傳

傳載隋侯救蛇，蛇銜明月珠以報，故世稱隋珠，又佛經言：佛施恩於魚類。後魚生天雨，瓔珞以報恩事，蓋難徵實，人或莫信也。而据可靠正書及西國科學所調查人與動物之關係，大抵可信。茲考譯數節：

一益州弔鳥山

一，水經注三十七，益州，葉榆河出其縣，（注故滇池）漢武帝元封二年，唐蒙開爲益州郡，有葉榆縣，縣西北八十里，有弔鳥山。衆鳥千百爲羣共會。嗚呼啁蜥！每歲七八月，至十六七日則止，一歲六至，雛雀來弔，夜燃火伺取之。可見立蟲之惡 其無嗉不食，似特悲者，以爲義鳥，不取也。俗言鳳凰死於此山。故衆鳥來弔，因名弔鳥。（廣志九州要記，李彤四部載此事略同。

二、烏傷縣顏烏村，水經注四十，浙江又東逕烏傷縣北，（注王莽改曰烏孝，異苑曰，東陽顏烏，以諄孝著，有羣烏助銜土塊爲墳，烏口皆傷，一境以爲至孝致慈烏也）按今名義烏縣。

觀上諸例，吾決不忍多述動物道德，以形吾人類同胞之恥辱，特吾良心上不能不覩此而慚愧耳。吾生慚愧，同胞亦生慚愧否耶？

三，美國公民鑑義鳥，鳥類有較人類爲慈悲者。獵者愛德華嘗銃殺亞基烏一頭，方欲俯拾，忽見有亞基烏二頭。飛落海灘，竟將死鳥銜去。愛德華感之，終身罷獵。

（一）義犬。昔一英國商人，騎馬赴某地索債，得銀置囊中，中途下馬休息，忘之。行不遠其犬迎而吠之，聲甚厲，不令前。商屢叱之不去，以爲狂也，出手槍擊犬，犬大嗥而去。商

二浙江義烏縣

三亞基烏感動獵人

四義犬四條

人聞其聲甚奇異，心爲之動念，今日得毋有何不幸乎？因思銀囊得毋有失乎？捫之已杳。大驚，急返覓之，至所休處，則其犬正伏道旁，囊上流血染地，見主人來，尙餘氣一縷，尾微搖，一瞬目視主人，遂斃。主人大痛，歸而葬之。

(二)又有劉惠林者 (Llewelyn) 獵人也。一日自外歸。見其家犬出迎，滿身血漬，心疑之。在內室惟見室內血肉狼籍，而床上臥兒已杳，以爲必爲犬所食也。大怒，取手鎗立斃之，犬負痛號甚哀，劉心始疑，俄於牀下得生死二物，生者其愛兒，無恙，死者一狼尸也。劉乃大悟。狼入其室，銜小兒。犬奮與狼鬬，幼主因以救得者，眞不減趙子龍長坂坡救阿斗也。撫犬尸大痛，爲碑以葬之，英斯賓塞 (Spencer) 爲詩歌其事。此外人所傳義犬之事甚多。

(三)孝犬。廣東東莞縣陳恭隱家牝犬也。恭隱痛父死國難，隱居山中。此犬隨恭隱，每出則犬前行，遇豺狼蛇虎，則亟返嚙恭隱衣袂，曳之還。夜於廬舍巡且吠，達旦不少休。數年，犬一乳五子，皆牡，旣長，恭隱分贈鄰家，畜皆能司門戶不怠，初分之歲餘，母犬日往各家視乳犬一週，若訓之勤者。有食，乳犬輒讓母犬食。乳犬既壯，每早輒齊來恭隱家視母犬，又數年母犬病癩，瘦將死。犬日齊來，爭與母犬舐癩，遂愈。後母犬死，五乳犬皆哀號不止。恭隱憫之，瘞之後山，五乳犬每早輒齊往瘞處號，如是者數年不輟。

（四）丙申秋。有太原客南賈還。策一驢，橐金可五六百。過中牟境。有少年人，以挺荷犬至，犬向客咿啞，若望救者，客買放之。少年窺客裝重，以挺杖殺之，蓋以沙葦，負橐去。犬見客死，陰尾少年至其家，識之，即詣縣中，適縣令升座，犬直前，若哭若訴，令曰。爾何冤？吾遣吏隨爾，犬導隸出，至客死所，隸掀葦得屍還報，犬亦復至，號擲如故，令曰。若能知賊乎？我遣隸隨爾，犬又出至一村僻人家，犬竟入，逢一少年。跳而嚙其臂，隸因絏之到縣，具供殺客狀，問其金尚在，就家取之。因於橐中得小籍，知其邑里姓字，令乃抵少年辟，而籍其橐歸庫，犬復至令前，吠不已。令因思曰。客死，其家固在。犬吠將無是乎？乃復遣隸直往太原，此犬亦隨去，既至家，方知客死，又知橐金無恙，大感慟，客有子偕隸至，賊已瘦死獄中，令乃取橐付之，其犬仍尾其子，扶櫬偕返。

五瑞士之義犬救人隊

六英文豪斯哥脫 Scott 義犬傳之

七義牛

（五）瑞士之義犬隊。瑞士多山，冬大雪迷行人，乃於各峯養義犬救護隊，縛酒餅及棉衣於犬身，遇人冷而迷路者，犬至人旁，令人解其束而得飲食，犬并導人出山，其犬之能者得獎牌。噫！此犬之功不勝於殺人大劊之拿破侖與？

（六）英國文豪斯哥脫者！(Scott) 家中常畜一犬，每出犬必隨之，忽一日，彼於煩悶中，以石投犬，重創其足，及斯哥脫行時，此犬仍匍匐隨其後。斯哥脫大爲感動，頗生愧悔之心，此後對於一切生物，無不致其慈悲，後集義犬之材料，撰爲多種小說，以風世人。

（七）義牛者。宜興吳孝先家水牯牛也，日耕山田二十畝，吳寶之，令其十三歲子希年牧之，牛方食草澗邊，忽一虎從林中出，欲攫希年，牛旋身向虎遽奔，以前角猛力觸虎，虎蹼而仰偃，隘澗中，不能輾，水壅浸虎首，虎斃。他日孝先與鄰人王佛生爭水，佛生牽其子毆死孝先，希年訟於官，佛生重賂邑令，反杖希年斃杖下。孝先妻周氏告牛曰：曩幸藉汝，吾兒得免果虎腹，今父子俱死於讎矣。牛聞大怒，飛奔至佛生家，竟觝佛生斃，復舐二子，二子斃，鄰里趨白令，令聞之，怖死。

八義猴二條

（八）一義猴。有某老人生平無子女，無長物，止畜一猴，至各處作戲化錢，惟恃此猴相依爲命，及老人死，猴大哭，蓋棺時，躍入棺內，竟殉之。

又公民鑑義猿。雍正間，南安人鍾某過梅嶺，縛得一猿，歸縶庭際，跳躍悲號，鍾動。牽至來處縱之，暗伺所往，抵一處，巖懸如竇，猿趨入中，有母猿僵臥呻吟，猿撫摩良久，酸嘶而出，意似覓食。時際隆冬，苦無得，就澗啣水哺之，鍾爲惻然，歸懷榛栗投岩隙，猿出見狂喜而躍，拾歸嚼以進母，甫盡數果，母猿側伸能動，鍾歸。越年餘復經嶺上，一猿突出，以巨桃獻，視之，向所縱者也。納桃袖中，比至家，母患熱疾，勢綦篤，煩思冷飲，急以桃進，食竟頓愈。

九義馬

（九）義馬。昔有一亞拉伯騎者，名海生（Hassan）爲土耳其人所擄，身受傷，與馬均被縛，夜宿營幕中，海生聞其愛馬鳴聲，心甚憐之，乃匍匐往視，謂馬曰，愛友乎！吾已矣。汝能回家爲吾妻子報信乎？遂嚙斷馬縛，縱之逸。馬遂以齒銜其受傷主人，中夜踰營出，越山原行若千里，竟返家。置主人於其女主人前，馬力嘶一聲，氣盡而絕，有多詩家播諸歌詠以贊之。

十義獅

（十）義獅。義獅之事，尤爲奇特。西國自古有鬬獸之俗，常特造鬬獸場，使猛獸與獸鬬，或囚人與獸鬬，而君王貴族男女於場上觀其恐怖殘殺之狀爲快樂，蓋天下至殘忍之事也。加爾達額國以爲羅馬勁敵著名者也。有一奴曰安都牢客（Androcles）不安主人之苛虐，逃入山，遇一洞而藏焉。無何一獅來，將入洞，始悟乃獅窟也，度不能逃，亦不懼。但聞獅呻吟聲，意似無他，若向人求救者，視其掌，傷於刺而腫，乃爲拔出之。獅搖尾感謝。此後安都牢客遂居洞中，爲獅王食客矣。獅日出獵食物以餉安，安亦爲燔肉以餉獅，互助相養，遂爲良友。如是者年餘，一日，獅出獵，竟不返。安無所得食，獨出，遂爲捕者所得，詰安知爲逃奴，逃奴在法律上應置鬬獸場以飼獅。安既入場，鐵門開，一餓獅出，貴族士女觀者千萬人，立高壇上，方急欲視猛獸撕裂血肉之狀，而獅行至安前，搖尾如馴犬戀主，衆大驚，詢問其故，則二人乃良友也。衆奇其事，大爲感動，遂釋安

十一　山西義虎

都牢客，并放還義獅，復令還山，二友復得自由。

又西北司令張之江，爲余談其聞晉督閻錫山述，山西某縣，有義虎事，余忘其詳，大致與上義獅有相似者，事經縣署，人盡知也。

讀者於前諸例，生何種感情，卽知人類中忘恩負義之輩，遠不若義犬，義猴，義馬之有節，而義獅感人尤深。可悟奴隸之制，人類苛虐相待，因有猛於獅者。嗚呼！人性善乎？獅性善乎？吾不敢知，而此例因證明人世社會之苦痛，不如獅窟虎穴，尙可安居也。此知舜居深山之中，與鹿豕遊，其有天趣，視岳飛袁崇煥輩束帶立於朝，其幸福大矣。杜甫詩云：

『不貪夜識金銀氣，遠害朝看麋鹿游。』噫！豈但麋鹿可游，乃有仇生同胞，而友及獅虎者矣。吾書至此，吾對禽獸甚爲此倮蟲慚愧，無以自容焉。道德云乎哉？由此而言，謂人類能有益於人類以內同胞之道德者，無有是處。

第十五章　仁讓之比較

禪讓禮文之虛僞

將謂其有仁讓耶？前已言之，人之爲物也，蓋擾亂天地秩序之惟一害蟲，上殺飛鳥，中殺走獸，陸殺百蟲，海殺鱗介，近且上駕風雷，下開地穴，真不仁之尤者。而他罪均或可恕，惟殘殺同類之酷，爲三十六萬動物所絕無，安有所謂仁讓者乎？或謂子不見夫宴會之間，進退周旋，常因讓一席次，而費半小時之久，官場送客，普通一例，稱仁兄尊字，而自稱愚弟之名，此非讓之表示乎？曰：此真所謂虛僞矯飾耳！何以知之，以其小事讓，而大事不讓，空名讓，而實在權利不讓絲毫知之。試觀因讓座位，而費時半點鐘者，其張口大嚼時，讓誰一箸？有不踴躍爭先者耶？又有不平時虛爲周旋，僞文千萬，至一言不合，卽存心陷害者耶？若夫仁兄尊字，亦後世作僞之證。古者君臣相與，或直呼其名，臣之稱君，亦汝爾相稱，無稱字者。稱字僞文，其始於襄周乎？發與旦，不能爲舜之與堯，又不能爲泰伯之真讓，乃作爲僞飾，故夷齊恥之，不食其粟，而後世紛紛受禪之臺，人人學禪讓，至今「舍日欲之，而必爲之辭」，家奉馮道之薪傳，人得鄉愿之神髓。以李世民之英武，手定長安，而偏立隋恭王孺子爲蛇足，以王守仁之穎悟，滿腔禪慧，猶取名爲致良知，更附會朱子晚年定論，以粉飾之，他方人就則吾不知。若中國人性言上踐叔孫通之禮，下傳鄉愿之學，猶糞土之牆，外用彩色塗附之，則謙讓等美名是也。試觀孔子不惡盜跖而惡鄉愿。子貢曰：「紂之不善不如是之甚也。」且爲桀紂辯護，而所痛惡惟一鄉愿。以其非之無舉，刺之無刺。居之似忠信，行之似廉潔，閹然媚世，衆皆悅之，而膏肓之症，尤在自以爲是。譚嗣同所謂成一痲木不仁世界。顏元所謂二千年成一大謊，皆僞爲階之厲也。試觀彼鳥獸者食則食耳，飲則飲耳。莊子馬蹄云：夫馬陸居則食草飲水，喜則交頸相靡，怒則分背相踶，此馬之真性也。若夫南嚮讓者三，北嚮讓者再，自加九錫而自表辭，晝夜喘汗自營謀之，反示人曰；爲衆民公意所推舉也。此等僞文手續，吾誰欺欺天乎？又馬牛羊雞犬豕所不屑也。大哉！孔子曰：「當仁不讓於師。」賢哉！孟子曰：「如其道則舜受堯之天下，不以爲泰。」此言僞道德，不如真良心。假借僞名詞，不如直講公理也，故救虛僞禮文法制之弊，有三法；一曰天民。如古者夷齊泰伯陳仲子及佛之出家是。高士傳獨行傳中人，大抵生活狀況，甚與天然近。所謂

救僞讓之三法
一天民派
二義俠派

五六

三明因果

鳶飛魚躍也。二曰義俠，如讀刺客游俠傳，紅線聶隱娘傳，每令人精神百倍。又水滸每寫宋江一段僞讓，必接寫李逵一段真率，蓋以俠爲救鄉愿之聖藥也。三曰，明因果，能從因果上觀察明白，雖一文亦不占人便宜，無取乎僞讓也。

第十六章 廉恥之比較

蟬德頌

將以人類有廉恥耶？夫言廉德乎？則定推動物爲最優。而人不與焉。匡章以陳仲子爲廉士，而孟子謂其不如蚓之上食槁壤，下飲黃泉。夫陳仲子尚不如蚓，況亞於仲子者乎？而動物中至廉者，應推蟬，夫蟬素有隱士之號，(Hermit) 吸風飲露，於長夏如年溽暑蒸熱之會，羽衣飄飄，供我等以高吟之樂。有如天仙奏琴。婦女聞而贊歎，兒童得以嬉娛。若爲作傳刻石頌功德。其功德較各將軍攻城殺人之炮驚我魂夢者，不亦遠乎？而但見琅琊芝罘會稽與燕然之銘，淮西之碑，頌貪殘殺人之功德，甚至有立生祠者。未見頌蟬仙之淸風高節盛德大業，豈非天下至不平之事？殆大德無名與？然蟬與蚓

虎狼蛇不犯耶老戒

動物所有權觀極微

又無遺產法

始皇與亞力山大

高風誠不可及已。即至貪之猛禽毒蛇大動物，若鱷魚鯨獸。亦不過飢而式食庶幾渴而式飲庶幾，與古代郅治世之人類等。所謂飢則求食，飽則棄餘。此諸動物皆不犯老氏多積多藏之戒，不犯耶穌積財寶在地上之戒。偶有數動物若蟻類積糧禦陰雨，冬眠動物，儲少許旨蓄以禦冬。然決無若人類指上帝所有之黃金白銀礦山森林等，据爲已有，造作文契，與某某名下爲業者也。最可笑者，每見人契据上大書特書，將某某田產賣與某人名下，永遠爲業，而考其人，則骨早已朽矣。劉氏李氏之天下，而今安在?「舊時王謝堂前燕，飛入尋常百姓家。」以視各動物之所有權，斷自口腔以下，直腸以上爲限者，孰爲智孰爲愚耶?

試本此眼光，以讀過秦論云:秦孝公據崤函之固，擁雍州之地，君臣固守，以窺周室，有席捲天下，包舉宇內，囊日四海之意，幷吞八荒之心。……始皇之心，自以子孫帝王萬世之業也。……則見據字，擁字，席字，包字，吞字，不但令吾等失笑；亦令動物失笑。因動物不過一手一足之烈，所據所擁不過前後爪，所包所吞不過嗉裏腸間，而嬴呂諸人，亦一前趾較發達之一哺乳動物，豈有擁，据，包，吞，如此寵大廣遠之理。真文人形容梟雄輩腦中之誇大狂耳。昔亞力山大 (Alexander) 常臥於沙中，起而視其印痕，歎曰，吾自負頂天立地，今乃知占據地面若此之小乎：可謂有自知之明，而彼動物決無此誇大狂之腦熱病。左太沖詩所謂，「飲河期滿腹，貴足不願餘，巢林棲一枝，可爲達士模。」孔子贊黃鳥曰：於止知其所止，可以人而不如鳥乎？蓋知足寡欲，一切動物皆然，「大風有隧，貪人敗類，」其人之謂乎？

且今若有老犬，於將死時囑小犬曰：某廁某廁，爲余貽存之物，汝輩其世守勿替。小犬問其憑据，則答以余曾以爪爪地留數痕爲據。人必大怪之矣。何以故？動物公例死則已耳。無遺產繼承之所有權故。而人者方將貪天之物，以爲己有，且欲至千萬世，真三十六萬六千種動物中所未有也。東坡赤壁賦云：

『月明星稀，烏鵲南飛，此非曹孟德之詩乎？……方其破荆州，下江陵，順流而東也，舳艫千里，旌旆蔽空，釃酒臨江，橫槊賦詩，固一世之雄也，而今安在哉？況吾與子漁樵於江渚之上，侶「魚蝦」而友「麋鹿」，駕一葉之扁舟，舉匏樽以相屬。寄「蜉蝣」於天地，渺滄海之一粟。哀吾生之須臾，羨長江之無窮，挾飛仙以遨游，抱明月而長終。……惟江上之清風，與山間之明月，耳得之而爲聲，目遇之而成色，取之不盡，用之不竭，是造物者之無盡藏也。而吾與子之所共適，客喜而笑……」

觀蘇子意謂曹孟德不足道，而魚蝦麋鹿蜉蝣知足常樂也。

噫！漢丞相耶？魏武帝耶？曹操耶？麋鹿耶？魚耶？蝦耶？蜉蝣耶？以此思哀，哀可知矣。此莊周所以寓意大鵬，逍遙九萬里之上。李太白所以秉燭夜遊也。故聞莊周李白之風者，濁夫清。聞蚓與蟬之風者，貪夫廉。

曹孟德與魚蝦

孝廉乎

或疑漢之設科有孝廉，方正，而至清代舉人皆稱孝廉。官吏之俸，皆稱養廉。其小有捐助，稱捐廉。試觀各縣署之匾額，殆無一不有公正廉明等字者，此非人類之廉，過於動物之大文章乎？曰：誠然，此即其不廉之證據也。漢設孝廉科四百年，而西漢之終，得一王莽，東漢結果，得一孝廉之曹操，足爲代表。至舉人稱孝廉，尚有稱武孝廉者，則適以

養廉捐廉之僞

孝廉二字，武斷鄉曲，健訟豪橫，利用爲刁紳土棍劣董之武器，作一地方之蠹賊而已。不信吾說，試思孟子倘言仲子惡能廉，漢以來之孝廉，有廉於仲子，而幾於蚓之操者耶？吾見亦罕矣。若夫養廉爲官吏專有，厲民自養者，滔滔皆是。以廉自養，蓋亦僅矣。而捐廉之事，不過巧攘他人所有，從己手經過一番，注於己之名册，曰此某某所捐助耳。實則所捐之廉，非從天降，非從地生，非從捐者父母胎中帶來。不過巧於運用，從他人血膏上，加以種種名目，吮吸而去，遂假爲己物，名曰捐廉。與其名爲捐廉，不如名爲捐貪。因若不貪即無可捐也。若言捐廉乎？必若蚓之吹笛，蟬之鼓笙，無取於世而行布施，斯真捐廉矣。至言恥乎？則人類尤不如動物。試條舉之：

一暴政府官吏之無恥

一在暴力政府下之官吏。孟子已言之曰：「爲機變之巧者，無所用恥焉。由君子觀之，今之求富貴利達者，其妻妾不羞也，而相泣者，幾希矣。」景春曰：「公孫衍張儀豈不成大丈夫哉？一怒而諸侯懼，安居而天下熄。」孟子曰：是焉得爲大丈夫乎？……以順爲正者，妾婦之道也。」夫衍儀者即當時之政客官僚，在都會者今所稱之大人，在扞寨者世所稱董事老爺是。自孟子言之，皆爲妾婦。以今法律學理言之，若東方女子不平等之婦，即奴隸也。故暴力政府下之官僚臣工，其性質，完全爲奴隸娼妓，孟子所謂無所用恥焉。故自古言男爲人臣，女爲人妾，證明臣妾之同等。而妾之性質可贈可賣，即娼之一種，（日本田澤順次郎言之甚詳）故清制上書滿人始稱奴才，而漢官僚乃間接之奴才，至於鄉里紳董，距間接資格尙遠，止間接間接之奴妾娼妓而已，聞者得勿驚爲刻乎？實則極平實之論。夫研學之責任，貴存其實，不能回避也。且非我誣數千年之君臣也，古經有明訓焉。

詩秦風；四牡孔阜，六轡在手，公之媚子，從公於狩。

荀子之媚世儒術與佞幸傳

觀此與娼妓媚嫖客，奴妾媚主人，有同情矣。非但此也，荀孟大儒，當時已明言之，

荀子仲尼篇曰，持寵處位，終身不厭之術。主尊貴之則恭敬而僔；（與撙同，卑退也）主信愛之則謹愼而嗛；（同歉）主專任之，則拘守而詳；主安近之，則愼比而不邪；主疏遠之，則全一而不倍；主損絀之，則恐懼而不怨，……可貴可賤也，可富可貧也，

可殺而不可使爲姦也。是持寵處位終身不厭之術也。雖在貧窮徒處之勢，亦取象於是矣，夫是之謂吉人。詩曰，媚兹一人，應侯順德，永言孝思，昭哉嗣服。此之謂也。

又孟子曰：便辟不足使令於前與？王之諸臣，皆足以供之；又曰：有事君人者，事是君則爲容悅者也，又曰：與讒諂面諛之人居。曾子曰脅肩諂笑，病於夏畦。

嗚呼！荀孟大儒，其言如此，蓋二千年臣妾之薪傳與。聊齋恆娘房中術等耳。夫容悅面諛諂笑者，非娼妓行爲而何？此例證之史傳尤信。蓋臣之有寵倖，與女之得幸，固無殊焉。漢書佞幸傳所謂「蓋亦有男色焉」，自衛侯之寵彌子瑕而食其餘桃，文帝尙寵鄧通，此後以男色女色致貴顯者，直至今日其風未絕。故孔子傷之曰「不有祝鮀之佞，而有宋朝之美，難乎免於今之世矣。」而孟子言「彌子之妻與子路之妻兄弟，彌子謂子路曰：孔子主我，衞卿可得也，子路以告，孔子曰：有命。」夫彌子瑕以男色事君。行爲完全男娼，欲因子路以要孔子，而子路果與孔子謀之，幸孔子斷以命，其間蓋亦岌岌矣。而孔子去魯，卽由齊人之歸女樂。故孔子歌之曰：「彼婦之口，可以出走。」甚

淸知縣媚道府之例

有羞惡者不能作官

御史犬吠與今之馬戲

矣！男娼女娼與政治上關係之大也。而若彌子瑕鄧通之類，以一身具備臣妾二種性質，可謂女臣而兼男妾，殆近雌雄同體之動物矣。余在京中。見一小說曰新談往，所載前清末二十年中，所有名公鉅卿道學文士，以至最著名人物，其進身也無不與八大胡同娼妓有關。噫！甚矣！臣與妾自古之不分也。宜乎稱禹以來爲家天下也。哀哉！前清之例，凡府道以上之省城郡城，其首縣知縣號稱百里內民之父母者，須每日黎明坐轎，偏至府道以上衙門叩頭請安。噫！試問其長官之愛子孝孫，事其父母有此禮否耶？子孫骨肉所不能爲者，而令爲民父母之官吏爲之，此種官吏之身體，是機器乎？抑人類乎？此時感想若何？以此養成官格，尚夢見人間有羞恥事乎？記綱鑑宋紀有一節，余忘其之人姓名；某權貴與人出遊至一地，風景頗佳，聞雞鳴聲。權貴曰，惟尚少犬吠耳。俄而聞犬聲吠於籬間，覘之則某御史也。噫！此種官僚社會現象，誠如史所稱鷹犬爪牙羽翼，與今俄國大馬戲，日本所謂猿樂，正相伯仲，而尚靦然人面，沐猴冠帶城狐社鼠豺狼當道，以臨其民，而稱父母。嗚呼！其民之人格，有不君子化爲猿鶴，小人化爲沙蟲者乎？

二強暴之男性。

世界未有鳴鼓而攻男性之暴惡者，因著書主持是非之人，自古皆男子故也。惟吾之思想觀察路線，根本從佛法平等慈悲眼入手，對於凡屬暴行，乃能洞見本源，而悟凡動殺機，即是罪惡。故定，萬惡殺爲首。殺性代表屬於男也。乃男不獨好殺，又最無恥，試以最普通之罵人語爲例，每罵人者，皆云「吾將奈何汝祖宗」云云，推其意皆以此汙人使人可恥，而忘本身不知有羞恥事。且鄉有奇俗，汙穢人者，則脫去衣裳，登其門而辱罵之，以爲足以羞恥於人，此皆絕不可解之事，而男子反以爲勇。

（暴男之無恥）

詩經多男女相悅之語，而稱經典。有云「士之耽兮，猶可說也，女之耽兮，不可說也」吾不知其可說者何在，殆無所用恥乎？吾更求其故，蓋出自帝王之身，以無恥爲天下先。樹男性無恥之模範。於何證之？於周公大禮證之，禮云天子有二十七世婦，有八十一御妻，諸侯一娶九女，其當夕交尾之日月，尙賴毛鄭經生，屈指推算，爭辯考据。而此模範聖人首推文王，今世傳有文王百子丹，言能御羣牝也，以無法調和多雌，乃制一

（無恥之周公制禮）

（無恥之經學）

名詞以恥人名之曰禮曰節曰名教，禮教，專爲婦人而設。首使后妃不妒，名爲能逮下美德，以充其男子無恥之慾。江有汜之詩，小星之詩，螽斯諸詩，所咏歌贊美也，「之子於歸，言秣其馬，言秣其駒，」非皆男子無恥之言與？而爲千古輕薄才人之祖。歷代詩文家，無一不爲輕薄式之女性崇拜，奉女子若仙若佛，名女人爲美人，而忘男子應名爲惡人耶？凡此皆男性無恥之表現，史稱晉武帝平吳之後，掖庭殆滿萬人，帝乘羊車遊宮中，任其所之，羊喜食鹽，宮女競以竹葉灑鹽，以引羊車。友人謂据唐書，宮女最盛時，有三萬餘，夫以一老皇帝，掠數萬女人以供其輪姦，而加以妃嬪昭儀等等美名，是直行輪姦之禮耳。三宮六院。一大男婊子院，而皇帝乃唯一男婊子耳，吾久與友人研究，乃一旦豁然貫通。天子以無恥模範於上，故五等諸侯按無恥之程度，亦以次遞降，以至於士，皆爲多雌式之男婊子，唯庶人一夫一妻，尚稱自然。而天方夜譚。(Arabina nights) 又名一千一夜，此小說即表明男子之暴性，兼具無恥。一回教皇帝，(Jyreinths) 泰命士惡女子好淫，每夜進一女。天明即殺之，不待第二夜，夫女人則名爲

無恥之詞人

無恥之天子

大男婊子院

天方夜譚逃回暴主殺后之慘無恥之史臣

男性萬惡論

公狗之道德過于暴男

淫，不知此皇帝男婊子算淫乎？則史臣又有名詞曰，「幸之。」善哉！名詞之可以遮蓋男性之無恥也，故佛老第一在打破名相乃見真理矣。吾每觀察男性之無恥，常造虛僞名詞以掩之，久而是非顚倒，成爲公理。又常用殘暴之行爲以肆其無恥，每常有數男強姦一女，姦過則又用種種慘酷手段，辱戮臠割之，或以火烙陰戶，或以刀刺產婦之腹，昔暴王商紂，即因剖孕而被誅，然此等行爲，亂世潰兵到處不鮮，每閱報紙，深爲寒心。言之髮指，思之肉麻，而無奈暴男之性，事實上萬惡如此，以文字蓋其無恥，將奈之何？吾以佛眼觀衆生苦，數社會之病痛。不敢爲諱，並非爲戲論謾罵男人者。要之，男性不改造，社會永無太平平和之望也。山西省教育會會長張蘭亭告余曰，「有一事男子之慘酷無恥，爲一切雄性禽獸所決不爲。即衆雄爭一雌，獸類決不忍害其雌。而號稱人類雄性，每每或姦過，或未姦過，或強姦不遂，或因妒爭，并殺女子。甚用極慘酷手段以殘害女子，此真雄性禽獸所絕無之例也。蓋男性無恥，多以殘暴手段及文字名詞掩之，故不可不知。

埃及王令降王作馬駕

梁元帝嘆不如螻蟻詩

李白鳶啄人腸詩

第十七章　人命與鳥獸尊嚴之比較

第一節　埃王（Sesostris）令降王作馬駕

將以人類性命蒙天之眷，有特別尊嚴耶？如以前所舉人不如鳥諸例，或尙疑吾文滑稽，未免戲謔而近虐，侵犯人類之尊嚴，殊不知吾猶未根本推翻人類之可賤也。各史皆載世界最尊嚴之國王皇帝，多有生受禽獸之待遇者，如埃及王西撦脫利（Sesoutris）令諸降王衣王衣，爲之四足曳車以代馬力，而梁元帝敗於西魏，將爲梁王詧所害，作幽逼詩云。

南風且絕唱。西陵最可悲，何言異螻蟻？一旦損鯤鵬。皇帝自嘆不如螻蟻也。

李白戰城南詩云：匈奴以殺戮爲耕作，古來惟見白骨黃沙田。……野戰格鬬死，敗馬號鳴向天悲。鳶啄人腸，銜飛上掛枯樹枝。

又陳陶隴西行云，誓埽匈奴不顧身，五千貂錦喪胡塵。可憐無定河邊骨，猶是春閨

可憐無定河邊骨

鳥無當兵義務

人與人開戰鳥獸吃大餐

夢裏人!

由此觀之,當兵義務,爲鳥類所無有,軍役之苦,鳥類所不解。且人每經一次大戰,血塗原野之時,羣鳥狐狸,必得一次大餐,不管其爲將軍司令王侯大將,皆橫尸荒山亂岡,割鮮錯陳,以供鳥類野獸之飽餐,故以鳥眼在空下視人與人之戰爭,無異爲彼送禮物也。友人住山西者語我,辛亥年,省城中入夜無人聲,但聞羣狗爭骨聲而已,人平時高談人性善禽獸性惡,然此語出自人口耳,考之事實,未見狼與狼鬭死,人於山谷,拾許多虎狼戰死之骨,供人食者。而人每經一次戰爭,人卽送虎狼烏鳶無數鮮肉大餐,則人性遠遜於禽獸之善,不亦遠乎?果人類尙有慚愧心者,對於禽獸,應拜服之不暇矣。諺云:「寧作太平犬,不作亂世民。」其天良發現認罪之言歟!不然,何其哀痛至是耶?

第二節　人吃人小史,(商朝吃人——春秋戰國吃人——漢唐宋滿朝吃人——人虎傳)。

商紂之滿朝吃人

春秋各國吃人之俗

漢高之滿朝吃人

齊桓霸主之吃嬰兒名將樂羊吃其子張巡率兵食人

史稱紂以西伯九侯鄂侯爲三公，紂知九侯有女，令獻之紂。女不喜淫，遂醢（以其肉爲醬也）九侯，鄂侯諫，并脯鄂侯。且頒於文王焉。朝爲三公，而暮成菹醢，眞朝五鼎食，夕五鼎烹者也。

左傳宣二年晉靈公不君，厚斂以雕牆，從臺上彈人，而觀其避丸也。宰夫胹熊蹯不熟，殺之，置諸畚，使婦人載以過朝，趙盾士季見其手，問其故而患之。

此猶曰昏君也。齊威王烹阿大夫，漢高既誅彭越，夷三族，復醢其肉，以賜諸侯，故英布心不安以反。匈奴破月氏，以其王頭爲飲器，（溲便器）趙襄子滅智氏，漆智伯頭爲溲杯。（溺器）而孔門入室高賢季路，亦爲衞人所醢。夫鳥獸之肉，不登於俎，而人肉乃爲日常品，其他兵戰禍起，如楚人圍宋，易子而食之，析骸而爨之者，不可勝數也。若夫齊桓爲君，而食易牙子之肉，樂羊爲將，而啜其子之餔。張巡守城，而殺妻以餐士。乃至劉邦爲爭帝，而分其生父之一杯羹。皆爲歷史美談，不亦怪哉？

朝野僉載北齊南陽王入朝，上問何以爲樂？王曰：致蠍最樂，遂收蠍，一宿得五斛，于置

陳元光煮人而食

浴斛中，一人脫衣而入，被螫死，宛轉號叫，苦痛不可言，食頃而死，帝與王坐觀之甚喜。

又周嶺南首領陳元光請客，令一庖行酒，光怒，令曳出，遂殺之，須臾爛煮以食客。後呈其二手，客懼，攫喉而吐。

三豹之酷刑

又監察御史李嵩、李全交，殿中王旭，京師號爲三豹。嵩爲赤黧豹，交爲白額豹，旭爲黑豹。皆狠戾慘刻。每訊囚，必鋪棘臥體，削竹籤指，方梁壓髁，碎丸揩膝，遣仙人獻果，玉女登梯，犢子懸駒，驢兒枝橛，人不聊生，囚皆乞死。肆情鍛鍊，傳空爲實。周孔請伏，夷齊求罪，其毒害如此。若各史之酷吏，及法之巴士的大獄，俄之西北利亞爲囚人之母鄉，其慘何可勝言耶！

人虎傳

唐代叢書人虎傳。進士李徵有狂疾，入荒山化爲虎。其友御史袁傪過商於，虎見之自愧，伏草中，與袁述其事，贈以驂馬與食，不受，贈以羊肉，受之。虎囑李以妻子，言已，悲泣。且吟詩曰：

偶因狂疾成殊類，災患相仍不可逃。今日爪牙誰敢敵，當時聲跡共相高。我爲異物蓬茅下，君已乘韶氣勢豪。此夕溪山對明月，不成長嘯但成嗥。

虎又曰：君回日幸取道他郡，無再遊此途，吾今日尙悟，一日都醉，吾過此將碎足下於齒牙間，成士林之笑焉。切祝。復曰，君還都見吾友人妻子，愼勿言今日之事。

此事或係戲談。不合科學，然姑妄言之。虎有知者，且有惻隱辭讓，是非羞惡之良，不忍食其友之馬，而愧其妻子及士林也。今之當面背友賣友求榮者，豈若此李人虎乎？稱爲虎人可矣！

又唐靈應錄有人將犬肉飼一犬，銜往草中。跑地埋之，嗚咽久而不去，蓋狗不相食也。今人常曰；禽獸惡矣。然除鴟梟食母，破鏡食父等特例外，蓋不多見。若普通者狗尙不食狗也。而號稱人類者，乃自古人食人。君臣父子夫婦相食至今。噫！吾復何言：

間接吃人術

犧牲之意義一文曰：古者野蠻，食肉飲血，直接以人爲犧牲。今君主以臣奴爲犧牲，貴族以平民爲犧牲，資本家以勞動者爲犧牲，帝國以殖民地爲犧牲。朘其脂，敲其骨，疲其筋力，窄其生計，與饗人而噬者，有何辨？且也野蠻人之嗜欲簡而易足。得人而食，飽則棄之。不過一人食一人，以視今之棄糟粕含精華，以一人而同時以千萬人爲食者，瞠乎其後。然則今直一犧牲世界而已。

「雖然吾以爲雖今世界仍直接而食人，與間接而食人者幷存。此佛所謂雜居土者也，試言之，……遠者且勿論，就吾徐淮地理論，陳勝吳廣劉邦項羽曹操朱溫劉裕朱元璋輩之所出，而水滸嚮馬傳之豪傑，與黃巢亦距此不遠，此皆不過吾鄉地棍青皮光蛋，卽今日之土匪竿首，只因其兇悍狡詐，遭遇亂世，殺人多而巧，遂一躍而魚龍變化，成爲太祖高皇第一等人屠焉，則史家爲作本紀。次等人屠，亦作列傳。其多殺而不巧者，遂成流寇。故「成爲王侯敗爲賊」乃吾鄉格言，皇帝與土匪，固吾徐之土產也。吾常解釋土匪之義，如土話與官話相對，土匪亦應與官匪相對。孔子曰：「子爲政，焉用殺？」荀子之不欲，雖賞之不竊，「苟無官匪，安有土匪？痛乎莊子之言曰：竊鉤者誅，竊國者侯。侯之門，仁義存。」若解釋之，卽王侯匪之大者，土匪，王侯之小者耳。例如吾徐州人之眼視劉邦，當其爲亭長，卽一鄉練長地保之流，好酒色，賴債不還，嫖賭私姘，其父常惡之，而聚衆數百時，真乃秦之土匪。比其率徐人殺河南陝西人，而入關則稱漢王。又用壺關三老計以討楚爲義帝發喪爲名，殺其同鄉項羽，遂上尊號稱帝。又用准上乞丐韓信，率小嘍囉遍殺陝西山西直隸山東安徽各省人，韓信真人屠哉；而因果業報，復爲呂雉所殺，遂竊取大學治國平天下之語矣。更至兗州牲黃牛一頭，以祀孔子，綱目即大書特書之。謂其尊聖焉，又得一識時務之叔孫通，爲起所謂朝儀，劉邦乃曰：「吾今而後知天子之貴也。」是鄉下土棍始嘗皇帝滋味，夫然後吾家同鄉沛縣無賴劉邦遂成漢高祖爲天下父母。彼時所被殺各省同胞無數萬，無一人呼寃也。最後又殺一無罪之白馬，曰「非劉氏而王，天下共誅之。」不知其根据何科學原理，吾劉姓何得天獨厚也？而經生文人，且改左傳士會之後爲劉氏係出唐堯云，本紀至今存也。舉一劉邦而曹瞞朱三等可以類推，英雄豪傑偉人大人可想見矣。嗟呼！孟子云：獸相食，且人惡之，今騎馬而食天下之人，名曰。「馬上得之，」噫！此較南洋生番直接以人食人者之進化耶！

三灣刀

吾徐有最進化之一兇器，名爲三灣刀，此物發明，蓋在清末。二十年以來，出於安清會匪，而今徐海一帶成爲普通武器。余多年離鄉，聞名而未見之。某年回鄉始見此物。雖其猛力不及機關鎗等，然其兇很過之。何者？手鎗等誠很矣。形式上尚須撥其機輪，似尚不如此之兇。三灣刀者，形狀如其名，凡有三灣。實卽大殺豬刀，前尖可剁可刺，中窄而曲，易於向後拉，其後則鐵柄，其重大者可九斤，長尺餘，小者卽屠刀耳。置皮鞘中，帶於身。手執五子鋼炮身帶三灣刀，此刀遇人大門鐵鎖，可一刀剁之，較斧爲尤猛。若剁一人，毫不費力，利用其重力故也。人一見此刀，卽不免度量人之頸腹，完全與屠者視豬等。吾書此時心中猶悸不安也。吾甚惡見此，甚惡聞其名。意自蚩尤制刀兵以來，至三灣刀而兇險極矣。

第三節　徐州吃人心之事實

中國各省，其文化程度高於徐州者，吾不知已。雖在今日，徐州直接食人者尚數見不鮮，且非因大飢而後人相食也。乃因連年南北大戰，土匪四起，殺戮成俗之故。余久於外莫之知，聞諸親故，初猶不信，久乃知之。友人王鴻弼（久任國會議員）為余言，民國初年碭山縣大亂，死者枕藉於野，婦女至田挖菜者，往往帶刀割死人身上肉，置籃中，歸拌菜煮而食之。余驚而疑其言。嗣聞邳縣吾村吾近族之人，亦有買人心食者，余乃詫曰，信乎？嗣我母向我言之，乃知此事往往而有，不足異也，買一人心値錢五千，炒而食之。最可惡者，迷信謂為可治病云。至其心則所殺土匪也。其食人心多者，人之眼或狗之眼，皆發紅色，余曾見之。佛言凡食肉者頭有血光，亦非獨人肉為然，而食人者尤驗矣。又剝人皮者，土匪與兵相仇，兵遇匪，匪遇兵，往往相報復，則剝之。匪與匪相殺，亦多陵遲臠割。或削竹為尖銳形，置人坐其上以至死。兵與販鹽者相殺，則割腹而實以鹽。匪掠紳富中產以上者。按其家產索數萬數千百元，稱家之有無，不如數者，預告以期，必將所掠之男女幼兒學生等，仍還於其家門前，而肢解之，以示其父母。有仇怨者，縱火焚其全家，乃至全村。卽余之親故中，勒贖受傷者多多矣。余母之亡，蓋亦家被搶，受匪驚所致。

坐竹籤之慘刑

莊子早知今人相食之預言

第四節　自古吃人心之名地

考古海岱及淮惟徐州，莊子稱柳下惠之季爲盜跖。有卒九千人橫行天下，方休卒徒泰山之陽，膾人肝而餔之。孔子因柳下惠以見跖。跖大怒曰我將以子肝益晝餔之膳。

史記言「跖肝人之肉」可見自古孔子亦經此危險，幾爲盜跖所食矣。

季路梁涿聚魯之大盜也，學乎孔子。學成而諸侯師之，然季路終至爲衞人葅醢。

彭越常在距野澤中爲盜，其後亦被劉邦醢之。

水滸傳多載山大王剁人心飲酒事，梁山泊今山東地，即前年出臨城大刼案者。

莊子大宗師第六，意而子見許由，許由曰，堯何以資汝？意而子曰，堯謂我，「汝必躬服仁義，而明言是非」。許由曰，「夫堯既已黥汝以仁義，而劓汝以是非矣」

莊子庚桑楚曰：小子來：夫二子者，（指堯舜）又何足以稱揚哉？是其於辯也。將妄鑿垣牆，而殖蓬蒿也。簡髮而櫛，數米而炊，竊竊乎又何足以濟世哉？舉賢則民相軋，任知則民相盜。之數物者不足以厚民，民之於利甚勤。子有殺父，臣有殺君。正晝爲盜，日中穴陰。吾語汝，大亂之本，必生於堯舜之間，其末存乎千世之後，千世之後，其必有人與人相食者也。又徐無鬼二十四許由逃堯，曰夫堯畜畜然仁，吾恐其爲天下笑，後世其人與人相食與？

莊子之論誠確矣！然烏知以事實考之，何待千世以後，卽就莊子本書與吾輩目見者考之，自莊子同時，卽人食人，直食至今日而猶未已耶？

前年歐洲大亂，德人熬戰死人之油，以供軍用。段祺瑞聞之，知德力竭，乃決意與德宣戰，而法國亦有咖啡店食人肉事。然則全球正人吃人時代，莊生之言驗矣。

一九十九年十月一日申報載，英國砲匠太姆泊——(John Temple) 發明長距離之大砲，經美國著名工程司，許慶生博士 (R, Hutchinson) 之審查與修改，遂臻完美。其砲彈之速率，每秒鐘可行一英里，乃至五英里。重量五噸之砲彈，可射至二百乃至三百英里之距離。砲彈爆發時之聲響，僅若打字機之打字聲。彈中所用爲無烟火藥，射擊時無壓力，亦無火焰。彈內所包之鐵塊，長三英寸，直經長一英寸半。噫！兇惡至此

今德法各國熬油食人之事實

太姆泊所發明之一千里大炮

此等文明，真鳥獸所不爲也。

第十八章　人仙與鳥仙工夫之比較

或又謂人類修仙者，能入各種三昧，絕食避穀，如所傳廣成子之靜坐，陳摶之高臥，皆有神通，乃至游魂出竅等事，故山人卽仙也。禪家亦有臥功，或謂能數月不食，此眞人類爲萬物靈之憑据，故其安靜恬淡之風，在羲皇以上，非首出庶物之先知歟？應之曰：子不考查動物之天然三昧，尤較人類修養爲普及。其寡欲知足富貴浮雲之高風，乃自然而非外鑠也。試考動物睡眠種種特別狀態，及其睡鄉，各隨其性質境地而異，要皆爲求安避害之心理而發生。惟動物種類繁夥，不能盡舉等級高下，未能細求。略述吾人所習見，且最普通者，布其異點如下。

動物睡眠狀態

獸類睡工

熊狼貓犬食肉之獸，其睡則身作圈形，或置首兩足之上。驢騾及象各種厚皮之獸，均立而睡。獼猿則面常向天，伸一臂舒掌以掩其半面，宿於高枝之上。狐狸則置首二足之前，鼻俯貼胸際，其形如坐。猴亦如之。惟將茸毛長尾圈於後足之上。鹿則成羣分隊，老者居中，餘列左右而睡。駝則坐後屈其前足，伸頸置地。牛則置首於右脇。馬則伸其四足。昔人謂兔睡不合眼。其實亦瞑目也，鼠蝟箭猪，睡時首足皆藏，僅露毛箭，以防外患。

鯨魚噴水，是其呼吸，晝夜無間，即睡眠時亦不停止。海獅，豹，馬，狗，常於海波不寧時乃出，平時則隱而不見。海馬之睡。以頭交他馬之背。豕睡亦然，蓋合羣睡也。鼷鼠睡於泥沙中。白熊睡於冰窟雪穴。鴨嘴獸之睡，必一孔向水，一孔向陸。

鳥類睡工

鳥則一足拳立。或藏其首於翼中以睡。蝙蝠則四肢鉤他物，倒懸以睡。北美野鴿，合羣而睡。非美駝鳥，每屈足以坐，徐徐就睡。野鴨則羣睡沙渚之上。雁則喜羣宿蘆中，留邏守以備不虞。海鳥亦然。野鷄夜宿樹枝之上，日暖時，則喜睡深林豐草間。營塚鳥則睡於土塚之中。裁縫鳥則睡於葉巢之內。又有數類鳥，其睡以喙貼於胸。

魚類睡工

魚之睡，其目不瞑，常停水中石上，漠然不動。鰲魚則睡水濱，比目魚常橫沙上，絲魚則營巢以睡。頂吸魚，盤附於大魚之腹以睡。鰻常貼近他物以睡。他如浮陽之魚，性喜暖，故每睡浮在水面。又有以腹向天睡，或睡於泥土中者。

兩棲類之睡工

蛙之睡，則出其首於空氣中，身作坐形，負卵蛙之雌者，必待背上之卵雛出，始由水中登陸。

鱷魚之睡，以腹置地。龜睡則反是，腹向上，或睡陸地草上，或水中。蛇則每圈繞而開其口，寒時則羣入地穴，或空樹中。壁虎則於暗處，掛其後足，屈尾背上，舒兩脇以護其身。日中多如此。

動物眠蟄三昧

又有所謂冬眠動物者，如蠶之三眠，熊之冬停飲食，蝙蝠至三月始飛，鼹鼠，龜，蛇，等亦冬眠。總之，動物睡眠之不同，各隨其性質境地而互異。

動物中冬隱春再見者，名曰蟄，如蛇，蛙，蜘蛛，及數種鳥，夜眠時循環呼吸二作用均不暫息。蟄時則全息，與死者無異。此與乾種子遇濕發芽無異，且不特過一冬而已。如蛙在冰箱內，二三月後，遇暖即躍。昔人於老樹內得一蛙，其周圍樹之年輪，已六七十年，

一覺七十年之蛙與陳摶

知其在樹中亦六七十年。醒來仍與他蛙無異，可謂入一大定。恐善睡陳摶未必有此耳。

由此觀之，動物真得深三昧定功，所謂「別有天地非人間」又豈平常修道家意亂難入定者所可比。即鍊神返虛，化身萬億之金仙，尚且再化鳴禽，還度衆生，又安見仙佛三昧之工，遠出動物上耶？

第十九章　人類飛行與鳥之比賽

第一節　飛艇小史

飛艇小史

有最新之科學家，爲人類抱不平者，起而舉手曰：吾今提出人類一最體面之優點，可以優於鳥類者，即飛艇進步甚速，此爲人類進於飛行時代之證，將來可以駕鳥類而上之。君主張人不如鳥之論，其失敗也必矣。試言飛艇進步之歷史。當一八七〇年普法大戰。普軍圍巴里時，法人甘必大自製气球，於十月七日，乘(Armand Barbes)亞

法人甘必大初製氣球

飛艇學鳥圖式

門比得號氣球，飛出城外，得解重圍。普人眼望之而無如何。其後法人共製大小氣球六十四個，此後德人徐伯林伯爵（Count Zeppelin）始研究飛艇。至一九〇〇七月，耗金百萬佛郎，猶未大見功，人爭笑之。卒於一九〇八年，告大成功，受「征服空中之王」之榮號。此後法國飛艇有硬軟二式，最大者有百五十馬力以上之發動機，三座，每秒速度十五米以上，有二十四時間繼續飛航之力，可載客二十人以上，船員十人以上。今世界飛航，以德法二國爲最。此非人類將進於飛行期，而與鳥爭空之預兆乎？應之曰：君談新矣辯矣！雖然，子亦知鳥類本人類之師，凡人類飛行事業，莫非從觀鳥而學得者，試用圖明之。

一　振翼式飛機　　仿鳥之自然飛行

二　旋翼式飛機　　仿鳥之旋轉上下運行

三　靜翼式飛機（鳶式）　仿鷹之靜張兩翼而飛

又單葉式　甲圖　　複葉式　乙圖

甲單翼式飛機圖

乙複翼式飛機圖

推進器

浮揚面（即主翼）

機體

水平舵

方向舵

甲圖

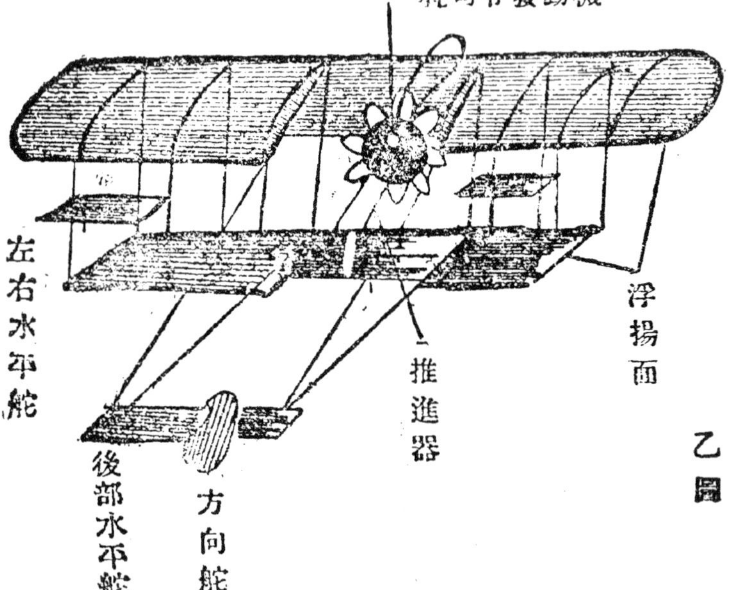

乙圖

單葉式飛行機，以勃來里奧氏及安脫亞奈脫氏等所造者爲最優；複葉式飛行機，以福爾孟氏賴愛德氏及卡起史氏等所造者爲最著。上海三次試演之飛行機，皆單葉式也。

第二節　蠅類之飛，速於最速飛艇三倍。

民國十五年十一月十日申報載地球上飛行最速之動物一文，係楊復耀所述曰：湯聖特博士，(Dr. Charles H. T. Townsend) 美國昆蟲學家也，近在巴西，研究昆蟲，一日佇立溪畔，翹首遠望。忽見燈光一縷，飛掠而過，剎那之間，不見蹤跡，事後追認，始覺此閃爍之光輝，乃世上飛行最速之動物也。此種動物，實係蠅類，其大不及野蜂，因往來迅速，故飛行之際，尚未爲人類所捕得。其產生地，係在南北美洲，歐洲間或有之，名曰：(Cephenomyia) 亦稱鹿蠅。飛行之速，每小時可達八百十五英里，一分鐘可達十四哩，一秒鐘可達四百碼。仿諸射擊時之來福槍彈，其速率幾及半數，亦云奇矣！湯氏懸想人類之飛行，苟能如是，則繞地一週，僅需十七小時。即朝發紐約，午達北京，啜若於君士坦丁，晚餐於馬得里地，夜間九時，仍返原處，進劇場，聆歌曲，正其時矣。湯氏此議，實爲喚起世人之注意而發。近日科學家與工程師，對於飛行特速之動物，擬加精密之研究，以冀增進飛機之速率。蓋人類之飛行，取法乎自然界之禽類爲多，近日西哥思凱所計劃之雙葉機，以及法人方克所規劃之大點機，（擬自美逕來至法）無不摹仿海鳥而爲之也，若就速率而論，今日吾人所造之機械，固能駕鳥類而上之，然欲更求其進步，則將來之計劃，不可不取法乎自然界特種之貢獻。此種奇異之蠅，其飛行之速，三倍於近日美國之航用力機者，（每秒鐘速率一百三十碼）不可不視爲最好之模型也。

人類飛行劣於鳥之四點

由此觀之，人類飛行劣於鳥者有四點：一，人類雖造飛機，不過鳥類飛行之後生末學，而蟲鳥類乃老前輩飛行大師。二，即以速度論，仍未畢業。三，況乎鳥類飛行，并無墮地而死之危險，上下自在，人類飛行，易墮地死，其工拙相去已遠。四，鳥類飛行僅以游戲，若人類藉飛艇以放炸彈，而同類相殘。又鳥類之高等動物所不屑爲者也。夫鳥飛行而同唱歌應和，人飛行而拋彈互殺，真無恥之尤。鳥獸皆恥與同羣，乃飛行中之敗類。倘以飛行自矜，何其不知恥乎？

第二十章　人類與動植萬物之比較

第一節　人類中心說之破產

將謂天生萬物爲人類耶？此種人類中心說乃昔時宗教之迷信，又人類誇大狂之大妄語，最適用於愚民政策之帝王與教主者。彼意若曰：有上帝焉，爲人類立天地星辰日月，以至江海草木禽獸。既萬物爲人役，故人應管理萬物，而又爲人類特生所謂君父皇帝者，以管理衆人。又生通天教主以代天宣意。初一步謂日月爲人而明，江海爲人而流，草木爲人而花果，禽獸爲人而生殖。其第二步即日月動植皆爲帝王教主而存在也。今自然學發明進步，知八星乃太空中之一塵，地球乃八星之一部，動植乃地面上之一部，人類乃動物中一類之兩手類。不過四肢變爲前掌耳。教主帝王將相等

人類中心說之破產

假名，不過沐猴而冠帶。實則人類雖非猴子猴孫，要不過猴類眷屬而已。與一切動物何干？與日月星辰天地何干？善乎莊子之言曰：『天地與我幷生，而萬物與我爲一』若妄自尊大，指天地爲己有，其不知量甚矣。

第二節　人玩花香如犬食糞

或曰：天地萬物既非爲人而生，則求雨何以有靈驗？花草清香何以悅人耶？答曰：求雨出於迷信，靈驗由於偶然，西人不求雨，亦不憂旱災。至花草淸香何以悅人？則應知花草非有意媚悅於人，孔子曾云：『芝蘭生於山林，不以無人而不芳。』宋詩云：『山中小草也開花』決非爲人而後開花也。尤可笑者，人吸植物之淸氣，妄謂天生植動貢獻於人。不知植物排泄養氣，吸入淡氣，與人恰相反相成。吾人所吸植物之淸氣，所最愛之花香，乃花草之排泄物，於彼爲至穢。雖以帝王上苑賞花，而自客觀上花之生理學以觀人，人人吸食花草排泄，無異犬在廁食糞耳。安有天地特殊令花草貢獻於人者乎？不但此也，人之死後，其骨肉仍分化，被植物吸食，與草木同腐，毫無特殊可寶貴者。

山中小草也開花

人玩花香如犬食糞

若有有知之上帝，必不肯以植物排泄物棄於人，而令人死復供植物吞食矣。此等愚而可憐之人類中心說，等量而觀，不如謂植物中心說，謂天生人類爲供養植物之肥料，有何不可乎？

第二十一章　動物性人性比較學結論

人類應當懺悔認罪否？

綜而論之，人類心理與動物心理之比較，動物以大私變成大公。動物以孑然一身之生活爲本位，寡欲易償，無所用仁義名利救濟之學，「各盡所能，各取所需。」力所不能則已，「飢則求食，飽則棄餘」焉。而人類之病，在於憂深慮遠，故好爲子孫後世謀，好干涉他人之事，又好虛名虛榮，慮愈遠，爭愈烈，禍愈大，仁義之辯愈紛，愈不能相下。一言蔽之，「動物以一身爲單位能自了。」「人類以家國教學互生關係爲單位，不能自了。」不能自了之原因，即講不明白打不下耳。

人類應當懺悔認罪否？

然則人羣將長此互相殺，終不如鳥羣乎？則本書亦可不作。作本書之意，至少亦望其如鳥耳。其道無他，要須覺悟。孔曰「內省」。耶曰「認罪」。佛曰「懺悔」。託翁得力在我懺悔一書，人乎！吾等亦認罪而已矣。認罪即是覺悟，即是光明路也。認罪覺悟後，吾乃可進而與言人類根本解決乃至解脫之法。

天下泰平書卷一終

不用殺人

三三天下泰平書卷三

天養館叢書甲部之四

下邳劉仁航靈花著

各家人性罪惡論

人類在世間，乃動植萬物之仇敵，日殺萬物爲事耳，卽對於萬物，其罪業亦極矣。腐儒且日以性善之說欺人自欺，眞不值一笑也。左列各家人性罪惡以證之。

第一章　荀子性惡論

荀子性惡篇第二十二『人之性惡，其善者僞也。注僞字乃爲字加人旁今人之性，生而有好利順，是故爭奪生而辭讓亡焉。生而有疾惡順，是故殘疾生而忠信亡焉。生而有耳目之欲順，是故淫亂生而禮義文理亡焉。然則從人之性，順人之情，必出於爭奪犯分，亂理而歸於暴。故必有師法之化，禮義之道；然後出於辭讓，合於文理，而歸於治。用此觀之，則人性惡明矣。其善者僞也。故木待矯然後直，金待礪然後利；人性惡，必待師法然後正，得禮義然後治。今人無師法，則偏險而不正，無禮義則悖亂而不治。古者聖王以人之性惡，是以爲之起禮義，制法度，以矯飾人之情性而正之，以擾化人之情性而導之也。使皆出於治，合於道者也。今之人，化師法，積久學道禮義者，爲君子。縱性情，安恣睢，而違禮義者爲小人。用此觀之，則人之性惡明矣。孟子曰：『人之學者其性善。』是不知人之性也。今人之性，飢而欲飽，寒而欲暖，勞而欲休；此人之情性也。今之飢見長而不敢先食者，有所讓也。勞而不敢息者，有所代也。故順性情則不敢讓矣。辭讓則悖於性情矣。則人性惡，『善者僞也。』

問者曰：『人性惡，則禮義惡生？』曰：『生於聖人之僞，非生於人之性也。陶人埏埴（捶黏土）而成器，器生於工人之僞，工人斲工而成器，器生於工人之僞。聖人積思慮習僞，故以生禮義，起法度。然則禮義法度者，生於聖人之僞，非人之性也。若夫目好色，耳好聲，口好味，心好利，體好愉佚，是人之情性也。感而自然，不待事而後生者也。夫感而不能然，必待事而然者，謂之生於僞，是性僞不同之徵也。」孟子曰：『人性善。』則惡用聖王禮義哉？今試去禮義刑罰而觀天下民人之相與也，則彊害弱，衆暴寡，不待頃矣！然則人性惡明矣。然則禮義積僞者，豈人之本性哉？人之性，堯舜桀跖一也；君子小人一也。今以禮義爲人之性，則曷貴堯禹君子哉？』

堯問於舜曰：『人情何如？』舜對曰：『人情甚不美，又何問焉！妻子具而孝衰於親，嗜欲得而信衰於友，爵祿盈而忠衰於君。人之情乎？甚不美，又何問焉？』惟賢者爲不然。夫雖有性質美而心辯知，必求賢師良友，聞堯舜之道，見忠敬之行，日進於仁義也。』

第二章　章太炎人爲元惡過於虎狼論

太炎與人書云：『某某足下；頃得友人以大著見示，中有倶分進化論一篇，徐觀大著，雖無心得，不可謂非聰穎者，就此批評，無妨自伸其說以瀆清聽。足下云：『虎豹肉食獸也，非其不仁，實由積世淘汰以成此本能，故凡遇獸類，均思食之。斷其不殘同類，得非臆說乎？』然僕之所謂同類者，乃虎之於虎，豹之於豹，非通通舉一切獸類爲言。虎豹以他獸爲食，而於同類猶不相戕，縱以理想言之，或當有以虎啖虎者，然非有證驗之事也。足下云：『暴力相等，故相持而不下，交接不常，故相爭之事寡。』而僕之言善惡也，固舉其現行善惡爲言，非舉其善惡種子爲言。彼現行之惡，既不能與人同等，則謂虎豹之殘暴，不逮吾人遠矣。且其暴力相等，交接不常者，由其知識未進，不能於爪牙之外成兵器，不能於破壞之時起慾望耳。若是則知識未進者，其惡所以未進，反之而知識進化者，則惡亦藉此知識以進化，是適足以證成吾說，而何駁難之有焉？足下謂：『野犬入境，則羣犬必相率鬥之，其爲狀甚惡，所以不即被殘者，以其力相等，不足以斃之耳。』夫力之相等，人類亦然。而人類以知識進化之故，能借資他物以强吾力。犬類不能，故殘暴亦不致殊甚，此亦是以證吾說者。若乃犬類相爭，其心甚暴，而人類獨能化去者，此亦不然。邑犬野犬，初遇則相持噬，久之亦遂相安，既相安已，必不復以殊類而暴攻之，而人之始相親和繼爲仇敵者，所在多有。非獨此羣與彼羣爲然，同在一羣，猶有白刃相讎之事。其所以相親相和者，由其知識進化，故善亦進化，能推其慈良之心也。其所以爲仇敵者，由其知識進化，故惡亦進化，能增其怨憎之念也。足下云：『惻隱之心，無人無之。今試執途人而告之曰：汝其戕人歟？則未有不勃然怒者；蓋此以戕人爲惡，習與性成，不知幾千年矣。此性既成，雖偶不仁而相殘殺，其後未有不悔者也。豈可與獸之肉食爲本能者比哉？僕謂惻隱之心，獸類亦未嘗絕，特其界較人爲小。前因論云：動物亦有父子兄弟之愛，顧其愛不能持久，又不知擴充其愛，而人能擴張之。其不能擴張者，由其知識未進，故善亦未進也。其能擴張者，以其知識道進，故善亦俱進也。惟其然也，故獸類之惻隱，循化順則，局於一端。而人類又有道德、法律、諸説以維持其後。習俗既成，相率以殺人爲恥，雖嘗殺人，未有能安然無悔者。然雖恥之悔之；而以人殺人者，猶多於以虎殺虎。其知恥知悔者，由其知識進化，故善亦進化也。其雖恥之悔之，而相殺之事猶多者，由其知識進化，故惡亦進化也。

足下又云：人之爲惡，決非常情，乃一時心意之潮湧，先必有種種爲之因，後乃有此惡果，例如盜竊，其先必有饑寒之念，欲望之念，及所以達此欲望之念，絶望之念，種種集合而後成此盜竊之惡。不僅如是，其發此念也，必經數度始成，心理學家謂爲觀念聯合之動作，發於無意識者，爲一時之事。是以爲惡之人，過後自悔，所謂天良發現者也。豈生而爲惡者哉？夫非生而爲惡，而必待種種觀念集合而成，則知識進化，惡亦進化之説，益極成而不可破也矣。至近世哲學心理學家所謂無意識者，其意義已爲汗漫，與吾輩所持有異。既有種種觀念，則初必與作意相應，後必與思想相應，徧行五境，無不經歷，而豈得以無意識名之。彼所云無意識者，謂非審決印持，不可引轉者耳。以唯心正教衡之，此但云無勝解，不得云無意識。一念心起，必不能逃於意識之外，而況已有惡念者，至短之肉慾，心理學家謂之感應者，已是第三受位，未可云無意識矣。至於欲望既形，造成盜取，則無有不入第五思位者，尚不得云心下意識，況可云無意識耶？夫其立名有異，譯述不同，誠無關於宏旨，若執此無意識之名詞，以爲人之爲惡，本出無心，則一切懲惡規過之言，悉歸無用，而惡亦不須追悔。所以者何，無心之惡，本無可悔，與呂后被汙于赤眉等耳。更自此語推之，則人之相愛，其初亦由法爾而成，而善亦無可云無意識者，執着名詞之病，豈不甚耶？今吾當語足下：一切世間善惡，悉由我見而起，就此分析，則有俱生之善惡，有後得之善惡。就後得中，復有決定勝解者，有非決定勝解者。人與他物，俱生善惡，大抵不殊。而後得者實較他物為甚。吾固非欲為虎豹理寃，以貶抑人類，故於智識進化之下，立善惡進化兩品，非謂其惟進於惡。足下雖不全觀佛經，亦涉獵起信論矣。待明「三細六麤」之旨，然後立言未晚也。

又人之天性不能無淫，猶其不能無殺，何以知其然也？人之性情可見者莫如詩，小說。中國之詩，風以道淫，雅以道殺。淫者以窈窕好逑之言，殺者以神武耆定文之。屈原相如之作，哀則言思美人，見佚女，壯則言誅風伯，刑雨師，雖一往寓言，若非淫殺則不足以為美者。乃如常行小說，非以戀愛表淫，即以偵探表殺，中外所同。希臘印度皆立男女二神，而急風驟雨，則羣指為天神戰鬬，天魔誘人，波旬娆佛，而濕婆，韋紐之教則公言淫，天方之教則公言殺。故知淫云殺云，皆人之根性，若人果不好殺者，何以『勇，果，剛，毅』等名，不爲惡詞而爲美德哉！太史公曰：『人懷好惡喜怒之氣，喜則愛心生，怒則毒螫加，情性之理也。』小亞細亞學者海羅克梨提曰：『爭者羣生之父，萬物之王，一旦息爭戰，則宇宙滅亡。』其言雖悖，而適合事情。萬物無我見，則不生。無我見，則不殺。生與我見俱來，而殺亦隨之。我人我法，以殺爲生，無殺則三界自縋組。以是推觀，則人爲萬物。元惡，斷可知矣。

按太炎先生博而分析太甚，引哲學家言論人爲元惡是也，而不知佛有去殺去惡妙法，學術所以貴進化也。

第三章　曾齊物素食論

山西來復報編輯曾齊物與施今墨君書論物道主義引伸章太炎朱謙之之言，當戒肉（鷄卵等暫尙可代用）酒，烟，衣絲，其言曰：『我們人這種東西，生在於天地間，實在是一種罪惡最大的動物。古有『萬物之靈說』妄自尊大，把一切生物，供他的犧牲。所謂利用厚生，甚麼魚鹽之利，山澤之利，古今聖豪的研究授受，就是這犧牲萬有，以縱人欲的大經大法罷了。咳！錯了，錯極了！我們人類如果絕對沒有道德思想良知，也不必說了。果有一絲一忽良知存在，何不放大目光，平心靜氣的審查自己一身的衣食住，自有生以來，已經犧牲了多少物類痛苦和生命，必發生一種覺悟——哎呀！了不得，人類確是萬惡不赦的大罪魁，我何不幸而偏偏做了一個人，我的罪大極了，用甚麼法子來懺悔呢？

最上等的方法，就是全世界所有的人類，各就自己覺悟的時候，立刻自殺，俾人類滅盡。退一步講，縱做不到立刻自殺，也應當拿定主義，男不婚女不嫁，俾人類可以在一二百年以內，逐漸滅盡。再做不到，要主張萬物平等，嚴嚴的戒除肉食，徐圖改進。我所以主張社會人物，當一致戒肉，又戒用皮肉骨件，蠶絲，的理由是一樣的。

第四章　俞曲園人不仁論

又引俞曲園廢止蠶桑說，其答王補帆云，『夫蠶桑之利，興自西陵，由來舊矣。夫蠶之作繭，本以自藏，必爨爛之於鼎鑊，而繅取其絲，無乃不仁之甚。自唐以來，木棉之利，日甚一日，又變木本爲草本，而其種益繁，衣被天下，豈造物者有意以彼易此乎？是故種桑不如種木棉。天地之間，生命至重，凡蠕蠕者無非與我幷生之物，兒近來雖食瓜果中得一蟲必捉置靑草間，明知未必能生，要使吾不見其死也。迂闊如此，老弟以爲何如？

第五章　屠獸地獄觀

商務書館所出衣食住一書卷二，食，有支加高屠獸場圖，其說曰：『場中有肉如林，運入歐洲，陸則載以水車，水則藏以氷箱。』吾輩入場而觀，場在城之中心，場之外皆人也。內惟獸，一入其中，徒聞豕之嘷；牛之嗎，羊之芊，是非人城也，真是獸城。升高望之，達道相望者，其街市也；周凡二十哩，牛棚豕笠，分類而居者，其戶口也；此啞口公民，有十

屠場與戰場

六萬頭；汽車如雹，馬車如龍者，其交通也；清泉流穢者，其衞生也；牧人監視者，其警察也；城中崇墉高垣，名花碧草，迥不同者，則獸城君長之宮，日殺十六萬頭之子民，以爲一巳利者也。奔走其左右，歲販千萬頭之牛豕，以飽其家者，其爪牙之臣也；不見宮外之豕與牛乎？觳觫而就死地，半日之間，已不脛而至華盛頓，七日以內，已冰而入歐洲矣。按實則今君王與此獸王幷無異耳 買賣在朝時，諸畜皆驅至，滿街販夫屠沽測肥量瘠。於其間叱呼鞭笞，諸畜外狀雖優游，而死期已定矣。下遊其場，見牛一羣，方張目而入屠室，皆循斜坡而上，入於樓中。吾知其生則萬里而來此，死則萬里而去此耳，上則爲牛，下則爲鮮矣。戰場亦何不然 牛既登樓，因於圈中，傍有屠者，執長槌猛擊其首，立斃倒於板上。衝鋒也 板有活機，死牛一一墮下，樓上之人，倒懸其尸，自空中運至他處。十字會也 每一牛始終經二十人之手，只二十分鐘耳。吾詳考之，割首者，濯者，剝皮者，分骨者，裝罐者，入冰箱者，各司其事，遂渡大西洋矣。

一千九百年，美國全國有豕六十二兆，每戶可得四頭，每美國童子可得一頭，美之家

既冠世界，又聚於支加高，故支加高又稱『肉城，』(Porkopolis, or the city of pork
宰牲場中，有一大部份爲豕而設，一小時內，有數千斃命，終歲屠機隨太陽之影轉動，曾無休息時也。場中經理人，從容語我輩：『屠豕場亦如屠牛，客能從我遊乎？』乃隨至一處，見羣豕方應召至，問其所從來？』經過數千里，今方下車伊始，中有甚肥者，行道遲遲，人迫之，惟長號耳；以其體熱，將殺之時，與以氷水浴。（按希臘俗罪人臨死前亦浴之蘇克雷地聖人臨死時狀可想也）浴已，驅入一轉輪中，行一步，死期近一步，此誠彼之輪迴與？（按宣戰期者即人之輪迴也）輪之周圍，皆繫短索，輪轉則豕之後足縛焉。漸轉漸高，豕在空中，形似貫魚，宛轉哀鳴，其音凄悲。近屋項，有機脫其輪，豕則倒懸於木棍上，送至一室，屠者已操刀而立，瞬卽斷喉而死矣。屍自墮鑊中，鑊湯沸如，一浴後復移一室，以機器去毛，變爲肥白之肉，一一懸之鈎上。復移一室，經多人分任，二十分鐘後，已入冰房。出冰房後，陳於俎上，遂爲肘，爲肩，爲脅，爲肺腸。鬱之，鹹之，醬之焉。

羊之屠法略同，屠羊室在樓上。樓下之羊，不煩驅策，蜂擁而登，如鳥歸林。彼豈不知一

北京每日屠獸數

入此室，卽不復有再生之望耶？每欄容羊二十尾，二十分時殺盡，自去血伐毛以至入冰室，每羊不過七八分鐘。民國八年八月，順天時報：『京城今存豬行共七十二家，每日屠豬共六百頭，羊八千頭，平均每月總數豬萬八千頭，羊二十四萬頭云。』按以上人自認之罪惡，加於動物者也，

第六章　朱謙之人類應斷滅論

朱謙之現代思想批評，批評實際主義二曰：『人生果能無罪惡耶？法人哥白尼（Gobineon）曰：『萬物之中，人爲最酷！』叔本華以爲『眞知灼見，』且爲之說曰：夫虎豹可謂獸之暴者，其嗜人若獸，饑而覓食人類則更甚焉。飲食無事，獵獸爲樂，恣奢若是，猶謂仁及庶物，其誰信之？且如二犬相狎，三尺童子無故取挺擊之；羣蟻出穴尋食，則圍以石灰，益之以水；蜻蜓蝴蝶，與人無爭也，撲之以供娛樂，詰之，則曰：『將爲標本。』

如斯則人性之惡，可謂信而有徵，性善不可能，所餘者罪惡，則處此世間，反省而又何安？故今明哲之士，所欲斷滅人生者，『人生卽罪惡』不斷滅人生，實無以自解於罪也。

天下太平書卷三終

天下泰平書卷四

不用殺人 ☷☰

各家人生觀

天養館叢書甲部之四

下邳劉仁航靈華著

第一章　精蟲的人生觀——人一精蟲耳

人一精蟲耳

治禪病秘要經云：『子藏者，在生藏下，熟藏之上，九十九重，如死豬胞。一千九百節，似芭蕉葉。八萬戶蟲，圍繞周匝四百四脈，及以子藏，猶如馬腸，直至產門，九十九重。一一重間，有四百四蟲，一蟲有十二頭，十二口，人飲水時，入脈布散，直至產門，半月出不淨水。諸蟲各吐，猶如敗膿。復有諸蟲，細於秋毫，游戲其中。諸男子等，宿惡罪故……一一脈中，生於風蟲，細於秋毫，此蟲連持子藏，吸精出入。男蟲赤白，女蟲紅赤，七萬八千共相纏裹。諸蟲崩動，狂無所知，觸前女根。男精青白，是諸蟲淚，女精黃赤，是諸蟲膿。』又正法念處經：『十種蟲行於髓中，有行精中，一二三……九名起根蟲，十名憶念歡喜蟲。』

章太炎解之曰：『動物有精子，十七世紀歐洲罕曼氏始發現之，而印度則二千年前已知之。所謂男白女紅，卽精子與胚珠是已。』復云『行於精中爲起身蟲』其爲精子益明。

由此觀之，精蟲之學，自顯微鏡發明，事益證實，則「人」者，不過宇宙間一種精蟲之長大活動者，亦無甚大之價値所可論者，特人類解決之方法耳。

印度二千年前精蟲之發明

第二章　自殺論之人生觀

太炎文別錄曰：『人本獨生，非爲他生，而造物無物，亦不得有主命令者。卽無上帝之意　有人

章太炎自殺論

焉，於世無所逋負，采野稆而食之，編木葦而處之，或有憤世厭生，蹈清冷之淵以死，此固其人所得自主，非大羣所當訶問也。有害於人者，然後得訶問之。歐洲諸國，半信神教，……張大社會，以抑制個人……必曰：人類對於世界之責任，則人類本不爲世界而生，亦非互爲他人而生，徒曰公理當然可乎？責人以無記（佛經相宗謂善性惡性無記性也）以上，而曰公理，則束縛人亦甚矣。……自裁者，愛身之念，自我主之，不愛身之念亦自我主之。我既絕對，非他人所得與其毫毛。昔希臘哲學家在那氏嘗蹈之矣。……德人菴盧知說之曰：『世界最汙垢也，故有志道德者，必先棄捐軀體。非自裁也；苦行戒淫可矣，若自裁而死，能斷生命而不能斷其求有生命之意志，意志猶在，他日且復轉生於世界中，……則反對自裁矣。』然有人論撰法理而曰：『人果有自裁之權否？』則菴盧知答之曰：『人身所有之權，與其身共歸於消滅，復何問焉？』無神教中，亦言殺自身無有罪，何以故我？身由我。故若身由我得罪果者，剪爪傷指便當得罪。何以故？自傷身故。（文殊師利法問經雜問品）

然則反對自裁者，就勝義而計之，忍可自裁者，就恆情而計之。一於勝義，則自裁與求生皆非，一於恆情，則自裁與求生皆得，今之持公理者，本不越恆情界域，而汲汲與自裁以厲禁，何所執持而得有此無上高權耶？吾土有陳天華姚宏萊陳天聽者，以憤激懷沙死，皆以謀畫不行，民德墮喪，憤世傷人，以就死地。當其就死，實有所不忍見聞，亦冀朋友一悟，風俗之一改也。而人亦高其風義，內省諸己而知其過負，其爲益社會亦鉅矣。

又其論我云：『執阿賴識，以爲自我，此不必多證，卽以人之自殺者觀之，亦可知已。夫自殺者，或以感受痛苦，迫不欲生，而其所以趣死者，亦謂欲解我之痛苦耳。假使其人執著形體以爲我，則其所以救我者，乃適爲自亡其我之道，此人情必無也。然則自殺者之居心，必不以形體爲我，而別有所謂我者，斷可知矣。上之至於學者，希臘有『斯多歌派』又作士多亞(Stoical)哲學，印度有投灰墮巖各種外道，皆以自殺爲極其意，亦謂我爲世界所縛，以致一切舉動，皆不自由。故惟自殺，以求解脫，然後成爲完全自由之我。若執此形體爲我者，則我脫世界之縛，而其我亦已無存，彼輩處心，亦必不爾。』

王國維評紅樓夢自殺論

王國維紅樓夢批評曰：『解脫之道，存於出世而不存於自殺，出世者入於無生之域，若生活之欲如故，則死於此者，不得不復生於彼。故金釧之墮井也，司棋之觸牆也；尤三姐潘又安之自刎也；非解脫也，求償其欲而不得者也。故此書中眞正之解脫，僅賈寶玉，惜春，紫鵑，三人耳。而柳湘蓮之入道，有似潘又安。芳官之出家，略同於金釧。故苟有生活之欲，則雖出世而無與解脫。苟無此欲，則自殺亦未始非解脫之一道。如鴛鴦之死，彼固有不得已之境遇在，不然則惜春紫鵑之事，固亦其所優爲者也。』

自殺平論

按此說最平允，凡分三等：最下等幷自殺而不能，中等自殺以解決，上等眞解脫也。與佛經所謂：「火裏蓮」者近之矣。王先生終歸於自殺，亦善自解脫者也。

一世界男女自殺百分表

一　世界男女自殺百分表

國名	年代	女	男
法	一八八六年	二一八	七九八

英		一八九一年	二二五人	七五人
北美		一八九七年	二三二人	七八人
普魯士		一八八九年	二二一人	七九人
意大利		一八八三年	二〇人	八〇人
巴里市		一八五四年	三三二人	六八人
倫敦市		一八九一年	二四人	七六人
紐約市		一八七二年	二三二人	七八人

二　日本自殺者表

據昭和三年年鑑（一九二八）載大正十四年分之統計

種別	女	男
緫	一八九六	四三八八

入水	一〇二八	一五五九
刀	一四七	四〇八
鎗火藥	一六	九九
火山		三
毒藥	八五六	九四七
汽車	五五六	一二九五
電車	五五	一〇八
其他	一五八	四〇三
計	五七一二	九二一〇
共一年中	一四、九二二八	

三　自殺者因由表

三 自殺者因由表

因由	女	男
神經錯亂	一一五三	二、○○四
病苦	一三六三	三、一二九
窮苦	一六○	四六四
情死	二二四	一九四
情妬	一一五	八四
悔前非	四四	二二五
家庭親族不和	三三○	一七七
懼罪	一九	一三三
疑慮	一○九	一七九
經濟失敗	一七	二二四

被譴責	五八	六三
家族不淑	四四	二三
離婚	六一	三四
憂私孕	四七	六
畏結婚	三五	六
失戀	一三七	一二〇
憂身體不完	三八	四九
憂鬱	五六	六四
憂家人之死	六〇	五四
憂家人之病	二〇	三一
淫蕩結果	一八	一三〇

厭世	—	四
迷信宗教	一〇八五	一六六六
嘆不服兵役	八	四
避兵役	—	一
苦衰老不自由	一一二	一六〇
其他	一〇一	一五九
不詳	三〇八	九二三
共計	九二一〇	五七一二

第三章　楊朱樂生觀

列子楊朱第七——孟孫陽問楊子曰：『有人於此，貴生愛身，以蘄不死可乎？』曰：『理

開後世劉伶王羲之陶潛一派

託爾士太人生即罪惡論

梭羅門空論

無不死。』以蘄永生可乎，』曰：『理無久生，且久生奚爲？五情好惡，世事苦樂，變易治亂，古猶今也。既聞既見之矣，百年猶厭其多，況久生之苦也乎？』孟孫陽曰：『若然速亡愈於久生，則踐鋒刃，入湯火，得所志矣。』楊子曰：『不然，既生則廢而任之，究其所欲，以俟於死，何遲速於其間乎？』

按此「樂天派」所祖，後世曠達派劉伶王羲之陶潛之流也。

第四章　人生即罪惡觀

託爾士太(Tolstoi)（鄭陽和譯本傳）嘗爲一種疑問曰：『人生果何所爲乎？人生之歸結如何？』古今哲人論此重要問題者，如蘇克雷地梭羅門叔本華等，其答旨悉同，即「人生即罪惡」一語而已。錄如下：

梭羅門曰：『空而又空，萬事都空，居太陽之下，古往今來，有何利益，是故吾愛生，吾惡生。吾觀太陽之下，無一事不可憎，一切皆是空虛煩惱，凡世間愚智貧富憂樂，莫非虛

蘇克雷地靈魂論

叔本華厭世論

空，死後無有存者，誠無謂也。』蘇克雷地臨終前之言曰：『吾人惟離生愈遠，距真理始愈近。吾儕愛真理者，勞勞於人生中，所爲何乎？亦求自脫其軀殼，及凡生於軀殼之惡而已。若然則死既來前，何不歡迎之？軀殼之生活惡物也，僞物也。故懷軀殼之生活爲福利，吾人當希求之。』蘇氏又曰：『肉體感官，反足擾亂真智。若不終脫却之，何由得真智乎？真哲學者，卽最不怕死之人也。蓋靈魂從肉體得釋放，卽俗人所謂死耳。吾於此界旅行告終，而游行於他界，與他界聖哲遇矣。』此可知蘇氏謂人之死，不但不死，而且如鳥出籠，得生他界也。（蘇氏靈魂論詳於拙編蘇克雷地教育）

叔本華以著厭世哲學名(Pessimism)其警句曰：『生爲惡物，生者不當有之物也。惟一之善，只一徑向空而去。』

第五章　閻錫山論五種死法

山西閻錫山曰：『人有五種死法，第一，孔子曰：『朝聞道，夕死可矣。』二，殺身成仁之死。三、洪範五福，考終命之死。四、凶短折夭札，非正命之死。五、桎梏非正命之死。孔子所謂：『不得其死』者。試解釋其言，則孔云「聞道」卽佛云「了生死」也。了生死者，非但了死，亦且了生，所謂「不受輪迴，超出生死以外」蓋生死本由無明妄見而生，聞道卽是悟澈性源。又與老子『死而不亡者壽』之義合，殺身成仁，如六祖云：『眞見性者，輪刀上陣亦得見之。』耶蘇上十字架之類是。考終命者，太平之世，人安樂壽考，上壽以上瓜熟蒂落，如植物之秋實然耳。夭死者，則未熟而中落，桎梏死者，如穀果被牛馬踐踏破壞，故爲最下，不能與聞道成仁同論也。

第六章　死後極樂觀

老莊之學專以一死生齊物我爲志者也。莊子刻意第十五云：「不道引而壽」與老同意。至樂篇第十八云：莊子妻死，惠子弔之。莊子則方箕倨鼓盆而歌。惠子曰：『不亦甚乎？』莊子曰：『是其始死也；我獨何能無慨然？察其始，而本無生。非徒無生也，而本無形。非徒無形也，而本無氣，雜乎芒芴之間，變而有氣，氣變而有形，形變而有生，今又變而之死，是相與爲春秋冬夏四時行也。人且偃然寢於巨室，而我噭然隨而哭之，自以爲不通乎命，故也。』

又支離叔與滑介叔觀於冥伯之丘，崑崙之墟，黃帝之所休，俄而柳生其左肘。支離叔曰：『子惡之乎？』曰：『生者何假借也，塵垢也。死生爲晝夜。且吾與子觀化而化及我，又何惡焉？……』

莊子之楚，見空髑髏，撽以馬箠而問之，……援髑髏而臥，夜半，髑髏見夢曰：『子之言者，皆生人之累也，死則無此矣。子欲聞死之說乎？』曰：『然。』髑髏曰：『死無君於上，無臣於下，亦無四時之事，從然以天地爲春秋，雖南面王，樂不能過也。』莊子不信曰：『吾使司命復生子形，爲子骨肉肌膚，反子父母妻子閭里知識，子欲之乎？』髑髏蹙頞曰：『吾安能棄南面王樂而復爲人間之勞乎？』

按此形容死後無爲安息境界甚妙，孔子亦云云大哉死乎，君子息焉。

史蒂芬生自墓上詩

檀香山島東南有三毛亞島 (Samoa) 詩人史蒂芬生 (Stenvenson) 之墓在焉。上有石碑，史氏自題之詩曰：

Under the wide and starry sky,
Dig the grave and let me lie,
Glad did I live and glad die.
And I laid me down with a wild,

寄天光之曠宇兮，
作一墓使予長眠；
生無憂死亦樂兮，
予惟安臥之悠然。

第七章　浮漚觀

徐無鬼之天發

莊子徐無鬼第二十四：徐無鬼因女商見魏武侯，武侯勞之曰：『先生病矣！居山林，食茅栗，厭葱韭，其欲於酒肉之味耶？』徐無鬼曰：『我則勞於君，君有何勞於我？……勞君之神與形。』武侯曰：『何謂耶？』曰：『天地之養也一，登高不可以爲長，居下不可以爲短，君獨爲萬乘之主，以苦一國之民，以養耳目口鼻。夫神者，不自許也。夫神者，好和而惡姦，夫姦病也，故勞之。

按徐無鬼主「真人」之養，故曰：天地之養也一，而惡以天下養鼻口者，爲天地間大姦慝，神所不許也。莊氏惡政府甚矣。

武侯曰：『欲見先生久矣。吾欲愛民而爲義偃兵，其可乎？』曰：『不可。愛民，害民之始也；爲義偃兵，造兵之本也。君自此爲之，則殆不成。凡成美，惡器也。君雖爲仁義，幾且僞哉！形固造形，成固有代，變固外戰。君亦必無盛鶴列（陳兵也）於麗譙（高按也）之間，無徒驥（徒車兵馬也）於錙壇之宮（壇名），無藏逆於得，無以巧勝人，無以謀勝人，無以戰勝人。夫殺人之士民，兼人之土地，以養吾私與吾神者，其戰不知孰善，勝之惡乎在？君勿若已矣。修胸中之誠，以應天地之情而勿攖，夫民死已脫矣，惡用夫偃兵哉！』

按莊子之意，政府不存仁義，且廢惡用偃兵，其義更高也。

則陽二十五：魏犀首將攻齊，季子曰：『衍（犀首也）亂人，不可聽也。』華子聞而醜之曰：『善言伐齊者，亂人也；善言勿伐者，亦亂人也；謂伐與不伐亂人也者，又亂人也。』君曰：

戴晉人蝸角蠻觸國觀

惠子與十方法界觀

『然則若何？』曰：『君求其道而已矣。』惠子聞之，而見戴晉人。戴晉人曰：『有所謂蝸者，君知之乎？』曰：『然；有角於蝸之左角者，曰觸氏。有角於蝸之右角者，曰蠻氏。時相與爭地而戰，伏尸百萬，逐北，旬有五日而後反。』（此言以政府起戰爭，禽獸之道也）君曰：『噫！其虛言歟！』曰：『臣請爲君實之。君以意在上下四方有窮乎？』曰：『無窮。』曰：『知遊心於無窮。（此猶金剛經佛告舍利佛〔東方虛空可思量否、南北西方虛空可思量否〕令其放大眼孔、爲法界觀也、）而反在通達之國，（法、人迹所及謂令海內也、）若存，若亡乎？』君曰：『然。』曰『通達之中有魏，於魏中有梁，於梁中有王，王與蠻氏有辨乎？』君曰：『無辨。』客出而君惝然若有亡也。

戴晉人教魏侯爲十方法界觀，魏侯會之。如楞嚴經云：『爾時阿難及諸大衆聞佛如來微妙開示，身心蕩然，得無罣礙。是諸大衆見十方空，如觀手中所持葉物。反觀父母所生之身，猶彼十方虛空之中，吹一微塵。若存若亡，如湛巨海流一浮漚。』即此境象也。

客出惠子見君曰：『客大人也，聖人不足以當之。』惠子曰：『夫吹管也，猶有嗃（管聲）也。吹劍首者，吷（音血 風聲）而已矣。道堯舜於戴晉人之前，譬猶一吷也。」

戴晉人眞人之流，遊戲人間，現化王侯，試解釋其言：言伐齊者爲亂，是以兵爲亂，主廢兵去殺而已。言勿伐者，亦亂人。以魏王爲蠻氏，是以政府國君爲亂，與禽獸無異，主無君無政府也。謂伐與不伐者，又亂人也。是名相兩忘，超出言議，主廢教也。故惠子結之，謂堯舜不置一吷，卽廢政教之義，不如遊神而各玩十方之無窮耳。

第八章　出家觀

考生人之初，上世無爲，與鹿豕遊，與木石居。雌母爲主，其時雄性未發展過度，人之苦痛尙少，而國家宗教賫本均未起；迨其後男性日進，爭殺愈烈，於是哲人憂之，楊墨孔子均講大同，而佛老耶則或主復古，或主出家，或主天國另造一世界，以免人羣之苦焉！若自殺則唯印度外道倡之，平常講哲學解脫者不肯道；因非人情也。而出家則較自殺爲易，自梵教天主教佛教均有之；然其末流，亦不過「獨身主義」無所謂修道

王國維評賈寶玉之出家

出家仍不能解決問題

也。按生計學衡之，決不可以過多。又既云出家，不能不講儀式，而其內容亦不可言，今世人智大明，必真實不妄語乃可，昔路德改教，即以一僧娶一尼，而革天主教之命，況在今自然社會學昌明世乎？故南海康先生言：『有家即不當出，爲不報恩』此說自較佛爲圓滿。英儒羅素實倡自由戀愛團而廢家國，冒刑事犯與全國抗，而不懼不羞不惑，蓋有蘇克雷地哲學之勇矣。

王國維紅樓夢批評曰：『人之有生，既爲鼻祖之誤謬，則凡爲子孫者，苟有一人未入解脫之域，則鼻祖之罪，終無時而贖。如賈寶玉者，自普通道德言之，固不忠不孝。若以天眼觀之，則幹父之蠱也。然則人類盡入解脫，則宇宙不誠無物與？曰：有無之說，蓋難言之。吾人之畏無也，與小兒畏黑暗何異？安知解脫後，山川日月不有過於今世界者乎？讀飛鳥各投林之曲，所謂白茫茫大地真乾淨者，誠有味也。』

按此說歸於虛無，然而賈寶玉只是出家，仍無結果，虛無空論，今科學家不取也。至少數獨身主義工食團，他人自不得過問耳。

結論各家均不能解決

以上述各家人生觀竟，仍難完全解決人類社會。史公云：『人痛苦未嘗不呼天也。疾病未嘗不呼父母也。』致人類如此苦者，天地乎？父母乎？不能不考人祖之來源矣，詳下卷人類元始及中外女俗篇。

天下太平書卷四終

非洲雄性秘密講會之怪裝

博士 Mansfeld 氏寫眞 Customs of the World

印度雄長老秘密講會所用之假面具

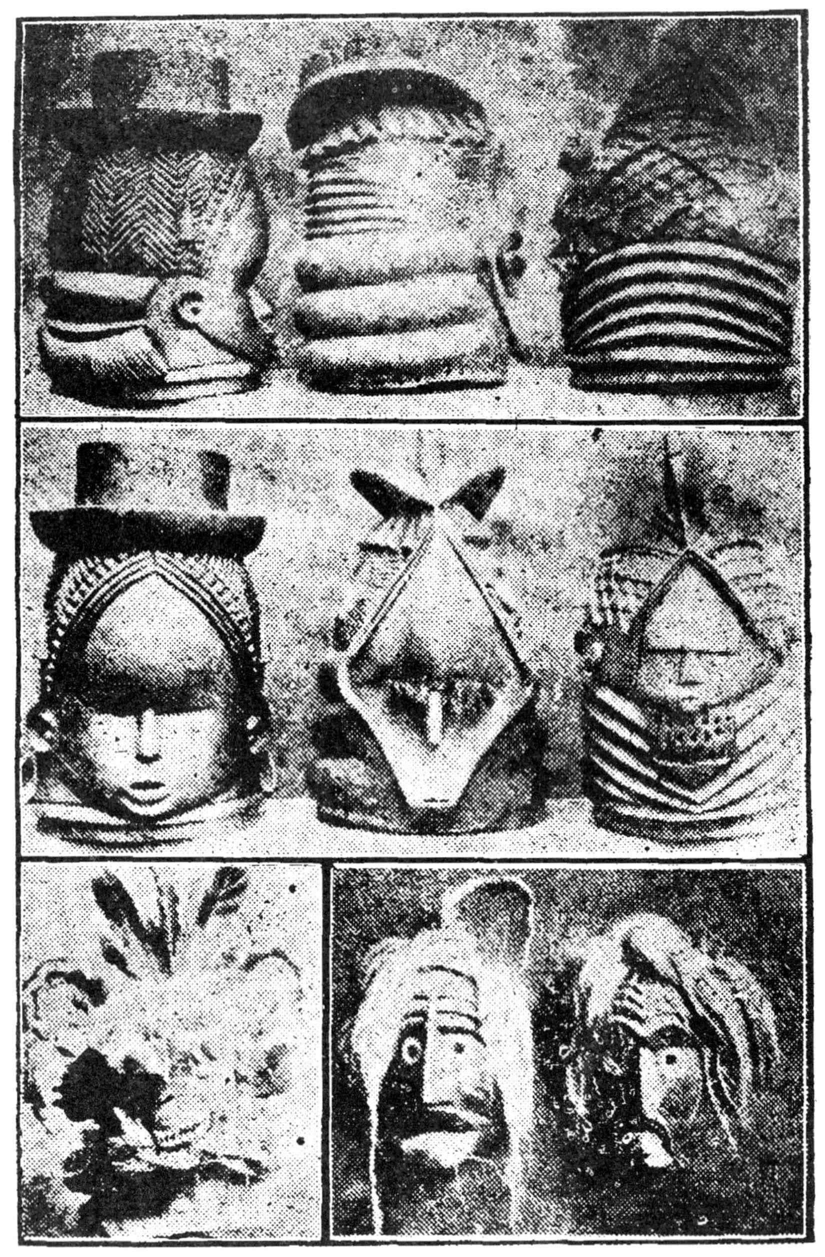

不用殺人

☰☰☰天下泰平書卷五

天養館叢書甲部之四

下邳劉仁航靈花著

原始母性與世界女俗考

第一章　人類原始與母性

第一節　總論

人類元始，母系而已。老莊諸子百家與西方猶太所稱樂園，異聲同鳴，均贊美上世之安樂，所謂「黃金時代」不知由「雄匪」未起，故人相安也。降至五帝時，女后往往而見，三代間一有之，今考其名則：

古代聖母表

伏羲之母即華胥氏，其妻爲素女，伏羲之後爲女媧，或稱女媧爲人祖，不稱伏羲。有娥陵氏，神農母曰任姒，或曰安登。黃帝之師曰玄女，黃帝與王母會，妃有嫘祖，有西陵氏養蠶，有女節嫫母等。少昊母曰皇娥。帝嚳元妃有邰氏，女曰姜嫄生稷。次妃有娀女簡狄生契。陳鄷女慶都生堯，訾陬女常儀生摯。堯妃女皇舜妃娥皇英，女弟敤手。禹母有莘女曰女志，妻塗山氏女生啓。王季妃太任，生文王昌，昌妃太姒生武王周公等十男。由此觀之，三代以前，每一代之興，皆有聖母，所以「古聖人皆無父」之言，爲經學家公言也。今攷人類元始與母性之關係，加一斷語，將來欲多生聖人，如三皇之民，仍還人祖元始之母性，聽母性自然擇配，選其所愛，則得母道之正，則所生皆聖人，「人皆可爲堯舜」矣。

第二節　盤古　三皇

五運歷年記：『元氣鴻濛，天地肇立，首生盤古。』述異記『盤古氏天地萬物之祖。』然則生物始於盤古；吳楚間俗說盤古夫妻陰陽之始，今南海有盤古冢亙三百餘里，俗云：後人追葬也。

續通考：『錫蘭信牛，人不敢食牛，死即埋之。私宰者罪死，或納牛大金以贖其罪，有山

錫蘭島人祖所出

聳雲頂，有人跡，深三尺，長八尺餘，云是人祖，卽古盤足跡也。山出青紅黃色諸寶石，云是人祖淚結成。民俗富饒，王以金爲錢，國在大海中，多山而翠藍獨高，海邊一石盤上有巨人跡，長三丈許，傳釋迦足躡其跡云。下有寺，稱釋迦佛涅盤真身，亦有舍利子，明永樂十年，中官鄭和奉勑賫金寶幡施于寺，及建石碑，賞賜國王，始其國謀害舟師，和擊破之，虜其王獻闕下，尋宥之，自是畏服。　按錫蘭卽獅子國，當是人祖所出。梁書：『獅子國地和適，無冬夏，五穀隨人所種，不拘時節，舊無人民，諸國聞土樂，競至，遂成大國。以能馴獅得名，晉初來獻玉佛像，唐天寶來獻大珠。詳于大同學案耶蘇卷五樂園考證條下

真源賦：『盤古氏後有天皇地皇人皇。』遁甲開山圖『天皇被跡在柱州昆侖山下。』三墳『太古之人，冬聚夏散，食鳥獸草木之實，男女媾精，以女生爲姓始。』　按三皇以前，云有盤古，盤古大約是傳說神人，未分時之人，至三皇始定爲人耳。

亢倉子：『几蘧氏之治天下也，不治而不亂，天下之人，惟知母不知父，鶉居鷇飲，而不求名譽，晝則旅行，夜則類處，死也槀昇風化而已，命之曰知生之民。』

按今蒙藏印度尙存此風。

說文：『古之神聖人，母感天而生子，故曰天子』按實則古代人人皆天子也。

白虎通：『古未有三綱六紀，人但知其母，不知其父。臥則詓詓，起之吁吁，饑卽求食，飽卽棄餘，茹毛飲血。』

第三節 華胥 伏羲 女媧

帝王世紀：『太昊帝庖犧氏風姓也。有巨人跡，出于雷澤，華胥以足履之，有娠，遂生伏羲。』

詩含神霧，孝經鉤命訣，『言華胥履大跡，生伏羲。』拾遺記『春皇者伏羲則號。所都之國，有華胥之洲，神母遊其上，有青虹繞神而有娠，生伏羲，以木德王，故曰木皇。』

按此黃帝所夢之華胥，仍是女兒國矣。中華之名由是起，應先倡坤化，爲世界明文模範也。

中花本是女兒國

婚制苦痛之開始

古史攷：『伏羲作網罟，制嫁娶，以儷皮爲禮。』史記：『太帝使素女鼓五十絃瑟，悲，帝

十五氏之名

禁不止，故破其瑟爲二十五絃，』正義『太帝，伏羲也。』易乾鑿度『古人民無別，羣物無殊，伏羲乃畫八卦。』尸子：『伏羲以天下多獸，故教民獵。』春秋命歷序：『伏羲燧人始名物蟲鳥獸。』帝王世紀：『在位一百一十年崩，葬南郡。』山海經『其後嗣爲巴人。』 按伏羲蛇身，當是如今南方之文身俗也。

世紀『女媧氏亦風姓也，承庖犧制度，亦蛇身人首，一號女希，是爲女皇。』楚詞注：『女媧人頭蛇身，一日七十化。』風俗通『俗說開闢，未有人民，女媧摶黃土爲人。』淮南子：『女媧煉五色石以補蒼天，不設法度，以至德遺後世，虛無純一，而不苛事也。』又風俗通『女媧禱祠神祈而爲女媒，因置婚姻。』世本『女媧作簧。』帝系譜女媧命娥陵氏制都良管，以一天下之音，命聖氏爲班管，合日月星辰，名曰充樂。』又世紀：『女媧氏沒，大庭氏柏皇氏中央氏栗陸氏驪連氏赫胥氏尊盧氏祝融氏混沌氏昊英氏有巢氏葛天氏陰康氏朱襄氏無懷氏皆襲庖犧之號。

第四節　神農母任姒　黃帝母附寶

王母

九天玄女

姓爭之始

世紀：『炎帝神農氏姜姓，母曰任姒，有蟜氏女，爲少典妃，遊華陽有神感生炎帝。』通鑑：『神農帝母曰附寶，見大電繞北斗而生，居軒轅之丘。』龍魚河圖：『蚩尤兄弟八十一人，造兵杖刀戟大弩，威振天下，黃帝不能禁，仰天而歎，天遣玄女，下授黃帝兵信神符，制伏尤蚩，帝因使之主兵以制八方。』玄女兵法：『蚩尤幻變多方，徵風召雨，吹烟噴霧，帝衆大迷，帝息太山之阿，昏然憂寢，王母遺使者，被玄狐之裘，以符授帝，佩符既畢，王母乃命九天玄女，授帝以三宮五音，陰陽之略，陰符之機，遂克蚩尤。』蓋陰符經出自玄女矣黃帝內傳：『帝伐蚩尤，玄女爲帝製夔牛鼓八十面，一震五百里，連震三千八百里，玄女爲帝制司南車當其前，記里鼓車居其右，又請帝製角二十四。』山海經：『蚩尤請風伯雨師，黃帝乃下天女曰魃，雨止，遂殺蚩尤。』

易是類謀：『聖人興起，不知姓名，（可知後世知姓者非聖人而爭殺起矣。）黃帝吹律以定姓。』淮南子：『黃帝治天下，鳳皇翔，麒麟游，儋耳獻貢，然猶不及伏羲之道也。』抱朴子：『黃帝役使百靈，登空同而問廣成，論導養而質玄素二女。』黃帝內經：『帝既與王母會於王屋，乃鑄大鏡十二面，隨月用之。』唐藝文志：黃帝問玄女法三卷，今日本尙有素女經素女方書，中國亦有印本。

史記：『黃帝居軒轅之丘，而娶西陵之女，是爲螺祖，爲黃帝正妃，生二子，其後皆有天下。一曰靑陽，二曰昌意，生高陽，爲帝顓頊也。』世紀：『元妃西陵氏，次方雷氏，曰女節，次彤魚氏，次妃嫫母，班在三人之下。』列女傳：『嫫母於四妃班居下，甚醜而最賢。』藝文引軒轅本紀『黃帝納醜女嫫母，使訓宮人而有淑德，帝周遊行時，螺祖死於道，帝祭之以爲祖神，令嫫母監護於道，以時祭之，因以嫫母爲方相氏。』

素女經方

黃帝四妃

西陵

女節

彤魚

嫫母

第五節　顓頊母女樞　堯母慶都　舜母握登

宋符瑞志：『少昊母曰女節，感星生少昊。』拾遺記：『少昊母曰皇娥。』世紀『帝顓頊高陽氏，黃帝之孫昌意之子。姬姓。母曰景僕，蜀山氏女，謂之女樞，金山氏之末生顓頊於若水。』淮南子『顓頊之法，婦人不避男子於路者，拂之於四達之衢。』

顓頊乃女權公敵

帝嚳高辛氏，世紀云：『嚳母無聞焉。』想見顓頊氏之大抑女權故爾。世本：『帝嚳四

帝嚳四聖妃堯以母爲姓

女子亦名爲子

聖女皇英姊妹之自由愛

妃之子，皆有天下，元妃有邰氏女姜嫄，生后稷，次妃有娀氏女簡狄，生契，次妃陳酆氏（史記作陳鋒）女慶都生堯，次妃娵訾氏女常儀生摯。』世紀：『帝摯母於四人中班最下，而摯於兄弟最長，得登帝位。』又『帝堯陶唐氏祁姓，母慶都。或從母姓伊氏。』春秋合誠圖：『慶都年二十，寄伊長孺家，無夫，出觀三河，與赤龍合而有娠，生堯。』大戴禮記『堯娶散宜生之子，謂之女皇氏。』按論語公冶長篇『孔子以其子妻之，以其兄之子妻之，可知古男女皆稱子。（今日本女名皆加以「子」字）

世紀『女皇生丹朱。』

世紀：『娥皇無子，英生商均。』山海經：『舜妻登比氏，一曰比登氏。』

社會通詮注：『初民男女與夫同行輩者皆夫，與妻同行輩者皆妻，父母姊妹亦然，母重於父。』張亮采中國風俗史，古一夫娶數婦，姊妹嫁一夫，無嫡庶之分，如舜妻堯二女，夏少康娶虞思之二姚是也。

按此妾制及夫婦制，在人祖不成問題。參考大同學案卷一新人種舜不告而娶條。

禮檀弓：『舜葬於蒼梧之野，蓋二妃未之從也。』鄭注：『古者不合葬。』孔疏：『從，就也。不就葬也。』列女傳：『二妃死。江湘間，俗謂之湘君。』博物志：『二妃曰湘夫人，帝崩，二妃啼以涕揮竹，竹盡斑。』水經注：『大舜之陟方也，二妃從征，溺於湘江，神遊洞庭之淵，出入瀟湘之浦。』按皇英爲帝女、舜一鄉間勞工耳。初二女訪之于野、後又多情如此哉。

古無合葬制

第六節　三代聖母

大戴禮：『鯀娶有莘氏女曰女志，生禹。』吳越春秋：『女嬉（世紀作修己）年壯未孳，嬉於砥山，吞薏苡，感而孕，產高密，家於西羌，地曰石紐。在蜀西川也。』世紀：『伯禹夏后氏姒姓。』列女傳：『塗山氏長女，（吳越春秋作女嬌）禹娶爲妃，既生啓，辛壬癸甲，啓呱呱泣，禹去而治水，三過其家不入其門，塗山獨明教訓，及啓長，化其德而從其教，卒致令名，君子謂塗山彊於教誨。』

女志生禹

塗山生啓

史記：『殷契母曰簡狄，有娀氏女，爲帝嚳次妃，三人行浴，見玄鳥卵，吞之，生契。』古史考謂：『非嚳妃』呂氏春秋：『有娀氏有二佚女。』拾遺記：『簡狄遊桑野，得鳥卵生

簡狄生契爲湯祖

伊尹從女莘

太任生文王昌

太姒生武王發

契。按古書每言女子行浴，可見人祖之自由。今外國多存此俗。

國語：『桀伐有施，有施以妹喜女焉。』楚辭注『桀伐蒙山之國，而得妹嬉。』管子：『桀時女樂三萬人，女華者桀所愛，湯事之以千金。』博物志『桀作瓦屋』呂氏春秋，『有侁氏女得嬰兒於空桑之中，命曰伊尹。』楚辭注：『湯巡狩至有莘國，以爲婚姻，從莘氏乞得伊尹，因得吉善之妃，以爲內輔也。』

列女傳：『王季妃太任，性端一誠莊，惟德之行。及娠，目不視惡色，耳不聽淫聲，口不出惡言，能以胎教而生文王昌。』婦人如此，則生子形容端正，才必過人矣。

太姒者，有莘姒氏女，仁而明道，文王親迎於渭，及入媚太姜，太任，旦夕勤勞，以盡婦道，號曰文母。生十男，伯邑考，武王發，管叔鮮，周公旦，蔡叔度，曹叔振鐸，霍叔武，成叔處，唐叔封，聃季載。太姒誨十子，自少及長，未見邪辟之事，卒成武王周公之德。大紀：『昌娶於有莘氏曰太姒。』詩曰：『關關雎鳩，在河之洲，窈窕淑女，君子好逑。』

史記：『商紂好酒淫樂，嬖於婦人，愛妲己，妲己之言是從。』紀年：『帝辛（紂名）伐

附皮錫瑞古聖人皆無父考

有蘇獲妲己以歸，紂囚西伯，（文王也）閎夭乃求有莘美女獻之，史記：『周幽王三年，褒有罪，入女子以贖，是爲褒姒。幽王寵之，至僞舉燧火以戲諸侯，爲犬戎所殺，虜褒姒去。』

皮錫瑞古聖人皆無父考

皮錫瑞詩經通論，引詩齊魯韓及春秋公羊傳說：『聖人皆無父，感天而生。』太史公褚先生以爲有父感天，乃調停之說，今考列女傳棄母姜嫄，邰侯之女，當堯之時，見巨人跡，履之而有娠，生而棄之，因名曰棄。詩云：『赫赫姜嫄，其德不回。上帝是依，此之謂也。』又曰『契母簡狄，有娀氏之長女也，與其妹娣浴於元邱之水，吞玄（燕也）鳥卵而生契。』詩云『有娀方將，帝立子生商，此之謂也』。劉向所引，蓋魯詩，褚少孫補史記引詩傳曰：『湯之先爲契，無父而生，爲堯司徒，文王之先爲后稷，亦無父而生，后稷。稷亦無父而生，母爲姜嫄也。』堯典『以親九族』即堯母慶都感赤龍而生堯，堯安得九族而親之？按此對反古文錫瑞案劉向列女傳及褚先生引詩傳皆不云簡狄姜嫄有夫，亦不云帝嚳妃也。依古緯說，自華胥生皇羲以至簡狄，皆有感生之事。又周立先妣姜嫄之廟，不祀帝嚳，生民等詩，專頌姜嫄有娀之德，不及帝嚳。戴震曰：『有姜嫄廟而無嚳廟，明明非其祖也。』錫瑞嘗謂：後世說經之弊，在以世俗之見律古聖賢也。

按史記明言孔子父與顏氏女野合而生孔子，耶蘇母馬利亞童女生耶蘇，益證明自然愛所生之聖子，惜乎其教徒腐化，皆妄語，故意諱言之也。

孔子耶蘇皆母自然戀愛而生

第二章　原始民族之祕密　序

原始民族之祕密一篇乃韋爾伯第原著，日本田崎譯，此篇表明「雄閥」離開人類母子社會，另組織「雄閥」之特殊階級，情形很詳細，讀之，可以考見「雄閥」爭殺漸次緊張之由來，兵政宗教苦痛階級，逐次增多之痕迹。所以摘譯數條，以資攷證。至今日以後，應該女男階級日臻同化，兵政宗教等特殊階級尤應日即消化，女界應嚴密監督

「雄蹈」從一村團以上不許其爲種種特殊的怪組織爲害於母子人生的社會，而應令「雄性」守其本分，扶助母子社會之教養安樂也。

原始民族之秘密Hutton Webster. The primitive of Secret Socity述澳洲非洲美洲米拉尼西亞人類社會其中心組織，皆有所謂「男子公堂」Men's house 爲其政治宗教軍事及社會生活根本，而施行一切儀式。且爲鍛鍊年少男子之地，有所謂加入禮。Intition Ceremony 受此禮者，與未受者完全隔絕，不許洩漏，違則處以嚴罰，與中國所謂『冠禮』相似。乃男子在社會上一大變革，其要者在十二三歲，已行精通期加入禮Pnberty age此後尚有種種加入禮，以至爲頭目，爲長老，爲尊長，社會組織因之生種種複雜組織。分爲公堂：

第一節　雄性集會堂

大抵多爲「共產團體」all men's house 印度曰大家或全家。Haouse of all 村中有長屋，分未婚既婚男於二處，或爲寺院及戰士房；或爲野營，禁止女子入內，北美西北部有曰共同家屋 Publie 及地下密室，嚴別兩性，印度人亦有之，女人入者處死刑；其有戰功者，保存雄性之頭骨。（按即雄性賣頭之初俗）

第二節　雄性精通期加入禮

此乃雄性之秘講社 Secret Socity 新入者爲「成丁期」老年者爲指導之長老，加入時有種種典禮，親子相對有落淚怨歎者，親族或以油塗其身，蓋少年一生大事也。此後雄性遂爲大丈夫。『按此中國之冠禮，成丁云者，卽云能殺人也。』而與平常女人分離。受丁甯之訓誡曰：『汝今後勿空與婦女幼兒爲伍，違者責罰。』

雄閥跛形發展之魔窟

按此無他，卽集合雄性爲剛性組織之鍛鍊，預備互殺耳。今欲打破雄性剛組織之鍛鍊，須根本破壞此等秘魔會窟，而代以女男合會辦法。一則監視暴雄之跛形發展，一則以女性馴伏溶解其剛暴也。大丈夫，成丁，英雄，豪傑，國士，乃至宗教鬼話聖賢僞名目，皆是雄性製造虛名，多演怪階級，使社會陷於複雜，以至演成階級戰爭耳。

凡加入以後，則認女子爲劣等，（實則雄性自認爲賣頭期耳，）若及期不加入，則喪失其公權。謂不過與婦兒爲伍而非成人，或嘲之爲女人。

陽具皮環割禮之神聖

維衣 Vey 人族有所謂魔林 Devilbush 者，乃共產部落，當行加入禮時，須於頸下放血 Scarification 乃不可避之酷刑，多有民族於加入禮前數年，行「陽具皮環割斷禮」Circumcision 按卽舊約之「割禮」，猶太人自命爲文明人者，）其加入亦有數百名，及年男子同行之者。克內 Kurnai 人當加入後，則互呼他人之妻爲妻，他人之兒爲兒。（按此則恐尙是男女未甚分之社會耳。）又此加入，爲部落間商業交換之起源，以至成爲市。

日光大舞會

平原印度人有大典曰 Sun dance 日光舞大會者，雖世代仇人，於此時亦握手云。

太士加拉雄閥行禮之慘特

食人禮與殺人禮

第三節　雄閥之秘密典禮

安得門人Adamanese,霍吞吐人Hottenlots, 夫支人Fuegians 澳洲人均有之,而印度之太士加拉人 Tuscarora 之典禮,特怪而森嚴焉。當其未加入前,爲候補生,在一密室先爲五六禮拜之減食,近於餓死,或食樹皮,不勝其凄慘叫號之態,與入地獄無異。有獄卒監視之。而其訓話則曰:若不能經此痛苦,則將來不能堪戰爭狩獵等之困苦也。(按此條可證明成丁禮爲雄性之互殺最慘痛期,觀此例可完全證明雄性之苦,皆雄性自造之也。)經此後則入於兵役服務期矣。訓以勇敢服從爲大丈夫之義務,受檢定之試驗,與以種種苦難。(按勇敢是教殺,服從是促進專制,若今用克氏教育法只教讓德與抗暴可矣。) 加入者必神色自若,乃爲美德,若不勝其毆打者,則加以宗教魔力以達其目的,如澳人之「食人禮傳授法」Connibalism教授新少年學之,尚有於此時切指,切肢,去齒爲誓願者,Knock'ng out of te th 有放血者Scarification

兇刑十三種

拔毛切耳，打頭，害鼻，紋身等事。茲表雄性精通成丁之慘禮如下：

一，拔毛　二，打頭　三，拔齒　四，出人血　五，飲人血　六，用糞穢汙身　七，耐烈鞭　八，放血　九，火薰　十，燒　十一，陽皮環狀切斷（乃爲婚姻預備）　十二，切咽喉再復蘇　十三，乞食

公廷不言婦女之原理

當行此禮時，若婦人見者處死刑。（按此皆雄性避婦人而秘傳賣頭教育心法之事，故亦無顏見婦人。後謬成爲宗教政俗，如禮記云：『公庭不言婦女，』卽此訓也。）加入禮多有帶假面以使人恐怖，或拜死靈者。（蓋去人道愈遠之怪象。）

第四節　候補生之鍛鍊及長老之權勢

有種種禁忌法 Food taboos 以張長老之威勢，或禁食某種鳥獸肉，或剃其髮，或行洗禮及禁食，但老人常得妙齡之女，而少年以能得老妻爲幸運。南威爾士有禁止距離三百碼內不近婦人之禁，Gringai 人加入後三年方許結婚，三月後不得見婦人。

禁忌婦人

第五節　部落發展與社會階級之造成

由此漸變爲中央集權，由部落而代以君主，以至政權集中。各種禮式，但存於被治者及貴族之間，僧侶巫覡階級，卽由此成。

若澳非及俾士馬克島 Dnkduk 部落之秘密講社等，知平民制逐漸收縮，有所謂高級講員年序制度 age-Classification 南澳之五級候補級，士官級，武士級，元老級，首長級，均完成 Dahomey Ashanti至第五級，非頭半白者不得進。近處苦爾共和國之團體政策，以三級成之，卽長老兵士青年也。三級時同集開會，解決一切問題，故成爲民主國。

第六節　部落講社之職分

其法大致爲魔術使人恐怖。裁判任務，尤使女人兒童，望其魔法面目，卽時驚伏。（按

魔術假面具與垂裳冕旒之來源

可證黃帝垂衣裳之故，至周公制禮而極矣。）或發怪聲如魔王，（按陣時之吶喊也。）或爲妖術，（按卽祭禮。）或扮火鷄形之首，（按帝王之冕旒，及今爵士勳章皆從此出，從老莊自然社會學論之皆可發現其作僞之本。）貌以兇猛爲貴。但雄性日爲此怪劇，而須向部落女子徵發豐富之供給，故俾斯馬克島女人，較男子工作尤苦，甚至以女爲財產奴隸。若德開德開 Dukduk 女人，一見男子之假面則重罰之。衆雄之秘密會議，嚴禁女子。

按顓項法，「婦女不避男子於路者，投之於五達之衢，」此知男權長而女權消，卽世亂日進矣。又禮記：『女子外出，必蒙其面』亦恐發現雄性怪劇也。總之此等魔妖怪術，皆力禁忌婦女，而行雄性特別階級之秘密術，恐怖婦人，犯者處以重刑，或至死。

按此等怪寵，非全用坤化破除之，則特級雄閥之罪惡永不消，而殺禍永無已時也。

附各種假面圖，非洲秘密講員怪裝圖（見本卷之首）

第七節　祕社之崩潰

大致變相爲政治，宗教，資本貴族而已。

第八節　氏族禮之起原

蛇氏蝶氏藤蘆氏等

皆由此雄性秘社推進，如蛇氏笛氏蝶氏藤蘆氏羊氏各取一義以爲其一特級之標識，（按久即成爲戰爭團體）總之此各族秘社有奇特之現象，爲人類苦痛組織之起原，使人類在自然樂園社會，兩性調和，社會相去日遠者也。

取魂祕術　祕語

東非洲邦得 Bonda 人至於死而復生，僧侶更加以取魂術，入於大死一番，但若洩其事於外者則處死刑。苦因士蘭地有改名法，加以神名，用老人隱於樹上，疾呼之，若其祖宗之來臨者。且更用新言語，秘密單語，又鳩克苦 Guaycurus 人及南米人女與男所用語全不同，又北米之魔術講社，所用古語方言亦然。

夫雷森謂由經濟隔離

夫牢濱謂由宗教隔離

按不外於此建設虛僞之宗教，軍法，政治社會，使與母子社會隔離，劃出一種特殊雄性階級，爲非人道的生活而已。不知眞正人道，卽在雄性能保持母子之安全生活，必以雄性能加入子母社會之中，而皆得安全活，不在獨立於母子社會之外，而爲種種怪現象也。若佛之出家修道，自是高尙，但若不耕而食之人太多，亦不合熱帶以外之人用。

結論　社會階級起源三家說

卽加入禮之起源也，研究此者有三家：

一，夫雷森 Dr Fragzer 謂爲土通 Totem 社會階級之起源。

二，夫牢濱民 Frobenius 謂爲宗教神靈之起源，精通期（卽陽氣發動期）卽施行之。

按古者十五入大學，男子十六而精通，卽受大學之道，大學之道，卽有內工知止靜慮之學，卽禪學，正與此同也。

克牢勒謂由兩性隔離

三，克牢勒Mr. Crawley說，謂重在精通期以後，男女交際之隔離禁止，視男女互爲危險物，而防社會之紊亂。

按：要之，非用坤化公開，除去雄閥一切特殊秘密窟，不能永遠太平也。

第三章　女兒國考序

按女兒國古書多有之，大抵非純女性而組織成之國，乃女權盛之國耳。考之初民，本皆女系，男系乃後起，覆女系而代之者，中國印度埃及希臘皆可考也。至各書亦論女國生男子不舉，專留女者，蓋亦有之。意者惡男性暴亂，故生男卽殺之，用斯巴達淘汰法也。若女王國不可名女國。各書所述，女國不一地，各地皆有之，要凡女國皆太平。將來謀太平，非立世界女性政府不可，敢斷言也。我所言之女性政府，決非如一班人腦筋簡單者所疑，止擁戴如呂武一二女傑爲首領，如五千年雄性政府舊式。乃從一村團起，大半由女會主持，而男以平和智德力贊助之，提高女子教育，較男爲高，乃可去

華胥乃東方夏娃

萬國女性廢兵大會之發源地

殺而支配男子，和諧兩性謀大進化，從柔性女政府過渡至無政府，盡廢法權約束也。

第一節　中華天朝，即古女兒國，爲世界大同之模範

帝王世紀太昊伏羲氏，風姓也，有巨人跡，出於雷澤，華胥以足履之有娠，生伏羲，拾遺記，春皇者，伏羲別號，所都之國，有華胥之洲，神母遊其上，有青虹繞神母而有娠，生伏羲，以火德王，故曰木皇，

按此華胥乃東亞老祖母，即夏娃Eve花園境界，故黃帝夢華胥洲之極樂，可知我中華立國之來源，因中花開創，即女兒國也。華即花，花即女，中花，即離爲中女之意，又古稱天朝，與夏娃花園天國之意正符。紀念老祖母，不應始於雄閥殺人之黃帝，應始於神母華胥也，故中花應發明天朝真美，先世界萬國，主倡東方夏娃天國思想，降雄匪，廢兵禍，致大同，開萬國女性廢兵大會，阻止第二世界大戰發生，以致大同也。

第二節　古代之女兒國

山海經，東南海外有義和之國，有女子名曰義和，是生十日，常浴日於甘淵，注，義和天

地始生，主日月者也，故堯因是立羲和之官，（按此則東方女兒國也。）海外西經女子國在巫咸北，兩女子居，水周之（注生男子三歲輙死）軒轅國其不壽者八百歲，在女子國北，大荒西經，有王母之山，有女子之國，注，沃沮東有此國，純女無男云，（然則去王母居必不遠也）淮南地形訓自西北至西南方，有白民沃民，女子民，丈夫民，南有裸國，東南有君子國，有娀在不周山之北，（注有娀國名，讀如嵩）長女簡翟爲帝嚳妃西王母在流沙之瀕，（注，王母石室，在金城臨羌西北塞外）

按此則西方女兒國也。

第三節　漢時女兒國

女兒國之長壽

女兒國與西王母

後漢書女王國南四千餘里至侏儒國，人長三四尺，又東南船行一年，至裸國，黑齒，三國志魏志東沃沮在高麗大山東，有一國在海中，純女無男，通典魏明帝景初二年，司馬懿之平公孫氏也，倭女王卑彌呼遣大夫詣京貢獻，魏以爲親魏，倭王假金印紫綬。

東方日本琉球等

南史扶桑國以扶桑皮爲紙，無甲兵，不攻戰，在大漢國東二萬里，女國在扶桑東千里，

女國無兵戰

雄王不如女王避爭之證

自然配合生殖

人端正潔白，髮長委地，二三月入水則妊，見人驚避，偏畏丈夫。

大漢梁時聞焉，無兵戈，不攻戰，風俗與文身同。

由各條考之，日本初一完全女國也。

魏志倭人傳倭人在東南大海中，其風不淫，其俗國婦人不妬忌，不盜竊，少諍訟。其國本亦以男子爲主，住七八十年，倭國亂，相攻伐歷年，乃共立一女子爲王，名曰卑彌呼，事鬼道，能惑衆，女婢千人。

按近日人佐喜真興英所作之女人政治考，以爲卑彌呼或卽神功皇后云，又按日本史稱始於天照女神，亦證明女爲歷史之首出也。

南北史扶桑國東千餘里，有女國，容貌端正，髮長委地，(通考謂身有毛)至二三月，競入水則妊娠，(按今俗知日本春花開時，男女同浴，卽自然配合，故孕耳。)

文獻通考四裔考二十四女國，慧深(扶桑之僧)云，在扶桑東千里，人容貌端正，色甚潔白，身有毛，髮長委地，二三月入水則妊。　按此又一女國，想是琉球耳，女人政治考云西一五三二年，中國册封琉球使臣陳侃使錄云，俗信神，皆以婦人爲尸，尸婦名曰女君。首從動經三五百人，各戴草圈，攜樹枝。又西一六八三年，使錄云，國事神甚謹，明使臣某詰王曰無城郭甲兵，何以禦外侮？王備言女神之靈云。又西歷一六零六年琉球夏子陽使錄云，國有女王，王宗姊妹之屬，皆由神選以相代，五穀成時，女王渡海至姑達佳山，採穀穗嚼之，各山乃敢獲，先獲者食之立斃。

第四節　隋唐西方青海西藏中亞等處之女兒國

一葱嶺南女國

隋書女國在葱嶺南，代以女爲王，姓蘇毗字末羯，夫不知政事。王居九層樓，侍女數百。復有小女王，共知國政，俗輕夫夫而性不妬忌，女王死則擇立族中賢女二人爲王，一爲小王。

二蜀西北之女國

通考，附國隋代通焉，在蜀西北二千餘里，其人幷無姓氏，南有女國。

三雅州西蘇伐剌拏女國

通考東女亦曰蘇伐剌拏，羌別種也，西海（當是青海西藏等處）亦有女自王，故稱東別之。東與吐蕃茂州接，東南屬雅州，東西行盡九日，南北行盡二十日，有八十城。以

四葱嶺西之西女國

女國棄男以避爭殺

古東亞完全是女國之證明

女國最合託氏克氏

女爲君，戸四萬，勝兵萬人，官在外者率男子爲之。凡號令，女官自內傳，男官受而行之。侍女數百，五日一聽政。王死，國人以金錢數萬，納王族求淑女立之，凡二次爲小王，因以爲嗣。或姑死婦繼，無簒奪。居皆重屋，王九層，國人六層。王服青毛綾裙，被青袍，袖委於地，冬羊裘，飾以文錦。俗輕男子，女貴者咸有侍男子，從母姓。地寒宜麥，出金與天竺同，隋唐屢入貢，天授開元間，王及子再來朝，後以男子爲王。

按恐是染華風退化之故，

又西女國在葱嶺西，俗與東女略同，種皆女子。多珍貨，附拂菻（音申）君長，歲遣男子配焉。俗產男子不舉，貞觀八年，貢使至，

（按大抵是惡雄匪擾亂社會，故殺之耳，此亦一法也。）

觀上各節，自東方中國日本琉球以至西方一帶青海西藏各地，證明東亞全是女

隋唐最盛。初與各國中國疆域漢地通，故均得見古泰平社會，而通以後不久卽爲雄匪吞併同化，故遂亡也。猶之中國日本女系而變爲雄爭之帝國，各小女國亦雄

醫學說 兵文明

化矣。但至今青藏仍是女系社會極盛耳，最合許氏克氏無兵真文明之公例，但亦由信佛故也。

一國羅斛女 二國爪哇女

第五節　元代南洋之女兒國

元史世祖二十六年，羅斛一女人國，來貢方物。續通考爪哇元時稱東抵，古女人國，土人有名姓。

按可見爪哇Java亦是女兒國也。

第六節　美洲初通時之女兒國

雄匪破壞女國太不之罪惡

拍雷氏萬國通史六五九頁，亞美利加章，當西班牙人征伐美洲時，葡人亦至巴西，於亞馬生河近處，尋得一女人國，但被暴男戰爭所滅。

When the Spaniardes were making Conquests in America, the Portuguese came to Brazil, It is said that, near the river Amazon, they found a natian of women, whose lives were spent in war, Parley's Universal Histary, P. 659.

第四章　西王母考　West King-Mother

要考中國古代女性社會史，及古代中西文化之交通，「西王母」是一大問題，不可不一詳考也。故略述所知如下：

第一節　古代堯舜時之西王母與古樂

爾雅觚竹，北戶，西王母，日下，謂之四荒。爾雅注昏荒之國，是西戎國名。西陽雜俎西王母姓楊，名回，一名婉衿。竹書紀年穆王十七年，西征昆侖丘，見西王母。其年西王母來朝，賓於昭宮。風俗通引尚書大傳，舜時，西王母來獻白玉琯。(管同)夫以玉作琯，故神人和，鳳皇儀也。賈子修政語上，堯身涉流沙，封獨山，見西王母。

按堯舜時樂爲一大事，而玉琯乃樂中要器也。

第二節　黃帝時東西文化之通婚

山海經西山經流沙西二百里，至嬴母之山，又西三百五十里，曰玉山，是西王母所居

西陵祖母育蠶之功

也。西王母其狀如人，豹尾（按當時穿豹皮如今西女常衣狐尾）虎齒而善嘯，蓬髮戴勝，（玉也音髗）是司天之厲，及五殘。（是用玉壓勝、因其國多玉也、）又西四百八十里曰軒轅之丘。（注，黃帝居此丘，娶西陵氏女）按此與亞力山大娶波斯王女東西通婚同。蓋西王母乃黃帝堯舜以來之女王國，西王母其國名也其東有嬴母名山，黃帝又於此娶西陵女雷祖，生青陽及昌意，蓋女盛的國家。後西陵女到中國，始教民育蠶，看來西王母化被於中國不少。

第三節　西王母樂園之風景與女兒國

海內北經，西王母梯几（憑几也），而戴勝杖，其南有三青鳥，為西王母取食，（注又有三足鳥主給使想如今馴鳩也）在崑崙虛北。海內東經注，地理志，崑崙山在臨羌西，有西王母祠。

青鳥與神巫

大荒西經有山曰豐沮，玉門（多玉）有靈山，巫咸巫卽巫朌巫彭巫姑巫真巫禮巫抵巫謝巫羅，十巫從此升降。（在此山也）西有王母之山，（注皆大靈山）有沃之國，沃民是處，鳳卵是食，甘露是飲，凡其所欲，其味盡存，甘花白木，瑤碧琅玕。鸞鳥自歌，鳳鳥自舞，爰有百獸，相羣是處，是謂沃野。有三青鳥，赤首黑目，一名大鵹，（音黎）一名少鵹，一名青鳥。（注皆西王母使、按如今有馴鴿鳩為使非

黃帝行宮

難也

有軒轅之臺，又大荒中有龍山，有女子之國。注沃沮國、東船行數十日有此國、純女無男。

按以上數條，文相連不遠，要是西方女國，多神巫之俗，多寶玉，能使鳥獸同羣相安樂。王母國情形，與舊約述夏娃樂園相近矣。又云有軒轅之臺，是黃帝行宮，可知從黃帝以來，常在崑崙與東方文化常接近，交通繁多矣。惟末條女子之國，注以爲船行，似又在海中；但若按其文理，沃沮應即是豐沮。

第四節　西王母乃西方女國盟主

大荒西經流沙之濱，崑崙之丘，下有弱水炎山，按即今火山 有人戴勝虎齒，有豹尾，穴處，今晉豫各省尚多山居洞穴也、故紀事者、各舉所見而言之 名曰西王母。注河圖玉版曰、西王母居崑崙山、穆天子傳乃紀名迹于弇山之石、曰西王母之山也、然則西王母雖居崑崙之宮、亦自有離宮別窟遊處、不專住一山、

按西王母按其名義，應是崑崙諸女國之盟主，故曰「王母」，諸母國之王。照上所舉，附近多女地名，應皆屬王母遊巡之地也。

第五節　西王母瑤池宴之文藝美

最古翻譯詩與李杜詩及小說

穆天子傳卷三，（明慈按傳出汲冢周書晉荀勗校定爲六卷，事雖荒，文甚古，頗可觀。太史公記穆王賓於西王母事，與諸傳說合，晉郭璞注。）

吉日甲子，天子賓於西王母。王母善嘯，乃執白圭玄璧以見西王母。好獻錦組百純，組三百純，西王母再拜受之。乙丑，天子觴西王母於瑤池之上。（想其地多產玉以玉爲池也）西王母爲天子謠曰：

白雲在天，山陖（陵字）自出。道理悠遠，山川間之。將子無死，尚能復來！（來音釐情辭美妙音節凄惋不知通譯出於何人之手、抵得一闋霓裳羽衣曲也，可想見西土文藝像雅典矣、）

天子答之曰：

予歸東土，和治諸夏。（古音戶）萬民平均，（穆王當是感於西方樂土大同化慕乃祖黃帝之明民共財欲均民富也）吾願見汝。（均富乃相約再見可算一種誓約）比及三年，將復而野。（汝也）

按此兩篇，可算最古的翻譯文，也算西方女王與東方天子一段愛別離之歌也。至天子答詞，確有主義，不愧哲人明王。

西王母瑤池宴穆王，因有文藝關係，流傳最遠。不但漢屈賈哲人，均懷西土，至唐杜甫秋興八首云：「西望瑤池降王母，東來紫氣滿函關。」李白清平調云：「雲想衣裳花想容，春風拂檻露華濃。若非羣玉山頭見，會向瑤臺月下逢。」遂令後世疑人間與天上，疑人疑仙矣。至鏡花緣小說，遂演成王母宴羣仙，百花仙子下降，建設女兒國世界，今考女化來源，必追溯西王母矣。

天子遂驅升於弇（音奄）山，乃紀丌（同其）跡於弇山之石而樹之槐，（木名）眉曰西王母之山。還歸，丌世民作憂以吟曰：

北徂西土，爰居於野。虎豹爲羣，於鵲與處。嘉令不遷，我維帝女。彼何與民，又將去子，天子大命，而不可稱顧。世民之恩，流涕芔隕。吹笙鼓簧，中心翔翔。世民之子，惟天之望。

按由此可想見西王母與鳥獸同遊景象。

第六節　西王母國爲西方產美人地

大荒西經有寒荒之國，有二人：女祭、女薎。（注或持觶、或持俎、

穆王懷祖與騷人紀念

按蓋可見女盛時代之俗。

山海經，海內西經，淮南地形訓，廣雅釋地，水經註，皆言昆侖。穆天子傳天子升昆侖之丘，以觀黃帝之宮，郭註，黃帝巡遊四海，登昆侖之丘，起宮室於其上，見新語。（顧實穆傳西征今地考云：昆侖之丘今考定在托古茲達坂附近云。）天子西征，至於赤烏之人，曰赤烏氏。先出自周。……嘉穀草木碩美。赤烏氏美人之地也。寶玉所在也。（今地考以爲赤烏氏，山海經謂爲赤國妻氏，在今溫都斯坦，則今帕米爾大山東西，皆上古產美人之名邦。離騷「登閬風而緤馬，哀高邱之無女。高邱卽昆侖也，）案高加索山爲今世界第一產美人地，『西方美人』此成語非無理由也。故穆王西巡祠烈，騷人咏歎不忘耳。

乃遂西征，至於西王母之邦。

今地考云：西王母一國，爲今西人熱心研究中國古史一要件；蓋欲藉以知我國古代與西方之交通也。今考西王母邦，亦稱沃氏，亦曰三危。

第七節　屈賈騷人對王母仙國之哀思

今地考云：竹書穆王西征，至於青鳥所解；淮南子冥覽，羿請不死藥於西王母，正與淮南時則訓所云，三危之國。（非廿肅之三危）飲氣之民，不死於野相合，屈原九章：『吾與重華遊兮瑤之圃，登崑崙兮食玉英，與天地兮比壽，與日月兮齊光。』所謂沃民白木者，郭注『樹色正白，今南方有文木，亦黑色也。』文選吳都賦注，文木材密緻無理，色黑如水牛角。』周書王會篇，夷用闖木。何秋濤箋曰：『夷卽波斯，』通雅曰，『闖木，卽烏文木也。』古今注烏文木出波斯國，可知沃氏卽西王母國，亦卽波斯也。楚辭遠遊『仍羽人於丹邱兮，留不死之舊邦。』賈誼惜誓曰，『休息乎昆侖之墟，右大夏之遺風。乃至少原之野，兮赤松王喬皆在旁。長生而久仙兮，不如反余之故鄉。』列仙傳赤松子至昆侖，止西王母石室中，足證赤松與西王母同處。屈賈所詠，皆指西王母爲舊邦也。莊子大宗師篇。西王母得之，坐乎少廣。少廣卽少原，賈生賦明敘少原在大夏之西，非波斯而何？

案可見王母所居，安樂長壽，故云不死之都也。

第八節　西王母與古文化關係之兩大事

顧實曰：考西王母入貢有二大事，一爲蓋地圖，一爲白玉琯，此關中國樂律根本大問題。尙書大傳舜以天德嗣堯，西王母來獻白玉琯。大戴禮少間篇，說文，漢律歷志，風俗通，音聲篇，晉律歷志，宋音樂志，符瑞志，均言西王母獻白玉琯之事，而晉律歷志伶倫自大夏之西，乃至昆侖之陰，取竹象鳳鳴，以定律呂。黃帝作律，以玉爲琯，長尺六，孔爲十二月音；然則上古造律，黃帝已竹玉並用，皆取自大夏之西昆侖之陰也。說文所謂『以玉作音，神和鳳儀也。』博物志有西王母仙桃，今西人謂桃爲『波斯果，』又可爲西王母在波斯之證。

蔣觀雲中國人種考，引一八八〇年，愛台爾英譯穆天子傳，或據波斯詩人富爾達伊詩史，引波斯古傳襄西佗女王與摩訶晉王穆罕婚，而摩訶晉爲大秦即支那，穆罕王卽穆王，襄西佗爲西王母，又一證也。

蔣觀雲穆傳英譯考

顧實穆傳今地考證八條

第九節　西王母國，乃黃帝之西京，黃種之祖母鄉

今地考要證：一，王母邦在羣玉山西三千里。二，豹尾虎齒，爲一種儀式，卽今假面具。三，不死之地有二：舊者在今新疆，新者在波斯。四，崑侖有廣狹二地，狹者指今新疆之托古茲達坂，廣者通指西方阿富漢波斯等高地。五，山海經王母居玉山今新疆。六，王母謠詞，合今波斯舊京伊斯巴亨天象。七，穆王東歸，道經土爾基斯坦。八，此考爲上古西方陸路交通之材料。以上七八九三節引顧實穆傳今地考

海內經黃帝妻雷祖，生昌意，昌意降處若水，生韓流。（註竹書名乾荒，卽乾流也。）乾流娶淖子曰阿女，生帝顓頊。（註世本顓頊母濁山氏子，名昌僕。（按濁卽淖音之轉））

於此可見古代黃帝以來，與西域諸女國通婚情形，又可知華人稱爲黃帝子孫者，與中亞西域血統之關係，今欲振亞化，非力通西域，開拓黃族祖母舊地不可。（宋史高麗人正月七日，家爲王母像載之。）

又西南黑水之間，有都廣之野，后稷葬焉。（註城方三百里，蓋天下之中，素女所出，離

騷絕都廣野而直指。）爰有膏菽，膏稻，膏黍，膏稷，百穀自生，冬夏播琴，（播殖也）鸞歌鳳舞，百獸爰處草木冬夏不死。（案此素女所出亦小樂國。）風俗通引黃帝書泰帝使素女鼓瑟，今存有素女經，雖或僞。然非無因。）西山經南望崐崙其光熊熊，其氣魂魂西望大澤，后稷所潛。西南四百里曰崐崙之丘，是實爲帝之下都。

西王母關於文化上八條

按意者黃帝東來，以崑崙爲西都乎？不然何古書羨慕崑崙如此之盛也？

要之西王母可考斷者，一西王母，是西域女王大國之首長。二，自黃帝堯舜穆王時，歷與中國交通。三，獻玉琯與中國樂化關係甚大。四，或與中國通婚。五，可證中國人種西來，及西方各女國情形。六，可知王母娘娘在中國神話史上，至今占莫大勢力，非無故。七，可知王母之國，乃吾古女媧時代小影。八，因東西王后通婚，愛情及文藝流傳，漢唐詞人，成爲歌咏材料，流風至今存也。

第五章　古亞洲女化之泰平　序

托氏克氏新文明定義之評定
地誌風俗調查之需要

中國恃其强大，向自命文明，而鄙四鄰小國爲野蠻夷狄，謂諸小國之風俗爲夷俗，而自命中國天朝。殊不知文野之分，華夷之界，卽按之中人所承認孔子春秋之義，幷非以地分，而以人之品性行爲分。所謂「中國而夷狄，則夷狄之；夷狄而中國，則中國之」也。乃三代下陋儒不講人道，惟恃暴力征伏者，卽奉爲君父神聖，可謂毫無是非羞惡惻隱之心者也。若非西國炮火之烈，强傳其西學來，則今日仍守其辮子小脚八股之天朝文明可也。幸有野蠻更甚於天朝者，而人道公理因之稍明，其數千年勢利思想乃破產矣。而最近以來十九紀末，始有託氏克氏出，託氏用良心判斷，克氏用地學調查，異曲同工，皆不尙武力，而尙德化，均考出熱帶寒帶弱小民族中道德文化羣治極高，乃迥非虎狼列强所及，而文野之舊愚見始打破。託克二氏乃大聲疾呼，弱小初民部落之爲眞文明，而今帝國資本民族爲眞野蠻非人道。余久習託克學條例，乃應用之，以考查亞洲及世界弱小民族風俗，與吾天朝比，乃知其仁讓平和，不用兵革，有遠過於我虎狼之天朝者，可爲汗顏也。故輯亞洲女化之泰平篇云，欲知此篇條例原理者，須習託克二家學也。其二家所以贊美弱小民族爲文明，而痛罵今帝國爲野蠻者，以弱小民族尙羣德不爭故。而其所以尙羣德能不爭者，以去古大同世近，貴女賤男，雄爭不啓，近於自然無政府故也。學者其深思之，細考之，此學非易言哉。但要大注意者，凡亞化所以泰平之故，半由于女，亦半由佛化。試觀各節稱女者，往往兼稱佛化也。有志謀泰平者，可以悟矣。

第一節　東方諸國女俗

日本扶桑古女俗之自由及太平琉球

太平御覽紵嶼上多紵，有三千餘家，云是徐福後，風俗似吳人。

文獻通考四裔考扶桑國婚法，婿往女家門外作屋，晨夕洒掃，經年而女不悅，卽驅之，相悅乃成婚，無兵甲，不攻戰。

琉求，土沃無賦斂，有事則均稅，日本本倭奴國也。惡舊名，改之，婦皆被髮，國中不習戰闞。

隋書倭國（卽日本）男女相悅卽爲婚。

宋史外國傳高麗，國無私田，民計口授業。十六以上充軍，三歲半而更復歸農，王亦有分地，以供私用。（按則箕子封高麗宋世井田制猶未壞也。）王母，妃主，世子，皆受湯沐田，不知鑄錢，中國所予錢，藏之府庫，時出傳翫而已。尙釋教，雖王子弟亦常一人爲僧，人死則露置中野男女自爲夫婦者不禁，夏日同川而浴。性仁柔惡殺，刑無慘酷之科。惟惡逆父母者斬。

高麗之公田制

女男同浴俗

第二節　北方諸國女俗

後漢烏桓傳八十計謀從用婦人，惟戰鬬自决之，男女以髠頭爲便，婦人至嫁時乃養髮。又鮮卑傳季春大會於饒樂水上，（在營州北）飲讌畢，然後配合。

烏桓女之剪髮

魏志三十，烏丸東胡也邑落各有小帥。不世繼，無文字，莫敢犯，氏姓無常。大人以下，各自畜牧治產。不相徭役。　按不相徭役，合託克之主張，雖非無政府而强權極弱矣。嫁

東胡無姓

從婦人計

娶先通將女去或半歲百日後，遣聘禮，壻隨婦歸，見妻家無尊卑，旦起皆拜，爲妻家役，二年乃出，故俗從婦人計。

肅愼無盜

晉書肅愼氏，北去夫餘可六十日，東濱海，無文墨，以言語爲約，有馬不乘，但以爲財產。盜無多少皆殺之，故雖野處而不相犯。無憂哀相尙，人死不哭，哭者謂之不壯。

第三節　西域諸國女俗之泰平與佛化

西羌無鰥寡上下

後漢書西羌傳俗氏族無定，或以父名母姓爲種號，國無鰥寡，不立君臣，無相長。堪耐寒苦，同之禽獸，雖婦人產子，亦不避風雪。性堅剛勇猛。（按合於克氏學矣。）

梁書林邑傳婚姻，女先求男，因俗重女而賤男也。

安息王后同聽政

隋安國傳安國漢安息也，王坐金駝，每聽政，與妻相對，大臣三人評國事，俗同康國，

高昌之樂土貧民皆食肉

又高昌國漢車師卽西州也，西抵安西，南距于闐，以地勢高敞，人民昌盛爲名，多琵琶，箜篌，好游賞。行者必抱樂器。佛寺五十餘區，皆唐朝所賜，額中有大藏經，居民春月多羣聚遨遊其間，樓有唐太宗明皇御札。國無貧民，絕食者共振之，人多壽考，率百餘歲，

絕無夭死。王曰師子，王貴人多馬，民食羊及鳧雁。城多樓臺卉木。人白晢端正，性工巧，善治，及攻玉。善馬直絹一匹，駑馬充食，纔直一丈，貧者皆食肉。

焉耆之無政府與佛化

焉耆國，國無綱維，俗奉佛，死者持服七日。

疏勒國手足皆六指，產子非六指者卽不育。

吐火羅之多夫俗

吐火羅國葱嶺西五百里，俗奉佛，兄弟同一妻，迭寢焉，一人入房，戶外挂其衣以爲誌，生子屬其長兄，婦人有十夫，則頭載十角以誌之，挹怛國與之同，

文獻通考四裔考條支國傳，安息長老，傳聞條支有弱水，西王母，亦未嘗見也。波斯國卽條支，兵二萬人，乘象而戰。無死刑，或肘手足，沒家財，剃去其鬚，或繫排於項以標異。人死，持服一月。

大宛大月氏安息之女化與佛化

晉書龜茲國佛塔千所，男女皆翦髮，王宮壯麗若神。

晉書大宛利得中國金銀爲器物，不用爲幣也。（按則輕貨幣尙未用錢也）

大宛國與大月氏安息同俗，俗貴女子，女子所言，丈夫乃決定。

無刑

學風與酒禁

康居國

越底延之富樂無刑

室韋無君長

大漢無兵

烏洛侯無君無盜

通典，大宛，漢時通焉。產馬汗血，以葡萄爲酒。通考其人皆深目多髭髯，善賈，俗貴女人，女子所言，丈夫乃決。隋蘇對沙那國，卽漢大宛也，續通考哈烈在肅州西一萬一千里，東北至撒馬兒罕千四百里，卽漢大宛也。衣鮮潔尙白，有喪易以青。國王窗壁金飾，富室亦同，禮儀簡略，無刑，有罪罰錢而已。坊市不設斗斛，但用權衡。食無七箸，惟用手取。婚室多以姊妹，謂爲至親。死無棺，以布裹埋之。國有學舍，以居遊學之士，酒禁甚嚴。拜天，永樂七年朝貢，通典康居在大宛西二千里，俗同大宛。

通考，越底延國，隋時聞焉。東北至瓜州五千四百里，王婆羅門種，戶數萬，國法不殺人，重罪流，輕者杖，國無課稅。俗事佛，王及庶人，被髮衣錦，俗淸潔，候溫。

通考，室韋有五部，大室韋無君長，有以皮爲舟者。嫁法，二家相許，壻盜婦去，然後送牛馬爲聘。

四裔考大漢，梁時聞焉。無兵甲，不攻戰，烏洛侯，後魏通焉，無大君長。俗以珠爲飾，人尙勇不爲姦，故慢藏野積而無寇盜。

榜葛剌之男女專一制

康居之無王

吐蕃無文字而佛化

有城而不處

箇失蜜、咀義始羅、僧訶補羅、烏剌尸、半笯蹉、昌羅

續通考榜葛剌卽東印度，俗尙信義，一歲二收。男女勤耕織，婦不施脂粉，夫死不再嫁，妻死不再娶。孤寡無託，則同鄉人輪膳之。明永樂中入貢。

北史米國都舊康居地，無王。其城主姓昭武，城方二十里，東去瓜州六千四百里，隋大業中來貢方物。

多蔑國兄弟共娶一妻，婦總髮爲角，辨夫之多少。唐貞觀中通焉，百姓二十而稅一，

續通考西番卽吐蕃。唐末衰散，宋朝貢不絕，元世祖郡縣其地，以吐蕃僧八思巴爲國師，大寶法王，帝師領之。嗣者數世弟子，號司空司徒，國公，佩金玉印章者前後相望。風俗樸魯，上下一心，君臣爲友，吏治無文字。懷恩重利，尊釋信祖，產金銀。距松潘四百八十里，東北鄰陝西。唐書其國君號贊普，有城郭而不處，聯毳帳以居。

通考箇失蜜或曰迦濕彌邏。唐開元初來朝，八年，詔冊其主爲王，使者言，有國以來，并臣天可汗，其役屬五種，亦各爲國，曰咀義始羅，地二千里，有都城，西南七百里得僧訶補羅，地三千餘里，亦治都城。東南五百里得烏剌尸，地二千里，有都城。西南七百里得

闍補羅六國皆無君長

大秦之尙賢主與富饒

不鬬而佛化

西洋古里地路不拾遺

滇民首領老智婦比銅鉗

半筱蹉，地二千里。又得曷邏闍補羅，大四千里，有都城，人饒勇，五種皆無君長云。

晉書大秦，東西南北各數千里，城周百里。珊瑚爲稅，琉璃爲墻，國有災異，輒更立賢人，放其舊王，亦不敢怨。有夜光璧，火浣布，多獅子。舊唐書佛菻即大秦，東南與波斯接，地方萬餘里，宮宇多以水晶琉璃爲之，多珍異。煬帝欲通，竟不能致，貞觀十七年，其王使獻赤玻璃綠金精等，太宗璽書，答以綾綺。

宋史佛歷菻傳王三月則詣佛寺坐紅牀，人舁之。刑輕者杖數十，重至二百，大罪以囊投諸海。不尙鬬戰。鄰國小有爭，但以文字來往相詰問，事大亦出兵，鑄金銀爲錢，無孔，面彌勒佛，背爲王名。

續通考西洋古里地最大，西瀕大海，南距柯枝。其人淳謹行讓，路不拾遺，事佛，產沈香，永樂元年，貢馬。(柯枝近錫蘭)

後漢西羌傳七十七，滇良族，豪有婦人比銅鉗者，年百餘歲，多智算，爲人所信向，皆從取計策，將其衆。

託氏克氏無政府主義之證實與女化佛化

古西南方乃上皇之民

黑色美人之原理

黔苗唱和便爲婚

按本節各國俗有應注意之點，卽證實託氏克氏無政府主義，非不可行，而與女化關係甚大，又與佛化有大關係也，其上世之風與宜乎「西方美人」之哀思長也。

第四節　苗蠻及南洋女俗

水經注三十六，鬱水（注九眞郡有松原縣，林邑記曰松原以西，鳥獸馴良，不知畏弓。林邑記曰，渡比景至朱吾朱吾以南，人野居無室宅，依樹上宿，食生魚肉，採香爲業，與人交市，若上皇之民矣。

水經注三十六，林邑記曰漢置九郡，儋耳與焉。民好徒跣，男女褻露不以爲羞。暑日使人黑，積習成常，以黑爲美，離騷所謂玄國矣。

黃元治黔中雜記

婦人亦草屩，無婚娶禮，女子踏歌，男子吹蘆笙和之，音調諧則配合。行必以羣，采茶薪野菜，背負如男子，諸苗俗皆如此，

方享咸苗俗紀聞

六月六馬郎節

自沅州以西，即多苗民，至滇黔更繁。婦女無中衣，止板裙，五彩百折，赤足草履，婚無媒妁，男壯無室者，以每年六月六日午後，悉登山四望，吹樹葉作呦呦聲，則知爲「馬郎」至矣，未字之女，羣往從之，任自相擇配，先合而後議婚，視女之好惡，以定聘之高下。人死不棺不歛，埋土中，不封不樹，埋後不再至其地。歲時惟野祭耳。

熟黎尙雌化證明克氏女性廢兵說

瓊州志熟黎一語不合，拔刀相向，其妻當中一過即解。　按即此二語可考定雄性之惡與雌性之善，謀天下泰平者，可斷定五千年來之誤謬，與今後之方向矣。

范氏桂海虞衡志傜人十月朔日，各以聚落祭，男女成列，連袂相攜而舞，曰「踏傜」，意相得則男躍入女羣，負所愛去，遂爲夫婦，不由父母。其無配者，俟來歲再會。女三年無所向，父母或欲殺之，以爲人所棄云。　按此可證明摽梅詩之需要也。

裸蠻無君長

南夷志裸形蠻無君長，女多男少，無田農，木皮蔽形。通考南平蠻，樓居，女多男少，婦人任役，婚法女先以貨求男，其王姓朱氏。

續通考苗，古三苗之裔，聚而成邨，曰寨人，有名無姓，有族屬無君長，自長沙辰沅以南，

苗不用禮教

頓遜之富樂

暹羅女權之高

闍婆無刑而佛化

多有之。諺云，苗家讐，九世休，（然則公羊春秋復九世之仇，亦苗之大義耳，夷夏云乎哉？）夫死，其妻嫁而後葬，曰喪有主矣。女勞男逸，葬不擇日，木葉爲服。女子年十歲，即搆竹樓野外處之，以召男子，諸苗所居，必深山僻谷，生而不見外事，故其俗不移，無公家更賦之給，其民惰慢，（按是逸耳）食物常足，故無積聚，無文字，絕先王禮義之教，雖得其人，亦不可使。（按正合託氏克氏理想之黃金世界，先王禮義是何物？）

宋史占城西至雲南，國無城郭，婦無笄梳，拜揖與男同，正月一日，牽象周行所居之地，然後驅出郭，曰逐邪，四月有遊船戲，王坐禪椅。

南史頓遜國，梁時聞焉。城去海十里，珍寶無不有。呆榴花汁停甕中，數日成酒。有花十餘種，冬夏不衰，花燥更芬馥，人以花末爲粉傅身。

續通考暹羅每有計議刑法輕重，錢穀出入之事，幷決之婦人，婦人志量在男子上。

明洪武永樂，朝貢不絕，詔賜列女傳，且與之量衡。

又闍婆國在南海中，室宇壯麗，不設刑禁，隨輕重以金贖，惟寇盜者殺之。王出乘象，壯士五七百人從，國人見王皆坐，俟其過乃起。無媒妁，但納金女家以娶。疾不服藥，但禱佛。俗有名無姓。

扶南女王葉柳

晉書扶南國去林邑三千里，在海灣中。人皆醜黑，裸身跣行，性質直，不爲寇盜，以耕種爲務，食器以玉，王本是女子葉柳，有外國人混潰，據其國，葉柳遂降。

按又是雄匪擾亂也。

通典扶南國，在日南郡南，先有女人爲王，號曰柳葉，壯健似男子，南有激國人名混塡，來伐，降之，遂以爲妻，惡其裸露形體，乃穿疊布貫其首，理其國。後改用天竺法。通考隋時，諸國王多姓古龍，訊耆老，言無姓氏，乃崐崘之訛也。

諸國多無姓氏

第六章　世界女俗考

序

斯賓塞 Spercer 毛爾根 Morgan 克

斯賓塞羣學言最難治者，爲「羣學」因一小羣之人皆囿於一小羣之習俗而難於自鏡也。專考各地風俗比較文野者。乃在最近百年以來。而能用初民古大同學眼光

氏Kropolkin之羣學公例

世界風俗志之一部

以判斷今社會組織之謬者，乃自最近數十年來地學家爲始。以前若盧梭雖慕自然而人尙以爲其玄想也。近年治此學者。如毛爾根 Morgan 爲大家。能明古代社會Ancient Socity母權。但大成者，則推地學家克魯泡金，克氏出乃如一拳碎黃鶴樓，遍考各地初民社會之愛羣性，而判斷資本制下「雄系」家族制度，爲野蠻矣。愚乃應用克氏治學條例，考各地民族風俗，益歎克學之精而一掃鄉區陋儒之習，坐井觀天，眞可憐哉。愚別輯世界風俗史一書。今錄其略，以證女俗與凡尊女俗者，其社會無不安全之例焉。國拘小儒，雖不能行萬里路，尙應多參考叢書，以開眼界，而免武斷，否則吾決斷其無發言之權，參與此席也。

第一節　埃及巴比倫東方女俗

埃及婚禮，夫須發服從妻制度之宣誓，今埃及巴比倫發現之古物碑銘，但多列母名而無父名，或僅列父之首一字母而已，羅馬尙然。

埃及上古有女子入浴圖，埃及爲最古文明國，而許兄妹結婚。

最古文明國多女王

一年男女換數十次

自古女子交際甚開放，女王甚多。埃及爲世界文化最古之人，初亦但從母姓，近親爲婚，毫不知有父。印度南境亦然，男女極自由，尤好音樂，人赤體而居，或用豹皮遮體，垂尾於背。今埃爲回教國，女嫁十二三歲，離婚極易，有一年換至數十者，男女有十年之間嫁娶至二三十次者；女再嫁其儀仗不盛，女子不許到教堂，因見女易起慾心也。改嫁他教者，定以死罪游街，但今亦略從寬矣。

考古者從書畫上，見古時埃及男女同席，自由交際。且以紡織爲男工，經商爲女業，女王亦多。

女俗通考東方俗，嫁女者必取財禮，故生女家視之較重，貧家可不費財，但富家則多奩妝耳。古亦有「休夫」之事，（見馬太十四章三節及使徒行傳廿四章二十四節）古俗兄死，弟娶嫂生子以嗣兄，不娶嫂者罪之，人笑爲脫鞋之家，摩西訂律以治之，（見創世記三十八章八節）

西亞休夫與娶嫂

英人禁埃及太監惡俗

古有義子義女之俗，如法老王女，收摩西爲義子，木底改收以士帖爲義女是。（以士帖傳）

奴制，猶太人不得養本國人爲奴。打死奴者有刑。安息日，奴僕亦休息，（埃及書二十章二十一章，申命記十二章十八）祭時奴亦於聖所同食，同宴；（又十六章十一節）此高於羅馬希臘之火烙釘架矣。

不孝者曰逆子，以石礫死。十誡，五曰，孝敬父母。七曰，毋姦。八曰，毋盜。

太監俗，埃及倡之，波斯亞述突厥諸國行之，中國日本等國亦盛，此起於男子之妒心，實則辱及女人。

今突厥國王妃數百人，可謂一大妓院，英人在埃及嚴禁太監，置以重刑。女俗通考第四集上，

第二節　印度女俗

女俗通考：『印度梅奴律法共有一千頁一萬萬條，刪至一萬二千條，又刪成四千條，

一萬萬條之梅奴律

其中亦有述敬女之事。第三卷五十五條云；女人可貴，父夫兄弟應飾其女使家興旺。五十六條；凡敬女之家，神喜賜以福，否則萬事不祥，皆無結果。五十七條：女人憂愁家必不昌，女人喜樂家必興旺。五十八條，凡人家婦女不敬而好咒罵者，其家必敗。五十九條，凡求室家興旺，皆應常敬重女人，逢節以衣食優待之。又云：男不可責女妻雖犯百過，亦不可取花枝以擊之。又云『妻奉夫如神。』有一書云：『女子聰明四倍於男。』

女慧四倍于男

古愛歌

梅哈拔喇達詩史中咏古印度人婚事：

『妻爲夫之真良友，　分之卽成爲半人，　德行安樂與財富，　常從妻有愛心來。
妻若忠信邀天福，　能助其夫得福樂。　妻有甘言能悅耳，　獨居閑處爲同伴。
賢妻規夫如嚴父，　救苦恤難若慈母。　雖歷沙漠荒野中，　如得佳耦慰男心。』

印人一二歲已許人爲婚，英史家亨德查人民册，計孟加拉全省，自五歲至九歲之女孩，每千人中已嫁者二百七十一人，已寡者十一人，統計婆羅門人寡婦女實居三之一，因愈九歲不嫁，家主有罪過也。其壞皆由教俗，非王法也。

可悟壞禮俗甚於壞法律

殉夫謬俗之慘

又梅奴律法九卷八十九條，女如不遇合意之好男子，卽終身不嫁亦可。九十條女子成人（月經通）後三年，如其父不爲擇配，則女可脫離其父自擇其夫。印士哈拉巴抄曰，古印律本准女自擇夫，後乃因有弊删去。

孟加拉省古稱婆羅門人，有娶百妻者，因成婚後可棄之岳家，若非送禮物來，則不再見之，多娶因貪女財也。

印度書謬稱殉夫之功德，以欺惑無知婦人，逼死寡婦，并有活埋者，甚至其子爲拾柴燒其母。并云，凡參觀者走一步，步步皆有功德，實則由其族人思利寡婦死而分其利耳。但此等寡婦亦情愿死，因活在世上，受種種逼迫，不如死也。凡殉之地立牌坊，或栽樹爲紀念，此風英人今已禁止矣。

按甚似中國雄閥爲婦人所造「貞節碑，」雄主爲忠臣所造烈士祠，同一人心理。

今內務部已有貞男褒獎條例，恐雄闊肯受旌者少耳。

但查梅奴法典幷無論寡婦殉葬事，蓋後儒改造一八二九年，英總督本丁格乃查禁此惡風，而士人大反對，聯名稟請英政府，詰總督干涉風化，與原訂英印條約不合，英政府不理之，遂罷。自耶教盛於印度，女學日昌明矣。一八五六年，訂寡婦再嫁例。

印度女化之盛

印度巴西人十二條約，第七條：『應裝飾其妻，幷用香味，第照律法應善待女人。』第十四條：『夫婦均不可有外遇。』

通考三十六印人定法，謬執迷信天地乾坤陰陽男女之說，遂定女在男下，久成慣病矣。印度古詩，亦有稱女爲神者。印度女化盛行，例如

一馬拉巴海

一西南馬拉巴海邊，無嫁娶之禮，自然配偶，

二奈爾人所有權

二又奈爾族人一切歸母掌管或姊妹年長者管之，不知有父，此外諸族尙多。

三Iroquois印人之母權

三伊羅口亞 Iroquois 印度人之間，爲母系團體。十九世紀初年，尙在百英尺一大長屋中爲公同生活，而戴一女家長，凡政治經濟權歸女，惟對外戰爭權歸男。

四 汪多特之女權會議

五 比愛布羅 Beuebro Indian 印人之女所有權

六 印北卡西族女神貴于男神

七 假定認父之俗

四，伊羅口亞一支族曰汪多特 Wiandot 由其氏族 Gens 中選四女議員，四議員共選一男議員，如此各氏成大團體之議會，女四分而男一分，其主權在女可知。男子對軍事有權力，但和戰否決權仍在女。

五 Beuebro indian 比愛布羅印度人之一支族，曰荷皮士族者，一切不動產歸女有，男僅有馬與驢。夫若不合意，女卽將夫物運之戶外，夫卽不能更入妻門。

Nicaragra尼卡拉瓜之夫，常被逐門外。

六，印度北之卡西族，云由母而生，女神較男神爲貴。馬來族及南洋拍路羣島 Pellew Islands 人亦然，完全母系，敬女祖女神，娶男入贅，今世界此等母系人族，不下二十餘處。

七，印度南方某地，女子至十六歲以後，則認五六歲之小兒名爲夫，而以年齡相當之男爲後見人，與同住。生子則認名爲夫之小兒爲父。無本統之父，但有假父之名而已。及假父小兒長大，又轉爲他男作後見人。

八歡喜節大會
九安大門島俗
十錫蘭試婚俗
儉女

八印度興都人以某季節爲男女合會，名曰「歡喜節」約六日間男女自由同住。

九孟加灣之安大門島，夫婦關係，女至生兒斷乳後，即他適。再生子至斷乳，又與他男居爲常。

十錫蘭成婚前，男女先同住二星期，試婚以後，再訂契約。

錫蘭人不閉女，男不妒女，交際又自由，女極耐儉苦，以爲美德，以浪費爲恥，以人稱其儉爲榮。常曰：日用飲食，但得人之棄餘，已足用無憂，好物儘由丈夫用之。民男女皆不許私穿鞋襪，鞋襪乃御用物也。男女離時，兒童男歸父，女歸母，養孩有卜其日之吉凶之俗。凶日生者則殺棄之，（按中國亦有此俗）

第三節　西藏女俗

西藏人每年始洗浴一次，逢節乃換衣，破而後已。而人體强壯，女人亦能負六十磅之重，往來行路，且年壽亦長，聲音宏亮。

房三層，供千手觀音每日拜之，日飲茶三次。俗一婦數夫而剩餘之女，終爲尼諷經或自種田。

西藏之多夫一妻制（日本外國地理集成）

俗男弱女強，顏色早衰，蓋風土使然。凡中國人在藏者，無官民之別，例不許帶女眷，故駐藏官吏及寓商，皆娶土人爲婦，藏人性質，溫厚慈仁，言行信實，思想高尚，且勇壯而愛音樂，若加以進取，可爲完全國民。然優柔易於服從，男順於女，喇嘛所言，不論是非，奉如法律，無敢抗者。女子較勤勉而剛健，勞動勝男子，與他國男女勞逸正相反。或耕於野；或登山采薪，負重致遠，造屋經商，以及庖廚縫績，內外大小事均女爲之；不以爲勞。男子惰性，不過爲幫助者，馱載之事，無女子助，則不能也。

多夫與佛化　女權尊大，女子筋力，以習勞而強大，若有外遇，則明告其男，夫則怡然聽之。夫婦合則同居，否卽離去，例如有一女子，男欲配之，先謁女父母，述所希望，得其許可立約，卽爲家族之一員。第二男亦願分受此幸福者，亦來立約，爲副夫。第三第四皆如此，亦有因

女逸男勞　嫉妬而定於一者，但甚稀。諸夫互競作事，以博婦之歡心，亦有兄弟三四人娶一妻者，

以順爲正妾夫之道

大抵多因貧之故。裏塘之婦，有一夫戴銀髻一枚，多者冠三四枚，所生子女分之能三四兄弟合居相安者，人皆稱賢云。

第四節　暹羅　緬甸　安南　等女俗

女男配合制有五種

女男配合制有五種：甲，有衆男衆女互配之俗，但除其有定約之團體以外則不交，行於波羅洲澳人利亞。乙，一女多男之俗行於西藏，印度之奈雅及 Polyandry 地方多弟兄共娶一妻。丙，一男多女之俗，與前相反，曰 Polygyny 大抵所娶多爲姊妹，亦有非姊妹者。丁，又有 Polygamy 多夫多妻制者。戊，暹羅有四種妻：一，朝廷授者。二，法律規定者。三，親族介紹者。四，自由戀愛者。

英語 Monogamy　一妻。

Monandry　一夫。

亞洲各國，多重十二巡，如子鼠，丑牛，寅虎，卯兎，辰龍，巳蛇，午馬，未羊，申猴，酉雞，戌犬，亥猪，合婚上大有關係。按中國古俗全持此訂婚，可怪也。

十二暹之迷信與婚制

暹羅產婦室生烈火，且蓋多被，或致命而死。女勞男惰。

緬甸以天降女人代男人勞役，產婦常受火烘熱死。子不與父同姓。休妻者少，休須分財，養之終身。

眞臘女留客之俗

尤侗明史外國竹枝詞詠眞臘云：『交易經營盡女商，針梳爭買助紅妝。』注：貿易盡婦人，詠暹羅云：『女兒斷事男兒聽，偏愛華人夜夜嬌。』注：大小事悉決於婦，其夫聽命而已。遇中國男子，愛之必置酒留宿，不爲怪，曰吾妻美，中國人喜愛也。

安南女人極苦，男不疑妒，而上等人亦閉女不出，離婚亦自由。

第五節　日本　高麗　中華

日本女於嫁後有毀容之風，剃眉漆齒，示不爲他人容。但維新以後，改去此俗。

按此俗不佳，又何必使天地間玉碎花殘乎？

日本古訓亦有句云：『人知以百萬嫁女，不知以十萬教女。』出妻之俗，貧家多而富家少。一八八八年統計，三娶中有一離者。

日人好潔，夕日必浴，向俗男女同浴，今漸改之，（按事實上僅表面改之。我在東京中等旅館住時，每仍是老幼男女同浴無礙也。統計日本人有十分之一，父母不明者。）

日本九女王

日古來至大正，共一百二十四帝，而皇后攝國共九人，最有名者爲神功皇后，有征服高麗之功。曰氣長足姬，爲仲哀天皇之后，應神天皇之母。（西一百九十一年頃）乃一青年寡婦，改男裝帥水陸師，浴身諷佛經，得佛之允，於二百二年戰勝，在車中有孕，還師生太子，號胎中天皇云。其戰勝實應神在胎之力，應神後號戰佛，至今用兵必祭之，一八七四年，伐台灣，亦祭之。

神功皇后之偉功

高麗婚俗

高麗句民喜歌舞。國中邑落，暮夜男女羣聚歌戲，壻就女家生子，長大乃歸。

又挹婁傳箕子適朝鮮作八教，無門戶之閉，而民不爲盜。

高麗成婚時，堂中供一鵝，或以鵝之像，以表相愛，新郎有時寫一誓出交岳丈，表明終身獨守此女，決無異志，但此在女人亦常能實行，男人誓詞，大都不足恃也。國家常旌表節孝碑坊。有一特例：京城夜八點後，不准男人在街市行走，惟女人至夜一點鐘到處可行。俗以戀新婚爲恥，上等人家過三朝後即異居，以明不受女縛。一高人曰：『吾人防閑妻女，非不信妻女，實不信男人耳。』高女養蜂爲醫，以能造弓箭名，能捕魚，開客寓，及作各工藝。上等人待妻尙好，不肯與角口，中等人休妻事甚平常，下等人有一年換六次妻者，蓋幷無婚禮，自由離合耳。

第十集中國防女如賊，如罪囚，如鬼魅，禁之於牢圈，如牛羊。

又中俗同印度，不外謬傳陰陽二字，以女屬陰；陰爲萬惡本，一切陰惡由女而生，直以天下之惡皆歸於女，豈男中獨無惡人乎？但知責己不責人，故西人以中國爲無教化也。

又謂：女人德性不若男人之堅，一見惡書，即多目染，不知惡書皆男人所造，若不能禁男不著惡書，但求女不識字，豈有此治法乎？東方國之不振，卽坐是耳。

通考第六集條頓族人皆重女，西人稱家曰「花姆，」Home有聖潔尊貴之意，雖帝王不能干預之，而無女則不成『花姆』矣。凡奉基督教者，無不重視女人，釋放女人，凡東方舊教皆輕女幽女，回教亦男主女奴，回教女多病，以幽囚甚也。

第十集西人用面帕，不過以遮風塵耳。豈畏見生人，懼增慾心哉？面帕保護之力甚微，能保全名節乎？

第六節　亞刺伯波斯女俗

回教男女離合之易

亞刺伯女赤足行走，耳鼻用銀環，唇用針刺之，面身刺花文，眼皮毛皆染黑色爲美。亞刺伯人男女分合極自由，一有不合，夫即令去，惟須以一雌駝與之，送回母家，亦不必言明理由，但云不睦而已。男離女可即日另聘，女則須經過四十日，查明有孕與否耳。云：亞男人有四十餘歲而換女五十次者，不止年易一次矣。婦人改適，平常十次，及身二三次者甚少，婦覺其夫不合，衰老或另有所愛，即告官求去。但男子不與以財產，若由男辭女，則須與以雌駝，故狡婦每故意激動男子先發。回人平常一男一女。貴者四女爲限，但婢妾不在內。而回祖穆罕乃有十一女。

按較之中聖人亦廉矣！文王多妃百子，魏武帝平吳後，掖庭萬餘人。唐宮人三千

聖人之男婊子

（或云三萬）餘，天子可謂大男婊子王矣。文王亦男婊子之聖也。定例，男離女後一次可再合，二次亦可。但離至三次，必俟女更適他人而離者方可再合，有十年中男離女至二三十次者。女不能共男同食，惟許侍奉。回女所以不敢去面幕，亦因離合太易，男女一見，忽生變化故也。（但一八二十五年回女有謁王請去面幕之大會矣）。

一禮拜易夫之俗

亞剌伯有四分之三之夫婦法，女子於一禮拜中，三日間居一男家，餘四日居他所好男家。（按斯賓塞羣學述之）波斯亦有母子成婚者，（拍拉圖理想國亦論及此）非洲西岸，父死多妻其後母，惟親生母不在內。

候補夫

執帶某地結婚之俗，男到女家服役，或至數年，以希望成婚者，亦有數人願候補者，普通一夫一妻，而酋長有妻妾至五六者。

波斯人家家好種花，多果品，好飲茶，房高好，以男偉女美名，黑眉長而若連，亦帶耳鼻環，女亦尚肥為美，有造西醫者曰：與我發肥藥，夫嫌我瘦，不然將休我也。女出來，披一口鐘長外套，蒙面幕，但此皆貴人，勞工人并無面幕。人好染紅指甲，（中女頗有此風）女好駡人說謊發誓，有人不信波人言，波人常曰，我雖波人，實非說謊之人也。波斯女若欲離男，可到官反轉其拖鞋，即准所請。但不能帶妝匳，須空身離家，故離男者少，而竊財匿於他家，爲臨走之地步，或害小孩之事，常有之。俗好打女人，其女多不學，十二歲即嫁。然性高傲，自以勝於萬國之女，愚婦不喜人贊其小孩，以爲不祥。（按中國亦有之。）

第七節　希拉羅馬女俗

古希拉人無婚禮而不亂，自西苛牢爲雅典王始禁自然性愛，以婚事入法律，而不嫁娶者有罰，於是成爲國家問題。士巴達人不禁甥舅叔姪近親爲婚，又有數邦准同父異母同母異父爲婚。雅典但許異母爲婚，又通禁與異邦人爲婚，犯者生子爲奴。（按此皆因小國妒賤異國之故，因不得不以近親爲婚）古時嫁女者不賠送奩妝，士巴達有維納斯仇拿女神像，女不嫁者其母祭之。

波斯女以肥爲美

紅指甲

反鞋

雅典王西苛牢初定婚禮

雅典認父

希拉羅馬獨身有罰

休夫之俗

据希拉名史家海老道德 Herodotus 言雅典男女，無別泛然相交而已子生三月，擇與其面相似者呼之爲父。

羅馬暴主曰尼老，后每日浴身，必以驢乳，出遊則帶牝驢一羣。

羅馬人飯用鶯舌孔雀腦，一魚値二百五十元，一飯一二千元，酒中化以珍珠，服侍皆用美女。美婢價自二十至四十金元。

羅馬婚例，女須與男同居一年，無三日離家，即爲夫婦，鰥夫有罰。

羅馬衰時，夫婦離合無常，問婦女之年，以曾易幾夫對。奧古士都限制休夫，休夫者視爲賤類，然而無效。寡婦守孝以十個月爲滿，恐有孕也。

喪期，女人爲父夫一年或十月，男無定，孝服初用黑，後女人改用白。

希拉羅馬自有法律，皆爲國家而干涉人民婚姻之自由，希人因重視國，故輕女人之柔，羅馬亦然。羅馬著名女師麥德羅大呼曰，今日女人苦不堪言，使天不生女豈不好乎？女子既嫁，即增高爲奴隸之生活。蓋古代一切理學家，法家，皆非爲男女好合而設想，皆以供國之用耳，不顧人類一身之自由也。太古男女本以相愛爲主，乃黃金時代，自以婚禮加入國政，而男女道苦矣，婚意衰矣，女人地位日卑矣。

借妻

希拉羅馬均有借妻之俗，（中國亦有）希拉時寡婦甚苦，人不憐恤，反輕藐之，故常求神速得後夫。男人常有病重，立遺書，以妻託於友而免爲寡婦者，但國家因獎生齒故，并不保護寡婦。（此與勾踐令寡婦鰥夫匹合，管仲合獨同一霸略也）

賤寡婦之俗

此時羅馬名爲民主，而民并無身體自由也。希拉列邦均禁鰥夫，以至羅馬，皆有罰金。

女子分產

第六集希臘分產於女，使攜歸夫家，以增高女人地位。名曰導爾利，卽嫁財也。夫卽不能虐待其妻。有故而離，財仍歸女有。日耳曼人則有早晨禮之俗，於旣嫁次晨，由男備財禮當衆前贈於新娘，作爲妻財。數目極多，不得過其家產四之一。

羅馬勇婦巴爾謔等

古希羅人尚武，故女德皆不傳，傳者皆以其勇耳。若士巴達婦以祝子之戰死而著。羅馬有二勇婦，曰巴而謔及阿利亞，然亦有善行者，如亨加利之以利沙伯，以愛人名，英貴女富蘭，身入囹圄視囚人，勸其改悟。又奈丁格爾於卡利米之戰，赴營治傷兵，又格

善婦以利沙伯

不列巔勇婦

高盧女之義勇

來斯達林以救破船著。羅馬人於西四十三年，始征不列顛，其前後四十一年，始平不列顛東境，有一部落女酋，名巴底亞，其男酋死時，羅將虐待，女酋遂回部，召入民同盟，叛羅馬而自立，有人數千，初小勝，後兵敗自殺，亦奇女子也。

古書記革勒底女人，常於陣後助戰，有一次羅馬人獲高盧女俘，女堅求入廟中奉香火，作女廟祝，（神女）免爲羅兵所亂。上將瑪留不允，衆女遂先殺其小孩而後自殺。高盧女人助戰，無役不從，直至羅馬衰而高盧自立。可知革勒底女人智力決不遜男人，在家時亦決不爲男之奴婢也，故古史甚稱之，並稱其節烈。一書云，西史前二百年，羅馬將擄得一美婦，曰賈瑪拉，欲淫之，此乃革勒底酋長德多沙之妻，被賈瑪拉以計刃其首，攜以歸，擲於其夫德多沙之前云。

日耳曼女人亦在後方濟軍實。

日耳曼男子不畏爲敵擄，但畏爲女人所縛，當羅馬女俗最盛時，不能勝未教化之日耳曼女人，及半教化之高盧人。

希拉大儒普羅他克，記高盧女人，言羅馬一大爵者見一高盧女曰加馬者美，殺其夫而誘之，加馬知不免，乃僞允與之奠神，爵者喜，加馬預置毒酒中，先自飲之，以其半進於爵者，爵不疑，飲後二人皆死。

第六集希人拍拉圖及普羅他克，（西歷前五十年）均主男女平等，但事實上希人判女人爲二種。一，在家者幽閉甚於中國。二，自由者即神妓，猶得揚名於世焉。

古羅馬事神，男居士曰傳拉門，爲奉國家仇必得神之祭司，其娶妻視爲大禮，妻死則不得爲此職，蓋敬祭師者以家爲重也。羅馬亦有孝女廟，又有婦僱乳母養孩，議不謂然，以爲當罰。希人稱婦人以爲甚賤，（猶禮記公庭不言婦女也）羅馬則婦女二字爲甚貴名稱，羅馬學者，謂此條爲希拉所以亡，而羅馬所以興之原因云。

舊教賤女，遏欲，歸於厭世消極，教亦因以退縮。新教尊女，順人情，教得以進步發展。

一賈碼拉
二加馬

第八節　歐美各國女俗及名女

騎士宣誓尊女

第六集，中世有騎士之風，法德諸國行之，法於各堡編幼丁册，自七歲之童，由女導之敬神，尊女，受教三事。年十四，佩『希伐利』記號，不與民衆伍，專教以文武才藝，化其暴性。二十一歲，考試及格，賜以騎士之位，衣帽有定制，乘馬，足有金距釘，妻稱夫人，犯罪不過去其金距除名而已，除有謀反殺人大罪。

長女制

西班牙長女相續法，長女之夫須帶妻姓。印度及英國人名多合父母氏而成，如魯意喬治即是。且歐洲各國不甚禁父系近親通婚，卽重母系之故。日本長女極重，多留家招贅壻，有『長女嫁出，七代無祿』之謠。

名母名女

第六集足激勵男人，如名人奧古斯丁基掃斯登巴瑟格革格理提私杜拉輩，皆得力於其母訓。又羅馬后中康士坦丁之母哈利拿提和度休之后傅拉西拉普國后羅以沙，俄孝女有巴斯加等。又當教爭烈時，每有大羣女人出而保教。美國戶口册芝加高清道局皆女總辦，而用男丁。又衛生部長，醫院長，律師，皆女人。

女科學家

天文學，英有漢歇爾供職天文臺，美有米乞爾邦德克侖克。法國派克在天文臺。各國美藝，女子品爲多，英亞弗勒大帝之聖，亦出於賢母仇提斯。故覘一國女俗，可斷定其教化。古英法女子一切衣物，皆手工自製，教例安息日不准作工，可證也。古來女子深通拉丁文者不少，於格致，論理，文學，宗教出名者尤多。拿破侖第一在位時，一貴婦父爲首相，夫爲公使，婦能著述，有人贊之，婦曰，此何足論。我恃以度日者，爲教授音樂繪圖工藝等六端，著書特其一耳。

美國尊女之俗

美洲土人天堂之觀念，有甚多禽獸之大獵場，惟多殺人之勇士入之，怯者罰入地獄。美女權遠過於歐，婦人心細如髮，見有穢汚之事，除之尤亟於男子，又心慈，力行善事，各善堂皆女人主辦，極靈敏，男女同學，男之麤暴可化爲文雅，女子之羞澁亦化爲勇健。美少女與少男來往亦自由，西境人少尤便，東境因近歐稍舊，新世界遠勝舊世界也。美國最激衆怒者，無有甚於虐女。美離婚例無論男女，酗酒昏亂二事不改者，准離婚。男女離二年，不問不給養者，准離異。女子每見男子，常有畏怯之情者，准離異。英蘇格蘭之待女人，遠不及美國。

北美之印度女人，以尖頭爲美，幼時裹之。女產孩，其父臥數日不起，而產婦仍侍奉之

不重生男重生女，因可賣也。

北美印度人奇俗

第九節　非州女俗

非洲女人有以象牙金屬穿鼻唇爲飾者，

穿唇鼻

非洲黑人，妻不准與丈夫授受有數黑族，妻在夫前必膝行，中非康戈國，女不准與夫共食。

非洲婦人有襁負小兒鋤田者，歐人名之爲不化之人。中非女剪髮，下體僅以葉，男用布一片，男人多於耳唇趾穿孔繫珠爲美，女身有穿至百孔者，上半身多文身，一男三女。中非獿獿人食人肉，男飾其髮，女則否，有賣人油之店。亞山的人王妃多來自田間。

中外女剪髮

擇女不重貌美而重有力，有孕則獨居，身佩以符，負孩之母，省工作爲人所重，

女尚力爲美

西非達痾美人女任耕，達痾美用女兵曰阿美生，每三年選兵一次，由其父親至王前

西非達荷美之女兵

候選，富女爲兵官，貧女爲兵士，衣藍白色，常執鎗不嫁人，不入選者退還家。女兵赤足，可履荆棘，有能捕象者，曰『伏象女將』國内亦有男兵。

按王仍是男王，苛政用女兵耳。

東非麥塞人女肥爲美

南非霍吞吐人，跳舞夜以繼日，女臂最肥，可立一小孩，東非麥賽人女以肥爲美，嫁前食以肉使之肥。

第十節　大洋洲各島女俗

澳大利亞男女全裸體，木與木摩而起火，得火甚難，故有保存火種之俗。以巢或穴爲居，家畜有犬，娶女之方，男伏於路，以捧擊其首至氣絶，負以歸，不死則以爲妻妾。女生産後一日，身體即可回復，在旅行中，決不因生産之事而停止不進。

剪髮

澳洲亞欣尼亞人有男女定期互易之俗至期復還。岳母不見壻，見者以爲不利。男出獵不利，歸則遷怒女人，或以棍擊，刀割，槍擲，至身無完膚。女病則男棄之，死不葬之。男死，妻大哭而葬之，且省其墳，歷久弗衰。巴布亞人女不留髮，嫁後剪之更短。紐西侖人

焚幼女之惡俗

不留髮，嫁則留之，男不留鬚，衣無男女之別，嫁女以十或十一歲爲度。有焚幼女之俗，使自採薪自生爐而焚之，不敢不聽命也。

太平洋島裸體文身爲美

太平洋羣島人以裸體文身爲美，不以穿衣爲美，凡祭餘食物但許男食，不許女食。斐支島有多妻殉葬之俗。檀香山島禁女以手近聖物，犯者死。天熱，男女裸體。

沙加村島待女不如犬

沙加林北半島人，待女極虐，臨產則逐之出村外，須產後隔數日始回，冬雪中亦不許在家，如有人收之，則責爲犯例云。而其待犬則較好，于犬產時反留之在家，故其小孩多死。

附各國保護女子條例

丹尼女主鑰權

丹尼人（即丹麥人）有一法，凡家中鎖鑰，例歸女主，若男不交，准妻控官，後丹尼王克努德據英國，即以此入英律中，因見英人俗待女太輕也。英古時有一家連坐之法，

英免妻連坐權

一人犯罪，妻孥同沒入官爲奴，小孩亦不免。（按三代秦漢均有此陋俗，）克努德王

始廢此法，若財物未匿家中者，則其妻可援不知之例，免坐，若有據者，妻乃有罪，因妻管鑰也。

法禁毆女之權

法蘭克人，古律法，定保護婦女，倒打女人小臂者，罰千二百特那利，打大臂者，罰千四百特那利，（羅馬銀幣名）打胸前者罰一千八百。此可知當時女子露胸也。又捽亂女人之髮，致女帽落地者，罰十五掃立提。（一元）

回教姦罪之輕

回教人女所居，不得其允，不許走近。高麗女人室，不許入而搜索罪人。回教女子，犯姦雖亦定死罪，但其事甚難，須有四人之見證耳。況可蘭經，若無見證者，照誣告例，責八十板，且永不准爲見證，故犯姦者多，而定罪者歲不常有，此因古時有人告穆默之妻犯姦，穆護短恕之，因于經中定此例。

按此例穆氏惠及女子者不少矣，亦可人哉！宋制，凡廢后多封仙師居清宮，清洞真宮之類，西藏女欲休男，亦諷使入山修道，有同類也。

羅馬姦罪之公平法

羅馬改民政後，離妻之案無日無之，而離夫之案尤多，一女于五年間易八男，貴女亦年易一男，喀加拉皇定例准妻告夫姦，若有男控女犯姦者，必先使之覓干證，能證明其自未曾犯姦，而後准理之，按此爲最公平之法。

中國治化之衰由于宋僞學而女化爲甚

第七章　中國歷代女男自由之俗考序

嗚呼！學風影響於人生之苦樂不其重與！有以『義』教者，則人死於義，有以『仁』倡者，則民興於仁。有以『苦』倡者，則人以受苦爲習慣矣。倡喫毒藥之鴉片，則人以吸鴉片爲樂，倡穿耳纏足，則以穿耳纏足爲美。倡自殺及賣頭，則以自殺賣頭爲是。中國文化之衰弱，國威之墮地，人民之奴隸性養成，皆宋儒僞學啓之也；漢唐以前無是也。而女化之自由，宋前猶是也。袁枚曰：『一切苛刻論，都從宋儒始。』吾少出入程朱有年，尚未悟其非，至今每談性理玄處仍服宋儒，乃今著此書，始悟其大謬，否則安知宋儒爲害人性，爲害自然化，如此深切哉！考中國故教學術文章武功，均至宋而衰落，人謂宋儒之咎，吾初未信也；乃今知之矣。昔顏元初尊宋儒爲聖人，繼悟而詈之，吾初尚怪顏之狹，乃今考中國女性之戕賊，人道之慘痛，人性之梏亡，始深悟皆宋儒僞學爲之也。當時僞學之禁，豈其寃哉？吾意中國若早用墨子管子之學風，及漢唐之規模，則其國勢民俗，必決不至如宋以後之可憐不振也。

第一節　三代至周末女俗之自由

侍男之俗

與伊尹太公

說苑：『伊尹有莘氏媵臣也，湯以爲三公。太公望故老婦之出夫也，年七十而相周。』

看來三代女人有男侍臣及休夫之俗，其風古矣。後來摩罕默德與盧梭，均爲女之侍夫，不過有成功與不成功耳。

營蕩古代女化學說

春秋繁露：『營蕩爲齊司寇，太公封於齊，問以治國之要，對曰，仁義。仁者愛人，義者尊老。太公曰：奈何？曰：愛人者，有子不食其力。尊老者，妻長而夫拜之。太公曰，子以仁義亂齊，立而誅之。』

大致太公恨女權，所以殺營蕩，營蕩是稱古代母化的人。謝無量婦女文學史也

齊桓

孔子子貢評衛靈公

孟嘗君於其夫人及客

如此說：

論衡：『齊桓公負婦人而朝諸侯，管仲告諸侯，……諸侯信管仲無畔者。』荀子：『桓公姑姊妹不嫁者七人。』

由此可知齊國功利派國家的風俗，與秉禮衰弱的魯不同。

說苑：『景公好婦人而丈夫飾者，國人盡服之。』又『衛靈公襜被與婦人游，子貢見公曰：衛其亡乎？對曰：昔桀紂不任其過，故亡。文武知過故興。衛奚其亡乎？

按此與論語子言衛靈公無道而能用人『奚其喪』同意。

莊子（繹史七十五引）『仲尼問於太史伯常騫，答曰：靈公有妻三人，同濫而浴。史鰌奉御而進所，摶幣而扶翼，其慢若此之甚也。見賢人若此之肅也。』

按衛靈公無道之君，止知愛女色，而同時能進賢，故尚能不亡耳。何如更進一步，能養育女哲人女聖傑；以天下託之可也。此非增高女子教育不可。

國策：『孟嘗君舍人，有與君之夫人相愛者，或以問孟嘗君曰；爲君舍人，而內與夫人相愛者，亦甚不義矣！君其殺之。君曰：睹貌而相說者，人之情也；其措之勿言也。居期年，君召愛夫人者謂之曰：子與文游久矣。大官未可得；小官又弗欲，衞君與文布衣交，請具車馬皮幣，願君以此從衞君遊。舍人遊衞甚重，後衞欲約天下兵攻齊，……賴以止，齊人聞之曰，孟嘗君可謂善爲事者，轉禍爲功。』

楚莊王絕纓會

說苑：『楚莊王賜羣臣酒，日暮酒酣，燭滅，乃有引美人之衣者，美人援絕其冠纓，告王趣火來上，視絕纓者。王曰：奈何欲顯婦人之節而辱士乎？乃命曰：今日飲，不絕冠纓飲不懽。羣臣百餘人，皆絕去冠纓而上火。卒盡懽而罷。居三年，晉與楚戰，有一臣在前五合五奮，卒得勝，王怪問之；乃夜絕纓者也。遂敗晉軍，楚得以强。』

此有陰德者，必有陽報也。

燕易王母與蘇秦

史記：『燕易王母，文侯夫人也。與蘇秦私通，燕王知之，而事之加厚。』

燕太子丹以婦侍客之俗

漢書地理志：『初燕太子丹養士，不愛後宮美女，民化以爲俗，至今猶然。賓客相過，以婦侍宿，嫁娶之夕，男女無別，反以爲榮，敢于急人，燕丹遺風也。』

秦始皇于其母后

齊楚燕秦王相太子

不干涉其戚屬自由

禮教與齊魯之強弱

史記『嫪毒（音牢靄）實非宦者，常與太后私，生子二人匿之。與太后謀曰：王卽薨，以子爲後。于是始皇帝下吏治其罪，事連相國呂不韋，夷毒三族，殺所生兩子，而遷太后于雍。』說苑：『齊人茅蕉說秦王曰：陛下車裂假父，有嫉妒之心。囊撲兩弟，有不慈之名。遷毋萯陽宮，有不孝之行。從蒺藜于諫士，有桀紂之治。今天下瓦解，無嚮秦者，竊爲陛下危之。言畢，乞就質（刑也）皇帝乃立焦爲仲父爵之上卿，立自迎太后，太后大喜，乃大置酒曰：安秦社稷，使妾母子復相會者，茅君力也。』

照以上數條看來，戰國時代，百家學說幷起，思想上如百花幷發，而那時女男風俗，還有上世遺風。上世之風，本來無法律，人也不犯罪的。還沒有甚麽殺人喫人的禮教出來，所以齊楚燕秦的國王宰相太子等，並不把他的妻母做他的奴隸，還有相當的自由。他們還沒有看見男人，便認爲他們的情敵。彼此化敵爲友，所以就不生大問題，又是因爲宋儒還未出來，人類罪惡所以少些。

漢書地理志：『太公始封，周公問：何以治齊？曰：舉賢而上功，周公曰：後世必有纂弒之臣！其後二十九世，爲彊臣田和所滅。周公始封，太公問：何以治魯？曰：尊尊而親親。太公曰：後世寖弱矣！故魯自文公以後，陵夷微弱，三十四世爲楚所滅。』詩經『豈其娶妻，必齊之姜。』

這條可見魯的衰弱因爲尙階級，與血統。而齊却是『人才主義』教人可自由發展女男天才。

又衞地有桑間濮上之阻，男女亦亟聚會，聲色生焉，故稱『鄭衞之音。』溱洧山居谷汲，男女亟聚會，故鄭詩曰：『出其東門，有女如雲。』又曰：『惟士與女，伊其相謔，贈之以芍藥。』此其風也。吳札聞鄭之歌曰：『美哉！其細已甚，是其先亡乎？』自武公後二十三世，爲韓所滅。

又陳，武王封舜後嬀滿于陳，是爲胡公。妻以元女大姬，婦人尊貴，好祭祀，故其俗巫鬼。

又趙，丈夫相聚游戲，多弄物爲倡優，女子彈絃跕躧，游媚富貴，徧諸侯之後宮。

按至今稱趙女者也。

鄭衞民間女男之自由

陳俗尊婦人

趙倡優之俗

魯弱之故

高祖于呂后及辟陽侯

武帝于其姊及董偃

看起來除齊楚燕秦大國上等階級，男女根本解放以外，鄭衞陳趙等小國，民間也自然解放。統計起來，就是魯伯禽一派的後人，守着血統的家法，制幾條便利男人的禮，來束縛女人的了。勢力初時本不大，到了秦漢後定于一尊，女人就倒霉了。然而歷史還有點解放遺俗。

第二節　漢代帝相於女俗之自由

前漢書高后本紀：『佐高祖定天下。』又四十三朱建傳：『辟陽侯（審食其）得幸呂太后。』

按高帝之梟雄，而任辟陽侯之自由。以宣帝之刻薄，武帝之英武，霍光之正義，而任公主之自由，蓋可想非個人之喜怒，古代風俗使然也。

漢書：『武帝姊館陶公主號竇太主，寡居年五十餘，幸庖人董偃，諸公接之，城中號董君。散財交士，上幸主第，偃再拜謁上，上爲之起，詔賜衣冠。董君見尊不名，稱爲主人翁，于是貴寵，天下莫不聞。東方朔諫，董君年三十而終，數歲，竇太主卒，與董合葬霸陵。是

宣帝時公然私夫之俗

霍光于蓋公主及丁外人

袁盎之遺侍兒獲善報

桓溫妻之愛才

後公主貴人多踰禮，自董偃始。

風俗志：『漢宣時王吉上疏，言列侯尚公主，諸侯則國人承翁主，（娶侯女也）使男事女，夫詘（同屈）於婦，爲逆陰陽之位。其時女子私夫不以爲諱，如武帝姊館陶公主寡居，寵董偃十餘年，武帝至主家呼偃爲主人翁，後主竟與偃合葬。（東方朔傳）昭帝姊安鄂邑蓋公主寡居通于丁外人，帝與霍光聞之，不絕主歡，即詔丁外人侍主。』又：『漢袁盎爲吳相，時有從史私盎侍兒，盎以侍兒賜，遇之如故。景帝時，盎入爲太常，復使吳，吳王謀反，欲殺盎，以五百人圍之。會從史適爲守盎校尉司馬，乃置二百石醇醪，盡醉五百人，夜引盎起曰：疾去！旦王且斬君。盎問司馬曰：故從史盜君侍兒者也。於是盎脫去。』

第三節　南北朝唐宋女俗之自由

晉桓溫平蜀，以李勢妹爲妾，妻南康公主聞，與數十婢白刃襲之，値李梳頭髮藉地，膚色玉曜，不爲動容，徐斂手爲主言曰：『國破家亡，無心至此。今若見殺，乃是本懷。』神

徐之才
韓熙載于家人
宋廢帝于妹山陰公主
唐中宗女安樂公主太平公主等之自由
順宗女襄陽公主之公然私侍

閑而詞悽婉，主擲刀抱之曰：『阿子我見亦憐，何況老奴！』

按袁枚評此曰：『真美人才子，大抵心多虛也。』與石勒之言曰：『若我遇漢高當北面事之，與韓彭等。』正同一真英雄。足證女人能讓，不若雄性娼嫉，動則相殺也。妬姦之性不化除，自由愛決不成，反更加苦耳。

北齊徐之才見其家人與男子戲，倉皇走避曰：恐妨少年嬉笑。南唐韓熙載妓妾數十，出入無禁，號自在牕。或與諸生戲，熙載過之，笑而趨曰：不敢阻興。

宋書廢帝紀：『山陰公主宋武帝女，廢帝妹也。主謂上曰：與陛下俱遺體先帝，陛下六宮萬數，而妾惟駙馬一人，何太不均？帝爲置面首三十人。（與俄國加陀鄰后同）以吏部郎褚淵貌美，請以自侍，許之。』

唐安樂公主，中宗幼女，與太平等七公主俱開府，而主官屬尤濫，與內庭宴，見武延秀悅之與通，有時假后車幰，自宮送至第。

順宗女，襄陽公主下嫁張孝忠，主縱恣，常微行市里，有薛樞薛渾李元本皆私侍，而渾

李尚書于劉禹錫詩

唐風似齊宋風似魯

宋學之弊

尤愛至，謁渾母如姑。

按可見襄陽之守婦道，遠過于雄閥，雄閥。因姦人女而殺害其父母者。多矣！而襄陽公主謁所愛之母如姑；過于今之驕婦女矣。

劉禹錫——李尚書嘗邀至第，酒酣，命妓歌。劉賦詩曰：『髮髻梳頭宮樣粧，春風一曲杜韋娘。司空見慣渾閒事，腦亂江南刺史腸。』李因以妓贈之。（宋楊震贈姬於詹天遊事與此相同。）

漢朱買臣妻，以貧求離婚，唐楊志堅妻求離婚，顏魯公爲撫州刺史，而不能判其復合。（雲溪友議）

按唐代女男之風，比較上極爲自由，自武韋後公然私侍，以至公主私夫，成爲風氣，故尙書以姬慨贈名士不以爲異，蓋唐文學經術，佛仙無一不達極盛者，由人尙發展天才之自由也。意者唐之風俗似齊，宋之風俗似魯。故齊男多雄主，女多才女，而唐化雄健美妙。至宋僞道學興，女男均無生氣，而民族文化以亡矣！僞學之肉，可勝

宋仁宗于宋祁詞

北海王妻劉笑而受杖

宋名儒陳了翁及潘良貴父之讓妻

英泰晤士報館主北

食哉?

宋祁子京，與兄公序，號大宋小宋。子京過御街，逢內家車子，中有褰簾者曰：小宋也。子京歸，遂作鷓鴣天云：『寶轂雕輪狹路逢，一聲腸斷繡幃中。身無彩鳳雙飛翼，心有靈犀一點通。金作屋，玉爲籠，車如流水馬如龍。劉郎已恨蓬山遠，更隔蓬山幾萬重。』詞傳禁中，仁宗知之，問內人第幾車子?何人呼小宋?有內人自陳，上召子京從容語及，京惶懼無地。上笑曰：『蓬山不遠。』因以內人賜之。按仁宗如此豁達，皇帝亦難得也。

女世說：『北海王元祥淫於高氏，其母高太妃杖詳又杖其妻劉氏云：『新婦大家女，何所畏而不檢?夫婦人皆妬，汝獨不妬何也?』劉笑而受罰，卒無言。』

又：『陳了翁父尚書與潘良貴父甚密，潘父自傷無子，陳父慨以了翁母借之，生良貴。後其母往來兩家，遂一母生二儒。』

按此宋儒中之例外也。

某報載：英報界偉人愛情觀一節『英泰晤士報經理名人北嚴爵士知其妻與友

嚴之讓妻

某極相愛，勸其成婚，已則以報爲妻矣。妻不許，至其身死，遺產三千萬磅與妻，囑三月內嫁某友，妻與其友均不肯，嗣議恐違其遺囑，乃於五月後成婚。報評之曰：『北嚴之愛，不以己之主觀而以其妻之客觀爲轉移，可謂達人矣。』

按近屢聞有人持此類論調，將來大同世界女男均爲朋友，君子無爭，揖讓賢德，讓財讓色，成人之美，方可以無礙而成佛說俱樂洲也。

第四節　元女俗之大自由

祠三皇女媧

元史祭祀志：『至元元年，立伏羲女媧等廟于河中解州。十五年修會川縣盤古王祠。』又禮樂志：『太宗文武曲，禮文簡省，禁網寬疏。還風太古，躋世華胥。』

按元朝制度，華人向視爲夷狄，余近用託克氏學術例之，乃知有古大同之風。史贊祠堯。

元守上古自然之俗

如此，非偶然也。故彼知祭三皇女媧信哉！

元史：『順帝十五年，儒學教授鄭咺言；蒙古不行三年之喪，又收繼母叔嬸兄嫂，宜改從中華禮俗，不理。

不齒中華禮教

附皇帝不自由之故

隋文與后

按中華此等禮教，只可向『文公家禮派』保其神聖，若不以血統爲神聖者，一錢不值，宜乎行佛教之元朝不齒之也。真貢遼東豕白頭，野人獻曝之類矣。

附一條——隋后妃侍：『后恭儉，政有所失，隨則匡諫，多所弘益，每與文帝議政，往往意合，稱爲二聖。后仁愛而妬，後宮莫敢進御，尉遲迥女孫美，上悅之，得幸。后陰殺之，上由是大怒，單騎從苑中而出，不由徑路，入山谷間二十餘里。高熲楊素等追及，扣馬苦諫，上太息曰：『吾貴爲天子而不得自由。』熲曰：『陛下豈以一婦人而輕天下？』上意少解，中夜方還。后聞熲謂己爲『一婦人』，因此銜恨，諷上黜高熲，竟廢太子，立晉王廣。

按兩性之俗不解放，皇帝無自由也。大同書屢言：『大同世之平民，過于亂世帝王之享福』，觀于隋文帝之性愛不自由而知之。夫以皇帝之尊，何求不可？而不能不爲環境所制，至欲自殺，真可憐哉！欲真自由非到大同世一切解放不可矣。世之欲爲皇帝者，真愚也哉！我正告天下：『非先解放天下人得自由，自己無自由。』世之無人類科學常識者，亦可以悟矣。

第八章　中國歷代女權小史序

日本坪井正著婦人與小兒一書曰：『個人解放乃社會發達之要義，』美人王德Ward曰：『吾人之好半身（即女人也）從生理上考之，自然界應以女性有最上權』五洲女俗通考：『曰人羣化粗爲雅，化野爲文，皆由女人而成，』蓋西人從社會研究，故重女權，以促社會之發展；而吾國萬年如一日，不齒女于人數，故無女權可言。然而間有變例，尚爲女子留一席地位者，故略舉數則，以資考證焉。

第一節　春秋之女權

夷妻有會盟權

左傳：『哀十九年秋，楚沈諸梁伐東夷，三夷男女及楚師盟于敖。』

按此所謂『夷』者，可見古大同男女均有大事會盟之權極明白。

又襄十九年：『齊太子光殺戎子，（其父之姬）尸諸朝，非禮也。婦人無刑，雖有刑，不在

專諸下婦人

馮嫽使西域

朝市。』

此則中國之俗，一切不與女子事，無形中却也養成女子消極的無政府主義了。

吳越春秋：『專諸，堂邑人。伍胥之亡如吳，遇之于途，專諸方與人鬬，將就敵。其怒有萬人之氣，甚不可當。其妻一呼卽還。子胥怪而問其狀，何夫子之怒盛也，聞一女子之聲而折道，寧有說乎？專諸曰：「子視吾之儀，寧類愚者也？何言之鄙也？夫屈一人之下，必伸萬人之上，」子胥因相其貌，雄顙而深目，虎膺而熊背，知其勇士，陰而結之，後竟爲刺吳王僚。』

第二節　漢至南北朝之女權

史記：『高祖封蕭何爲酇侯，呂后亦封何夫人爲酇侯。』按此女人封侯之始。

漢書西域傳：『初楚主侍者馮嫽，能史書習事，嘗持漢節爲公主使，行賞賜于城廓，諸國敬信之，號曰馮夫人，爲烏孫右大將妻，都護鄭吉使說烏就屠降。宣帝徵馮夫人自問狀，夫人錦車持節，詔烏就屠立爲小昆彌。』

魏女尚書

魏志：『明帝紀注，選女子知書者六人，爲女尚書，典省外奏事，畫可。』魏志：『甄皇后傳注，年十九，喜書，兄喜曰：「汝學作女博士耶？」』晉書武帝紀：『咸寧元年，家有五女者給復。』東晉明帝紀：『永昌三年，復三族刑，惟不及婦人。』

齊女博士

陳後主張貴妃傳論：『以宮人有文學者袁大捨等爲女學士。』齊書武穆斐皇后傳，『韓蘭英世祖以爲博士，教元宮，多呼爲韓公。』

婁逞女士之失敗

南北朝東陽女子婁逞，易服詐爲丈夫，知棋解文，遍遊公卿，仕至揚州議曹事。發，驅令還作婦人服而去。嘆曰：『我如此伎，還作老嫗，惜哉！』

謝安妻欲起周婆制禮

謝安劉夫人性忌，不令有妾，甥輩稱關睢螽斯之詩，云是周公撰。夫人云：『是男子相爲耳，若使周母撰詩，必無此言。』

按此，聊齋所謂：『翻欲起周婆制禮』者誠是也。

王戎婦

王戎婦，嘗卿戎。戎曰：「卿壻不敬。」曰『親卿愛卿，是以卿卿，我不卿卿，誰當卿卿！』

第三節　唐宋之女權

宋學士若莘等

舊唐書女學士尙宮宋氏傳：『名若華，德宗呼爲「學士先生」』著女論語十篇，以宣文君韋逞母爲仲尼，以曹大家代顏閔。』

上官昭容

唐上官昭容傳：『婉兒勸帝侈大書館，增學士員，引大臣名儒充數。婉兒常代帝及后公主，衆篇幷作，而采麗日新。又差第羣臣所賦，賜金爵。』

女世說：『陳宮人袁大捨爲女學士，唐妓薛濤爲女校書，宋林妙玉爲女進士，蜀黃崇嘏爲女狀元。』

馮洗氏

瓊州志『隋馮洗氏起，附者千餘峒。』

割據廣東王黃氏

宋紹興中，瓊民亂，黎人王曰存母黃氏，撫諭諸峒，無敢從亂者；以功封宜人。至淳熙八年，黃年老，請以女襲封，詔三十六峒都統領王氏女封宜人。嘉定九年，又詔其女吳氏襲封。

女係世封瓊州

遼史邢簡妻陳氏傳，通經義，能吟詠，時名曰：「女秀才。」

沙智授虎符

戚繼光常畏內

第四節　元明之女權

元史世祖二十一年，建都女子沙智治道，立站，有功，授虎符。

明大將軍戚繼光夫人威猛曉軍機，佐公成功；公置數妾，生子，夫人握刀突至，搜之不得。一日事發，夫人大怒，以兵往攻之；公召諸將問計，已乃袒跣跪迎夫人，諸姬披髮各抱其子請死，而請以子嘗刃，夫人令抱兒起，曰：『首禍是老奴，』令杖之。公即伏受杖數十，門外將卒喊聲大舉，乃已。

按專諸刺客，常畏春戚繼光名將，均畏妻，有蘇克雷地之風，可見柔克剛也。又此畏妻諸事，本非正當女權，姑附誌之耳。

天下泰平書卷五終

不用殺人

☷☰天下泰平書卷六

天養館叢書甲部之四

下邳劉仁航靈花著

女性分類考

第一章　女先知及女神序

人類第一步發達，當然是「母系」亦即是神，即是先知，即是聖人。故中國第一期之女先知，若女媧玄母及西陵皇英與三代聖母極多。西方則以色列人埃及人，小亞細亞人，希拉人第一期皆全是女哲人，母先知時代。當時女化之盛可知。至女神問題，我以爲理想上之完全圓滿哲人，即是神，與孟子「聖而不可知之之謂神」之意相同也。

古以色列之四名母撒拉利百加利亞拉結

摩西至所羅門時代各名女

摩西妹米里暗

女先知底破喇哈拿以士帖記乃才女傳

古猶太爲女文化之文明祖邦

第一節　舊約之名女名母

古以色列人出有名之四母：亞伯拉罕之妻曰撒拉，以撒之妻曰利百加，雅各之妻曰利亞與拉結，爲胞姊妹。四女才學勢力，皆過于男子。凡讀創世記者皆知之。摩西妹米里暗，佐其出埃及。又女先知底破喇，爲以色列族士師，統兵衞國。馬挪亞之妻以敬虔著；撒母耳之母哈拿，爲有名賢母。列王時才女甚多，以士帖記乃猶太才女之列傳。所羅門箴言多明女事。古猶太爲文明之邦，男女交際頗自由，貧無力者，可作工代禮聘，如示劍娶底拿，(創世記三十四章十二三) 雅各娶拉結，在其家役事七年，又娶其妹拉班，又役事七年。(創世記二十九章)

第二節　女哲學之希拉化 Greece 及斯巴達 Sparta 女楷詩

此篇乃讀格伯爾 Gamble 科學及歷史之性論中斯巴達雅典二章，幷參以諸西史而爲筆記。蓋初民母化，至雅典尙餘夕陽倒影。無學術不與名女有密切關係者。

希拉加美人。瘦海珠翠繞。東接依阿尼 Ionions（在小亞細亞地方）母治 Matriarchal system
自古擎琴詩蘇斐雅。Sappho『610—570 B. C』才女神縹緲。（柏拉圖稱為『第十才女神』亞于荷馬也、）帝娜
姆 Diotima 聖智蘇子愛學紹。『帝亞均蘇聖女師 Preceptress』亞斐雪 Aspasia 女
傑。（亦依阿尼人、智光春海曉。聖王普里克。Pericles 495—429 B. C. 才勝周公嬌。（普為希拉極盛時
代之代表也、）大聖蘇克地。Socrates 哲學秋月皎。都求亞斐訓。政教析分杪。（亞氏為普里克之密友、過于其妻、）
（因改建平民政治、而蘇氏嘗受其教訓焉、）女哲曠古無。天才真不小。庸主李西克 Lysicles 受教亦堪表。（普沒後、李繼執
雅典政、本極庸、而受其教、亦成大有名學之人矣、）惟餘國界憾。婚姻未明了。（雅典俗不能與外人通婚、）斯多噶哲學。Stoic 喜
帕沙 Hippacrhia 刱造。斯亞克女士。Thargclia 波庭延論討。（波斯王 Xexes 之顧問）斐理拉
Philyra 細耐。Scione 席岩飛 Hippaphesis 斯老。Theoclia 沙馬莎 Psamathe 雷界
Lagisca 思席 Anthea 彬華藻。均曜文哲光。俘奴逞妓嬙。（東方士女往往被俘為奴為妓、多深通哲學文藝、）別
有神託俗。Oracles 天意含巫嫗。左右國家故。蘇子（蘇岐雷地）津津道。斯巴達母權。承受東
化早。女分國土半。（斯俗國中土地半歸女子治據所有）雄主亦推倒。（Lycurgus 來喀瓦士大立法家。而女人不

苛理通厄弟老希臘古三女化文明族

服其管。故其法對女子無效也)。女主男爲客。澈底淫婦律。（此斯巴達國律也）上數苛理通。Cretans 印埃厄弟老。Etruscans 母氏無男系。亞俗均可考。凡此古文化。亞歐通婚。好孕育希拉。光文品至今寶。遺澤萬國芳。瓣香潤枯槁。邇來大地潮。五洋共雪澡。造成萬希拉。士女遊瀛島。

下譯 Plutarch's Lycurgus 普留塔之來喀瓦士傳一節。述來氏統治斯巴達最盛時代之國法。

一異邦人遊斯巴達。怪其男女自由之俗。問曰。貴國有犯姦淫之律者乎。斯人對曰。友乎。敝國無犯淫者。客曰。假有一人犯者。其罰如何？斯人曰。果如是乎。其人必罰輸牛一頭。但其牛之大，必能伸頭從泰格山 Taggetus 而下飲友拉地 Eurotus 之湖水也。客驚曰。何從覓得如此長頭大牛乎？斯巴達人笑曰。何從覓得一犯淫律之人于吾斯巴達國乎？『格伯爾書 Sexes in Science and History. P 307。

第三節　日耳曼之女神

愛情神

古日耳曼女神名佛蘭阿，司愛情，亦司春令。又有女神名拉爾都，即地母，猶中國后土也。每年出遊一次，即行賽會。日人尊女神甚古，人咸信先知之權，惟女神有之，并有女

女聖

先知數人稱女聖人，人先奉爲先知，以求其預兆。

女聖童貞貴于王

有女先知名佛利達，係童貞女出身，能預言勝敗，國人敬之，甚于王。但不定童貞，即已嫁人，亦爲先知。

先知多女人

古日耳曼人信有佛蘭阿女神，領衆女在戰場引烈士魂上天堂華丹（女神之夫）設宴享之，爲天將云。（佛蘭阿如中國之王母，乃玉皇之配） 凡女神皆溫柔慈愛，救人多珍寶以供善人烈士。而男所以敬女，爲其德聖慈，易通于神也。總之，古日耳曼新興民族，女子智勇，亦與高盧（即格勒底人）同，故其族强盛也。著名先知，多係女人云。

與中國女神之比較

按中國女神，有女媧，王母，泰山娘娘，風姨，月姐，嫦娥，皆是，但最普通，則爲觀音菩薩，大抵各村皆有觀音寺也。

第二章　孝烈女

序

爲人子應有報恩之義，女亦何獨不然？乃中國習慣，既女子不使有人格，不使有姓名，無家可歸，無孝可盡，無權利，無義務，與草木蟲介等，在美洲黑奴下。然而其能孝者，仍比比相望；蓋人性不可泯沒也。至于義烈之女，報父仇，救夫命，代夫死，到處有之，其俠烈有斷非男子所能爲者，其表著于史，萬萬分之一耳。今姑摘數條，以見女子德性，令後應廣其用于組織村團社會，國際社會，大以除去雄閥之暴性，小以報今日所愛父母教養之恩。蓋因今日女子，在家庭所受之恩，又較昔日爲重也。而男子對女父母所負義務，雖不必如昔日女子之對舅姑，亦應有相當之報償，決不能如野蠻社會，埍視岳父母如路人也。

第一節　漢

史記淳于公有罪當刑，無男，有女五人。公罵曰：「生女不生男，緩急非有益也。」其女

緹縈上書曰：「妾父爲齊吏，齊中皆知其廉平，今當刑，願入官爲婢，贖父罪。」文帝憐其意，爲除肉刑。殺刑也

馮倢伃當熊

漢外戚傳，元帝幸虎圈，熊佚出，左右皆驚走，馮倢伃當熊而立，左右格殺熊。上問，對曰：「猛獸得人而止，妾恐熊至御坐，故以身當之。」帝嘆重之。

皇甫規妻罵董卓

後漢皇甫規妻傳，善文能草書，時爲規答書記，衆怪其工；及規卒，妻猶盛美，董卓爲相，聘以百乘，奴婢錢帛充路，妻乃輕服詣陳甚哀，卓令刀圍之，曰：「孤威令四海，何不行于婦人乎？」妻乃立罵曰：「羌胡之種，毒害天下，猶未足耶？妾先人清德弈世，皇甫氏文武上才，爲漢忠臣，君親爲其走吏，敢欲行無禮于于君夫人耶？」卓令撲死之，後人圖畫曰「禮宗」。

按規妻烈矣！罵甚于陳琳之檄，然不如以計近而手誅之，爲天下除暴，更痛快適用也。

姜詩妻

列女傳姜詩妻。廣漢姜詩妻者，龐盛之女也。詩至孝，妻尤都，母好飲江水，去舍六七里，

妻嘗泝流而汲。姑嗜魚鱠，又不能獨食，夫婦常力作供鱠，呼鄰母共之。舍側忽有湧泉，味如江水，每旦輒出雙鯉，以供二母之膳，赤眉散賊經詩里，弛兵而過曰：「驚大孝必觸鬼神。」時歲荒，乃遺詩米肉。受而埋之，比落蒙其安全。

曹娥碑

孝女曹娥，會稽上虞人。父溺死，娥年十四，沿江號哭七日，投江而死。蔡邕題曹娥碑文曰：「黃絹幼婦，外孫虀臼。」（卽絕妙好辭四字）

三女樓

方輿記有人無男而養七女。父亡負土葬之。水經注蜀太守王子雅，有三女無男。父沒，三女各出錢五百萬；一女築墓，二女建石樓，以表孝思。

按有三男者多矣，無一樓遺跡也。

第二節　唐宋以來

周迪妻從容赴義

唐書列女傳，周迪妻，會亂，人相掠賣以食，迪飢將絕，妻曰：「今不兩全，君有親在，不可幷死，願賣以濟君。」迪不忍，妻固與詣諸肆，售得數十千，以奉迪。迪回首，妻首已落矣。

按此等事讀之令人骨戰，人可不敬女乎？

謝小娥通靈復仇

唐列女傳謝小娥，殷居貞妻，豫章人。居貞本俠少年，與謝父同賈，並爲盜所殺，小娥轉側乞食，夢父及夫告所殺主名，離析其文，莫能曉。李公佐隱占其意曰：「殺若父者必申蘭，夫必申春，試求之乃名盜也。」小娥詭服爲男，與之傭保，物色歲餘，得蘭于江州，託傭蘭家，日以謹信自效；見所盜謝服用故在，益知所夢不疑。他日羣盜醉臥，小娥閉戶拔刀斬蘭首，大呼捕賊，鄉人禽春，得贓千萬；其黨數十，娥上之官，皆抵死。刺史張錫烈嘉其烈，人爭聘之，不許，祝髮事佛，垢衣糲飯終身。

衛無忌報父仇

類函二百五十一，唐衛孝女無忌，父爲衛長則所殺。無忌甫元歲，無兄弟，母改嫁；及長，志報父仇。會父從大延客，長則在坐，無忌抵以甓殺之；詣吏請刑。褚遂良以聞，太宗赦之。

童八娜代母

宋史童八娜傳，虎銜其大母，女手拽虎尾，祈以身代，虎銜女去。

元史列母傳，建德王氏女，父出耘，遇豹爲所噬，曳之升山，父大呼。女以鋤擊豹腦殺之，

王氏擊豹救父　姚氏擊虎救母　關勝娘擊虎救夫　楊香搤虎救父　劉翠哥代夫死

父乃得生。

餘杭姚氏，母汲水，虎銜母走，姚卽以手毆其脅，鄰人競執械以從，虎乃去。又方甯妻官勝娘，饁其夫，虎攫其夫，勝娘卽奮梃擊虎，虎舍去。

按今日本盛傳藝員關勝娘，本此也。

異苑楊豐爲虎所噬，女香年十四，手無寸刃，直搤虎頭，父遂得免。

又列女傳劉翠哥，李仲義妻也。房山人。大饑，兵乏食，執仲義欲烹之，劉氏曰：「吾夫瘦小，吾肥美，願代夫死。」兵遂釋其夫而烹之。

第三章　賢智女

序

自儒家以「女子小人」幷列，而東方女子不恥于人類，無姓無名無人格，故女稱「奴家」；訪友者値男不在家，則答以家中無人，是女子明明不以人類自待也久矣！然而真理在天地間，本不可掩。數千年中，爲母爲妻爲女者，或以其學或以其才或以其智，或以其識，或以其德，足救濟男子，而助其成功者，指不勝屈。見于史傳者，萬萬之一耳。今略摘數條，以示其例，二十世紀以後，女子教育，應提高過于男子，以收制服强暴之效。吾知凡希望爲母者爲妻者爲女者，不希有無才智之母，之妻，之女，而希望有才智者矣。

第一節 戰國 兩漢

樂羊妻激夫

後漢樂羊子妻傳，羊子嘗路拾遺金，妻曰：「志士不飲盜泉之水。」羊子慚，乃捐金遠尋師。學一年，未歸，妻問其故，曰：「久行懷思，無他異也。」妻乃引刀趨機曰：「此機生自蠶繭，一絲而累至寸，累寸不已，遂成丈匹，今若斷之，則捐成功。夫子學若中道而歸，何異斷此機乎？」羊子遂終業，七年不返。妻嘗躬勤養姑，又遠饋羊子。有它舍雞入園中，姑盜殺而食之，妻對雞不餐而泣，姑竟棄之。

嚴延年母

酷吏傳，嚴延年，下邳人，爲河南守。冬月論囚，流血數里，號「屠伯」。母來適見報囚，大驚，便止都亭，不肯入府，曰：「我不意當老見壯子被刑戮也！東歸掃墓地耳。」遂去。歲餘，延年棄市，東海莫不賢知其母，兄弟五人，皆至大官，號曰「萬石嚴嫗。」

孫策母

吳志妃嬪傳注，孫策功曹魏騰，以迕意見譴，將殺之，士大夫憂懼無出，夫人乃倚大井而謂策曰：「汝新造江南，方當優禮賢士，捨過錄功，功曹在官盡規，汝今日殺之，則明日人皆叛汝，吾不忍見禍之及，當先投此井中耳。」策大驚，遽釋騰。

賈逵姊

女世說漢賈逵姊，聞鄰人讀書，旦夕抱逵，隔籬而聽，逵遂淹通墳典。

第二節　兩晉六朝至唐

王凝之妻謝夫人

女世說王凝之妻，謝夫人，嘗語弟玄曰：「汝何以都不復進，爲是塵務經心，抑天分有限？」

石崇婢識王敦

又石崇廁中十餘婢，客入，與新衣着令出，客多羞不能入廁，獨王敦脫故着新，神色傲然。羣婢曰：「此兒必能作賊。」

陶侃母

又晉陶侃母截髮待賓。

鄧元起母

梁鄧元起傳，元起爲益州，迎其母，母方居館，不肯出，元起拜請同行，母曰：「貧賤家兒，忽得富貴，詎可久保？我寧死不能與汝共禍敗。」

張緬母劉氏

梁張緬傳，母劉氏，以父沒家貧，葬禮有闕，遂終身不居正室，不隨子入官府。緬所得祿俸，不敢用，乃至妻子不易衣裳還并供其母，賑贍親屬，雖累所蓄，一朝隨盡。緬私室常如貧素者。

厤秋女之息民

女世說南北朝，厤秋築城嚴酷，日夕不休，鷄鳴乃止。其女厤姑賢，有息民心。假作鷄鳴，羣鷄皆應。

章練氏救二城

又閩刺史章某，以兵事欲斬二將後期者。夫人練氏，密使二將亡，後南唐兵攻建州，章已死，將乃送金及一白旂曰：「吾將屠城，乞植此爲識，當弗犯。」夫人返旂，金，弗受。曰：「君念舊恩，當施新德，此州萬骨，乞兩將軍肉之，誓不闔郡死，而吾家生也。」二將乃不屠。

鄭善果母監政

隋鄭善果母傳，母賢明，博五史，通治方；每果出聽事，母恆坐胡牀，當則大悅賜坐，若妄嗔怒，母乃終日不食，善果伏牀前不敢起。母恆自紡績，夜分而寐，善果曰：「兒封侯，位三品，母何自勤如是？」母曰：「嗚呼！吾寡婦耳，今此俸須散贍六姻，爲先君之惠。奈何妻子獨擅其利而富貴哉?」

王珪母識人

唐王珪傳,始隱居時,與房元齡杜如晦善,母李嘗曰:「而必貴,然未知所與遊者何如人,試與偕來。」會元齡等過其家,李窺見大驚,勅具酒食歡盡日,曰:「二客公輔才,汝貴不疑。」

李景讓母

女世說唐李景讓爲浙西觀察使,杖殺一押衙,軍中欲爲變。景讓方視事,其母出坐廳事,命左右褫衣欲撻之,將佐泣請,軍中遂定。

李侃妻

女世說唐李侃爲項城令,李希烈攻之,妻楊勸其固守,侃中矢還,婦責曰:「君不在,誰肯固守?死于疆,猶愈于牀也。」

黃巢妾

黃巢平,俘其姬妾,僖宗問曰:「汝等勳貴子女,何爲從賊?」居首者曰:「狂賊兇逆,國家以百萬衆,失守宗祧,今以不能拒賊責一女子,置卿相于何地乎?」

張商英妻

張商英夜執筆,妻何氏問何作?曰:「欲作無佛論,」何曰:「既無矣,又何論?」遂止。

第三節　宋以後

蘇軾母

蘇軾生十年，父遊學四方，母程氏，授以書，讀范滂傳，太息曰：「軾若爲滂，母許之否？」程曰：「汝能爲滂，吾不能爲滂母乎？」

歐陽修母

宋史歐陽修傳，四歲而孤，母鄭守節，家貧，以荻畫地學書。

張浚母

女世說，張浚欲論秦檜姦，恐爲母累，體至瘠，母乃誦浚父對策曰：「臣寧言而死斧鉞，不忍不言以負陛下，」遂決。

童女李寄捕大蛇

女世說，閩之庸嶺，有七八丈大蛇，歲必噉童女，不則爲禍。李延小女寄，請行。更請好劍，及咋蛇犬往。又作米餈蜜麵置穴口。蛇夜出，聞香先噉之，寄便放犬咋蛇，蛇死，得九女骨。曰：「兒曹怯弱，爲蛇所食。」

柔奴安心詞

東坡詞，王定國有歌者柔奴，娟麗。從定國歸自嶺南，蘇學士問曰：「廣南風土應是不佳，」柔曰：「此心安處便是吾鄉。」軾乃爲作定風波詞曰：——

常羨人間琢玉郎，天應乞與點酥娘。自作清歌傳皓齒，風起雪飛，炎海變清涼。萬里歸來年愈少，微笑，笑時猶帶嶺梅香。試問嶺南應不好？卻道此心安處是吾鄉。

韓世忠夫人先爲娼，韓爲卒時，告母，謂此卒必非凡人，乃邀至家，具酒食，約爲夫婦。

元世祖平宋，大宴，后不樂。帝問，后曰：「自古無千歲之國，無使吾子孫及此，則幸矣。」

第四章　學藝女　序

中國國民性，以最壓制女學聞於世界，宜乎毫無學藝之足稱矣，然以其天才故，仍不爲歷代雄閥所埋沒摧殘，如豐城寶劍，于百尺土中，仍曜其干霄之光，蓋得天獨厚歟！不但此也，且往往爲男子師表焉；眞泰平祥瑞也。自今以後，「坤化」盛行，凡美術學藝之事，應讓女子居首，更不待論矣。觀今中國女飛行家之盛可知也，略述前例，足資嚮往云爾。

第一節　周

論衡魯班妻謂夫曰：『君爲人造居室，不能移。妾所造傘，能移千里之外。』

叢談『孔子得九曲珠，欲穿不得，遇二女教以塗脂于線，使蟻通焉。』（又見事物原會書）

韓世忠夫人
元世祖后
魯班妻造傘
二女教孔子穿珠

紀昌妻

列子『紀昌學射，歸偃臥其妻之機下，以目承牽挺，二年之後，雖錐末到眥而不瞬也。』

韓娥神歌

列子『韓娥東之齊，匱糧。過雍門，鬻歌假食，既去，餘音繞梁，三日不絕。過逆旅，主人辱之。娥曼聲哀哭，一里老幼愁泣，三日不食。遽追謝之，娥復曼聲長歌，一里懽舞弗禁。』

華周杞梁妻善哭

孟子『華周杞梁之妻，善哭其夫，而變國俗。』

第二節 漢晉

班昭學派傳馬融鄭玄

後漢曹世叔妻傳『班彪之女名昭，字惠班，一名姬，博學高才。世叔早卒，兄固著漢書，其八表及天文志未竟而卒。和帝詔昭就東觀藏五閣踵成之。數召入宮，令皇后貴人師焉，號曰「大家」（讀姑）每有貢獻異物，詔大家作賦頌，遺著十六篇，子婦丁氏爲撰集。 按馬融乃大家弟子，鄭玄又融弟子，一代大經師也。』

鄭玄婢皆讀書，一婢不稱旨，曳著泥中，復一婢問曰？『胡爲乎泥中？』答：『薄言往愬，逢彼之怒。』

鍾嶸詩品『漢爲五言者，不過數家，而婦人居二。』

諸葛亮妻造木牛流馬

蜀志書『諸葛亮傳注，黃承彥曰：『聞君擇婦，身有醜女，黃頭黑色，而才堪相配。孔明許，即載送之，人以爲笑。』按襄陽府志亮妻乃黃女，木牛流馬本其閨中玩物，能爲木僮婢獻茶，亮驚其才，乃娶之。

衛夫人教王羲之書

諸家古法帖中，有衛夫人書云：『衛稽首和南，近奉勑寫急就章，遂不得與師書耳。但衛隨世所學，規摹鍾繇，遂歷多載，年廿，著詩論草隸通解不敢呈。衛有一弟子王逸少，甚能學，其書咄咄逼人。筆勢洞精，字體遒媚，師可詣晉尚書館書耳。仰憑重鑒，大不可意。弟子李氏衛和南。』

宋宣文君周官學

晉韋逞母宋氏傳，家世學周官，天下喪亂，宋氏諷誦不輟，被徙山東。與夫推車，背負父所授書到冀州，逞時年少，宋晝樵採，夜紡績，教逞遂成名。仕符堅爲太常，符常至太學，問禮樂遺闕。博士盧壼對曰：『唯周官禮記無師，太常韋逞母宋氏，傳父周官音義，今年八十，視聽無闕，可以傳授。』于是就宋氏家立講堂，置生員百二十人受業，號氏爲宣文君，賜侍婢十人，周官學復行于世。』

晉王凝之妻謝氏傳：『字道韞，有才辯，凝之弟獻之嘗與客談，詞理將屈，輒遣婢，白曰「爲小郎解圍」。乃中獻之前議，客不能屈。太守劉柳聞名與談，嘆曰：令人心形俱服。』

（謝道韞）

第三節　五代唐宋

崔鴻後趙錄：教客人星占及馬步射，置「女太史」靈臺，仰觀災祥，以考外太史之虛實。

（後趙女天文家）

陳後主使妃及女學士袁大有等與狎客，（江總、孔範等文士十餘人侍宴後庭號狎客）共賦詩，互相贈答。采尤豔麗者，選宮女千人習而歌之。曲有玉樹後庭花等。

（陳宮詞）

潘嫗善禁，陳顯達矢中左目，鏃不出，嫗以釘釘柱，禹步作氣，釘鏃俱出。

（潘嫗善禁）

河間王元琛婢朝雲，善吹篪，諸羌屢討不下，琛令朝雲假爲貧嫗吹篪而乞，諸羌聞之，流涕思鄉，相率降。秦民謂曰：「快馬健兒，不如老嫗吹篪」。

（朝雲吹篪散羌兵）

唐高祖竇后善書，與帝字相雜，人不能辨。

南海女盧眉娘，能于一尺絹上繡法華經七卷，字如粟粒，而點畫分明，細于毛髮，章句

（盧眉娘繡法華經）

馬盼妓書

無遺。又以絲一縷爲五彩傘蓋，有十洲三島，天人玉女，臺閣麟鳳之象，童千數，蓋闊一丈，秤之無二三兩。

蘇軾常書黃鶴樓未竟，徐州營妓馬盼效書「山川開合」四字，軾不復易今碑中四字盼筆也。

第五章　武俠女　序

女性本爲天下母，決非殺人者，吾敢保證判斷也。但是非之心，人皆有之，一遇不平，拔劍而起，故武俠之女自聶政姊以降，代有偉人，雖歷經僞道學之摧折，而是非正氣，猶不泯于天地間，特惜團體太小，偶爾一現，仍多籍「雄閥」之階級爲之，而罕獨創之社會。自今以後，應開世界俠女大會，公同干涉「雄閥」戰事，取消一切殺人機關，仍復于母性生人養人之原狀。此乃慈母之仁術，而鄙人著此書之本願，所望于諸姑姊妹者也。本篇所取間及用兵之女子，但女性絕少自動的用兵，如雄性之野心，大抵其動機有二種，一多因代父助夫，二爲守而非攻，合乎克氏拒暴之義，若夫野心殺人之女，當亦有之，非我所希望之女哲人世界，故不取。

第一節　春秋戰國

聶政姊

國策聶政爲嚴仲刺韓相傀，兼中烈候。因自披面抉眼以死。暴屍於市，久之，莫知誰？政姊安聞之，曰吾弟至賢，不可愛妾之軀，滅吾弟之名，令父母兄弟無有，此爲我故也。乃抱屍而哭之，曰此吾弟軹深井里聶政也，亦自殺于屍下。故聶政其姊不避菹醢之誅以揚其名也。

魏乳母

韓詩外傳秦攻魏，破之，少子亡而不得，懸賞金千斤，匿者罪至十族。公子乳母與俱亡。人曰，得公子者賞甚衆，乳母曰，死則死，不可以言也。吾聞忠不畔上，勇不畏死，豈可見利廢義哉？遂俱逃澤中，秦軍見而射之，乳母以身蔽之，著十二失，遂不令中公子。秦王聞之，饗以太牢，且爵其兄爲大夫，詩曰，我心匪石，不可轉也。

第二節　漢

徵側徵貳爭女化自由而起兵

通典五嶺蠻，光武建武十六年，交趾女子徵側與妹徵貳反極南之人，雕題交趾，其俗男子同川而浴，題交額也，雕謂刻而以丹青涅之，交謂足大指開闊幷容相交。徵側者米鹿冷縣左將女也，嫁爲詩索妻，甚雄勇，交趾太守蘇定以法繩之，側忿故反。于是九真日南合浦蠻皆應之，凡略六十五城，自立爲王，交趾刺史及諸太守僅得自守。十八年，遣伏波將軍馬援，樓船將軍段志發長沙等兵萬餘人討之。明年夏，破交趾，斬徵側徵貳等，餘皆降。

由此觀之，徵姊妹爲南方爭古代女化文明之自由而戰，不肯受漢家雄匪禮教束縛也，千古無人明其寃，惜哉！但若尙力，終不敵雄匪，今後宜用文化情化運動也。

龐娥

漢龐娥手刃父仇，赴司獄時，尹欲解印去官，弛法縱之。娥曰，父仇已雪，死則妾分，又木蘭代父從征，戎裝十二年，歷十八戰，雖同行之卒不知，朝授爵不拜乞還。

木蘭代父從軍

荀松女灌

荀松守襄陽，被圍，其小女灌，年十三，率勇士突圍夜出，且戰且前，至石覽所，請兵解父圍。

劉遐妻邵

劉遐妻邵氏驍果，遐爲石虎所圍，邵氏單將數騎，拔遐于萬衆中。

魏楊大眼傳妻潘氏，善騎射，戎裝并驅戰場。人號潘將軍。

第三節　隋唐

平陽公主

娘子軍

平陽公主唐諸公主傳高祖女，平陽昭公主，下嫁柴紹，初高祖兵興，主居長安，紹曰，恐不能偕行奈何？主曰，公行矣，我自爲計，紹走并州，主奔鄠發嫁貲招南山亡命，約數百人以應帝遣家奴喻降名賊，共攻鄠平武功，申法誓衆，勒兵七萬，威振關中，帝渡河，主引精兵萬人，與秦王會渭北。紹主對置幕府，分定京師，號娘子軍。唐諸公主傳，平陽公主薨，葬加羽葆鼓吹，虎賁，太常議婦人葬，古無鼓吹，帝曰，主身執金鼓，參佐命，于古有耶？宜用之。

譙國夫人

四代保境

安民

隋譙國夫人傳，譙國夫人者，高涼冼氏也。世爲南越首領，據山洞十餘萬家，幼賢明，多籌略，在父母家，撫部衆能行軍，勸善信義結於本鄉，海南儋耳，附者千餘洞。高涼太守馮寶聘爲妻，共決詞訟，識陳霸先能定天下。及寶卒，大亂，夫人懷集百越，數州晏然，陳永定二年，子僕九歲，率諸首領朝于丹陽，後册夫人爲中郎將，石龍太夫人，鹵簿一如刺史之儀，至德中，僕卒，陳亡，嶺南數郡，共奉夫人號「聖母」，保境安民，遣孫魂，盎歸化于隋。夫人親被甲介馬，張錦傘統諸部，高祖拜盎爲高州刺史，册爲譙國夫人，開幕府，置長史以下官屬，給印章，發六州兵馬，便宜行事，皇后以首飾及宴服一襲賜之。夫人幷盛于金篋，幷梁陳賜物，每歲大會時，陳于庭以示子孫，時番州多亡叛，夫人親戴詔書，自稱使者，歷十餘州，宣述上意，所至皆降。高祖賜臨振縣湯沐邑千五百戶，謚誠敬夫人。

崔寧妾任

西川節度使崔寧入朝，楊子琳襲據其城，寧妾任氏出家財十萬，募勇士千人，麾兵以逼琳，琳遁。

僕固懷恩母

僕固懷恩叛，母提刀逐之，曰吾爲國殺此賊，取其心以謝三軍，懷恩走。

唐玉

史思明叛，衞州女子侯，滑州女子唐，青州女子玉，相與歃血赴行營討賊。滑濮節度使許叔冀表其忠，皆補果毅。

健婦禦賊

費鐵嘴，多行刼掠，至一莊，丈夫悉竄，惟一婦以杓揮釜湯潑之，數十健兒奔散，婦但秉杓擄釜，無所損。

第四節　宋金

太祖姊

太祖將北征，京師喧言軍中欲立「點檢爲天子」，太祖告家人曰，若何？姊在厨引麪杖擊太祖逐之，曰，丈夫大事當自決。

李秀天女城

女世說李毅刺史章州，戰死，衆推其女秀領州事，同將士守。拔草而食，卒破夷賊。以秀所築城爲天女城，

梁夫人

韓世忠與金兀朮大戰江中，妻梁夫人親執桴鼓，金兵終不得渡。已兀朮遁，夫人奏世忠失機縱敵，乞加罪，舉朝動色。

曾晏拒賊

曾婦晏依黃牛山爲一砦，以拒寇。數十賊至，乃召田丁與財，諸婢共奮鳴金，賊退散。

張用妻一丈青，爲中軍統領。有旂在馬前曰，關西烈女護國夫人。

丁仲謀妻

丁仲謀偕妻至交趾，夫爲賊殺，妻舟中得一斧，舉而破賊。

完顏仲德妻

金史完顏仲德妻傳，率諸命婦自爲一軍，親運矢石城下，婦女繼之。

金徒單后

金史昭祖威順后徒單氏，性剛毅，人莫敢以爲室，獻祖謂昭祖此子勇斷異常，柔弱之

女，不可爲配，乃爲娶焉。后有識度，好待賓客而自不飲，景祖（即昭）與客飲，后專聽之，翌日，數其人所爲，無不中。有醉喧者，輒自歌以釋其忿，軍中有被笞罰者，以酒食慰諭之。景祖行部，輒與偕行，政獄皆決焉。景祖沒，世祖兄弟凡用兵皆禀而後行，勝負有懲。農月親課耕耘。一日客與子飲，舉刃相向，后兩執其手曰，汝等皆吾夫舊人，何至與小兒輩忿爭乎？因自歌，客怒乃解，后不妬，闊略女工，輯睦宗族，有丈夫之度。

阿魯直守城

金史列母傳阿魯真，宗室承充之女，寡居，有衆千餘，承充爲上京元帥，阿魯真治廢壘修器械，積糧自守，兵攻之，阿衣男服與子督衆力戰，殺數百人，兵乃解。

第六章　工隱女　序

余提倡「坤化」根本在以母性團體，去「雄閥」殺機，所需要者，若哲女，俠女，才女，文女，美藝女。但最後圓滿所普望于女界社會仍工隱之女而已。工隱之女乃社會元氣，生人祖母也。因女哲，母俠，女文人，女才學家，女美藝家，均不普遍，而作工爲人人可

工隱女爲最高

能自食其力，尤足養成男子高隱之風，永遠與腐敗萬惡政府不合作，則奔走權門少忠狗，而暴閥之力日減矣。以吾所聞見，男子因其妻驕奢逸惰，受經濟壓迫，遂折節權貴，至于身敗名裂者，皆無高隱之工女爲之輔助愧勵之也。今後工隱之女應普遍村市，庶乎老虎政府之害可息矣。耶穌曰：「妓女比坐官的人還要先進上帝的國」 余題張墨池男盜女娼書之詩云：「男盜女娼勝坐官」 男人欲離政府而生活，則非得工隱女爲良伴侶不可，故工隱女爲最尊矣。

第一節　春秋之工隱女

老萊子妻

高士傳老萊子，楚人，耕于蒙山之陽，楚王駕至萊子之門，萊子方織畚，王曰，守國之政，孤願煩先生。老萊子曰，諾。王去，其妻樵還，曰子許之乎？曰然。妻曰，妾聞之，可食以酒肉者，可隨而鞭箠，可擬以官祿者，可隨而鈇鉞，妾不能爲人所制者，投其畚而去。老萊子亦隨其妻至于江南而止，莫知所終。列女傳老萊子孝，年七十，作嬰兒啼于親側。

楚狂妻

韓詩外傳楚狂接輿躬耕以食，(尸子耕于方城) 楚使奉金百鎰，請治河南，接輿笑而不應。妻曰，先生少而爲義，豈能老而遺之哉？不如去之，乃夫負釜甑，妻戴織器，變易姓氏，莫知其所之。

北郭先生婦

韓詩外傳楚莊王聘北郭先生爲相，先生與婦計之，婦曰，夫子以織屨爲食而無憂，今食方丈，所甘不過一肉，而殉楚國之憂，其可乎？遂不應聘，與婦去之。詩曰，彼美淑姬，可與晤言。

陳仲子妻

高士傳楚王聞陳仲子賢，欲以爲相，使持金百鎰，至於陵，聘仲子，仲子入，謂其妻，妻曰，夫子左琴右書，樂在其中矣，而懷楚國之憂，恐不保命也，于是出謝使者，遂相與逃去，爲人灌園。　索隱陳仲，字子終。　於陵子云，妻，齊大夫之子也，去華麗而降心饑寒。

第二節　漢工隱女

梁鴻與孟光

後漢書七十三，逸民傳，梁鴻字伯鸞，扶風人。勢家慕其節，多欲女之，鴻并不娶，孟氏有女，狀肥醜而黑，力舉石臼，擇對不嫁，至年三十，曰欲得賢如伯鸞者。鴻聘之，及嫁，始以裝飾入門，七日而鴻不答，妻乃問故，鴻曰，吾欲裘褐之人，可俱隱深山者，爾今乃衣綺縞傳粉墨豈鴻所願哉？妻曰，以觀夫子之志耳，妾自有隱居之服。乃更爲推髻，著布衣，操作而前，鴻大喜曰，此真梁鴻妻也。字之曰德曜，名孟光。居有頃，妻曰，聞欲隱居避患，今何爲默默？乃欲低頭就之乎？乃共入霸陵山中，以耕織爲業，詠詩書彈琴自娛。至吳，爲人賃舂，妻爲具食，舉案（椀同）齊眉，及卒，葬于吳要離冢傍。又戴良，字叔鸞，汝南人，家富好施，尙俠，食客嘗三四百人，語曰，關東大豪戴子高，母喜聞驢鳴，良嘗學之以娛樂。再辟司空府，逃入山中以壽終。有五女，並賢。許嫁，疏裳布被，竹笥木屣，以遣之。五女能遵其訓，皆有隱者之風焉。

戴良五賢女

又龐公，襄陽人，（注諸葛孔明，每至德公家，獨拜牀下，德公初不令止，又與司司馬德操爲至友，）未嘗入城府，夫妻相敬如賓，劉表數請不屈，曰鴻鵠巢林，黿鼉穴淵，各得其棲宿而已，天下非所保也。因耕壟上，妻子耘于前，表嘆而去。

龐德公妻

又列女傳七十四，鮑宣妻，裝送資賄甚盛，宣不悅。妻乃更著短布裳，與宣共挽鹿車歸鄉里，拜姑畢，提甕出汲。

鮑宣妻之鹿車

又太原王霸妻，霸少立高節，妻亦美志行，霸友令狐子伯爲楚相，其子爲郡功曹，奉書于霸，車馬雍容，霸子方耕于野，霸目之，有愧容，客去而久臥不起，妻曰，子伯之貴，孰與君之高？奈何忘宿志而慚兒女乎？霸笑曰，有是哉！遂共隱遁。（王霸妻）

第三節　晉宋之工隱女

陶潛妻翟氏，能安苦節，與潛同志，夫耕于前，妻鋤于後。（陶潛妻翟）

淳化中，詔徵种放，其母恚曰，嘗勸汝勿聚徒講學，遠魚鳥而近人，今果被人知，不能安枕，我將棄汝入山，孤棲雲水耳。放遂稱疾，轉居幽曠。（种放母）

尹焞應舉，見發策有誅元祐諸臣議，不對而出，以告母，母曰，吾知汝以善養，不知汝以祿養，遂終身不就舉。（尹焞母）

李氏女，適巴長卿，家居四壁，處之恬然，姊妹適鄰富者笑之，李作詩云：誰道巴家貧？巴家十倍鄰。池中羅水鳥，庭下立蝸牛。燕麥分無數，榆錢散不收。夜來添驟富，新月掛銀鈎。（巴長卿妻李氏詞）

田遊巖，母妻幷有方外志，與同遊山水二十餘年。（田遊巖母妻）

李美玉

李美玉，家慈耶東，與同志二三，紉蘭佩蕙，每探幽閑之境。玩花光于松月之亭，竟晝綿宵，往往忘倦。

古后之經義

佛言母恩重於父

第七章　歷代女后與妃嬪序

古世首領爲母后，故夏以前首領皆稱后，泰卦云：『后以財成天地之道。』後世『雄系』兵爭，起而代后制，乃改立王名，以后名移爲王后之號矣。吾學佛以後，始知母恩重過于父，而證明中國爲無母之國，故中國古來以勢力爲是非，數千年中無一創作發明之學術，所稱學者，皆鄉愿乞丐耳。宋儒僞學書，尤殺盡女子精神靈魂，而倡所謂理窟之玄學，鬼非人之僞道德，率天下男女盡爲妾婦，而元清代主中國，不可復制矣。吾少治「朱學」久，至今猶未全擺脫，往者觀顏習齋罵宋儒爲吹氣胞，以其太過，今觀于宋後無女傑之復出，可知宋學之殺人靈魂罪業重矣！中國國勢最盛爲漢唐，而漢唐皆出女后，彼女后者，特尙缺 Aspasia, Diotima 亞培雪與帝姬姆（二八、乃西方孔子、蘇克雷地之等之哲學美學，未脫家族習氣，若加以美哲教育，東方女治又何常不可與爲善女師友（二）哉？若今後我斷定非哲俠不能解決一切，而女哲俠即萬年理想之救苦觀音現身，西方之自由女神也，拭目俟之。〔理想觀音之實現〕

第一節　春秋戰國

呂氏春秋，齊桓公合諸侯，衞人後至，公與管仲謀伐衞，退朝而入，衞姬望見君，下堂再拜，請衞君之罪，公曰，吾于衞無故，子曷爲請？對曰，妾望君之入也，足高氣彊，有伐國之志也。見妾而有動色，伐衞也。公遂舍衞。〔齊桓衞姬〕

列女傳甯戚，擊牛角而商歌甚悲，桓公使管仲迎之，甯戚稱曰，「浩浩乎白水，」管仲不知所謂，不朝五日而有憂色，其妾婧進問曰，敢問國事耶？仲曰，非汝所知，婧曰，妾聞之，毋老老，毋賤賤，毋少少，毋弱弱，……仲乃告之，其妾笑曰，古有詩云，「浩浩白水，儵儵之魚，君來召我，我將安居？」甯戚欲仕也。仲大說，以報桓公，因以爲相，齊國以治。管子略同，惟以爲仲之婢。〔管仲妾婧〕

莊王樊姬

列女傳莊王即位，好獵，樊姬諫不止，乃不食禽獸之肉，因進孫叔敖，莊王以霸，楚史曰，莊王之霸，樊姬之力也。

照上例看來，聖君賢相，得賢女助，成功易矣。

趙威后

國策齊王使問趙威后，書未發，威問使者曰，歲亦無恙耶？民亦無恙耶？王亦無恙耶？使者不說，曰豈先賤而後問尊貴者乎？威后曰，苟無歲，何有民？苟無民，何有君？故有舍本而問末者耶？乃問之曰，齊處士鍾離子無恙耶？其爲人也，無糧者亦食，無衣者亦衣，是助王養民者也，葉陽子無恙乎？其爲人哀鰥寡，卹孤獨，振困窮，補不足，是助王息其民者也。北宮之女嬰兒子無恙耶？撤其環瑱，至老不嫁，以養父母，是率民出于孝情者也。此二士弗業，一女不朝，何以王齊國子萬民乎？於陵子仲尚存乎？其爲人上不臣于王，下不治其家，中不索交諸侯，此率民而出于無用者，何爲至今不殺乎？

齊君王后

國策子建立爲齊王，君王后事秦謹，與諸侯信，以故建立四十餘年，不受兵。秦昭王嘗遺使遺君王后玉連環，曰，齊多智而解此環不？君王后以示羣臣，羣臣不知解，后引錐

越句踐夫人之詩才

吳越興亡由於女

椎破之，謝秦使曰，謹以解矣，及后卒，齊遂亡。

觀古俗齊之女權甚强，故詩稱「必齊之姜，」其尙功利尙天才之風歟？

史記勾踐國于會稽，身自耕作，夫入自織，吳越春秋勾踐五年，與大夫種蠡入臣于吳，羣臣送至浙江之上，夫人乃據船哭，顧烏啄江蝦，飛去復來，因哭而爲歌二首曰

仰飛鳥兮烏鳶，淩玄虛兮翩翩，集洲渚兮優恣，啄蝦，矯翮兮雲間，任厥兮往還。妾無罪兮負地，有何辜兮譴天？……一曰，妻衣褐兮爲婢，夫去冕兮爲奴，……願我身兮如鳥，身翱翔兮矯翼。

越王聞夫人怨歌，心中內慟，至吳，越王服犢鼻，夫人衣無緣之裳，夫養馬，妻給水除糞洒掃，三年不慍，面無恨色，吳王登遠高望，見越王及夫人，范蠡坐馬糞之旁，君臣之禮存，夫婦之儀具。勾踐七年得歸國，令女十七不嫁，丈夫二十不娶者，父母有罪，國之孺子之游者，無不餔也。非身所種則不食，非夫人所織則不衣，十年不收于國民。

由勾踐夫人觀之，其伯得內助甚多，且女文學亦高。從反面觀之，越得俠女而霸，吳

寵女色西施而亡，則非女之禍，乃不善用女之禍也，而陋儒不別善惡，一以壓制女權爲務，謬哉。

第二節　漢呂后—馬后

呂后爲漢極盛時代

前漢五三高后紀，高皇后呂氏（諱雉、字野雞、又字娥姁、）佐高祖定天下，生孝惠及魯元公主，元年正月，除三族罪，妖言令八年七月，崩于未央宮，（外戚傳九十一，呂后爲人剛毅）贊曰，孝惠高后時，海內得離戰國之苦，君臣俱欲無爲，故惠帝拱已，高后女主制政，不出房闥而天下晏然，刑罰罕用，民務稼穡，衣食滋殖。

又四十三，朱建傳辟陽侯，（審食其）得幸呂太后）

由此考之，高后之世，爲極盛時代，女后幷無負于天下。至劉呂家事，本不成問題也。

東漢馬后

女世說漢明帝與馬后觀畫，見皇英，帝曰，恨不得如此爲妃，又前見唐堯像，后曰，嗟乎！羣臣不得以爲君帝，顧而笑。

後漢書后紀第十，秦芊太后始攝政事，東京皇統屢絕，權歸母主，外立者四帝，（安、質、桓、靈、）

臨朝者六后，（謂章帝竇太后、和帝鄧太后、安之閻、順之梁、桓之竇、靈之何太后也、）莫不定策帷幕，委事父兄，貪孩童以久其政，抑明賢以長其威，終于淪亡。馬皇后，援之女，爲天下母，身服大練，食不求甘。

第三節　唐

太宗長孫后

女世說唐太宗朝歸，怒曰，終須殺此田舍翁，長孫后問。上曰，魏徵對衆辱我。后曰，主聖忠，敢賀。上悅，益重徵。

武則天紀實

武后本紀四，新唐書則天聖皇后，武氏諱曌，并州文水人（按余問之文水友人，今尙有武家村，人凡數十家，亦無古蹟，惟距村數里有武后廟云）父士彠，官至工都尙書荊州都督，封應國公。后年十四，太宗選爲才人，太宗崩，削髮爲尼，居感業寺，高宗見而悅之，立爲昭儀，進號宸妃，立爲后。高宗苦風疾，百司奏事，時時令后決之，常稱旨，由是參豫國政。后乃數上書，言天下利害，務收人心，高宗遂不能制。弘道元年十二月崩，太子卽位，軍國大務不決者，兼取天后進止，臨朝稱制。光宅元年二月，廢帝爲廬陵王，立豫王旦爲帝，太后仍臨朝。改元文明，遣兵三十萬討李敬業殺之，十二月，遣御史察風俗，垂拱元年，擊突厥，二年正月大赦，賜酺三日，十二月，免并州百姓庸調，終其身。七月，冀州雌雞化爲雄，十二月擊吐蕃，四年九月，加尊號聖母神皇，十二月，大赦唐宗室。

永昌元年，朗州雌雞化爲雄。

天授元年，九月改國號周，大赦改元，賜酺，號聖神皇帝爲皇嗣，賜姓武，立七廟，追尊周文王曰始祖，文皇帝妣姒氏曰文定皇后，堂兄爲郡王，諸姑姊爲長主，姊妹爲郡主，十月，給復并州武興縣百姓子孫相承，如漢豐沛，封周公爲褒德王，孔子爲隆道公，九月，狄仁傑爲地官侍郎同平章事，十月，克吐蕃四鎭。

二年，加號金輪聖神皇帝。

延載元年，加號越古金輪聖神皇帝。

天册萬歲元年，正月，加號慈氏越古金聖神帝，改元證聖。

萬歲通天元年，改元曰萬歲登封，復作明堂，改曰通天宮。

神功元年，

聖歷元年三月，召廬陵王于房州，八月，立爲皇太子。　二年，賜太子姓武氏。

又文視元年，武三思罷，　五年，禁屠，　張柬之等討亂，張易之張昌宗張昌期張同休張昌雄被殺，皇帝復位，徙后上陽宮，號則天大聖皇帝，十一月崩。

唐武后廢中宗擅政，徐敬業與駱賓王等討之，后讀賓王檄至一抔之土未乾，六尺之孤何託，嘆曰！宰相之過也，有如此才而使之淪落不偶乎？（此條可見其知愛才）

世女說，武后令父在爲母喪三年，曰母之與子，恩愛彌深，理宜崇報。（此條可爲中華『無母國』對症藥）吾學佛乃知母恩重，而中國爲無母之國，尙譏外國無父也。

倡母權

按武后世稱最英鷙之主，但以史考之，當其爲政時幷無厲政，惟待李姓不善耳。雄閥片面之穢史本不足道，雄閥掠母千萬名爲妃嬪，任何窮兇極惡，例稱聖主，有一女主，則羣吠之，亦雄匪丐儒之罪業也。西國若依里沙伯，若維多利亞均强盛矣。後世各家雖宋儒之苛，尙不甚薄武后之政治，至其嚴刑反對異黨，則尙可末減，因彼

雄閥史家之不公平論

玉眞公主

以白手與周代唐，雖殺數百千人，而較雄閥爭天下，動殺百萬者，抑不爲多哉。

玉眞公主，睿宗女，始封崇昌縣主。俄進上清玄都大洞三宮師。天寶三載，上言先帝許妾捨家，今仍食租，願去公主號，罷道司，歸之王府，玄宗不許，又言妾高宗之孫，睿宗之女，陛下之母弟，于天下不爲賤，何必主號，然後爲貴？請入數百家之產，延十年之命，帝知主意，乃許之。

玄宗各公主之修道

玄宗女，萬安公主，天寶時爲道士，　楚國公主始嫁吳澄江，興元元年，請爲道士，詔可，賜名上善。

順宗各公主之私夫自由與修道

順宗女襄陽公主下嫁，而多私侍，其姊妹潯陽及平恩，邵陽三公主，並爲道士。

憲宗女，永嘉公主爲道士，莊淑公主下嫁杜悰，事舅姑以禮，乘驢不肉食，州縣供具不受，姑寢疾，不解衣，永安公主爲道士。

憲宗女，定安公主下嫁回鶻崇德可汗和親。

穆宗女，安康義昌公主均爲道士。

唐公主多爲道士

按唐道教盛，故女多願爲女冠。

第四節　宋元明

宋多賢后　杜后曹后　宣仁元祐之治　降祐后　明慈后　曹后救蘇軾

宋史后妃傳昭憲杜后生太祖太宗，母範開基，訓太祖以無逸治天下，豫定太宗神器之傳，厥後慈聖曹后擁佑兩朝，宣仁高后垂簾有元祐之治。南渡而後，若高宗以母道事隆祐，孝宗奉明慈，宋三百餘年，外無漢王氏之患，内無唐武韋之禍。女世說，蘇軾以詩得罪下獄，曹太后聞之，謂帝曰，憶仁宗以制科得軾兄弟，喜曰，爲子孫得兩賢相，今得仇人中傷之乎？軾由此獲免。

元仁宗太后之慈　元待公主厚有太古貴女之風

元史仁宗元年，車駕將向大都，太后以秋稼方盛，勿令衞士先往，害稼擾民。二年，賜壽寗公主橐駝三十六，其餘賜公主鈔，駙馬鈔事，史不絕書，可見元朝待姊妹之厚，迥異中土雄閥之待姊妹公主，由其守游牧古大同之俗，貴女之風未替也。

元世祖昭睿后

元史后妃傳世祖昭睿皇后，名察必弘吉，生裕宗，明敏達事機，國家初政，左右匡正，與有力焉。

明太祖馬后以寬仁儉樸著。

第八章　歷代和親與雄閥破產　序

夫天下之最苦者，莫過于暴雄相殺，而人間世衆生所認爲最樂者，莫如性愛矣。故人類欲去苦而就樂，必自去相殺而謀相愛始。故集歷史和親之事爲一小篇，藉以知暴雄相殺結果兵力窮時，仍不得不請娘子軍出馬：蓋和親者，雄閥勢力之破產也。即武力家之出醜，而乞靈于美人計也。特可惜者，其用太狹，不知廣用之，以根本銷兵廢去國界，族界，家界，而徒留此一線之和親史，亦以狹矣。用我計劃，須根本除去「雄閥」之權力，而一切惟女界廢兵會議是從。庶幾乎大同可望，而拍雷圖學說亞力山大世界通婚之計劃，可普遍實現矣。

第一節　漢以前之和親

世界大和親去殺策

孟子，齊景公涕出而女于吳。　按此爲歷史上以和親代兵爭之始。

齊景公女於吳

劉敬約閼氏

漢匈奴傳九十四，冒頓圍高帝于白登，七日，帝乃使厚遺閼氏，閼氏說冒頓引去，漢罷兵，使劉敬結和親之約，奉宗室女爲單于閼氏，約爲兄弟。

細君公主詩之悲哀

又西域傳九十六，元封中，遣江都王建女細君爲公主，妻烏孫，賜乘輿官屬數百人。公主至其國，自治宮室居，歲時一再與昆莫會。昆莫年老，語言不通，公主悲愁。自爲歌曰，

吾家嫁我兮天一方。遠託異國兮烏孫王。穹廬爲室兮旃爲牆。以肉爲食兮酪爲漿。居常思土兮心內傷。願爲黃鵠兮歸故鄉。

天子聞而憐之，歲遣使遺錦繡，昆莫年老，使其孫岑陬尚公主，公主上書言狀，天子曰，從其國俗，遂妻公主，生一女。

昭君怨與其功

後漢南匈奴傳，元帝時呼韓邪來朝，以宮女五人賜之，王昭君入宮，數歲不得見，乃求行，臨辭，昭君豐容靚飾，光動左右，帝見大驚，意欲留之而難于失信，遂與匈奴，生二子。

尤侗咏昭君

按此千古遺恨之昭君怨也，雖然，昭君之功自在天壤間矣。咏昭君詩甚多，而以尤侗詩爲最，云，不成爲漢后。便去作閼氏。亦是當人主。猶能斬畫師。

隋各公主遠嫁

第二節　隋唐和親

隋書煬帝大業八年，以宗女華容公主嫁高昌王，十年以信義公主嫁突厥曷娑那可汗。隋突厥傳，沙鉢略妻，宇文化及之女，曰千金公主，賜姓楊，改封大義公主，平陳之後，上以陳叔寶屏風賜之，主心恒不平，因書屏風爲詩，叙陳亡曰。

盛衰等朝暮。世道若浮萍，……余本皇家子。飄流入虜庭。一朝覩成敗。懷抱忽縱橫。

惟有明君曲。偏傷遠嫁情。(按此詩若使賈寶玉讀之、當作何感)

上聞而惡之，恐爲變，令人殺之，(按寃哉、若使賈寶玉聞之、又當如何悲耶) 十七年，突利來求女，妻以宗女安義公主。

隋吐谷渾傳，文帝十六年，以光化公主妻之，高昌國尙華容公主。

唐送金城公主適西蕃，韋元旦詩，柔遠安夷俗。和親重漢年。軍容旌節送。國命錦車傳。琴曲悲千里。簫聲戀九天。唯應西海月。來就掌珠圓。

蘇頲詩，帝女出天津。和戎轉罽輪。川經斷腸望。地與析支鄰。奏曲風嘶馬。銜悲月伴

千金公主詩之悲與寃死

各家和蕃詩

于休烈待公主之妬

人。旋知兵革偃？長是漢家親。薛稷句，月下瓊娥出。星分寶婺行。張說詩，青海和親日。潢星出降時。戎王子壻寵。漢國舅家慈。春野開離宴。雲天起別詞。空彈馬上曲。詎減鳳樓思？李適句，月作臨邊曉。花爲度隴春。

唐于休烈請不賜吐蕃書籍書曰，若達于書，必能知戰，深于詩則知「師干」之試，深于禮則知有廢興之兵，深于傳則知詭詐之計，何異借寇兵而齎盜粮也？公主遠適異國，返求良書，臣料恐非本意，慮有教于中。必不得已，請去春秋。（按姤其公主不與書讀已失和親之旨矣）

第三節　宋以後之和親

宋史外國傳回鶻，唐歷代以公主下嫁，故回鶻世稱中朝爲舅，中朝詔曰外甥，五代宋皆因之尙公主。元史成吉斯四年，夏主納女請和，九年，金遣使求和，奉岐國公主以獻。元史世祖二十年，駙馬高麗王睶，及公主世子源來朝。

第九章　兩性殉情

序

人生應達圓滿之域，情殉非人生之正也。但人之應與，相重信義，貴不欺，一諾而千金，人固萬萬不可輕以一言諾人，既諾則必踐之。又有同情關係，所惡有甚于死者，所樂有甚于生者，若避死而不敢就以負約，則又何貴乎靦然面目生存天地間乎？夫人生天地間可做之事甚多，或爲高僧，或修仙道，可以了生死，或爲大俠，可以了生死，本不必爲區區兒女而殞其七尺之軀，然當愼之于始，若既有成言矣，置他人于死地，而自偷生苟活，則遠不如死矣。彼能殉情若尾生，綠珠者，一瞑不視，固亦可告無負于天下，而自足千古者哉。

第一節　上古人殉情小史

尾生

漢書注尾生與女子期于梁，女子不來，水至不去，抱梁柱而死，故楚漢間稱信者稱尾生。

綠珠之節與其弟子

綠珠梁姓，白州博白縣人，漢合浦也，晉石崇爲交趾採訪使，以真珠三斛致之，在河南開金谷園館之。綠珠吹笙善舞，趙王倫將孫秀，使人求綠珠，崇以百妾使擇而不可，崇毅然曰，吾所愛不可得也。秀怒，乃譖倫族誅崇，收兵忽至，崇謂綠珠曰，我今爲爾獲罪，綠珠泣曰，願效死于君前，遽墜樓而死。珠有弟子宋禕美而善吹笛，後入宋明帝宮中。

按綠珠亦可謂知報恩者也，士爲知己者死，女爲悅己者亦死，雖非佛之了義，亦世間報恩之義也。

吳女和鄭僖詞

女世說吳氏女，才色俱麗，誓歸儒家，時鄭進士僖已娶，託媒賦木蘭花贈之，翌日，女和前詞，令乳母來言，女憐君才，雖二室不辭也。其母不從，女憤悒成疾，臨終曰，我死後汝可以鄭郎詩詞書翰藏棺中，以成吾意。

陳後主臙脂井詩

韓擒虎入臺城，羣臣勸依梁武見侯景故事，後主不從，曰吾自有井，乃挾宮人十餘，出景陽殿投井，軍人以繩引之，乃與張貴妃孔貴嬪同束而上，所謂胭脂井也。子猶氏評曰，吳翁好酒，渡江舟且覆，衆失色，翁獨堅抱酒甕，既免，衆曰，生之不圖，酒于何有？翁笑曰，生死命也，死則死耳，幸而生，若此甕一覆，安所得飲乎？後主亦吳翁之類耶？

陳後主人格過於明皇

按陳後主同妃嬪共殉國，後因被救，未死，但初志可嘉，余不得不辨，故爲翻案詩云，

興亡本不與宮娥事到臨頭可奈何？兒女英雄同玉碎。笑他負約馬嵬坡。

按唐人咏馬嵬坡詩美明皇云，「終是聖明天子事，景陽宮井又何人？」又云，到底君王負舊盟，江山情重美人輕。此理易知，皆笑陳後主而智明皇耳，但李延年詩「北方有佳人，絕世而獨立，一顧傾人城，再顧傾人國，甯不知傾城與傾國？佳人難再得！」又人詩云，「願把江山換美人」，若用今生物學心理上考之，性慾乃動物生生二大要素本性之一，而江山則性靈以外死物耳。大學講誠意曰，「所謂誠其意者，勿自欺也，如好好色」孔子明認色爲人性，與告子同，由此觀之，則後主不屑爲梁武之餓，明皇之忍，其達觀摯情乃更高一籌，與吳翁死抱酒甕之哲理有相近者，明皇終殉權勢俗人，非真有情義者也。若云真爲江山乎？則文王美妃最多，不徒不傾國，且可賴以治天下，君自不通治天下之道耳，豈有一女人而能傾國者？此以平等達觀，真通哲理者，必以爲然也。

解決問題三大法

我對于解決一切問題有三法，絕欲超世，仙佛上也，平時知幾洞微，防患無形，遇變達觀而俱全，次也，不然，以情義相感而有相當之酬報，亦人性之直道，猶遠勝無義者，此尾生與綠珠輩所以尙至今稱與。

溫都監女與東坡

溫都監女，坡公之謫惠州也，惠有溫都監，女頗有色，年十六，不肯嫁人，聞公至，甚喜，謂人曰，此吾婿也。每夜聞公諷詠，則徘徊窗外。坡物色之，溫具言其然。公曰，可告富戶王郎與子爲姻。未幾，公過海，此議不諧，及公回惠日，其女已死，葬沙灘之側矣。坡悵然賦孤鴻調，寄卜算子云，　缺月掛疏桐，漏斷人初靜，時見獨往來，縹緲孤鴻影，驚起却回頭，有恨無人省，揀盡寒枝不肯棲，寂寞沙洲冷。

長卿氏曰，公謫嶺外，六十老人矣，十六之女，何喜乎而心許之？且死之也，然坡公非舉朝鬚眉卿相所極力擠殺之者哉？而嶺外一荒江女子獨見憐如此！悲夫！李和尙曰，余獨悲其獨具隻眼，知坡公爲神仙異人，舉世無兩，是以不得親近，甯死不嫁王郎也。

第二節　日本情死之統計（九）（錄譯日本報之一節）

薇生

（甲）　情死底手段與地點

情死者手段底選擇，現在還沒有統計。但關於一般的自殺，手段底選擇上，有這個統計，現在寫在這里，也可以略略看到個大勢。這統計，是由民治四十二年至大正七年及十年間（一九〇九——一九一八）。

	男	女	合計
吊死	三九·九二四	一七·三一六	五七·二四〇
跳水	一三·三三一	一八·五一七	三一·八四八
刀傷	三·〇〇八	一·一九四	四·二〇二
槍刺火藥	一·四一三	一二三	一·五三五
毒藥	三·〇三五	一·八八九	四·九二四
軋死	九·六九四	四·一六一	一三·八五五
其他	一·七六八	七五八	二·五二六

合計	七二・一七三	四三・九五七	一一六・一三〇

手段底選擇，以吊死，跳水，毒藥爲最多。這就是一般的自殺而言。情死，稍有不同處，略述於下。

情死者手段底選擇，以跳水，毒藥，刀傷，軋死爲最多，這是由情死底性質上來看，必須如此的，因爲是複數自殺，太費手續的死法是不行的。這樣，也還常有下述的情形：如用刀殺了女的，被人家發見了，自己還沒有死，又女的看到男的給火車軋死了，怕得逃了。

至於地點底選擇，據布川底統計：妓樓約占百分之三十，最多；其次，海岸約百分之十四；附近的鐵路，男女底住宅，河畔，山林，旅館等更次之。室內約佔百分之四十七，室外約占百分之五十二。

例　岡山縣農人西口口次郎（二七，）和同村叫西口岸野（二六）的女子，先同去參拜了菩薩，然後到車站前的剃頭店裏去，男的理了髮，女的剃光了面龐，事完結了，剃頭店主人到裏面去的時候，男的用剃刀刺死了女的，自己也刺死了。（大正八年七月。）

其他，先祖底墓前，也常常被情死者選擇的。

（乙）　情死底種類

情死底種類，這要看情死兩字底意義如何解釋而定。既在日本底報章上，『心中』的字樣，全然白白地濫用了。如一個人因一個餅塞住喉頭死了，便標個『與餅心中。』正式的解釋，大約可分下列三種。凡兩個人一淘死，便叫情死，這範圍最廣。必須有愛的要素，這範圍較狹。再進一步，必須一對合意的男女，這範圍更狹了。

現在單把普通常見的六類，列舉於下，這當然不是嚴密的分類，但也看出是怎樣一種情況了。

一人心中——這實在也是一種濫用。單獨自殺，應歸入普通的自殺；惟妓樓上的自殺，或思慕女子的自殺，常用一人心中的名詞。

無理心中——指情死者底一方面，原本沒有死的意志的，刧拉來一淘情死了，這實在是普通所謂謀殺。如妓樓上男的殺了女的，這是犯了殺人罪，因此便自殺了：普通用在這種地方。

三人心中——二男一女，或一男二女，對於戀愛的一對之外，加入一個局外分子，三人一淘情死。（實際上，應當有因三角關係，不能解決，而三人一淘情死的；但此地，不是說三角關係。）

例　在銚子海岸，有自稱早稻田大學學生川田（二〇）及其同學岡（二〇），和一個女子，三人一淘情死了。川田和那女子，是狠要好的一對；那女子是養女，家中給他配了丈夫了：因此他倆異常苦悶。同學岡，同情他倆，於是三人一淘情死了。

同性心中——是一對男的，或一對女的，一淘情死。有的成立了同性愛，有的沒有成立的。就是有的爲愛而死的，有的是異常的。

按觀日本情死一例，可見煩惱社會中情死是一大問題，我本不樂多理此類擋案，但應明白統計學是指示人類的病根何在，方好醫治，如此。社會。非根本大改造，則何貴爭自由乎？故爲爭「性自由」亦非澈底達到北俱樂洲的佛化不可。

第三節　動物殉情（以下均出情史）

天后時，劉景陽使嶺南，得秦吉了一雙，能解語，至都，進之，留其雌者，雄煩怒不食，則天問曰，卿何故藏一鳥不進？景陽謝罪，乃進之。

劉世用嘗在高郵湖見漁者獲一鴛鴦烹之，其一飛鳴逐舟不去，將熟，揭釜，其一亦即飛入，投湯而死。

元好問赴試幷州，道逢捕雁者，捕得二雁，一死，一脫網去，其脫者空中盤旋哀鳴，良久亦投地死。元遂以金贖二雁瘞汾水傍，號雁井，因賦摸魚兒詞云。

問世間情是何物？真教生死相許，天南地北雙飛客，老翅幾回寒暑？歡樂趣，離別苦，就中更有痴兒。女君應有語，渺萬里層雲，千山暮雪，隻影向誰去？橫汾路，寂寞當年簫鼓，荒烟依舊平楚，招魂楚些何嗟及？山鬼暗啼風雨，天也妒，未信與鶯兒燕子俱

秦吉了

鴛鴦

元好問幷州雁井詞

李仁卿和詞

黃土，千秋萬古，爲留待騷人，狂歌痛飲，來訪雁丘處。

李仁卿和云，雁雙雙正分汾水，回頭生死殊路，天長地久相思債，何以眼前俱去？摧勁羽，倘萬一，幽冥却有重逢處。詩翁感遇，把江北江南，風嘹月唳，并付一丘土。仍爲汝，小艸幽蘭麗句，聲聲字字酸楚，桐江秋影今何在？草木欲迷隄樹。露魂苦，算猶勝王嬙青塚，貞娘墓，憑誰說與？對鳥道長空，龍艘古渡，馬耳淚如雨。

雁四則

雁井，在太原府湯曲縣。王天雨云，張姓獲一雁，置中亭，明日有雁自天鳴，亭雁和之，天雁遂下，以頸交死于樓前，因名雙雁樓。

王蔭伯教諭銅陵，有民舍獲雁烹之，明日一雁飛鳴數日，亦墜而死。

弘治間，河南虞人獲一雌雁，縛以爲媒，次年，雄者與羣雁飛鳴而過，雌認其聲，仰空號鳴，雄遂落下，交頸怨號，良久，雄飛空，視雌不能飛，復落地悲號，如此三四次，知終不能飛，乃共齧頸蹂蹴，相觸而死。

據妹勁梅言，全椒有王姓者，業獵，一日射一雌雁墮地，其雄飛鳴不去，卒飛下，與雌雁交頸觸地而死。

燕

夏氏子彈一雄燕，燕雌怨鳴亦投河死，人作烈燕歌。

烈鶴碑

高郵有雙鶴，或弋其雌，雄孤棲哀鳴而死，羣稱烈鶴，爲詩，復立烈鶴碑。

義鴿

人家養一鴿，雄死，另配之，遂鬬而死，謝子蘭作義鴿詩以弔之。

象

日南貢象，一雌死于九貢，至南海百餘日，雄泥土著身不食死。

紅蝙蝠

紅蝙蝠出瀧洲，雙伏紅蕉花間，若得其一，則一不去，南人收爲媚藥。

紅飛鼠

紅飛鼠，嶺南產，出入必雙，獲其一，必雙得之。

周索孝子傳，蝬蠋屬，或黃或黑，善緣，好吟，雌爲人得，終不獨生。

蛤蚧

蛤蚧，偶蟲也，雄吟，雌蚧，相隨不舍，遇其交合，捕之，雖死牢抱不開。

第四節　植物之配偶

相思草

秦趙間有相思草，狀如石竹，而節節相續，亦名斷腸草。

鴛鴦草　宋祁曰，鴛鴦草，春葉晚生，稚蘤在葉中，兩兩對向，甚似匹鳥。

有情樹　遜頓國有有情樹，晝開夜合，又名夜合，若各自種則無花。

馬櫻花詩　合歡樹，一名合昏，一名夜合，即烏賴樹，其名烏穠，唐詩「夜合花開香滿庭，」又詩曰，「錢塘江上是奴家，郎若閑時來吃茶，黃土作牆茅蓋屋，門前一樹馬櫻花，」即合歡花也。

合歡花　合歡花，半紅白，散垂如絲，枝葉交結，風來自解，晉華林園有四株，古今注欲蠲人之忿，則贈以青裳，故稽康種之舍前，蓋取歡字義，又魏明帝時，苑囿民間花樹皆生連理。

合歡草　合歡草，狀如著，一株百莖，晝則衆條扶疏，夜合爲莖，萬不遺一，謂之神草，宋東京各地無不種之。

第五節　物理相愛

想思石　物理相愛，海上有碎石，如杏仁瓣，取一雙投酪中，浮而不沉，相偎成偶，離而復合，名相思石。

難解決之問題

物理愛力相感，磁電二物，有牝有牡，人名爲正負陰陽，乃假名之耳。總之同性相拒，異性相感，同性放置久之其力消失，異性配好，藏而不失，地球乃大磁石也，物理名曰愛力，或曰吸力。

第十章　神妓義妓　序

娼妓乃社會一大問題，但真正解決，亦決非簡單之法律問題，大致與人類社會問題相對待，而同時解決，非可定一單行法而解決者，果然，亦解決其空名而已。就歷史考之，古代「母系」男本附屬于女，無所謂妓，若就此數千年社會史考之，所謂各國多妃女之皇帝貴族爵紳，男子，即男妓也。而男人自己決不肯加以男妓之名。各書述官妓宮妓，直言不諱，佛經屢言神妓，由來古矣。中國自管仲設女閭三百，以安行商，齊以霸，可見妓實由官僚資本家造出，至今各國通商口岸，妓風最發達，康先生巴黎遊記，巴黎領牌之妓十五萬，貴族大家女，多爲妓，蓋近世社會之產物，隨官僚資本而擴大矣。馬克斯學說解決資本，而對於女男問題，仍未解決，今我亦未能解決此問題，特敢判斷將來仍適用原民母系社會，妓名不立，漸漸與軍閥，政府，官僚，資本家，同歸淘汰以適進化而已。

第一節　古代各國神妓之風

三皇

萬物原始洪涯妖，三皇時人，娼家託始。按三皇時男女無別，自無娼之名也。

希拉神妓之風

五大洲女俗通考，希拉人絕不與妻交談，一生談話時甚少，可怪也。而與妓妾則反是，暢談不倦。希拉娼妓之地位，過于命婦及男子，希語曰黑得來，謂伴侶之意，不嫁男子，反得自主，毫無束縛，而得自由釋放。當希拉文化盛時，文人學士公卿，類皆挾神妓，甘受其束縛，此等女人或廁身理學之堂，或涉足工藝之院，較自為命婦而無教化，深閉一室，其聞見幸福，高之遠矣。為男者常不願與妻交談，而樂與此多才藝學識善歌舞之神妓往來也。名妓最多之城，為哥林多，妓女皆廟內神女也。

羅馬神妓之風

羅馬妓曰羅班那，貴紳議院大臣皆赴妓院，文學士自詡風流，贊美歌頌，有棄妻傾家者。此後納妾之俗，亦漸爲法典承認，而上下階級制，良賤爲婚之禁以破。古時尙有妓妾名目，今則成爲閨閣女友矣。妓妾死，爲之表墓，勒碑，刻銘，與正妻并列云。雅典官妓多，于是索侖乃定妓女納稅制，後羅馬仿行之，初意限制，久而官倡之矣。古以女爲弱而賤之，以後雖國力不能禁之，以至今，蓋人情所必至，聖人莫能禁也。（均女俗通考第五集）

古代印度波斯神妓之風

神妓，自印度波斯希臘羅馬日本皆盛行，一大將特謁維納斯（愛情之女神）廟，許愿曰，佑我戰勝，當獻可低生（妓）五十名于廟，此誓詞播爲歌謠傳世。日本有一神曰法露斯廟，妓按節供其像游行，觀者塞途，今猶見之。

神殿公妓制度，盛行于巴比侖叙利亞迦太基埃及以至希拉羅馬。

西南印度均有神妓，在廟接香客，人可出錢租之至家，但月出香火，皆能歌舞知學藝，任何人皆可與通，人不認爲非禮，不受一切束縛，貴族亦多以女嫁于神，以爲有功德。

按希臘此風甚盛，大抵古代各國均有，故佛經每言妓女，蓋昔時未有婚禮之古風與？故以希拉大哲皆願與妓往來，而不樂居家，因女教不興，在家女子無智識才學，轉不如神妓才藝智識之廣，乃至通達國事之故也。又富族女子亦樂在神廟轉自由，且爲神佛修功德云，古代文人才士不但不禁止之，且崇拜咏歎之，觀唐代文人之于官妓，即近此風矣。由此點觀之，女社交之不解放，女教化之不振興，弊至如此。

孔子在魯失敗之故

史記孔子世家，魯定公十四年，孔子攝魯相事，齊人懼曰，孔子爲政必霸，霸則吾地近焉，于是選齊國女子好者八十人，皆衣文衣而舞康樂，文馬卅駟，遺魯君，陳女樂文馬于魯城南高門外，季桓子微服往觀，再三將受，乃語魯君爲周道遊，往觀終日，怠于政事。桓子卒受齊女樂，三日不聽政，孔子遂行，歌曰，「彼婦之口，可以出走，彼婦之謁，可以死敗，」桓子嘆曰，夫子罪我，以羣婢故也夫。

按齊自太公教文王進妲己于紂而興周，管仲以好色無害于霸而强齊，魯用禮教，一遇齊之「美人計」而失敗，北面事齊。實禮教家自取，周公預知之矣，孔家賤女，一遇女子必失敗，故中國歷代儒家最賤女，而一遇美人計無不失敗者，有自取之道也，余有齊人歸女樂翻案詩一首，可查也。（見坤乾觀卷二詩集）

長沙義妓與秦少游

第二節 義妓

情史長沙義妓善謳，尤喜秦少游樂府，久之，少游坐鈎黨南遷，過長沙，訪潭士風俗，或舉妓可與言，遂往焉。坐見几上秦學士詞一篇，皆已所作，環視無他文，怪問曰，秦學士何人也？妓具道其才學，少游曰能歌乎？曰素所習也，曰樂府名家數百，何獨愛此？似情有獨鍾者，秦學士亦過若乎？曰，妾僻陋在此，彼京師貴人，焉得至此？即至此豈顧妾哉？少游乃曰，若徒悅其詞耳，使親見其貌，未必然也，妓嘆曰，嗟呼！使得見秦學士雖爲之妾御，死復何恨？少游乃告之，妓大驚，告母，設座位，冠帔立階下，北面拜已，張筵，母子侍觴，酒一行，歌少游詞一行，止少游宿，少游感其意，爲留數日，女愈加禮，將別，誓潔身以報曰，他日北歸，幸一過妾，妾願畢矣，少游許之，一別數年，少游竟死于藤，妓後閉門謝客，一日夢少游來別，知其爲死兆，遣僕覘知，衰服行數百里，至旅館，臨秦喪，拊棺繞之三週，舉聲一慟而絕。

情史評曰，千古女子真愛才者，溫郡監女，長沙妓二人而已，而長沙妓風塵浪蕩，一見

宋高宗書獎張穠

毛惜惜罵叛將而死

郭妓評語

少游如此，雖曰貞妓可也。

張俊娶妓張穠爲妾，知書，拓皐之役，俊發書囑穠家事，穠報俊引霍去病趙雲不問家事，以堅俊意，言今惟在宣撫，不當以家事爲念，勉思報國，高宗大喜，親書獎賜穠。

宋史列女傳毛惜惜高郵妓也。別將榮全據城叛，與同黨宴，惜惜恥于供給，曰，妾雖賤妓，不能事叛賊。全怒殺之，越三日，李虎禽全斬之，幷及其黨百餘人。

女世說歌妓郭與學士王元鼎密，參政阿魯溫問曰，我孰與王，答曰，參政宰相也，學士才人也。致君澤民則參政，吐納珠璣，風月則學士。

第十一章　雄害女

序

自來「雄匪」對于女子下毒手慘害者，不計其數矣，或逼姦而死，或强姦而死，或逢其喜怒而死，乃至爲其妻妾愛人而亦被屠殺，受女人身，真無死地矣。余在晉山西教育會會長張蘭亭曾與余研究「坤化」問題，曰『余謂人不但不如鳥，亦不如獸之道德，舉一例，即兩狗爭風，任至何時，雄狗斷無遷怒害及牝狗之事，是狗羣默認有公共不犯母性之神聖道德，而號稱人類者不然，許多暴雄爭女每至殺女人，較狗德愧之遠矣。』吾聞張君之言念雄性奈何無恥至此乎？亦知自反哉！讀文姬十八拍及老杜男惡詩，亦可以興矣。

雄匪吳起殺妻求將

第一節　中外雄匪一瞥

史記吳起，衞人，好用兵事魯。齊攻魯，魯欲將吳起，起取齊女爲妻，而魯疑之，起欲就名，遂殺其妻，以明不與齊也。魯卒以爲將，大破齊，魯人或惡起曰，起爲人猜忍，少時鄉黨笑之，起殺謗已者三十餘人，而東出衞郭門，與其母訣！齧臂盟曰，起不爲卿相，不復入衞，遂事曾子，頃之，其母死，起終不歸，曾子薄之而與起絕，乃之魯，殺妻以求將，夫魯小國而有戰勝之名，則諸侯圖魯矣，且魯衞兄弟之國，而君用起，則是棄衞，魯君謝吳起，于是入。魏魏文侯問李克，克曰，起貪而好色，然善用兵，于是以爲大將，守西河，大戰七十六，全勝六十四，拓地千里，後與魏相田文論功，文死，公叔爲相，尙魏公主，公主賤起，起見公主之賤，懼得罪，去之楚。楚悼王用之以彊楚，貴戚盡欲害起，及悼王死，共射殺吳起。韓非子起枝解于楚，并中王尸，太子立，坐中王尸而夷宗死者七十餘家。淮南子魏屈宜若謂起曰，子陰謀逆德，好用凶器，非禍人，不能成禍，逆天道亡人理也。吳起惕然曰，尚可更乎？屈子曰，成形不可更也。

曹操之酷虐

魏志一注曹操有幸姬，常從晝寢，枕之臥，告之曰，「須臾覺我」姬見其臥安，未卽寤，及自覺，捧殺之，其酷虐變詐類此。

雄匪臧洪喫人

後漢臧洪傳袁紹圍洪城，糧盡，洪殺其愛妾以食兵將，咸流涕無能仰視。

雄匪張巡許遠之喫人

唐書忠義傳，張巡守睢陽，尹子奇圍既久糧盡，易子而食，巡乃出其妾，對三軍殺以饗軍士，將士皆泣下不忍食，巡強令食之。括城中婦女既盡，以男夫老小繼之，所食人口二三萬。許遠亦殺奴僮以哺士卒。（新唐書）

按以此與賢智女對讀，可悟女子。亂時。能代男死。而男子。亂世。則殺女也。可以悟矣。

金海陵之兇殺與薄情

金史皇后傳貴妃定哥，節度使烏帶之妻，海陵帝殺烏帶納之，後寵愈多，定哥希得見，一日獨居樓上，海陵與他妃同輦從樓下過，定哥呼號，海陵以爲不聞而去。

按「雄閥」喜怒無常，好惡易移，當甚好之也則殺人夫而奪之，及厭故喜新，又去之惟恐不速，於是爲女子應思尾生矣。

雋約暗嫩之惡

撒母耳下十三章，大衛兒子暗嫩，愛他同母妹他瑪，强姦了他妹子，後來又惡他，趕他出去。按由此可證明男性反覆無常，如此真正可恨萬分，我斷不敢抹殺男子都是反覆，然而男性反覆無常的，却是不少的。

第二節　歷代雄殺之慘

杜大蟲

情史十三論，有杜大蟲者，自行伍爲相，與物無情，人呼爲杜大蟲，妻有過，以公杖杖之。有愛妾，才色俱絕，箋表俱出其手，嘗作臨江仙詞有彩鳳隨鴉之句，大蟲見之，怒曰，鴉且打鳳，折項而斃。齊文宣王寵薛嬪，忽疑其與人通，無故斬首，支解其尸，斷其髀爲琵琶，爲之寵者不亦難乎？

石崇

晉石崇每使美人勸飲，不能勸客則殺之，丞相導量不宏，每過醉，大將軍敦獨不肯領，已殺二人，王愷嘗置酒，女妓吹笛，小失聲韻，便令黃門敲殺之，一座改容，夫村市小民，求一妻女千難萬難，幸不致無鹽嫫母，鄉黨稱慶，以爲五百年修德所致，而此輩視朱顏綠鬢，曾草菅之不若，真無人心哉？

按著情史者乃有學術多情人耳，烏知雄性中多盜匪性質？至于道學，尤多假片面僞道德之名以殺人，雖喪盡天良而不悟其非。宗教家尤多以悖生性反人情爲高尙。張獻忠之殺女人，以其足累脚山，只差一山尖，其愛妾曰，我脚何如？獻忠曰好，卽斷以作山尖。而天方夜談，載亞拉伯王每夜選一美人侍寢，天明則殺之。若由張獻忠以推，則亦不能認作寓言也。要之，根本之壞，在雄匪掠婚買婚以後，謬認女子爲男子所有之物，與器物財產等，加以謬宗教道德禮俗之征伏，成爲慣例，故殺戮任性，與雞豚等，女子稍有智識，不根本推翻片面之道德，永無見天日之望，女子稍有志氣，切勿漫爲英雄崇拜，庶乎可也。至將來之應崇尙者，乃在社會科學的哲人，而決非在少數人屠之英雄矣。

張獻忠

亞拉伯王

第三節　雄匪慘殺案表

甲　元史之雄匪逼姦殺女案表

甲元史列女傳之雄匪逼姦殺女案

王氏	自焚死	王氏杜氏	殺死
王安哥	投淵死	青田徐氏	救父罵賊吟詩投水死
偃師貴哥	自經死	松陽王氏	賊刳腸而死
龍溪蔡三玉	投江死	富州陳淑真	鼓琴絃絕被射死
張氏	自殺	富州夏婉常	挾女投井死
龍泉湯婍姊妹	雄匪殺其父母以頭觸刃面死	也先玉蓮	被殺死
嚴州童氏	以身蔽姑斷兩臂死	陵州呂寡婦	赴井死
高郵張氏	投水死	又　劉氏等七口	赴井死
又　高氏	以足布自縊死	濟南蕭女士	縊死

汴梁李氏	闔門三百口俱死
許州李順兒	自經死
紹興淑靖	抱幼女投河死
杭州朱氏	母女俱縊死
又　蔡氏及乳母湯氏	抱童皆縊死
冀甯中氏	恐害夫投井死
天台徐氏	投井死
石梁陳氏	投江死
房山李氏	自殺
順州進士妻劉氏	罵賊斷舌死
山陰潘氏	火死
諸暨蔡氏	投沸鑊死
遂陽許氏姊妹	被殺死
龍泉何氏	母女子投崖死
龍興劉氏全家及婢	四人同縊死
茶陵曹氏及妾	自頸死
周女	被殺
瑞州袁氏	逼娶縊死
台州陶宗媛三人	被殺或赴水
大同張氏	婦姑罵賊被殺手縚不捨

宋氏母女　投井死	大都趙氏全家　十三人赴井死
太原齊氏一家七女　投巖死	以上偶舉一例，實則此等事例不可勝數也，下舉今世雄匪例萬之一。
磁州安氏與妾　井死	

乙　湖南近年雄匪慘殺表

乙　湖南之匪刑　十五年五月二十三晉陽日報

湖南多匪，匪輒出擄人，索贖不得，則施毒刑，其慘無比，匪謂被擄之人曰『羊吊，』羊至寨無錢取贖，則施以下列各刑。

(一)『旱喫筍炒肉』法將羊裸臥索架上，以竹枝竹皮飽打。

(二)『宵夜喫清酒』法將羊於雪夜，以冷水淋其背。

(三)『臥高牀鋪』法以荆棘作篷，使羊裸臥。

(四)『臥矮牀鋪』法以羊繫糞窖木槭上。

(五)『羊彈琴』法以線上穿羊鼻下繫腎陰莖，令羊面壁，壁上穿孔，使兩端之線牽過隔壁，時以竹皮彈之。

（六）『吹牛皮』法將雞食袋裝入所獲婦女陰戶，以管吹漲，令溺不得出。

（七）『要錢解鎖』法於婦女陰門，橫穿一孔，用一精巧小鎖鎖住，縱之歸家，勒索重賓，取得鑰匙，方能開鎖。

（八）『炒羊肝』將無錢瘦羊洗剝，用刀剖胸，在背部猛踢一脚，心肝暴出，即炒而食之。甚至作成臘品，懸掛壁上，並釘懸手足，標列姓名，以警羣羊云。

按觀此而不動情謀銷化雄匪者，非人類也。實則今到處皆是，何止湖南？

第四節　雄匪之窮途與覺悟

雄匪李密之卑劣手段

唐李密傳儻饒勇數十人，衣婦人服，藏刀裙下，詐爲婢女，入桃林，據其城，掠畜產趣南山以叛，又非州游記，土人害人者，亦着婦人服，伏籬下。

按可見『雄匪』爲惡無所不至，尤可惡者，計窮時，乃出劣卑手段，而裝作女人，以肆其毒計，亦可憐而無恥矣。

嚴氏與周行逢不合作

馬援天良發現

劉秀於柔道之覺悟

五代史楚世家周行逢好殺戮，民過無大小皆死。夫人嚴氏諫曰，人有善惡何一概殺之乎？行逢怒曰此外事，婦人何知？嚴氏遂營居家田以老，時衣青裙，押佃戶送租入城，行逢强邀之，卒無留意。按雄閥之惡暴，有人心之婦女，卽不與合作，乃模範女子也。

後漢書五十四馬援傳曰吾從弟少游，常哀吾慷慨多大志，曰士生一世，但取衣食裁足，乘下澤車，御款段緩也馬，爲郡掾吏，守墳墓，鄉里稱善人斯可矣，致求盈餘，但自苦耳！當吾在浪泊西里間，虜未滅時，下潦上霧，毒氣熏蒸，但視飛鳶，跕跕墮水中，臥念少游平生時語，何可得也？

按余坤乾觀有詩云，馬援感飛鳶。始念少游言。蓋「雄匪」害女皆由誇大狂，若非真從大慈悲心發願救世者，而忘想誇大狂，皆是貪嗔殺業耳。所以馬援至無辦法時，棄其妄想，亦雄匪天良發現，可算悔過證書也。倘嫌女子無大志，真無慚愧哉。

漢光武十六年冬，祠舊宅親田廬，置酒作樂，賞賜，時宗室諸母因酣悅，相與語曰，『文叔少時謹信，與人不款曲，惟直柔耳。今乃能如此。帝聞之大笑曰，『吾理天下，亦欲以柔道行之。』

按劉秀尙雄匪中之有良心者，所以還講柔道，以報諸母也。

第五節　女界對于雄殺之咀咒聲

蔡琰悲憤詩

蔡琰悲憤詩一首

後漢書蔡琰字文姬邕之女，博學有才辯，適衛仲道，夫亡無子，亂爲胡騎所獲，沒于南匈奴在胡十二年，生二子，曹操痛邕無嗣以金贖之，重嫁董祀，追懷悲憤而作。

漢季失權柄，董卓亂天常。志欲圖篡弑，先害諸賢良。逼迫遷舊邦，擁主以自彊。海內與義師，欲共討不祥，卓衆來東下，金甲耀日光。平土人脆弱，來兵皆胡羌。獵野圍城邑，所向悉破亡。斬截一作馘無子遺，尸骸相反穿直庚拒，馬邊縣男頭，馬後載婦女。長驅西入關，迥路險且阻。還顧邈冥冥，肝脾爲爛腐。所略有萬計，不得令屯聚。或有骨肉俱，欲言不敢語。失意幾微間，輒言「斃降虜要當以亭刃，我曹不活汝。」豈復惜性命？不堪其詈罵。或便加棰杖，毒痛參并下。旦則號泣行，夜則悲吟坐。欲死不能得，欲生無一可。彼蒼者何辜?乃遭此戹禍。　邊荒與華異，人俗少義理。處所多霜雪，胡風春夏起。翩翩吹我衣，肅肅入我耳。感時念父母，哀歎無窮已。有客從外來，聞之常歡喜。迎問其消息，輒復非鄉里。邂逅徼時願，骨肉來迎已。己得自解免，當復棄兒子。　天屬綴人心，念別無會期。存亡永乖隔，不忍與之辭。兒前抱我頸，問母「欲何之?人言母當去，豈復有還時。阿母常仁惻，今何更不慈?我尚未成人，奈何不顧思。」見此崩五內，恍惚生狂癡。號泣手撫摩，當發復回疑。　兼有同時輩，相送告離別。慕我獨得歸，哀叫聲摧裂。馬爲立踟躕，車爲不轉轍。觀者皆歔欷，行路亦嗚咽。　去去割情戀，遄征日遐邁!悠悠三千里，何時復交會?念我出腹子，胸臆爲摧敗。既至家人盡，又復無中外。城郭爲山林，庭宇生荊艾。白骨不知誰，縱橫莫覆蓋。出門無人聲，豺狼號且吠。煢煢對孤景，怛咤糜肝肺，登高遠眺望，魂神忽飛逝。奄若壽命盡，旁人相寬大。爲復彊視息，雖生何聊賴?託命於新人，竭心自勗厲。流離成鄙賤，常恐復捐廢。人生幾何時?懷憂終年歲。

又蔡琰胡笳十八拍

又胡女笳十八拍之悲哀

我生之初尙無爲，我生之後漢祚衰。天不仁兮降亂離，地不仁兮使我逢此時。干戈日尋兮道路危，民卒流亡兮共哀悲。煙塵蔽野兮胡虜盛，志意乖兮節義虧。對殊俗兮非我宜，遭惡辱兮當告誰？笳一會兮琴一拍，心憤怨兮無人知。

戎羯逼我兮爲室家，將我行兮向天涯。雲山萬重兮歸路遐，疾風千里兮揚塵沙。人多暴猛兮如虺蛇，控弦被甲兮爲驕奢。兩拍張絃兮絃欲絕，志摧心折兮自悲嗟。

越漢國兮入胡城，亡家失身兮不如無生。氈裘爲裳兮骨肉震驚，羯羶爲味兮枉遏我情。鞞鼓喧兮從夜達明，胡風浩浩兮暗塞營。傷今感昔兮三拍成，銜悲畜恨兮何時平。

無日無夜兮不思我鄉土，稟氣含生兮莫過我最苦。天災國亂兮人無主，唯我薄命兮沒戎虜。殊俗心異兮身難處，嗜欲不同兮誰可與語。尋思涉歷兮多艱阻，四拍成兮益悽楚。

雁南征兮欲寄邊聲，雁北歸兮爲得漢音。雁飛高兮邈難尋，空斷腸兮思愔愔。攢眉向月兮撫雅琴，五拍泠泠兮意彌深。

冰霜凜凜兮身苦寒，饑對肉酪兮不能餐。夜聞隴水兮聲嗚咽，朝見長城兮路杳漫。追思往日兮行李難。六拍悲來兮欲罷彈。

日暮風悲兮邊聲四起，不知愁心兮說向誰是。原野蕭條兮烽戍萬里，俗賤老弱兮少壯爲美。逐有水草兮安家葺壘，牛羊滿野兮聚如蜂蟻。草盡水竭兮羊馬皆徙，七拍流恨兮惡居於此。

爲天有眼兮，何不見我獨漂流？爲神有靈兮，何事處我天南海北頭？我不負天兮，何配我殊匹？我不負神兮，神何殛我越荒州？製兹八拍兮擬俳優，何知曲成兮心轉愁？

天無涯兮地無邊，我心愁兮亦復然。生倏忽兮如白駒之過隙然。不得歡樂兮，當我之盛年。怨兮欲問天，天蒼蒼兮上無緣。舉頭仰望兮空雲煙。九拍懷情兮誰與傳？

城頭烽火不曾滅，疆場征戰何時歇？殺氣朝朝衝塞門，胡風夜夜吹邊月。故鄉隔兮音塵絕，哭無聲兮氣將咽。一生辛苦兮緣離別。十拍悲深兮淚成血。

我非貪生而惡死，不能捐身兮心有以。生仍冀得兮歸桑梓，死當埋骨兮長已矣。日居月諸兮（一作日月兮諸居）在戎壘，胡人寵我兮有二子。鞠之育之兮不羞恥，愍之念之兮生長邊鄙，十有一拍兮因茲起，哀響纏綿兮徹心髓。

東風應律兮暖氣多，知是漢家天子兮布陽和。羌胡踏舞兮共謳歌，兩國交懽兮罷兵戈。忽遇漢使兮稱近詔，遺千金兮贖妾身，喜得生還兮逢聖君，嗟別稚子兮會無因。十有二拍兮哀樂均，去住兩情兮難具陳。

不謂殘生兮却得旋歸，撫抱胡兒兮泣下沾衣。漢使迎我兮四牡騑騑，號失聲兮誰得知。與我生死兮逢此時，愁爲子兮日無光輝，焉得羽翼兮將汝歸？一步一遠兮足難移，魂消影絕兮恩愛遺。十有三拍兮絃急調悲，肝腸攪刺兮人莫我知。

身歸國兮兒莫知，隨心懸懸兮長知饑。四時萬物兮有盛衰，唯我愁苦兮不暫移。山高地闊兮見汝無期，更深夜闌兮夢汝來斯。夢中執手兮一喜一悲，覺後痛吾心兮無休歇時。十有四拍兮涕淚交垂，河水東流兮心是思。

十五拍兮節調促，氣塡胸兮誰識曲。處穹廬兮偶殊俗，願得歸來兮天從欲。再還漢國兮懽心足。心有懷兮愁轉深，日月無私兮曾不照臨。子母分離兮意難任，同天隔越兮如參商。生死不相知兮何處尋？

十六拍。兮。思。茫。茫。我與。兒。兮。各。一。方。日東月西兮徒相望，不得相隨兮空斷腸。對萱草兮憂不忘，彈鳴琴兮情何傷？今別子兮歸故鄉，舊怨平兮新怨長。泣血仰頭兮訴蒼蒼，胡爲生兮獨罹此殃？

十七。拍。兮。心。鼻。酸。關。山。阻。脩。兮。行。路。難。去時懷土兮心無緒，來時別兒兮思漫漫。塞上黃蒿兮枝枯葉乾，沙場白骨兮刀痕箭瘢。風霜凜凜兮春夏寒，人馬饑尫兮筋力單。豈知重得兮入長安？歎息欲絕兮淚闌干。

胡笳本自出胡中，緣琴翻出音律同，十八。拍。兮。曲。雖。終。響。有。餘。兮。思。無。窮。是知絲竹微妙兮，均造化之功。哀樂各隨人心，兮有變則通。胡與漢兮異域殊風，天與地隔兮子西母東。苦。我。怨。氣。兮。浩。於。長。空。六合雖廣兮受之應不容。

按以上兩篇，足爲一切世界詛咒雄匪之代表詞，不知雄匪讀之有慚愧心否？又杜

附杜甫男惡詩

則杜甫興車行「信是生男惡，反是生女好，生女猶得嫁比鄰，生男埋沒隨百草，」老亦是看破雄性罪惡哲人也。

天下泰平書卷六終

蘇氏蕙若蘭織錦迴文璇璣圖

The only great Poetess of the world Mrs Shuwhy. China

琴清流楚激絃商秦曲發聲悲摧藏音和詠思惟空堂心憂增慕懷慘傷仁
房廊東步階西遊王姿淑窕窈伯召南周風興自后妃荒經離所懷嘆嗟智
蘭休桃林陰翳桑懷歸思廣河女衛鄭楚樊厲節中闈淫遐曠路傷中情懷
凋翔飛燕巢雙鳩士迤逶路遐志詠歌長歎不能奮飛妄清幃房君無家德
茂流泉清水激揚思眄其人碩興齊商雙發歌我袞衣想華飾容朗鏡明聖
熙長君思悲好仇舊蕤葳粲翠榮曜流華觀冶容為誰感英曜珠光紛葩虞
陽愁歎發容摧傷鄉悲情我感商清徵宮羽同聲相追所多思感誰為榮唐
春方殊離仁君榮身苦惟艱生患多殷憂纏情將如何欽蒼穹誓終篤志貞
牆鴛心濱均深身加懷幽是嬰藻文繁虎龍甯自感思岑形熒城榮明庭妙
面伯改漢物日我兼思何漫漫榮曜華彫旂孜孜傷情幽未猶傾苟難闈顯
殊在者之品潤乎愁苦艱是丁麗壯觀飾容側君在時巖在炎在不受亂華
意誠惑步育浸集悴我生何冤充顏曜繡衣夢想勞形峻慎盛戒義消作重
感故暱飄施愆殃少章時桑詩端無始始詩仁顏貞寒嵯深興后姬原人榮
故遺親飄生思愆精徽盛翳風比平終璇情賢喪物歲峨慮漸孽班禍讒章
新舊聞離天罪辜神恨昭感興作蘇心璣明別改知識深微至嬖女因佞臣
霜廢遠微地積何遐徵業孟鹿麗氏詩圖顯行華終彫淵察大趙婕所奸賢
冰故離隔德怨因幽玄傾宣鳴辭理興義怨士容始松重遠伐氏好恃凶惟
齊君殊喬貫其備遠悼思傷懷日往感年衰念是咎悠涯禍用飛辭恣害聖
潔子我木乎根嘗曠歎永感悲思憂遠勞情誰為獨居經在昭燕輦極我配
志惟同誰均難苦離戚戚情哀慕歲殊歎時賤女懷歎網防丹實漢驕忠英
清新衾陰勻尋辛鳳知我者誰世異浮奇傾鄙賤何如羅萌青生成盈貞皇
純貞志一專所當麟沙流頹遊異浮沉華英翳曜潛陽林西昭景薄榆桑倫
望徽粹感通明神龍馳若然倏逝惟時年殊白日西穆滋愚讒漫頑凶匹
誰雲浮寄身輕飛昭翩不盈無倏必盛有衰無日不陵蒙謙退休孝慈離
思輝光飾粲殊文德離患體一達心意志殊憤激何麗疑危遠家和雍飄
想羣離散妾孤遺懷儀容仰俯榮華麗飭身將與誰衛容節敦貞淑思浮
懷悲哀聲殊乘分聖貲何情憂感惟哀忘節上通神禮持所貞記自恭江
所春傷應翔惟歸皇辭成者作體下遺葑菲采者無差從是敬孝為基湘
親剛柔有女為賤人房憂處己憫微身長路悲曠感士民梁山殊塞隔河津

She wrote a love poem in which she used 841 words only.

there could be read in 3800 different verses.

☷☰天下太平書卷七

不殺人 不用

天養館叢書甲部之四

下邳劉仁航靈花著

歷代婦女與文學序

中國文化所以局促不能發達之根本原因，歸罪於固守黃河北部狹義的老教訓，老風俗，老遺傳性。歷代梟雄，利用北部「衽金革死而不厭」之習，以保護老乾黃河三千年年之老話頭，老格言，推廣於二十三省，以奴其民。故文化不能發達，性情受其禁錮，而使人類不得自由發表其性靈，而惟一崇拜於三千年前死人話頭，所謂古典者；列文苑於儒林以外，因文苑有自由之性靈也。楊墨莊騷四家，皆可爲文化主，合而用之，如余主楊體，墨用，莊理，騷情上也。不然，即屈原亦可爲文化主；蓋其美政憲法，「竦長劍擁幼艾」之精神，直可與希拉三哲美愛哲俠主義並立，過於儒家硜硜者遠矣。

讀者須知，吾所以擁護屈宋騷壇以代儒席者，自有故，因今當美藝時代，須以美藝人生爲化主也。以屈之美哲俠爲今代主，則美藝可興，而女化亦得伸，不墮入腐學之窟矣。不信吾言，試觀自宋道學玄窟興盛以後，男盡爲異族奴隸，女盡爲妾，無復女俠出世可証也。噫！吾習宋學久，尙不覺其害，直至編本書，乃悟僞學之害於人道國運文學至如此極也。哀哉！痛哉！吾願爲文化家告者，若欲爭人道自由，非從爭以屈子美哲俠爲二十世紀文化主不可；不然，天下才人哲士美人，一齊被僞道學僞宗敎焚琴煑鶴，而烹食以盡，一如印度焚寡婦然，且無一弔客也。

第一章　孔子與楚女

韓詩外傳孔子南遊於楚，至於阿谷之隧，有處子佩瑱而浣者。孔子曰：「彼婦人，其可與言矣乎？」抽觴以授子貢曰：「善爲之辭，以觀其語。」子貢曰：「吾北部之人也，將南之楚，逢天之暑，思心潭潭，願乞一飲以表我之心。」對曰：「阿谷之隧，隱曲之氾，其水載清載濁，欲飲則飲，何問婦人乎？」受觴促流而挹之，置之沙上，子貢以告，孔子抽琴去軫，以授子貢曰：「善爲之辭，以觀其語。」子貢曰：「嚮子之言，和暢我心，于此有琴而無軫，願借子以調其音。」對曰：「我野鄙之人也，僻陋而無心，五音不知，安能調琴？」子貢以告孔子，孔子曰：「丘知之矣。」抽絺紘五兩，以授子貢曰：「於此有絺紘五兩，不敢以當子身，敢置之水浦。」對曰：「客行差乖，棄財野鄙，吾年甚少，何敢受子？子不早去，竊有狂夫守之者矣。」詩曰：「南有喬木，不可休息；漢有游女，不可求思。」此之謂也。」

楚辭注：「孔子出遊，過於客舍，有女方採桑，一心不視，喜其貞信，故以自侍。」按孔子此事有無，本不可必，不過孔爲固守之北方人，或者一游漢廣而受南方男女哲人自由化與？觀楚狂接輿與孔子可知也。

女嬃乃屈子哲學之情友

嬃屈乃達觀悲觀兩代表

全騷美人芳草皆嬃之背景

第二章　屈原派之女性文學

第一節　騷之女性美

王逸離騷章句「靈修美人以媲君；宓妃佚女以配賢臣；虬龍鸞鳳以託君子。」

離騷曰：「女嬃（音須。注：蓋欲原爲寗武子之愚，不爲史魚之直耳。）之嬋媛兮，申申其詈予。曰「鮌婞直以亡身兮，終然殀乎羽之野。汝何博謇而好修兮，紛獨有此姱節。」

水經注三十一：「江水東過姊歸縣南，（注袁山松曰：屈原有賢姊，聞原放逐，亦來歸，喻令自寬，全鄉人冀其見從，因名曰秭歸。即離騷所謂『女嬃嬋媛以詈余』也。）縣城南臨大江，曰劉備城。城東北數十里，有屈原舊田宅，曰屈田。縣北百六十里，有屈原故宅，累石爲室基，宅東北六十里有女嬃廟，擣衣石，猶存。故宜都記曰『秭歸，屈原鄉里也。田宅今具存云』」

按余因久讀騷，始於前後文發現女嬃定是一女哲人，而屈子之情友，決非其胞姊也。其前後宓妃，有娀二姚，皆嬃之背影化身，乃全騷之靈魂也。蓋嬃曾以超世眼光勸屈，而屈不能悟，故於世出世法，熱心厭世二觀，初尚內外交戰。嬃爲達觀派，屈爲悲觀派，即謂其爲嬃而賦離騷，亦無不可。至後終歸於厭世，然對於嬃之達觀仍甚尊重，而各自幹各自去，要之女嬃在屈子情想中，占勢力甚大，故其人生哲學上反覆不能忘耳。若認作其胞姊，一篇離騷便索然。

『忽反顧以流涕兮，忘高邱之無女。（神女也）溘吾遊此春宮兮，折瓊枝以繼佩。及榮華之未落兮，相下女之可詒。（今日本名侍女爲下女本此）吾令豐龍乘雲兮，求宓妃之所在。（神女也或曰伏羲氏之女也）解佩（帶也）纕以結言兮，吾令蹇修以爲理。（第一求女）……覽相觀於四極兮，周流乎天，余乃下。望瑤臺之偃蹇兮，（高貌）見有娀之佚（美也音逸）女。……鳳皇既受詒兮，恐高辛之先我。（第二求女）欲集而無所止兮，聊浮游以逍遙，及少康之未家兮，留有虞之二姚。』（第三求女）

湘君云：『女嬋媛（牽引也）兮，爲余太息。……心不同兮媒勞，恩不甚兮輕絕。……捐余玦兮江中，遺余佩兮澧浦，采芳洲兮杜若，將以遺兮下女。』

湘君，（注堯女，二妃，舜陟方從舜南征，舜死蒼梧，二妃死湘洞庭間爲水神云，各書所傳甚多）

湘夫人云：『帝子（堯女也）降兮北渚，目眇眇兮愁予，嫋嫋兮秋風。洞庭波兮木葉下。白蘋兮騁望。與佳期兮，夕張。……沅有茝兮，澧有蘭，思公子兮，未敢言。（注：佳謂湘君。茝音止。公子湘君也。注二女雖死猶思其神。）

荒忽兮遠望，觀流水兮潺湲。……聞佳人兮召余，將騰駕兮偕逝，捐余袂兮水中，遺余褋（褋，禪襦也，親之也）兮澧浦。搴汀洲兮杜若，將以遺兮遠者。時不可兮驟得，聊逍遙兮容與。」

大司命篇云：「君回翔兮以下，踰空桑兮從女。……壹陰兮壹陽，衆莫知兮余所爲。……結桂枝兮延佇，羌愈思兮愁人。……」

少司命云：「滿堂兮美人，忽獨與余兮目成，……悲莫悲兮生別離，樂莫樂兮新相知。（注：天下之樂莫大於男女始相知時也。）……望美人兮未來，臨風怳兮浩歌。……竦長劍兮擁幼艾，蓀獨宜兮爲民正。」

東君云：「美聲色兮娛人，觀者憺（安也）兮忘歸。」

河伯云：「子交手兮東行，送美人兮南浦。」（注：「送君南浦」本此。）

山鬼云：「若有人兮山之阿，被薜荔兮帶女蘿，既含睇兮又宜笑，子慕予兮善窈窕。」

禮魂云：成禮兮會鼓，傳芭（香草）兮代舞；姱（好貌）女倡兮容與，春蘭兮秋菊，長無絕兮終古。

思美人云：「思美人兮，擥涕而竚眙。媒絕路阻兮，言不可結而詒。」

騷勝於六經

楊肉墨骨莊腦騷魂

嬃屈乃文壇教主

屈子本有創作才，欲創一美政主義，藉南方芳草美人之環境，而造成一女化美化，若希拉之自由國。且漢廣女哲足以資助之；迴異吾黃河北方錮俗，（出長城又自由最錮者淮以北長城以內）乾燥無味，男女交際不自由。止造成虎狠雄性世界。試觀荀子蠶賦，亦欲創作，而毫無值價，便知北文之劣，屈子主義雖未見施行，然能創造中國騷體文運，爲文壇教主。「騷繼六經」一本是腐談，六經質俚無文，豈足與騷并論？惜乎陋俗輕文藝，眞性靈之價值，而用壓制式之聖經，以錮蔽哲美藝文心思，則謬宗教，僞道德，舊倫理，爲之也。故余新估定中國文化，爲『楊體，墨用，莊理，騷情』。又曰：『楊肉，墨骨，莊腦，騷魂』。而以屈之芳香俠烈，爲模範哲俠，以掃俗陋之眼，以騷經代六經，成美化，僅列入狹小文學範圍者不同也。至於文藝，首表性靈，歌咏性情，第一在發表男女性情之自然，調和人生之趣味，與北方地理物產乾燥，但假雄匪禮教之名，用暴力征服人者大不同。故屈子女嬃實中國騷壇教主也。若詩文中去性情之美，則「焚琴煮鶴」，如朝衣冠，叱道而玩山水，味同嚼爔矣。韓詩所以無價值，正坐此病也。至余在二十世紀，主吾大中花國，應以屈子之美俠哲人，爲今美化時代化主，有吾「美政主義」一文，曾登四民自治報特刊之屈原殉國號中。今列於下：

第二節　屈原自殺節之悲哀與其美政主義

一　敍論

五月五日。爲楚人愛國者屈原自沉汨羅江而死之日。今全國食粽之風。因人哀原之死。以黍米作三角形。投江以飼魚鼈免食屈原之尸也。後人作粽。不復飼魚。用以自食。失本意矣。夫一事傳流。久而失眞。吾人今方過節祝賀。以之促膝爲歡。飲食歌舞。安知彼亡國恨人。當時滿腔熱血。天上地下。無可容身。至於以父母所生之身。「自沉江流。葬於淵魚腹中。」未死之前。當有如何之哀號悲傷憂憤慨嘆耶？將死未死之際。對於宇宙人生。家族國家。種種觀念。應有如何之問題感想耶？我輩一切久而善忘。忽落過去。但知過端午食糖粽而已。此等心理。太與小兒見解一致矣。如此生死之故。天人之感。亡國破家之痛。不値一澈底研究沈吟而反覆也乎？心力亦太薄弱哉。

二　自殺較被殺爲尤難

夫世上名人之死，若耶蘇上十字架於猶太。蘇克雷地飲藥於雅典。彼皆有聖人之資。而世所傳爲最大悲劇。足使後人觀感傷懷。涕下沾襟。發人以無窮之深思遠念者也。但耶蘇蘇克雷地乃是爲人迫殺。尚非自殺。自殺之毅力較大於爲人所殺。試一思之。人有一分路。決不至於自殺。自殺者天下至痛之事。達於極點者也。試就屈原自殺之事。以考其宇宙人生觀。則覺中含有絕大一問題。決不亞於西方之耶蘇與蘇格雷地。何以故。耶蘇者宗教之人物也。其死爲宗教。蘇雷地底。哲學理想國之人物也。其死爲哲學理想國。世傳盧梭之死。亦是自殺。則亦是爲爭自由，反古代之樸。而屈原之自殺。決非泛泛心力薄弱者可比。試觀其二十五篇之作。爲東方文壇鼻祖。其芳草美人。沈吟哀艷。讀之使千古有心人無不下涕。願爲之死。絕非六經質朴之文可比。故文祖屈原之死。在文學歷史上之大憾。猶之林黛玉之死。爲男女一大遺憾。讀楚騷者之對於屈原。恰乎如讀紅樓夢者之對於林黛玉也。騷壇之悲劇爲人生大懸案者。莫若屈子。

小說兩性悲劇。爲人生一大懸案者。莫若湘妃。才子佳人同一薄命。此眞千古一轍。又較耶蘇蘇克雷地之爲人迫殺者。更增人哀感矣。

三　千古才子之同情

嗚呼。屈子以彼其才，其情，其性，其志，均非短命者，而竟至自殺。吾人對此應有如何之同情耶？其徒則宋玉景差。觀其徒之文采芳菲。悲秋招魂。更可想見其師必多情之人。如此多情之人，而竟至自殺。然則天下人何必有情耶？吾輩自度吾之多情多才。至少恐較屈原爲遜。彼尙不戀世間。然則吾何爲苟生於此有如何興趣耶？孟子云。誦其詩。讀其書。不知其人可乎？吾知其人，悲其人，更自悲也。于是有一問題浮於心曰。屈靈均者。何爲自殺乎。問天乎？卜人乎？辭别親故乎。其自殺以前。有若何反覆百思。乃出此最後之手段，以謝天地父母親故，并以了自己之人生觀耶？情性才美，如屈子者尙如此。然此我又當如何耶？人生果何物耶？此問題。尙不值澈底一審查耶？吾於是不能不於「屈原自殺一問題。」反覆研究矣。屈原人也。吾亦人也。屈子大抵爲文人之多情多恨者。吾輩蓋有同病相憐。心理學上同情聯想。出乎自然。非勉强也。屈子窮。吾亦窮。屈子哀歌。吾亦哀歌。屈子悲宗國。吾亦悲宗國。屈子問天。吾亦不能不屢起問天之想。屈子思古人。沈吟反覆於霸王帝皇君臣遇合之故。吾亦不能不上述三代。下徵今世，以決國家社會之何從。屈子述神仙鬼神荒誕之說。以自遣懷。吾人亦時爲玄想諸天以外荒談以娛神騁魂焉。屈原玩芳草友鸞鳳。以託孤志。吾人亦玩花鳥自然以遣心情。屈原篇中時時引美人以自慰，一脫塵腐間人世之藩籬。吾人亦誰不願自由伴侶。「遊九河而沐咸池」乎？諒哉。一部楚騷，處處無不先得我心。眞與吾人有十分之同情。豈偶然乎？眞良友也。美伴侶也。然而結果。忽然屈子以一死終。此眞吾人所不及料。彼以處處與吾人同情者而竟捨我輩以去。彷彿彼之吟咏聲響。猶時縈吾輩魂夢。與吾輩同遊同寢賞花玩月。而彼忽然與我分別永訣。恰如從我魂上割去一大部分。然則我輩之共痛爲何如耶？悲哀爲何如耶？此非勉强而直接感受者也。是故古人或對離騷跪讀至三萬遍。又詩云。痛飲讀離騷。以此思哀。哀可知哉。嗚呼。離騷者猶離憂也。屈子屈子。汝爲騷壇之祖。今竟如此。吾輩騷徒。應如何自慰耶？汝爲吾黨之霸王。高唱垓下之歌。汝爲吾黨之田橫。寧死不降。汝爲文神之教主。乃竟悲哀短命乎！嗚呼。文章無靈耶。不能改造天地耶？文章無靈耶？不能敵龜策耶？「文章憎命達。魑魅喜人過。」老杜哀歌。汝之千古同調哉！嗚呼。屈子屈子。文人若是不祥乎！抑尙有宇宙人生社會問題。懸案未解決者。而君先爲此問題而犧牲也噫！

四　個人自決與社會問題

吾知之矣。非文之不祥。文之無靈。而全部社會問題有待於解決。非但文之責也。屈原者。實爲社會問題而犧牲。猶之乎林黛玉爲兩性問題而犧牲也。其自殺也。非個人問題。而人羣全體之代表也。故欲澈底解決。非澈底解決人羣問題不可。否則但讀其文。不知其文中所含之物。則作者眞竊殺矣。吾今乃知屈原之所以死者無他。因世間有國界故也。有國家組織故也。彼釋迦太子者，且逃國而視此身爲毒蛇。若彼者何國之足戀。然吾人類生在國界未去之先。一日有國。則吾人生命利害係焉。一日未至大同。

克翁之互助主義。尙未全打倒國界之時。政府尙存在之日。人皆有國家我獨無。則人樂而我苦。人優而我劣。人自由而我奴隸也。人天驕而我犬馬狗彘雞豚也。則不能離國而獨立。不得不從事於禦外侮而持有抵抗主義者也。故對於屈原自殺案有二解決法。

一，爲宇宙人生問題。　二，爲國政問題。

世人但知屈原爲文人。爲騷人。爲悲觀憤悼之士。罕知其政治全體哲學。要之。向來只有此一問題。留在歷史上。作人心一懸案。究竟屈子全部文章之內容。世或未之詳察也。今試略考其文之內容。

五　屈子之美政主義

我向來提倡樂天主義。Optimism 不喜厭世與悲觀派 Pessimism 所以我最不喜杜甫詩與楚辭。但自讀克魯泡金之 Russian literature Ideas and Realities 俄國文學理想與實際。據其序中所言。歐西人士。一讀俄國文學。即將其樂觀，變成悲觀。此種感想。誠然不誤。俄國文學。誠激動悲哀之文學。雖然。如俄國詩家。小說家。若Push-kin, Gogol, Tchehoff 普西金高果爾柴鶴甫等諸人少年之作。皆純然爲樂天派文藝。但以後則變成悲觀。而樂觀不可復見矣。Whose first productions were full of the joys of youth gladness soon disappeared, and sadness took its place 由此言之。詩以道性情。誠於中。形於外。悲者不可以强言爲歡。猶樂者不可以轉歌爲哭。由境生情。勢之自然。故樂記曰。聲音之道。與政通矣。治世之音安以樂。其政和。亂世之音怨以怒。其政乖。亡國之音哀以思。其民困。屈原杜甫生於憂患之中。輾轉流離。嗷嗷哀鳴。亦等於文天祥史可法憂憤絕命之詞。蔡文姬胡笳十八拍，哀惋之作。憂從中來。不可斷絕。情動於中。不能已於言也。且反覆沉吟。長言嗟嘆。而不能自已。誠者不可以僞爲故也。雖然若謂屈原，爲根本悲觀之人。決定不然。由何知之。於克翁評論俄國文學家少年之作。皆爲完全樂觀知之。於楚辭本文。隨地可證明之。我幼讀楚辭。棄去已久。近從儲皖峯處借得。無意展讀。乃得佳境。抽出數條。以質諸讀者。而其動機全由讀離騷句之末「美政」二字。須知屈子之所以能留此偉大之悲觀紀念于千秋下者。以彼內容有「美」之哲學與「政」之抱負。思以易天下。不得其用。心力一轉。由政治問題轉向宇宙人生問題，由美感移爲苦感，由樂觀變爲悲觀，此非萬法惟心造之例，而情由環境移之例也。今試先就二十五篇本文所用美字。以證明屈子前半生之美生觀。

離騷開首第七句即曰：紛吾既有此內美兮！其後則曰：恐美人之遲暮。好蔽美而嫉妬，兩美其必合兮！孰求美而釋女。豈珵美之能當？委厥美以從俗兮！委厥美而歷茲亂曰。既莫足與爲美政兮！吾將從彭咸之所居。（彭咸殷賢大夫，諫君不聽，自投水而死，蓋吾國自殺之俗由來久矣。）

以上美字凡九見。尙有二處義異，故不列。可知屈原之以內美始，美政終。內聖外王，如人食蜜，中邊皆甜。屈子前半生實以內美爲體，美政爲用。乃吾東方大美學家，遙與希臘相望。以情性之芳流爲文字之美，乃其餘事，非偶然也。茲再舉之：

湘君美要眇兮！宜修。少司命夫人自有兮美子。哀郢憎慍惀之修美，美超遠而踰邁。抽思矯以遺夫美人，願蓀美之可完，與美人之抽思思美人篇曰思美人兮擥涕而竚眙。媒絕路阻兮。惜往日雖有西施之美容兮。

其他美字尙數，惟義稍異耳。要之。屈原之精神。純在於美。屈子精神物質內外二面。純以美爲中心。可斷言也。試分舉之。

一，遺傳之美。　離騷開首帝高陽之苗裔兮。朕皇考曰伯庸。

二，生辰之美。　攝提貞于孟陬兮。惟庚寅吾以降。此美中更表「善」意。貞者正也。先天性善也。與東皇太一吉日兮晨良同含美意。

三，名字之美。　皇覽揆予初度兮。肇錫予以嘉名。名余曰正則兮。字余曰靈均。傳稱屈原名平。蓋全是吉祥取義矣。印度風俗最重取名。故佛典每一菩薩名。即發揮一法門妙諦。故正名爲一大要事。所謂里名勝母，曾子不入。邑號朝歌，墨子回車。渴不飲盜泉水。吾中國素重此風也。

四，內外體用俱備之美。 紛吾旣有此內美兮。又重之以修能。內美。形上哲學修養。如儒家養性。印度所謂內明。修能者。學問技藝也。

五，政學才文之美。 屈原傳。稱屈原博聞彊志明於治亂，嫻于辭令。入則與王共議國事。以出號令。出則接遇賓客。應對諸侯。王甚任之。王使屈原造爲憲令。屈平屬草藁，未定。上官大夫（靳尚）見而欲奪之。屈平不與。因讒之。王怒而疏屈平。又惜往日篇云。奉先功以照下兮明法度之嫌疑。國富强而法立。由此觀之。屈子不但非文人。非迂腐之道學家。乃通古今，達治理明典憲，又長外交辭令之全才。宋玉登徒子好色賦序。謂言詞輕倩學于師也。可知屈子蓋兼有德行言語政事文學各長。無美不備之天才也。假若其手造憲令存。觀其自由思想之發達。必旣平且均且正。而能靈者。于中國政學上大有關係。惜哉。

六，美政之標準。 此可于離騷中見之。不外堯舜三后之哲王。尤可見者，隨在反覆處妃二姚之故。然則可知其見堯於羹。晤舜於牆之精神。

七，音樂之美。　聞其樂而知其德。遠遊篇迎虙妃，張咸池。（堯樂）奏承雲。（黃帝樂）二女御。九韶歌。（舜樂）要之。堯舜以前乃東方公共之理想極樂世界也。

八，衣服修飾身體之美。　騷云。製芰荷以爲衣兮。集芙蓉以爲裳。高余冠之岌岌兮。長余佩之陸離。溘吾遊此春宮兮。折瓊枝以繼佩。朝濯髮於洧盤。雲中君云。浴蘭湯兮沐芳。華采衣兮若英。湘君云。桂櫂兮蘭枻。采芳洲兮杜若。少司命與女沐兮咸池。晞女髮兮陽之阿。遠遊。朝濯髮於湯谷兮。夕晞余目兮九陽。九歌及余飾之方壯兮。靈偃蹇兮姣服。東君云。青雲衣兮白霓裳。援北斗兮酌桂漿。涉江云。余幼好此奇服兮。年既老而不衰。帶長鋏之陸離兮。冠切雲之崔嵬。觀此可想像屈子丰采。當其初時翩翩一佳公子。定與李太白同一入畫人物。豈是憔悴枯槁人也？吾於此見屈子之眞面目。屈子必以我爲眞知己矣。又此外凡贊神之辭。皆可想像其自況自贊。若合諸篇。可想像一絕代佳人丹鳳祥麟。紉蘭佩芬。佛所謂內外俱潔者也。至託於多神。蓋極與希臘之多神。佛密宗之化身意義相等。均視作屈子化身說法可。其在希臘。

以精神肉體兩美合乃爲全美。屈子亦與同調也。

九，飲食乘駕之美。　騷云。朝飲木蘭之墜露兮。夕餐秋菊之落英。步余馬於蘭皋兮。馳椒丘且焉止息。（椒香草也）涉江云。駕青虬兮驂白螭。吾與重華（舜也）遊兮瑤之圃。騷云。鸞皇爲余先戒兮。吾令鳳鳥飛騰。爲余駕飛龍兮。雜瑤象（象牙）以爲車。東皇太一云。蕙肴蒸兮蘭藉。奠桂酒兮椒漿。凡言祭神者。猶尤西堂之祭詩魂。蓋以自慰。如佛說東方，西方，過去，未來佛，實皆佛之自身也。所服御之精妙芬芳，皆以自況也。大司命云。廣開兮天門。紛吾乘兮玄雲。山鬼云。乘赤豹兮從文貍。涉江。登崑崙兮食玉英。由此觀之。可以見其志矣。

十，居處遊晏朋好之美。　騷云。余既滋蘭之九畹兮。又樹蕙之百畝。（同畝）畦留夷與揭車兮。雜杜衡與芳芷。（均香草）朝發軔於蒼梧兮。夕余至乎縣圃。（此思黃帝也）吾令羲和弭節兮。吾將上下而求索。覽相觀於四極兮。周流乎天余乃下。湯禹儼而求合兮。摯（伊尹名）咎繇（皐陶名）而能調。邅吾道夫崑崙兮。路脩遠以周流。詔西皇（帝少皞也）使涉予。指西海以爲期。湘君鳥次兮屋上。水周兮堂下。湘夫人。合百草兮實庭。建芳馨兮廡門。河伯魚鱗屋兮龍堂。紫貝闕兮朱宮。乘白黿兮逐文魚。與女遊兮河之渚。由此觀之。可想見屈子上下周遊。與古先聖王哲士呼吸相通。魂夢相依。又與諸神精徵往來。不復分是一是二也。

十一，兩性自然和諧之優美。　近世自然學動植物科學發明。論政學談人性者。乃知根据於生理心理。稍有科學常識者。不復敢閉目冥談性善性惡無根之說。而當還質諸大化之自然。此我古代文化惟一大師。不能不溯自然派之老子。次則莊子。與最近克翁互助論所談人羣進化史。均根据於自然。而屈子則於二十五篇中兩性解放和諧之美。隨在儘量發揮。誠可謂漢皐哲人。於春秋時放一思想界異彩。假使屈子爲憲令。度其最後主張。必遙與拍拉圖理想國 Plato's Republic 主張男女解放東西哲人有自然之同情。試舉之。

騷云。及榮華之未落兮。相下女之可詒。（青帝侍女也）吾令豐隆乘雲兮。求虙妃（伏羲氏女溺爲河神）之所在。解佩纕以結言兮。吾令蹇修以爲理。……望瑤臺之偃蹇兮。見有娀之佚女。（帝嚳之妃契之母簡狄也）……欲遠集而無所止兮。聊浮游以逍遙。及少康之未家兮。留有虞之二姚。以上四求皆不合。故又曰，和調度以自娛兮。聊浮游以求女。湘君捐余玦兮江中。遺余佩兮澧浦。采芳洲兮杜若。將以遺兮下女。少司命滿堂兮美人。忽獨與余兮目成。入不言兮出不辭。乘回風兮載雲旂。與女遊兮九河。與余沐兮咸池。河伯與女遊兮九河。與女遊兮河之渚。（實則女字汝字古不分借女爲汝也）子交手兮東行。送美人兮南浦。特有思美人一篇。云吾將蕩志而娛樂兮，遵江夏以銷憂。此與佛說起世經。男女無礙正同。又華嚴經五十三參善財菩薩參婆須密多女正相類也。又可知子貢遊楚，漢皋解佩，當時風俗自然有此。並非奇耳。禮魂云。姱女倡兮容與。又與希臘時代。寺中所謂「神女」相類。而其徒宋玉高唐登徒之賦所祖。蓋完全江漢南方自然風俗。非黃河流域儒家荀孟狹義家法所可比也。故宋玉爲其師招魂云。二八侍宿射（厭也）遞代些。二八齊容起鄭舞些。士女雜坐亂而不分些。凡以此供養娛樂其師魂者如此。此游夏之徒所不肯爲者也。蓋北方荀孟之徒，爲狹隘之小康學派。而南方老莊楊墨屈宋皆大同學派。由此點見之矣。小康以禮爲制。大同以樂爲化也。南海康先生大同書。謂人道只求樂。大同世法非一孔陋儒可夢見。宋楚詞本並高唐諸賦而刪之。雜以漢宋人作。强名爲楚詞。狗尾續貂。眞可憐也。凡文學不帶女性，必欠優美，不耐尋味。騷人同情正賴此點。屈文多半女性態度。所以風騷壇坫也。

十二，神秘浪漫之美。　神秘如佛之秘宗及各宗教之人生觀。浪漫如拜倫 Byron 派之詩。太白之文。天馬行空。絕不受俗庸濫言支配。神秘，無論其爲多神一神，浪漫，無論其合理不合理。聊以舒遐想而快心志。一掃單調規律之桎梏。擺脫種種覊勒者也。試舉之。

遠遊云。意荒忽而流蕩兮。忽神奔而鬼怪。此等句遍見諸篇。

九歌諸神。有東皇太一。雲中君。湘君。湘夫人。大司命少司命。東君。河伯。山鬼。國殤。禮魂。諸篇。可作寓言觀。亦可作自然觀。實兼有神秘浪漫二義。而二十五篇，處處駕龍乘鳳。見神說怪。與西遊記相類。完全與希臘神話相仿。或謂神話妨害科學。則謂希臘哲人不通科學可乎？此蓋本於心理學好奇之念樂其荒誕以自調笑耳。如兒童好談鬼怪，吾人觀電影圖畫明知其假，聊以騁懷云耳。若演之則成宗教。實則一種好奇心理所表現也。凡天才之士，猶樂於窮神正此想像力發展之故。至屈子天問乃大施其浪漫狂，打破神秘至今猶爲一大問題。可見屈子之創造力，眞不小也。

十三，靈魂仙玄遺世之美。「靈魂」二字。應始於楚詞哀郢羌靈魂之欲歸兮何須臾而忘反抽思。『何靈魂之信直兮魂一夕而九逝魂識路之營營。他處每言魂夢之事，似不如北方人不注意於靈魂，所謂楚人鬼者也。而其大開仙路。輕舉飛升，萃於遠遊一篇。蓋玄道正宗。爲司馬相如大人，及郭璞遊仙詩賦等所祖。至於李太白而集其大成。李白者兼有美人之美，神仙玄談之美，之滙海也。子瞻則得玄美者尤多哉！遠遊警句曰：『悲時俗之迫阨兮願輕舉而遠遊。道可受兮而不可傳，其小無內兮其大無垠。毋滑而魂兮。彼將自然。涉江登崑崙兮食玉英！與天地兮比壽。與日月兮齊光。蓋蛻化乘虛。乘一返眞。完全爲道家玄想。足以馳騁忘念。逍遙無極而得精神之大解放者，又不僅形骸放浪而已。佛法般若宗與此甚近。可謂極玄妙之致者也。但屈子有仙玄耶魂之效。而不及於佛耳。

結論

以上略述屈子悲哀自殺之問題。而分析其美政內含之各點。知屈子之自殺殉國也。蓋有大抱負也。蓋有宇宙觀，有世界大改造目的。與毅力。不得順其樂觀之正。乃逆而爲悲觀非其本來如此也。今世界改造創造之機大啓，吾輩生當此時，當以屈子殉國之志自警勵。趨向於創造新世界，不必學其悲觀自殺，因吾生今日，憑藉科學力優厚援助，多方澈底解決人生，爲期不遠，應多從內美及美政上研究改造建設方針，與實力及步驟方法。毋庸人人自殺，空洒亡國之淚，供後人憑弔唏噓也。吾向來本崇拜李白，而不同情屈子。今乃有感而一整理之，以供青年研究，吾雖失敗，決非屈原之徒，枉葬身江魚腹中，寧當效拜侖 Byron 以文人爲將軍，助希臘獨立戰死。爲世界文化義俠自由而戰。爲青年士女留劍胆琴心，洒熱血芳香於百代也。吾願吾少年當易屈原之魂而爲拜倫，願易讀騷文者人手拜倫之詩。以創造二十世紀圓文化。

第三節　宋玉之女性文學

屈子爲美藝騷壇開山，純由於得美人芳草之助。不信試觀其徒可証。史記；「屈原死，其徒宋玉唐勒景差之徒，皆好辭，而以賦見稱。然皆祖屈原之從容辭令，終莫敢直諫。後楚日削，竟爲秦所滅。」

宋玉九辯，悲秋極哀惋悽爲，愴悲秋文人所祖。然自招魂以下，高至唐神女諸賦，皆含女性文學。招魂有云：『魂兮歸來，還故居些！…… 蘭膏明燭，華容備些！二八侍宿，射遞代些，（言厭則以次相替代也）九侯淑女，多迅衆些！盛鬋不同制，實滿宮些，姱容修態，絙洞房些，蛾眉曼睩，目騰光些！靡顏膩理，遺視矊些！離榭修幕，侍君之間些！…… 魂兮歸來，何遠爲些？…… 美人既醉，朱顏酡些，娭光眇視，目曾波些！被文服纖，麗而不奇些！長髮曼鬋，艷大

文學派與道德派之異點

旨些！士女雜坐，亂而不分些！鄭衞妖玩，來雜陣些！……

由招魂，可考見其師在世時，完全一極與自然芳草美人同化之美藝家，而決非迂拘道學先生也。若道學派弟子，頌其師定頌其「坐懷不亂」岸然道貌不敢請美人以侍宿也。

宋玉高唐賦

昔楚襄王與宋玉遊於雲夢之臺，望高唐之觀，其上獨有雲氣，變化無窮。王曰：「此何氣也？」玉曰：「所謂『朝雲』是也。」王曰：「何謂朝雲？」玉曰：「先王常遊高唐，怠而晝寢，夢見一婦人，曰，『妾巫山之女也』爲高唐之客，聞君遊高唐，願薦枕席。」王因幸之。去而辭曰：『妾在巫山之陽，高丘之岨，旦爲朝雲，暮爲行雨，朝朝暮暮陽臺之下。』旦朝視之如言，故爲立廟號曰朝雲。」

又神女賦；「襄王與宋玉遊於雲夢之浦，使玉賦高唐之事；其夜玉夢與神女遇，明日以白王。王曰：其夢如何？……」

由招魂高唐主人女諷賦等可證屈原爲女性文學開山祖師

司馬相如本傳

又登徒子好色賦；「大夫登徒子侍襄王，短宋玉曰：「玉爲人體貌閑麗，口多微辭。又性好色，願王勿與出入後宮。」王以言問宋玉。玉曰：「體貌閑麗，賦於天也；口多微辭，學於師也；至於好色，臣無有也。」王曰：「子不好色，亦有說乎？有說則止，無說則退！」玉曰：……於是楚王稱善，宋玉遂不退。」

又諷賦：「襄王時，玉休歸，唐勒讒於王曰：「玉出愛主人之女；入事大王，願王疏之。」王以問玉。玉云：……」

由其流派，可考屈子本身，亦與其弟子同調，完全爲女性文學開創者無疑。

第四節　漢賦初祖司馬相如與卓文君及文君在文學上之價值

漢司馬相如傳二十七；「司馬相如，字長卿，蜀成都人。少讀書擊劍，以貲爲郎；後遊梁，素與臨邛令王吉善。令繆爲恭敬，日日往朝相如。臨邛令富人卓王孫請長卿，臨邛令不敢嘗食，身自迎相如，相如爲不得已而强往，一座盡傾。酒酣，臨邛令前奏琴曰：「竊聞長卿好之，願以自娛。」相如辭謝，爲鼓一再行。時卓王孫有女文君新寡，好音，故相如謬與令相重，而以琴心挑之。相如時從車騎，雍容閒雅甚都；及飲卓氏，弄琴，文君竊從戶窺，心悅而好之，恐不得當也。既罷，相如乃令侍人重賜文君侍者，通殷勤，文君夜亡奔相如。相如與馳歸成都，家徒四壁立。文君久之不樂，曰：「第俱如臨邛，從昆弟假貸，猶足爲生，何至自苦如此？」相如與俱之臨邛，盡賣車騎，買酒舍，乃令文君當鑪，相如自身着犢鼻褌，與庸保雜作，滌器於市中。王孫耻之，不出。不得已，分與文君僮百人，錢百萬，及嫁時衣被財物。文君乃與相如歸成都，買田宅，爲富人。後上武帝讀其子虛賦，大說，詔爲郎。旋拜相如爲中郎將，使巴蜀，以通西南夷。至蜀，太守以下郊迎，縣令負弩矢先驅，蜀人以爲寵，於是卓王孫臨邛諸公皆因門下獻牛酒以交驩。卓王孫喟然而歎，自以得使女尙司馬相如晚，乃厚分與其女財，與男等。相如使略定西南夷，皆請爲臣妾。』本傳止此

文君誄詞

相如歸茂陵，卒，文君爲誄云：『嗟嗟夫子兮，亶通儒！少好學兮，綜羣書。縱橫劍技兮，英敏有譽。尙慕往哲兮，更名相如。落魄遠游兮，賦子虛！畢爾壯志兮，駟馬高車。憶初好兮，

由司馬女性文學派至杜甫

屈苦馬樂

女須文君與回教主母凱地加之比較

雍容孔都！憐才仰德兮，琴心兩娛！永託爲好兮，不耻當爐。平生淺促兮，命也難扶！長夜思君兮。形影孤步中庭兮，霜草枯！雁鳴哀哀兮吾將安如？仰天大息兮，抑鬱不舒！訴此悽惻兮，疇忍聽余？泉穴可從兮，願捐其軀！』中憐才不恥等字，可想文君之學識俠骨，不止愛其人也，寶玉評文君紅拂同爲俠，知己哉

漢司馬相如美人賦，完全仿宋玉主人女而作。後有曹子建洛神賦，宋謝靈運江妃賦，梁江淹麗色賦，沈約麗人賦，唐呂向美人賦，以至杜甫之麗人行。漢崔駰七依云：「孔子傾於阿谷。佛圖忘其沙門，彭祖飛其滔集，王喬忽而墮雲。」

屈子不信達哲女嬃之諫，終於爲悲觀的自殺。其漁父諸篇是內外交戰；懷沙篇實行自殺，但心中尙覺得有抱歉於嬃姊之處。特無以自解耳！至相如則不然，相如爲樂觀派的文學創造家。實屈子以後第二文壇教主。漢賦派，完全由其創成，而第二文壇教主女助凱地加，實卓文君。若無文君，則相如貧死，或千古文壇無漢賦可讀；如回教不得凱地加祖母之助則回教不能成立。故文君實相如之續命湯也。有功文壇，不在禹下，特所輔之人，女嬃之友死，而文君之友生，一歸失敗，一歸成功，悲喜有殊耳。而建設

新文運，則價値相等，文君與女須，亦工力悉敵哉。

第三章　漢之女學者

伏生　尙書　授　班昭　蔡琰

漢書：「伏生名勝，文帝時，求能治尙書者，召之。伏生年九十餘，不能行，詔使文學掌故朝錯往受之。伏生使女，傳言教錯，得二十九篇。」

又「扶風曹世叔妻班彪女也，名昭，字惠班，一名姬。馬融從昭學讀，并令妻女習焉。年七十餘卒，皇太后（鄧）素服舉哀。」

又「蔡琰字文姬，蔡邕女也。博學才辯，又妙音律。天下亂，爲胡騎所厄，曹操以金璧贖之，重嫁於董祀。祀犯法當死，琰救之。操因問曰：「聞夫人家先多墳籍，猶能憶不？」琰曰：「亡父賜書四千許卷，流離無存，今所誦憶四百餘篇耳。」操使繕出，文無遺誤。後感亂離，作怨憤詩二章，有「馬邊懸男頭，馬後載婦女。」之句。有胡笳十八拍，行於世，詞極悽苦！

按馬融之女師爲班昭，傳於鄭玄，故馬門絳帳，女樂授徒，而玄婢能誦詩。文姬天才，配數男，當時名賢，無不敬重，莫敢非者。幸生漢世。若生宋世，蔡文姬死有餘辜矣！

知遇之感與兩性之感

第四章　陶潛理想國哲學與兩性美之關係

第一節　閑情賦之研究與批評

陶淵明集卷五賦辭一，感士不遇賦序云：「昔董仲舒作士不遇賦，司馬子長悲之。夫寓形百年而瞬息已盡。立行之難而一城莫賞。……遂感而賦之。」其第二首即爲閑情賦。序云：「初張衡作定情賦。蔡邕作靜情賦。……余暇復爲之賦。」有云：——「此其流派也。

悲晨曦之易夕。感人生之長勤。同一盡於百年，何歡寡而愁殷？按此即楊子憐生主義以無常觀玦世樂生也願接膝以交言，欲自往以結誓。意惶惑而靡寧，魂須臾而九遷。願在衣而爲領，承華首之餘芳。悲羅襟之宵離，悲秋夜之未央。願在裳而爲帶，束窈窕之纖身。嗟溫涼之異氣，或脫故而服新。願在髮而爲澤，刷玄鬢以頹肩。悲佳人之屢沐，徒白水以枯煎。願在眉而爲黛，隨瞻視以閑揚。悲脂粉之尙鮮，或取毀於華粧。願在莞而爲席，安弱體於三秋。悲文茵之代御，方經年而見求。願在絲而爲履，附素足以周旋。悲行止之有節，空委棄於牀前。願在晝而爲影，常依形而西東。悲高樹之多蔭，慨有時不同。願在夜而爲燭照玉容於兩楹。悲扶桑之舒光，奄滅景而藏明。願在竹而爲扇，含淒飈於素握，悲白露之晨零，顧襟袖以緬邈。願在木而爲桐，作膝上之鳴琴。悲樂極以哀來，終爲我而輟音。…… 思宵夢以從之，神飄颻而不安。

其第三首，乃有名之歸去來辭，又卷六乃桃花源記也。

按人生數種大問題：一爲知遇之感，一爲兩性之感。故以陶公天人第一文爲感士不遇賦，第二即閑情賦也。其賦開首之「無常觀」全與楊學立脚點同。至其中間形容對於裙邊帶下，完全爲無條件的降伏。以不肯折腰權貴之陶公，乃至如此輭化，摧剛爲柔，完全不見高節之風矣。雖然袁枚買花詩：「生平風骨峻嶒甚，每到低頭總爲卿。」全與陶同意矣。蓋兩性問題，吸力最大，不可以常理論，除仙佛正法眼藏外，無能跳出其圈外者也。而昭明反譏「白璧微瑕」文選不入，直待後人重訂入集中，可謂偏見，非知己也。至桃花源記，乃陶之「理想國」不待言矣。

不折腰者下拜倒裙

昭明之偏見

第二節　無常觀與人生大解放

陶詩與楊子憐生學派

諸人共遊周家墓柏下云：『今日天氣佳，淸吹與鳴彈。感彼柏下人，安得不爲歡？淸歌散新聲，綠酒開芳顏。未知明日事，余襟良已殫。』又贈影諸詩，均昌言無常觀之理。又阻風規林云：『當年詎有幾，縱心復何疑？』飲酒二十首云：『所以貴我身，豈不在一生？一生復能幾？倏如流電驚。死去何所知？稱心固爲好。』均與楊朱『堯舜桀紂聖賢亦死』之意同。擬古云：『日暮天無雲，春風扇微和。佳人美淸夜，達曙酣且歌。歌竟長太息，持此感人多。』其句之優美感人，與閑情賦同一『樂生觀』人生大解放也。

陶公讀山海經詩十二首，三首稱王母，均以仙目之，其一有云：『翩翩三青鳥，毛色奇可憐。朝爲王母使，暮歸三危山。我欲因此鳥，具向王母言：在世無所須，惟酒與長年。』

四海兄弟大同思想

雜詩十二首：『人生無根蒂，飄如陌上塵。分散隨風轉，此已非常身。流落成兄弟，何必骨肉親？（四海皆兄弟大同思想也。）得歡當作樂，斗酒聚比鄰。盛年不重來，一日難再晨。及時當勉勵，歲月不待人。』又『壑舟無須臾，引我不得住。前塗當幾許？未知止泊處。』

文藝家四種本領
一　觀自然
二　性解放
三　觀無常
四　游大化
陶詩與華嚴經

又『去去轉欲遠，此生豈再值。傾家時作樂，竟此歲月駛。有子不留金，何用身後置？』又『弱質與運頹，玄鬢早已白。素標插人頭，前途漸就窄。家爲逆旅舍，我如當去客。』神釋云：『老少同一死，賢愚無復數。』歸園田居云：『人生似幻化，終當歸空無。』游斜川云：『開歲倏五十，吾生行歸休。念之動中懷，及晨爲茲遊。……提壺接賓侶，引滿更獻酬。未知從今去，當復如此不？中觴縱遙情，忘彼千載憂。且極今朝樂，明日非所求。』於此應當知者，凡文藝家眞本領一必觀自然，二必游大化，必起無常樂生兩種觀，或文藝眞價値卽在此。而凡主樂生觀者，未有不主兩性解放者也。故文藝與自然，大化，無常，兩性解放四者，有連帶關係，陶公誠屈子相如後一大作者矣。吾初陶但以一田居山人觀之，及此次校定，乃知其有華嚴境界，淺人何足語此。

第五章　唐黃蘇蕙迴文錦之奇美文學

余多年以來手不釋橫行書。余雖中國人，而腦中思想完全科學歐化矣。但文字一端，則覺西文極笨，尤欠美感。常與人論縱橫成文理者，以蘇蕙回文錦爲世界第一。反覆讀之，共數千首不窮。眞世界無匹之文學美藝也。故以爲中國婦女文學惟一之代表。竊謂世界文學之妙，無第二人可與比者矣。因美藝價値本以含神秘不思議者，足使人驚嘆。故最宜鉤心鬥角，叠出不窮，耐尋味爲美。而回文錦始有此特色，故美藝上居第一等價値矣。

唐武則天后織錦回文記（凡二篇今錄一）

武后織錦迴文記曰：前秦苻堅時，秦州刺史，扶風竇滔妻蘇氏，陳留令武功道質第三女也。名蕙，字若蘭。識知精明，儀容秀麗，謙默自守，不求顯揚，行年十六，歸於竇氏。滔甚敬之。然蘇性近於急，頗傷嫉妒。滔字連波，右將軍子眞之孫，郎第二子也。風神秀偉，該通經史，允文允武，時論高之。苻堅委以心膂之任。備歷顯職，皆有政聞。遷秦州刺史，以忤旨謫戍燉煌。會堅寇晉襄陽，慮有危逼，藉滔才略，乃拜安南將軍，留鎭襄陽焉。初滔有寵姬趙陽臺，歌舞之妙，無出其右。滔置之別所。蘇氏知之，求而獲焉。苦加捶辱，滔深以爲憾。陽臺又專形蘇氏之短，詔毀交至，滔益忿焉。蘇氏時年二十一，及滔將鎭襄陽，邀其同往。蘇氏忿之，不與偕行。滔遂攜陽臺之任。斷其音問。蘇氏悔恨自傷，因織錦迴文，五綵相宣，瑩心耀目。其錦縱橫八寸，題詩二百餘首，計八百餘言。縱橫反覆，皆成章句。其文點畫無缺，才情之妙，超今邁古，名曰璇璣圖。然讀者不能盡通。蘇氏笑而謂人曰：徘徊宛轉，自成文章，非我佳人，莫之能解。遂發蒼頭齎致襄陽焉。滔省覽錦字，感其妙絕。因送陽臺之關中，而具車徒盛禮邀迎蘇氏，歸於漢南，恩好逾重。蘇氏著文詞五千餘言，屬隋季喪亂，文字散落，追求不獲。而錦字廻文，盛見傳寫，是近代閨怨之宗旨。屬文之士，感龜鏡焉。朕聽政之暇，留心墳典，散佚之次，偶見影圖，因述若蘭之才，復美連波之悔過。遂製此記，聊以示將來也。

如意元年五月一日大周天册金輪皇帝御製。

第一節　璣璇圖及讀法說明

按圖內詩，反讀，橫讀，斜讀，交互讀，退一字讀，疊一字讀，皆成文章，計八百四十一字，得三四五六七言詩，三千八百餘首。惟其讀法，自古卽以爲難。今先列其圖，次示讀

八百四十一字化成三千八百餘首詩

法大例，圖本有五色，可以記推知之，舊釋讀法，皆以經緯方位爲主，今則以三言七言類推之，此是古今絕作，故不厭求詳也。

讀法詳例

第二節　三言詩

嗟嘆懷！所離經。遐曠路，傷中情。家無君，房幃清。華飾容，朗鏡明。葩粉光，珠曜英。多思感，誰爲榮？

榮爲至歎嗟，經離至思多，多思至離經。（各得詩一首讀法準此）

懷嘆嗟！所離經。路曠遐，傷中情。君無家，房幃清。客飾華，朗鏡明。光粉葩，珠曜英。感思多，誰爲榮！

誰爲至嘆嗟，所離至思多。感思至離經。（各得詩一首讀法準此）

嗟嘆懷！傷中情。家無君，朗鏡明。葩粉光，誰爲榮？

榮爲至嗟嘆，經離至思多，多思至離經。（各得詩一首讀法準此）

懷嘆嗟！傷中情。君無家，朗明鏡。光粉葩，誰爲榮？

誰爲至嗟嘆，所離至思至，感思至離經。各得詩一首讀法準此

嗟嘆懷，路曠遐。家無君，容錦葩。華紛光，感思多。

榮爲至離經，經離至爲榮，多思至嘆嗟！各得詩一首讀法準此

懷嗟嘆，路曠遐。君無家，容錦華。光粉葩，感思多。

所離至爲榮。誰爲至離經？感思至嘆嗟！各得詩一首讀法準此

遊西階，步東廂。休桃林，陰翳桑。鳩雙巢，燕飛翔。流泉清，水激揚。仇好悲，思君長。愁歎發，容催傷！

傷催至西遊，廂東至歎愁，愁歎至東廂。各得詩一首讀法準此

階西遊，步東廂。林桃休，陰翳桑。巢雙鳩，燕飛翔。清泉流，水激揚。悲好仇，思君長。發歎愁，容催傷。

容催至西遊。步東歎至愁，發至歎東廂。各得詩一首讀法準此

游西階，陰翳桑。鳩雙巢，水激揚。仇好悲，摧容傷。

傷摧至西遊，步東至歎愁，歎愁至東廂。得詩一首讀法準此

階西遊，陰翳桑。巢雙鳩，水激揚。悲好仇，容摧傷。

容摧至西遊，步東至歎愁，發嘆至東廂。各得詩一首讀法準此

遊西階，林挑休。鳩雙巢，清泉流。仇好悲，發歎愁。

傷摧至東廂，廂東至摧傷，愁歎至西遊。各得詩一首讀法準此

階西遊，林桃休。巢雙鳩，清泉流。悲好仇，發歎愁。

步東至摧傷，容摧至東廂，發歎至西遊。各得詩一首讀法準此

凶頑浸，讒愚滋。蒙謙退，休孝慈。雍和家，遠危疑。容節敦，貞淑思。恭自記，貞所持。從是敬，孝爲基。

基爲至頑凶，滋愚至是從，從是至愚滋。各得詩一首讀法準此

浸頑凶，讒愚滋。退謙蒙，休孝慈。家和雍，遠危疑。敦節容，貞淑思。記自恭，貞所持。敬是從，

孝爲基。

孝爲至頑凶，讒愚滋是從，敬是至愚滋。各得詩一首讀法準此

凶頑浸休孝慈。雍和家，貞淑思。恭自記孝爲基。

基爲至頑凶，滋愚至思從，從是至愚滋。各得詩一首讀法準此

浸頑凶，休孝慈，家和雍，貞淑思。記自恭，孝爲基。

孝爲至頑凶，讒愚至是從，敬是至愚滋。各得詩一首讀法準此

凶頑浸，退謙蒙。雍和家，敦節容。恭自記，敬是從。

滋愚至爲基，基爲至愚滋，從是至頑凶。各得詩一首讀法準此

浸頑凶，退謙蒙。家和雍，敦節容。記自恭，敬是從。

讒愚至爲基，老爲至愚滋，敬是至頑凶。各得詩一首讀法準此

翔雁歸。

神明通，感精微。雲浮寄，身輕飛。文殊粲，飭光輝。羣離散，妾孤遺。分乖殊，聲哀悲。春傷應，

歸雁至明神，微精至傷春，春傷至神微。各得詩一首讀法準此

通明神，感精微。寄浮雲，身輕飛。粲殊文，飭光輝。散離羣，妾孤遺。殊乖分，聲哀悲。應傷春，翔雁歸。

翔雁至明神，感精至傷春，應傷至精微。各得詩一首讀法準此

神明通，寄浮雲。文粲殊，散離羣，分乖殊，應傷春。

歸雁至精微，微精至歸雁，春傷至明神。各得詩一首讀法準此

通明神，寄浮雲。粲殊文，散離羣。殊乖分，應傷春。

感精至雁歸，翔雁至精微，應傷至明神。各得詩一首讀法準此

第三節　四言詩

召南周風，興自后妃。衛鄭楚樊，厲節中闈。詠歌長歎，不能奮飛。齊商雙發，歌我哀衣，曜流華觀，治容爲誰？同徵宮羽，同聲相追。

周南至情悲，情徵至后妃，宮徵至淑姿。各得詩一首讀法準此

興自后妃，厲節中闈。不能奮飛，歌我哀衣。治容爲誰？同聲相追。

同聲至后妃，窈窕至情悲，感我至淑姿。各得詩一首 讀法準此

興自后妃，窈窕淑姿。厲節中闈，河廣思歸。不能奮飛，遐路逶迤。歌我哀衣，碩人其頎。治容爲誰？翠粲威蕤，同聲相追，感我情悲。

同聲至淑姿，窈窕至相追，感我至后妃。各得詩一首 讀法準此

召南周風，興自后妃。楚鄭衞女，河廣思歸，咏歌長歎，不能奮飛。雙商齊興，碩人其欣。曜流華觀，治容爲誰？宮徵清商，感我情悲。

周南至相興，清徵至淑姿，宮徵至后妃。各得詩一首 讀法準此

興自后妃，河廣思歸。不能奮飛，碩人其頎。治容爲誰？感我情悲。

窈窕至相追，同聲至淑姿，感我至后妃。各得詩一首 讀法準此

窈窕淑姿，興自后妃。厲節中闈，河廣思歸，遐路逶迤，不能奮飛。歌我哀衣，碩人其頎。翠粲威蕤，治容爲誰？同聲相追，感我情悲。

與自至相追，同聲至后妃，感我至淑姿。各得詩一首讀法準此

周南召伯，與自后妃。楚鄭衛女，厲節中闈。長歌咏志，不能奮飛。雙商齊興，歌我袞衣。華

流曜榮，治容爲誰？宮徵清商同聲相追。

召南至情悲，宮徵至后妃，清徵至離姿。各得詩一首讀法準此

年時惟逝，倏然若馳。有盛必倏，無盈不虧。志意心違，一體忠離。飭麗華榮，俯仰容儀。忘

哀惟感，憂情何眥？葑遺下體，作者成辭。

惟時至無差，下體至西移，葑遺至若馳。各得詩一首讀法準此

白日西移，無日不陂。憤激何施？將與誰爲？上通神祇，采者無差。

采者至西移，倏然至成辭，作者至若馳。各得詩一首讀法準此

白日西移，倏然若馳。無日不陂，無盈不虧。憤激何施？一體忠離。將與爲誰？俯仰容易。上

通神祇，憂情何眥？采者無差，作者成辭。

倏然至無差，采者至若馳，作者至西移。各得詩一首讀法準此

惟時年殊，白日西移。有盛必衰，無盈不虧。心意至殊，憤激何施？飭麗華榮，俯仰容儀。惟哀忘節，上通神祇。葑遺下體，作者成辭。

年時至無差，下遺至若馳，葑遺至西移。各得詩一首 讀法準此

白日西移，無盈不虧。憤徼何施？俯仰容儀。上通神祇，作者成辭。

倏然至無差，采者至若馳，作者倏西移。各得詩一首 讀法準此

白日西移倏然若馳。無盈不虧。無日不陂，憤激何施？一體忠離，俯仰容儀，將與誰爲？上通神祇，憂情何貲？采者無差。

倏然至成辭采者至西移，作者至若馳。各得詩一首 讀法準此

惟時年殊，傾然若馳。必盛有衰，無盈不虧。心意至殊，一體忠離。華麗飭身，俯仰容儀。惟哀忘節，憂然何貲？下遺葑菲，作者成辭。

年時至無貲，葑遺至西移，下遺至若馳。各得詩一首 讀法準此

纔佞奸凶，害我忠貞。禍因所恃，恣極驕盈。班女婕妤，辭輦漢圮。孽嬖趙氏，飛燕實生。漸

至大伐，用昭丹青。慮微察遠，禍在防萌。

姧佞至未形，察微至闈庭，慮微至忠貞。各得詩一首讀法準此

作亂闈庭，慮受難明。義不苟榮，戒在欣城。盛炎猶熒，慎在未形。

慎在至闈庭，害我至防萌，禍在至忠貞。各得詩一首讀法準此

作亂闈庭，害我忠貞。慮受難明，恣極驕盈。義不苟榮，辟輦漢成。戒在傾城，飛燕實生。盛炎猶熒。用昭丹青，慎在未形。慎在防萌。

害我至未形，禍在至闈庭，慎在至忠貞。各得詩一首讀法準此

姧佞讒人，作亂闈庭。禍因所恃，姿極驕盈。婕女班姬，義不苟榮。孽嬖趙氏，飛燕實生。大至漸興，盛炎猶熒。慮微察遠，禍在防萌。

讒佞至未形，禍微至忠貞，慮微至闈庭。各得詩一首讀法準此

害我忠貞，受慮難明。辟輦漢成，戒在傾城。用昭丹青，慎在未形。

作亂至防萌，禍在至闈庭，慎在至忠貞。各得詩一首讀法準此

害我忠貞，作亂閨庭。慮受難明，恣極驕盈。辥蘴漢成，義不苟榮。在戒傾城，飛燕實生。用昭丹青，盛炎猶熒，愼在未形。

作亂至未形，禍在至忠貞，愼在至閨庭。各得詩一首讀法準此

讒佞奸未作亂閨庭。禍因所恃，慮受難明。班女婕妤，義不苟榮。孼嬖趙氏，戒在傾城。漸至大伐，盛炎猶熒！慮微至遠，愼在未形。

奸佞至防萌微察至忠貞，慮微至閨庭。各得詩一首讀法準此

遺遠未故君子惟新。親間遠離，殊我同衾。飄離微隔，喬木誰陰。生天地德，貴乎均匀。思罪積怨，其根難尋。愆辜何因？備嘗苦辛。

廢故至我身，何辜至伯禽，愆辜至惟新。各得詩一首讀法準此

誡在伯禽，惑者改心。步之漢賓，育品物均。浸潤日深，集乎我身。

君子至苦辛，集乎至伯禽，備嘗至惟新。各得詩一首讀法準此

誡在伯禽，君子惟新。惑者改心，殊我同衾。步之漢濱，喬木誰陰。育品物均，貴乎均匀。浸

潤日深，其根難尋。集乎我身，備嘗苦辛。

君子至我身，集乎至惟新，備嘗至伯禽。各得詩一首讀法準此

廢舊遺故，誠在伯禽。親間遠離，殊我同衾。微離飄飖，步之漢濱。生天地德，貴乎均匀。積罪思愆，浸潤日深。愆辜何因？備嘗苦辛。

遺舊至我身，何辜至惟新？愆辜至伯禽。各得詩一首讀法準此

君子惟新，惑者改心。喬木陰誰？育品物均，其根難尋，集乎我身。

誠在至苦辛，集乎惟至新，備嘗至伯禽。各得詩一首讀法準此

君子惟新，誠在伯禽，惑者改心，殊我同衾。喬木誰陰？步之漢濱。育品物均，貴乎均匀。其根難尋，浸潤日深。集乎我身，備嘗苦辛。

誠在至我身。備嘗至惟新，集乎至伯禽。各得詩一首讀法準此

遺舊廢故，誠在伯禽。親間遠離，惑者改心。飄離微隔，步之漢濱。生天地德，育品物均。思

罪積怨，浸潤日深。愆辜何因，集乎我身。

廢舊至苦辛，愆殃至伯禽。何因至惟新？各得詩一首讀法準此

詩情明顯，怨義興理。辭麗作此，端無終始。

始終至情詩，辭麗至興理。理至興麗辭，情明至始詩。麗作至理辭。無終至此端，義興至顯怨。顯明至義怨，此作興無端。各得詩一首讀法準此

始終無端，顯明情詩。理與義怨，此作麗辭。

顯明至無端，理興至情詩，此作至義怨。各得詩一首讀法準此

麗作此端，義興理辭，情明顯怨，無終始詩。

無終至顯怨，情明至理辭，義興至此端。各得詩一首讀法準此

思感至寧，孜孜傷情！時在君側，夢想勞形。

形勞至感思，寧自至勞形，夢想至情思。各得詩一首讀法準此

寧自感思，夢想勞形。側君在時，孜孜傷情！

夢想至在時。得詩一首

孜孜傷情，側君在時。夢想勞形，寧自感思。

側君自勞形。得詩一首

孜孜傷情寧自感思。夢想勞形，側君在時。

側君至傷情。得讀一首

愆舊是念，誰爲獨居。歎懷女賤，鄙賤何如？

如何舊愆？念是至何如？鄙賤至舊愆。各得詩一首讀法準此

念是咎愆至賤何如？賤女懷歎，誰爲獨居？

鄙賤至懷歎。得詩一首

賤女懷歎，誰爲獨居？念是咎愆，鄙賤何如？

誰爲至咎愆？得詩一首

賤女懷歎，鄙賤何如？念是咎愆，誰爲獨居？

誰爲至懷歎？得詩一首

嬰是憂懷，思何漫漫！丁是艱苦，我生何寃？
寃何至是嬰，懷憂至何寃？我生至是嬰。各得詩一首讀法準此
懷憂是嬰，我生何寃？苦艱是丁，思何漫漫！
我生至是丁。得詩一首
思何漫漫！苦艱是丁。我生何寃？懷憂是嬰。
苦艱至何寃？得詩一首
思何漫漫，懷憂是嬰。我生何寃？苦艱是丁。
苦艱至漫漫。得詩一首
懷傷思悼，歎永感悲。哀情慼慼！知我者誰？
誰者至傷懷，悼思至者誰？知我至傷懷！各得詩一首讀法準此
悼思傷懷，知我者誰？慼慼情哀！歎永感悲。
知我至情哀！得詩一首

歎永感悲戚戚情哀！知我者誰，悼思傷懷。

戚戚至者誰？得詩一首

歎永感悲，悼思傷懷。知我者誰？戚戚情哀！

戚戚至感悲！得詩一首

懷所離經，傷路曠遐。君房幃清，朗容飾華。光珠曜英，誰感思多？

誰感至離經。　所懷至爲榮。　感誰至歎嗟。各得詩一首讀法準此

懷所離經，路傷中情。君房幃清，容朗鏡明。光珠曜英。

感誰爲榮？　誰感至歎嗟？　所懷至思多，感誰至離經！各得詩一首讀法準此

步階西遊，林陰桃休。燕巢雙鳩，清水激揚。思悲好仇，發容擢傷。

發容至西遊。　階步至歎愁。　容發至東廂。各得詩一首讀法準此

步階西遊，陰林桃休。燕巢雙鳩，水清泉流。思悲好仇，容發歎愁。

發容至西遊。　階步至擢傷。　發容至東廂。各得詩一首讀法準此

浸讒愚滋，休退謙蒙。家遠危疑，貞敦節容。記貞所持，孝敬是從。

讒浸至爲基。　孝敬至愚滋。　敬孝至頑凶。各得詩一首讀法準此

浸讒愚滋退休孝慈。家遠危疑，敦貞淑思。記貞所從，敬孝爲基。

讒浸至是從。　敬孝至愚滋。　孝敬至頑凶。各得詩一首讀法準此

感通神明，寄身輕飛。飾粲殊文，散妾孤遺。聲殊乖分應翔應歸。

通感至陽春。　應翔至明神。　翔應至精微。各得詩一首讀法準此

感通神明，身寄浮雲。飾粲殊文，妾散離辟。聲殊乖分，翔應傷春。

通感至雁歸。　應翔至精微。　翔應至明神。各得詩一首讀法準此

第四節　五言詩

寒歲識凋松，貞物知終始。顏喪改華容，仁賢別行士。

士行至歲寒。　松凋至賢仁。　仁賢至凋松。各得讀一首讀法準此

寒歲識凋松，始終知物貞。顏喪改華容，士行別賢仁。

仁賢至歲寒。　松凋至行士。　士行至凋松。各得詩一首讀法準此

寒歲識凋松，仁賢別行士。顏喪改華容，貞物知終始。

仁賢至華容。　松凋至物貞。　士行至喪顏。各得詩一首讀法準此

貞物知終始，顏喪改華容。仁賢別行士，寒歲識凋松。

顏喪至行士。　始終至歲寒。　容華至賢仁。各得詩一首讀法準此

詩風興鹿鳴，桑翳感孟宣。時盛昭業傾，章徽恨微元。

元微至風詩。　鳴鹿篤徽章。　章徽至鹿鳴。各得詩一首讀法準此

詩風興鹿鳴，宣孟感翳桑。時盛昭業傾，元微恨徽章。

章徽至風詩。　鳴鹿至微元。　元微至鹿鳴。各得詩一首讀法準此

詩風興鹿鳴，章徽恨微元，時盛昭業傾，桑翳感孟宣。

章徽至業傾。　鳴鹿至翳桑。　元微至盛時。各得詩一首讀法準此

桑翳感孟宣，時盛昭業傾。章徽悵微元，詩風興鹿鳴。

時盛至徽元。　宣孟至風詩●　傾業至徽章。各得詩一首讀法準此

龍虎繁文藻，榮曜華彤旂。容飾觀壯麗，充顏曜繡衣。

衣繡至虎龍。　藻文至顏充。各得詩一首讀法準此

藻文繁虎龍，榮曜華彤旂。容飾觀壯麗，充顏曜繡衣。

充顏至虎龍。　龍虎至顏充。各得詩一首讀法準此

藻文繁虎龍，充顏曜繡衣。麗壯觀飾容，榮曜華彤旂。

充顏至飾容。　龍虎至曜榮。各得詩一首讀法準此

榮曜華彤旂，麗壯觀飾容。充顏曜繡衣，藻文繁虎龍。

麗壯至繡衣。　容飾至顏充。各得詩一首讀法準此

衰年感往日，思憂遠勞情。時歎殊歲暮，世異浮奇傾。

傾奇至年衰。　日往至異世。各得詩一首讀法準此

日往感年衰，思憂遠勞情。暮歲殊歎時，世異浮奇傾。

世異至年衰。　衰年至異世。各得詩一首讀法準此

日往感年衰，世異浮奇傾。暮歲殊歎時，思憂遠勞情。

世異至歎時。　衰年至憂思。各得詩一首讀法準此

思憂勞遠情暮歲殊歎時，世異浮奇傾，日往感年衰。

暮歲至奇傾。　時至歎異世。各得詩一首讀法準此

詩情明顯怨，怨義興理辭。辭麗作此端，端無終始詩。

始詩至情詩。　辭麗至理辭。　辭理至麗辭。　端此至無端。　怨顯至義怨。　端無
至此端。　怨義至顯怨。各得詩一首讀法準此

歎懷所離經，中傷路曠遐。無君房幃清，鏡朗客飾華。粉光珠耀英，爲誰感思多？

爲誰至離經？　離所至爲榮。　思想至歎嗟！各得詩一首讀法準此

歎懷所離經，曠傷路中情。無君房幃清，飾客朗鏡明。粉光珠曜英，思感誰爲榮？

爲誰至歎嗟？　離所至思多。　思感至離經。各得詩一首讀法準此

東步階西遊，桃林陰翳桑。飛燕巢雙鳩，泉清鳩激揚。君思悲好仇，歎發容摧傷。

歎發至西遊。　西階至歎愁。　摧容至東廂。各得詩一首讀法準此

東步階西遊。翳陰林莳休，飛燕巢雙桃。漱水清泉流，君思悲好仇，摧容發歎愁！

歎發至東廂。　西階至摧傷。　摧容至西遊。各得詩一首讀法準此

愚讒浸頑凶，謙退休孝慈。厄遠家和雍，節敦貞孰思。所貞記自恭，是敬孝爲基。

頑浸至是從。　爲孝至愚滋。　是敬至頑凶。各得詩一首讀法準此

頑浸讒愚滋，謙退休孝慈。和家遠危疑，節敦貞淑思。自記貞所持，是敬孝爲基。

愚滋至是從。　是敬至愚滋。　爲孝至頑凶。各得詩一首讀法準此

明通感精微，輕身寄浮雲。殊粲飾光輝，孤妾散離羣。乖殊聲哀悲，雁翔應傷春。

精感至雁歸。　傷應至明神。　雁翔至精微。各得詩一首讀法準此

精感通明神，輕身寄浮雲。光飾粲殊文，孤妾散離羣。哀聲殊乖分，雁翔應傷春。

明通至雁歸。　傷應至精微。　雁翔至明神。各得詩一首讀法準此

第五節　六言詩

周風興自后妃，楚樊厲節中闈，長歎不能奮飛！雙發歌我袞衣。華觀冶容爲誰？宮羽同聲相感。

召伯至情悲。　宮羽至后妃。　清商至淑姿。各得詩一首讀法準此

周風興自后妃，召伯窈窕淑姿。楚樊厲節中闈，衛女河廣思歸。長顯不能奮飛，詠志遐路逶迤，雙發歌我袞衣。齊興「碩人」其頎。曜榮翠粲威蕤，華觀冶容爲誰？宮羽同聲相追。清商感我情悲！

清商至淑姿。　周風至相追。　宮羽至后妃。各得詩一首讀法準此

召伯窈窕淑姿，楚樊厲節中闈。詠志遐路逶迤，雙發歌我袞衣。曜榮翠粲威蕤，宮羽同聲相追。

周風至情悲。　宮羽至姿淑。　清商至后妃。各得詩一首讀法準此

年殊白日西移，有衰無日不陂。志殊憤激何施？飭身將與誰爲？忘節上通神祇，葑菲采

者無差！

惟逝至成辭。　葑菲至西移。　下體至若馳。各得詩一首讀法準此

年殊白日西移，惟逝倏然若馳。有衰無日不陂，必倏無盈不虧。志殊憤激何施？心違一體患離。飭身將與誰爲？華榮俯仰容儀。忘節上通神祇。情感憂情何施？葑菲採者無差，下體作者成辭。

惟逝至無差。　下體至西移。　葑菲至若馳。各得詩一首讀法準此

惟逝倏然若馳，年殊白日西移。有衰無日不陂，必倏無盈不虧。心違一體患離，志殊憤激何施？飭身將與誰爲？華榮俯仰容儀。惟感憂情何施？忘節上通神祇。葑菲采者無差，下體作者成辭。

下體至若馳。　年殊至無差。　葑菲至西移。各得詩一首讀法準此

年殊白日西移，必倏無盈不虧。志殊憤激何施？華榮俯仰容儀。忘節上通神祇，下體作者成辭。

惟逝至無差。　葑菲至若馳。　下體至西移。各得詩一首讀法準此

奸凶害我忠貞，所恃恣極驕盈。婕妤辭輦漢成，趙氏飛燕實生。大伐用昭丹青，察遠禍在防萌。

讒人至未形。　察遠至忠貞。　慮深至閨庭。各得詩一首讀法準此

奸凶害我忠貞，讒人作亂閨庭。所恃恣極驕盈，禍原膚受難明。婕妤辭輦漢成，班姬義不苟榮。趙氏飛燕實生，孽后戒在傾城。大伐用昭丹青，漸興盛炎猶熒。察遠禍在防萌，慮深慎在未形。

讒人至防萌。　慮深至忠貞。　察遠至閨庭。各得詩一首讀法準此

奸凶害我忠貞，讒人作亂閨庭。禍原膚受難明，所恃恣極驕盈。婕妤辭輦漢成，班姬義不苟榮。孽后戒在傾城，趙氏飛燕實生。大伐用昭丹青，漸興盛炎猶熒。慮深慎在未形，察遠禍在防萌。

察遠至忠貞。　禍人至未形。　慮深至閨庭。各得詩一首讀法準此

奸凶害我忠貞，禍原膚受難明。婕妤辭遠漢成，孽后戒在傾城。大伐用昭丹青，慮深慎在未形。

察遠至闈庭。　讒人至防萌。　慮深至忠貞。各得詩一首讀此準法

廢故君子惟新，遠離殊我同衾。微隔喬木誰陰？地德遺乎均匀。積怨其根難尋，何因備嘗苦辛。

遺故至我身。　何因至惟新？　慫殃至伯禽。各得詩一首讀此準法

廢故君子惟新，遺故誡在伯禽。遠離殊我同衾，親暱惑者改心。微隔喬木誰陰，飄飄步之漢濱。地德貴乎均匀，生施育品物均。積怨其根難尋，思慫浸潤日深。何因備嘗苦辛，慫殃集乎我身。

遺故至苦辛。　慫殃至惟新。　何因至伯禽？各得詩一首讀此準法

廢故君子惟新，遺故誡在伯禽。親暱惑者改心，遠離殊我同衾，微隔喬木誰陰？飄飄步之漢濱。生施育品物均，地德貴乎均匀。積怨其根難尋，思慫浸潤日深。慫殃集乎我身，

何因備嘗苦辛。

何因至維新。　遺故至我身。　愆殃至伯禽。各得詩一首讀法準此

遺故誠在伯禽，遠離殊我同衾。飄颻步至漢濱，地注貴平均勻。思愆浸潤日深，何因備嘗苦辛。

廢故至我身。　何因至伯禽。　愆殃至惟新。各得詩一首讀法準此

第六節　七言詩

智仁懷注德聖虞唐。貞妙顯華重榮章。臣賢惟聖配英皇，倫匹離飄浮江湘。　仁智懷德聖虞唐，貞志篤忠誓穹蒼。欽所感想忘淫荒，心憂增慕憂慘商！　貞志篤忠誓穹蒼，欽所感想忘淫荒。心憂增慕懷慘傷，仁智懷貴聖虞唐。　欽所感想忘淫荒，心憂增慕懷慘商。仁智懷德聖虞唐，貞志篤終誓穹蒼。　欽所感想荒淫忘。心憂增慕懷慘商。仁智懷德聖虞唐，貞妙顯華重榮章。

心憂至淫荒。　心憂至英皇。各得詩一首讀法準此

眞妙顯華重榮章。臣賢惟聖配英皇。倫匹離飄浮江湘，津河隔塞殊山梁。　臣賢惟聖
配英皇。倫匹離飄浮江湘。津河隔塞殊山梁。民士感曠悲路長。　臣賢惟聖配英皇，倫
匹離飄浮江湘。津河隔塞殊山梁，民生推逝電流光。　倫匹離飄浮江湘，津河隔塞殊
山梁。民士感曠悲路長，身微憫己處幽房。　倫匹離飄浮江湘，津河隔塞殊山梁。民生
推逝電流光，林西昭景薄榆桑。　津河隔塞殊山梁，民士感曠悲路長。身微憫己處幽
房，人賤爲女有柔剛。　津河隔塞殊山梁，民生推逝電流光。林西昭景薄榆桑，倫匹離
飄浮江湘。　民生推逝電流光，林西昭景薄榆桑。倫匹離飄浮江湘，津河隔塞殊山梁。
林西昭景薄榆桑倫匹離飄浮江湘。津河隔塞殊山梁，民士感曠悲路長。　民士感
曠悲路長，身微憫己處幽房。人賤爲女有柔剛，親所懷想思誰望。　身微憫己處幽房，
人賤爲女有柔剛。親所懷想思誰望，純貞志一專所當。　身微幽己處幽房，人賤爲女
有柔剛。親所懷想思誰望？純清志潔齊冰霜。　人賤爲女有柔剛，親所懷想思誰望？純
貞志一專所當，麟龍昭德懷聖皇。　人賤爲女有柔剛，親所懷想思誰望？純清志潔齊

冰霜？新故惑意殊面牆。

親所至蘭房。 琴清至慘傷。各得詩一首讀法準此

欽岑幽巖峻嵯峨，深淵重涯經網羅。林陽潛曜翳英華，沉浮異遊頹流沙。 深淵重涯

經網羅，林陽潛曜翳英華。沉浮異遊頹流沙。麟鳳離遠曠幽遐。 林陽潛曜翳英華，沉

浮異遊頹流沙。麟鳳離遠曠幽遐，神精少悴愁兼加。 沉浮異遊頹流沙，麟鳳離遠曠

幽遐。神精少悴愁兼加，身苦惟艱生患多。 麟鳳離遠曠幽遐，神精少悴愁兼加。身苦

惟艱生患多，殷憂纏情將如何？

神精至嵯峨。 身苦至網羅。 殷憂至英華。各得詩一首讀法準此

智懷德聖虞唐貞，妙顯華重榮章臣。賢惟聖配英皇倫，匹離飄浮江湘津。 智懷德聖

虞唐貞，妙顯華重榮章臣。賢惟聖配英皇倫，桑榆薄景昭西林。 智懷德聖虞唐貞，妙

顯華重榮章臣。佞因女孌至微深，淵重涯經網羅林。 智懷德聖虞唐貞，妙顯華重榮

章臣。佞因女孌至微深，識知改別明璣心。 智懷德聖虞唐貞，妙顯華重榮章臣。佞因

女孌至微深，峨嵯峻巖幽岑欽。　智懷德聖虞唐眞。志篤終誓穹蒼欽。岑幽巖峻峨嵯深，微至孌女因佞臣。　智懷德聖虞唐眞，志篤終誓穹蒼欽。岑幽巖峻峨嵯深，淵重巖經網羅林。　智懷德興虞唐眞，志篤終誓穹蒼欽。岑幽巖峻峨嵯深，識知改別明璣心。智懷德聖虞唐眞，志篤終誓穹蒼欽。思傷君夢詩璇心，璣明別改知識深。　智懷德聖虞唐眞，志篤終誓穹蒼欽。思傷君夢詩璇心，圖怨念爲懷如林。　智懷德聖虞唐眞，志篤終誓穹蒼欽。思傷君夢詩璇心，詩興感遠殊浮沉。　智懷德聖虞唐眞，志篤終誓穹蒼欽。思傷君夢詩璇心，氏辭懷感戚知麟。　智懷德聖虞唐眞，志篤終誓穹蒼欽，思傷君夢詩璇心，蘇作興感昭恨神。　智懷德聖虞唐眞，志篤終誓穹蒼欽。思傷君夢詩璇心，平端宛是何懷身。　智懷德聖虞唐眞，志篤終誓穹蒼欽。思傷君夢詩璇心，始始曜觀華繁殷。　智懷德聖虞唐眞，志篤終誓穹蒼欽。如何將情纏憂殷，繁華觀曜始終心。　智懷德聖虞唐眞，志篤終誓穹蒼欽。何如將情纏憂殷？多患生艱惟苦身。　智懷德聖虞唐眞，志篤終誓穹蒼欽。何如將情纏憂殷？微流商歌鄭南音。　智懷德聖虞唐眞，志篤終誓穹蒼欽。所感想忘淫荒心，堂空惟思詠和音。　智懷德聖虞唐貞，志篤終誓穹蒼欽。所感想望淫荒心，憂增慕懷慘傷仁。　智懷德聖虞唐貞，志篤終誓穹蒼欽。多曜容君中嗟仁，傷慘懷慕增憂心。　智懷德聖虞唐貞，志篤終誓穹蒼欽。多曜容君中嗟仁，智懷德聖虞唐貞。

河隔至剛親。　所懷至房琴。　清流至傷仁。以上三段各得詩二十二首

賢惟至長身。　徵惘至霜新。　故感至藏音。　和詠至章臣。以上四段各得詩二十四首

妙顯至梁民。　士感至望純。　清志至商秦。　曲發至唐貞。以上四段各得詩二十四首

匹離至房人。　賤爲至牆春。　陽熙至堂心。　憂增至皇倫。以上四段各得詩二十四首讀法準此

傷慘懷慕增憂心，堂空惟思詠和音。藏摧悲聲發曲秦，商絃激楚流清琴。　傷慘懷慕增憂心，堂空惟思訴和音。藏摧悲聲發曲秦，王邊士思舊鄉身。　傷慘懷慕增憂心，堂空惟思詠和音。南鄭歌商流徵殷，多患生艱惟苦身。　傷慘懷慕增憂心，堂空惟思詠和音。南鄭歌商流徵殷，繁華觀曜終始心。　傷慘懷慕增憂心，堂空惟思詠和音。南鄭

歌商流徵殷，憂纏情將如何欽。傷慘懷慕增憂心，荒淫忘想感所欽。何如將情纏憂殷，徵流商歌鄭南音。傷慘懷慕增憂心，荒淫忘想感所欽。何如將情纏憂殷，多患生艱惟苦身。傷慘懷慕增憂心，荒淫忘想感所欽。何如將情纏憂殷？繁華觀曜終始心。傷慘懷慕增憂心，荒淫忘想感所欽。思傷君夢詩璇心，始終曜觀繁華殷。傷慘懷慕增憂心，荒愁忘想感所欽。思傷君夢詩璇心，平端宛是何懷身。傷慘懷慕增憂心，荒淫忘想感所欽。思傷君夢詩璇心，蘇作興感昭恨神。傷慘懷慕增憂心，荒淫忘想感所欽。思傷君夢詩璇心，氏辭懷感戚知麟。傷慘懷慕增憂心，荒淫忘想感所欽。思傷君夢詩璇心，詩興愁遠殊浮沉。傷慘懷慕增憂心，荒淫忘想感所欽。思傷君夢詩璇心。圖怨念爲懷如林。傷慘懷慕增憂心，荒淫忘想感所欽。思傷君夢詩璇心。璣明改別知識深。傷慘懷慕增憂心，荒淫忘想感所欽。岑幽巖峻嵯峨深，識智改別明璣心。傷慘懷慕增憂心，荒淫忘想感所欽。岑幽巖峻嵯峨深，淵重涯經網羅林。傷慘懷慕增憂心，荒淫忘想感所欽。岑幽巖峻嵯峨深，徵至嬖女因佞臣。傷慘懷慕增憂心，荒淫忘想感所欽。蒼穹誓終篤志貞，妙顯華重榮章臣。　傷慘懷慕增憂心，荒淫忘想感所欽。蒼穹誓終篤志貞，虞唐聖德懷智仁。　傷慘懷慕增憂心，荒淫忘想感所欽。多曜容君中嗟仁，智懷德聖虞唐貞。　傷慘懷慕增憂心，荒淫忘想感所欽。多曜容君中嗟仁，傷慘懷慕增憂心。

房蘭至所親。　剛柔至河津。　湘江至智仁。各得詩二十二首讀法準此

堂空至陽春。　牆面至賤人。　房幽至西倫。　皇英至憂心。各得詩二十四首讀法準此

藏推至故新。　霜冰至微身。　長路至賢臣。　章榮至和音。　商絃至清純。　望誰至士民。　梁山至妙眞。　唐虞至曲琴。各得詩二十四首讀法準此

荒淫忘想感所欽，岑幽巖峻嵯峨深。淵重涯經網羅林，光流電逝推生民。　荒淫忘想感所欽，岑幽巖峻嵯峨深。淵重涯經網羅林，西昭薄景楡桑倫。　荒淫忘想感所欽，岑幽巖峻嵯峨深。淵重涯經網羅林，陽潛翳曜英華沉。　荒淫忘想感所欽，岑幽巖峻嵯峨深。淵重涯經網羅林，如懷爲念怨圖心。　荒淫忘想感所欽，岑幽巖峻嵯峨深。淵重

涯經網羅林，滋謙遠貞自基津。　荒淫忘想感所欽，岑幽巖峻嵯峨深。微至嬖女因佞臣，賢惟聖配英皇倫。　荒淫忘想感所欽，岑幽巖峻嵯峨深。微至嬖女因佞臣，章榮重華顯妙眞。　荒淫忘想感所欽，岑幽巖峻嵯峨深。識知改別明璣心，蘇作興感昭恨神。荒淫忘想感所欽，岑幽巖峻嵯峨深。識知改別明璣心，詩興感遠殊浮沉。　荒淫忘想感所欽，岑幽巖峻嵯峨深。識知改別明璣心，始終曜觀華繁殷。　荒淫忘想感所欽，岑幽巖峻嵯峨深。識知改別明璣心，平端宛是何懷身。　荒淫忘想感所欽，岑幽巖峻嵯峨深。識知改別明璣心，氏辭懷感戚知麟。　荒淫忘想感所欽，岑幽巖峻嵯峨深。識知改別明璣心，圖怨念爲懷如林。　荒淫忘想感所欽，岑幽巖峻嵯峨深。識知改別明璣心。璇詩夢君傷思欽。　荒淫忘想感所欽，蒼穹誓終篤志貞。妙顯重華榮章臣，賢惟聖配英皇倫。　荒淫忘想感所欽，蒼穹誓終篤志貞。妙顯重華榮章臣，佞因女嬖至微深。荒淫忘想感所欽，蒼穹誓終篤志貞。唐虞聖德懷智仁，傷慘懷慕增憂心。　荒淫忘想感所欽，蒼穹誓終篤志貞。唐虞聖德懷智仁，嗟中君容多曜欽。　荒淫忘想感所欽，多曜容君中嗟仁。智懷德聖虞唐貞，妙顯華重榮章臣。　荒淫忘想感所欽，多曜容君中嗟仁。智懷德聖虞唐貞，志篤終誓穹蒼欽。　荒淫忘想感所欽，多曜容君中嗟仁。傷慘懷慕增憂心，堂空惟思詠和音。　荒淫忘想感所欽，多曜容君中嗟仁。傷慘懷慕增憂心，荒淫忘想感所欽。　荒淫忘想感所欽，何如將情纏憂殷？繁華觀曜終始心，詩興感遠殊浮沉。　荒淫忘想感所欽，何如將情纏憂殷？繁華觀曜終始心，璣明別改知識深。　荒淫忘想感所欽，何如將情纏憂殷？繁華觀曜終始心。蘇作興感昭恨神。　荒淫忘想感所欽。何如將情纏憂殷？繁華觀曜終始心，圖怨念爲懷如林。　荒淫忘想感所欽，何如將情纏憂殷。繁華觀曜終始心，平端寃是何懷身。　荒淫忘想感所欽，何如將情纏憂殷。繁華觀曜終始心，璇詩夢君傷思欽。　荒淫忘想感所欽，何如將情纏憂殷？繁華觀曜終始心，氏辭懷感戚知麟。　荒淫忘想感所欽，何如將情纏憂殷？多患生艱惟苦身，榮君仁離殊方春。　荒淫忘想感所欽，何如將情纏憂殷？多患生艱惟苦身，鄉舊眷士懷王秦。　荒淫忘想感所欽，何如將情纏憂殷？多患生艱惟苦身，加秉愁悴少精神。

荒淫忘想感所欽。何如將情纏憂殷？多患生艱惟苦身，懷何是寃端平心。　荒淫忘想
感所欽，何如將情纏憂殷？多患生艱惟苦身，傷好水燕桃廂琴。　荒淫忘想感所欽，何
如將情纏憂殷？徵流商歌鄭南音，和詠思惟空堂心。　荒淫忘想感所欽，何如將情纏
憂殷。徵流商歌鄭南音，藏摧悲聲發曲秦。　荒淫忘想感所欽，思傷君夢詩璇心。詩興
感遠殊浮沉，時盛意麗哀遺身。　荒淫忘想感所欽，思傷君夢詩璇心。詩興感遠殊浮
沉，華英翳曜潛陽林。　荒淫忘想感所欽，思傷君夢詩璇心。詩興感遠殊浮沉，浮異游
頹流沙鱗　荒淫忘想感所欽，思傷君夢詩璇心。璣明別改知識深，微至嬖女因佞臣
荒淫忘想感所欽思傷君夢詩璇心。璣明別改知識深，峨嵯巖峻幽岑欽。　荒淫忘想
感　欽思傷君夢詩璇心。璣明別改知識深，淵重涯經網羅林。　荒淫忘想感所欽，思
傷君夢詩璇心。圖怨念爲懷林如，光流電逝推生民。　荒淫忘想感所欽，思傷君夢詩
璇心。圖怨念爲懷如林西昭景薄榆桑倫。　荒淫忘想感所欽，思傷君夢詩璇心。圖怨
念爲懷如林，陽潛翳曜英華沉。　荒淫忘想感所欽，思傷君夢詩璇心。圖怨念爲懷如

林，羅網經涯重淵深。　荒淫忘想感所欽，思傷君夢詩璇心。圖怨念爲懷如林，滋謙遠貞自基津。　荒淫忘想感所欽，思傷君夢詩璇心。蘇作興感昭恨神，遐幽曠遠離鳳麟。　荒淫忘想感所欽，思傷君夢詩璇心。蘇作「興感」昭恨神。精少悴愁兼加身。　荒淫忘想感所欽，思傷君夢詩璇心。蘇作「興感」昭恨神，辜罪天離間舊新。　荒淫忘想感所欽，思傷君夢詩璇心。氏辭懷感戚知麟，神輕粲散哀春親。　荒淫忘想感所欽，思傷君夢詩璇心。氏辭懷感戚知麟，龍昭德懷聖皇人。　荒淫忘想感所欽，思傷君夢詩璇心。氏辭懷感戚知麟，沙流頹遊異浮沉。　荒淫忘想感所欽，思傷君夢詩璇心。氏辭懷感戚知麟，當所專一志貞純。　荒淫忘想感所欽，思傷君夢詩璇心。氏辭懷感戚知麟，鳳離遠曠幽遐神。　荒淫忘想感所欽，思傷君夢詩璇心。　始終曜觀華繁殷，徵流商歌鄭南音。　荒淫忘想感所欽，思傷君夢詩璇心。始終曜觀華繁殷。憂纏情將如何欽？　荒淫忘想感所欽，思傷君夢詩璇心。始終曜觀華繁殷，多患生艱惟苦身。　荒淫忘想感所欽，思傷君夢詩璇心。平端寃是何懷身？加兼愁悴少精神。　荒淫忘想感所欽，思傷君夢詩璇心。平端窕是何懷身？鄉舊眷士懷王秦。　荒淫忘想感所欽，思傷君夢詩璇心。平端窕是何懷身？苦惟艱生患多殷。　荒淫忘想感所欽，思傷君夢詩璇心。平端窕是何懷身，榮君仁離殊方春。　荒淫忘想感所欽，思傷君夢詩璇心。平端窕是何懷身？傷好水燕桃廂琴。

王懷至懷人。　志篤至方春。　榆桑至貞純。　生推至荒心。　皇聖至王秦。　方殊至志貞。　貞志至桑倫。（各得詩六十三首）

岑幽至長身。　加兼至剛親。　何如至故新。　陽潛至所親。　羅網至和音。　鳳離至清琴。　苦惟至章臣。　沙流至湘津。（各得詩四十九首）

淵重至房人。　遐幽至望純。　多患至淸純。　浮異至牆春。　峨嵯至曲秦。　精少至陽春。　憂纏至皇倫。　華英至梁民。（各得詩五十三首）

光流至剛親，　龍昭至霜新。　當所至芳琴。　榮君至所親。　鄉舊至故新。　所感至清琴。　蒼穹至湘津。　西昭至長身。（各得詩十二首讀法準此）

南鄭歌商流徵殷，繁華觀曜終始心。詩興感遠殊浮沉，時盛蒼麗哀遺身。南鄭歌商流徵殷，繁華觀曜終始心。詩興感遠殊浮沉，華英翳曜潛陽林。南鄭歌商流徵殷，繁華觀曜終始心。詩興感遠殊浮沉，淫異游頹流沙鱗。南鄭歌商流徵殷，繁華觀曜終始心。璣明別改知識深，微至嬖女因佞臣。南鄭歌商流徵殷，繁華觀曜終始心。璣明別改知識深，峨峻嵯巖幽岑欽。南鄭歌商流徵殷，繁華觀曜終始心。璣明別改知識深，淵重涯經網羅林。南鄭歌商流徵殷，繁華觀曜終始心。蘇作興感昭恨神，辜罪天離閒舊新。南鄭歌商流徵殷，繁華觀曜終始心。蘇作興感昭恨神，遐幽曠遠離鳳麟。南鄭歌商流徵殷，繁華觀曜終始心。蘇作興感昭恨神，精少悴愁兼加身。南鄭歌商流徵殷，繁華觀曜終始心。璇詩夢君傷思欽，多曜容君終嗟仁。南鄭歌商流徵殷。繁華觀曜終始心。璇詩夢君傷思欽，岑幽巖峻嵯峨深。南鄭歌商流徵殷，繁華觀曜終始心。璇詩夢君傷思欽，所感想忘淫荒心。南鄭歌商流徵殷，繁華觀曜終始心。璇詩夢君傷思欽，何如將情纏憂殷。南鄭歌商流徵殷，繁華觀曜終始心。璇詩夢君傷思欽蒼穹誓終篤志眞。南鄭歌商流徵殷。繁華觀曜終始心。圖怨念爲懷如林，光流電逝推生民。南鄭歌商流徵殷，繁華觀曜終始心。圖怨念爲懷如林，西昭景薄榆桑倫。南鄭歌商流徵殷，繁華觀曜終始心。圖怨念爲懷如林，陽潛曜翳英華沉。南鄭歌商流徵殷繁華觀曜終始心。圖怨念爲懷如林，滋謙遠貞自基津。南鄭歌商流徵殷，繁華觀曜終始心。圖怨念爲懷如林，羅網經涯重淵深。南鄭歌商流徵殷，繁華觀曜終始心。平端宛是何懷身，傷好水燕桃廂琴。南鄭歌商流徵殷，繁華觀曜終始心。平端宛是何懷身，鄉舊眷土懷王秦。南鄭歌商流徵殷，繁華觀曜終始心。平端宛是何懷身，如秉愁悴少精神。南鄭歌商流徵殷，繁華觀曜終始心。平端宛是何懷身，苦惟艱生患多殷。南鄭歌商流徵殷。繁華觀曜終始心。平端宛是何懷身，榮君仁離殊芳春。南鄭歌商流徵殷，繁華觀曜終始心。氏辭懷念戚知麟，神輕粲散哀春親。南鄭歌商流徵殷，繁華觀曜終始心。氏辭懷念戚知麟，龍昭德懷聖皇人。南鄭歌商流徵殷。繁華觀曜終始心。氏辭懷念戚知麟，鳳離遠曠幽遐神。南鄭歌商流徵殷，繁華觀曜終

始心。氏辭懷念戚知麟，沙流頹游異浮沉。 南鄭歌商流徵殷，繁華觀曜終始心。氏辭
懷念戚知麟，當所專一志貞純。 南鄭歌商流徵殷，憂纏情將如何欽？所感想忘淫荒
心，堂空惟思詠和音。 南鄭歌商流徵殷，憂纏情將如何欽？所感想忘淫荒心，憂增慕
懷慘傷仁。 南鄭歌商流徵殷，憂纏情將如何欽？多曜容君中嗟仁，智懷德聖虞唐貞。
南鄭歌商流徵殷，憂纏情將如何欽？多曜容君中嗟仁，傷慘懷慕增憂心。 南鄭商歌
流徵殷，憂纏情將如何欽？蒼穹誓終篤志貞，唐虞聖德懷智仁。 南鄭商歌流徵殷，憂
纏情將如何欽？蒼穹誓終篤志貞，妙顯重華容章臣。 南鄭歌商流徵殷，憂纏情將如
何欽？岑幽巖峻嵯峨深，淵重涯經網羅林。 南鄭歌商流徵殷，憂纏情將如何欽？岑幽
巖峻嵯峨深，微至嬖女因佞臣。 南鄭歌商流徵殷，憂纏情將如何欽？岑幽巖峻嵯峨
深，識知改別明璣心。 南鄭歌商流徵殷，憂纏情將如何欽？思傷君夢詩璇心，氏辭懷
感戚知麟。 南鄭歌商流徵殷憂纏情將如何欽？思傷君夢詩璇心，詩興感遠殊浮沉。
南鄭歌商流徵殷憂纏情將如何欽！思傷君夢詩璇心始終曜觀華繁殷。 南鄭歌商

流徵殷，憂纏情將如何欽？思傷君夢詩璇心。圖怨念爲懷如林● 南鄭歌商流徵殷，憂
纏情將如何欽？思傷君夢詩璇心，平端寃是何懷身。 南鄭歌商流徵殷，憂纏情將如
何欽。思傷君夢詩璇心？璣明別改知識深。 南鄭歌商流徵殷，憂纏情將如何欽？思傷
君夢詩璇心，蘇作興感昭恨神。 南鄭商歌流徵殷，多患生艱惟苦身。鄉舊眷土懷王
秦，曲聲發怨摧藏音。 南鄭歌商流徵殷，多患生艱惟苦身。鄉舊眷土懷王秦，商絃激
楚流清琴。 南鄭歌商流徵殷。多患生艱惟苦身。懷何是寃端平心，圖念爲怨懷如林。
南鄭歌商流徵殷，多患生艱惟苦身。懷何是寃端平心，璇詩夢君傷思欽。 南鄭歌商
流徵殷，多患生艱惟苦身。懷何是寃端平心，氏辭懷感戚知麟。 南鄭歌商流徵殷多
患生艱惟苦身。懷何是寃端平心，蘇作興感昭恨神。 南鄭歌商流徵殷，多患生艱惟
苦身。懷何是寃端平心，始終觀曜華繁殷。 南鄭歌商流徵殷，多患生艱惟苦身。懷何
是寃端平心，詩興感遠殊浮沉。 南鄭歌商流徵殷多患生艱惟苦身。懷何是寃端平
心，璣明別改知識深。 南鄭歌商流徵殷、多患生艱惟苦身。榮君仁離殊方春，牆面殊

意感故新。　南鄭歌商流徵殷，多患生艱惟苦身。榮君仁離殊方春。陽熙茂凋蘭芳琴。
南鄭歌商流徵殷，多患生艱惟苦身。傷好水燕桃扃琴，清流激楚絃商秦。　南鄭歌商
流徵殷，多患生艱惟苦身。傷好水燕桃扃琴，芳蘭凋茂熙陽春。　南鄭歌商流徵殷多
患生艱惟苦身。加棄愁悴少精神，遐幽曠遠離鳳麟。　南鄭歌商流徵殷，多患生艱惟
苦身。加棄愁悴少精神，恨昭感興作蘇心。　南鄭歌商流徵殷，多患生艱惟苦身。加棄
愁悴少精神。辜罪天離間舊新。

佞因至舊新。　遺哀至南音。　舊聞至佞臣。各得詩六十一首
繁華至房人。　識知至清純。　浮殊至曲秦。　恨昭至皇倫。各得詩八十四首
詩興至剛親。　蘇作至所親。　始終至清琴。　璣明至湘津。各得詩三十四首
時盛至望純。　辜罪至賤人。　徵流至陽春。　徵至至梁民。各得詩十四首讀法準此

嗟中君容曜多欽！思傷君夢詩璇心。氏辭懷感戚知麟，神經粲散哀春親。　嗟中君容
曜多欽！思傷君夢詩璇心。氏辭懷感戚知麟龍昭德懷聖皇人。　嗟中君容曜多欽思

傷君夢詩璇心。氏辭懷感戚戚知麟，當所專一志貞純。　嗟中君容曜多欽！思傷君夢詩
璇心。氏辭懷感戚知麟，妙流頽遊異浮沉。　嗟中君容曜多欽！思傷君夢詩璇心。氏辭
懷感戚知麟，鳳麟遠曠遐幽神。　嗟中君容曜多欽！思傷君夢詩璇心。詩興感遠殊浮
沉，時盛意麗哀遺身。　嗟中君容曜多欽！思傷君夢詩璇心。詩興感遠殊浮沉，華英翳
曜潛陽林。　嗟中君容曜多欽！思傷君夢詩璇心。詩興感遠殊浮沉，浮異遊頽流沙麟。
嗟中君容曜多欽！思傷君夢詩璇心。蘇作興感昭恨神，辜罪天離間舊新。　嗟中君容
曜多欽！思傷君夢詩璇心。蘇作興感昭恨神，遐幽曠遠離鳳麟。　嗟中君容曜多欽！思
傷君夢詩璇心。蘇作興感昭恨神，精少悴愁兼加身。　嗟中君容曜多欽！思傷君夢詩
璇心。圖怨念爲懷如林，滋謙遠貞門基津。　嗟中君容曜多欽！思傷君夢詩璇心。圖怨
念爲懷如林，西昭景薄榆桑倫。　嗟中君容曜多欽！思傷君夢詩璇心。圖怨念爲懷如
林，光流電逝推生氏。　嗟中君容曜多欽！思傷君夢詩璇心。圖怨念爲懷如林，羅網經
涯重淵深。　嗟中君容曜多欽！思傷君夢詩璇心。圖怨念爲懷如林，陽潛曜翳英華沉。

嗟中君容曜多欽！思傷君夢詩璇心。平端窕是何懷身，傷好水燕桃廂琴。　嗟中君容曜多欽！思傷君夢詩璇心。平端窕是何懷身？榮君仁離殊方春。　嗟中君容曜多欽，思傷君夢詩璇心。平端窕是何懷身？加兼愁悴少精神。　嗟中君容曜多欽！思傷君夢詩璇心。平端窕是何懷身？苦惟艱生患多殷。　嗟中君容曜多欽！思傷君夢詩璇心。璣明別改知識深，微至嬖女因佞臣。　嗟中君容曜多欽！思傷君夢詩璇心。璣明別改知識深，峨嵯巖峻幽岑欽。　嗟中君容曜多欽，思傷君夢詩璇心。璣明別改知識深，淵重涯經網羅林。　嗟中君容曜多欽！思傷君夢詩璇心。始終曜觀華繁殷，多患生艱惟苦身。嗟中君容曜多欽！思傷君夢詩璇心。始終曜觀華繁殷，憂纏情將如何欽？　嗟中君容曜多欽！思傷君夢詩璇心。始終曜觀華繁殷，徵流商歌鄭南音。　嗟中君容曜多欽，岑幽巖峻嵯峨深。淵重涯經網羅林，光流電逝推生民。　嗟中君容曜多欽！岑幽巖峻嵯峨深。淵重涯經網羅林，滋謙遠貞自基津。　嗟中君容曜多欽，岑幽巖峻嵯峨深。淵重涯經網羅林，義潛曜翳英華沉。　嗟中君容曜多欽！岑幽巖峻嵯峨深。淵重涯經網羅林，西昭景薄榆桑倫。　嗟中君容曜多欽，岑幽巖峻嵯峨深。淵重涯經網羅林，如懷爲念怨圖心。　嗟中君容曜多欽！岑幽巖峻嵯峨深。微至嬖女因佞臣，章榮重華顯妙眞。　嗟中君容曜多欽！岑幽巖峻嵯峨深。微至嬖女因佞臣，賢爲聖配英皇倫。　嗟中君容曜多欽！岑幽巖峻嵯峨深。識知改別明璣心，蘇作興感昭恨神。　嗟中君容曜多欽！岑幽巖峻嵯峨深。識知改別明璣心，氏辭懷感戚知麟。　嗟中君容曜多欽！岑幽巖峻嵯峨深。識知改別明璣心，平端宛是何懷身。　嗟中君容曜多欽！岑幽巖峻嵯峨深。識知改別明璣心，詩興感遠殊浮沉。　嗟中君容曜多欽！岑幽巖峻嵯峨深。識知改別明璣心，始終曜觀華繁殷。　嗟中君容曜多欽！岑幽巖峻嵯峨深。識知改別明璣心，圖悲念爲懷如林。　嗟中君容曜多欽！岑幽巖峻嵯峨深。識知改別明璣心，璇詩夢君傷思欽。　嗟中君容曜多欽！岑幽巖峻嵯峨深。多患生艱惟苦身，榮君仁離殊方春。　嗟中君容曜多欽！何如將情纏憂殷？多患生艱惟苦身，加兼恋悴少精神。　嗟中君容曜多欽！何如將情纏憂殷？多患生艱惟苦身，傷好水燕桃廂琴。　嗟中君容曜多欽！何如將情纏

憂殷？多患生艱惟苦身，懷何是寃端平心。　嗟中君容曜多欽！何如將情纏憂殷？多患
生艱惟苦身，鄉舊眷土懷王秦。　嗟中君容曜多欽！何如將情纏憂殷？繁華觀曜始終
心，平端寃是何懷身。　嗟中君容曜多欽！何如將情纏憂殷？繁華觀曜終始心，蘇作興
感昭恨神。　嗟中君容曜多欽！何如將情纏憂殷？繁華觀曜終始心，氏辭懷感戚知麟。
嗟中君容曜多欽！何如將情纏憂殷，繁華觀曜終始心，璇詩夢君傷思欽。　嗟中君容
曜多欽！何如將情纏憂殷？繁華觀曜終始心，璣明別改知識深。　嗟中君容曜多欽？何
如將情纏憂殷？繁華觀曜終始心，圖怨念爲懷如林。　嗟中君容曜多欽！何如將情纏
憂殷？繁華觀曜終始心，詩興感遠殊浮沉。　嗟中君容曜多欽！何如將情纏憂殷？徵流
商歌鄭南音，藏摧悲身發曲秦。　嗟中君容曜多欽！何如將情纏憂殷？徵流商歌鄭南
音和詠思惟空堂心。　嗟中君容曜多欽！蒼穹誓終篤志貞。唐虞聖德懷智仁，傷慘懷
慕增憂心。　嗟中君容曜多欽！蒼穹誓終篤志貞。唐虞聖德懷智仁，嗟中君容曜多欽。
嗟中君容曜多欽。蒼穹誓終篤志貞！妙顯華重榮章臣。賢惟聖配英皇倫。　嗟中君容

曜多欽！蒼穹誓終篤志眞。妙顯華重榮章臣，佞因女孌至微深。　嗟中君容曜多欽所感想忘淫荒心。堂空惟思詠和音，藏摧怨聲發曲琴。　嗟中君容曜多欽！所感想忘淫荒心。憂增懷慕慘傷仁，智懷德聖虞唐眞。　嗟中君容曜多欽所感想忘淫荒心。憂增懷慕慘傷荒心。堂空惟思詠和音，南殷歆商流徵殷。　嗟中君容曜多欽！所感想忘淫荒心。憂增懷慕慘傷仁智懷德聖虞唐眞。　嗟中君容曜多欽！所感想忘淫荒心。憂增懷慕慘傷仁，嗟中君容曜多欽。

廂桃至基津。　春哀至嗟仁。　基自至廂琴。各得詩三十六首

思傷至望純。　懷何至梁民。　知戚至憂心。　如懷至陽春。各得詩八十四首

氏辭至霜新。　圖怨至長身。　璇詩至利音。　平端至故新。各得詩四十首

神輕至牆春。　滋誅至房人。　多曜至曲琴。　傷好至淸純。各得詩十四首讀法準此

第六章　唐宋元女文學之一斑

女世說『唐郭曖妻開平公主有才尤喜詩人曖盛集文士主必坐視，詩美者賞百縑。』

女世說『唐太宗召徐賢妃久不至怒甚，徐進詩曰『朝來臨鏡臺妝罷且徘徊。千金

升平公主

徐賢妃詩

上官昭容⑥

封夫人代夫捉刀

薛濤

侯氏詩

天地英靈鍾於婦人

李易安妻詩

始一笑，一召詎能來？」上爲頤解。

又「中宗幸昆明池，羣臣應制，命上官昭容選詩，昭容評沈佺期宋之問二詩工力悉敵，又殷保海舉進士時文章皆內子封夫人爲之。」

又「元相公稹聞薛濤名，因奉使往見，稹矜持筆硯，濤走筆作四友贊，稹歎服。」

又「張揆防邊十年，妻侯氏繡迴文作龜形詩，詣闕進之。云：聞雁幾回修尺素，見霜先爲製衣裳。繡作龜形獻天子，願教征客早還鄉。武宗感之，放歸，賜侯氏絹以彰才美。」

情史「宋謝希孟初爲妓陸氏造鴛鴦樓記，首句云：自遜抗機雲之死，而天地英靈之氣，不鍾於男子而鍾於婦人。後爲陸象山門人。」

宋李易安以重陽醉花陰詞致其外趙明誠，趙自愧弗及，務欲勝之，忘寢食三日夜，得五十闋，示友凌德夫，凌曰：只三句絕佳，「莫道不消魂，簾捲西風，人比黃花瘦」，乃妻句也。

易安在建康日，每大雪，即頂笠披簑，循城遠覽，以尋詩，得句必邀其夫和，明誠甚苦之。

本書之原理最高

者多在迷信色情之感，毫不知在女性優美慈柔德情上立論，以除暴雄而救世者，故法又不許兩性門由不得已乃生迷信的崇拜。見一女色，則轉化而上頌美，結果其頌為無條件的降伏贊歎者不同。但從前者滄派無聊文人，毫無性情上澈底覺悟，而世皆人正法。女與一班捧坤角者，迷信女色者，根本立腳點大不同，又與軟文學對於女性喜捨之女化，以降伏雄魔，故余之坤化；乃大慈悲母的變相，如張旭草書，看似狂怪而得大乘世法而活用之，以真如入世而轉衆生不入空定，且一「變」觀音化」而為慈悲其亂心意而致狂惑也。雖然，余多年常慨欲以出世佛法覺世矣，既知其為緣太狹，遂蓋兩性吸引力之大，天地間無可與比者。故狹隘的儒家與超世的仙佛，均力避之，恐儒家禮記公庭不言婦女，佛家十戒諸語，又言天仙飛行空中，聞女歌聲，遂墮人間，

第七章　對於香艷詩派之冷評序

元好問妹詩

元好問妹為女冠，文而艷，張平章欲娶之，自往訪，至則方手補天花板，輟而答，平章詢近作，應聲答有句云，寄語新來雙燕子，移巢別處覓雕梁。平章憫然出。

香奩派輭文學之迷信式偶像式的崇拜女性，無異以娼妓式的侮弄女性，助文人玩具而已。此可名爲輭文學者之罪惡，今當鳴鼓攻之，故特搜索近人所輯五百家香艷詩作家姓名，以聲其罪而討之。應知「坤化主義」以後對於女性應從德情上圓成女性情之眞美不可再蹈輭文學舊轍也。

五百家香艷詩作者姓名。

周蓼卹　梅子魁　林雲鳳　周士章　顧章甫　金漸皐　陸錫懌　曹爾堪
周永年　黃周星　俞泰　王晫　侯方域　施閏章　錢謙益　宋琬
曹胤昌　張實居　沈章　吳靄　李信芳　田茂遇　龔鼎孳　吳偉業
王光承　俞南史　吳權　崔淤　錢良擇　吳綺　周亮工　梁清標
徐緘　王隼　何雲　潘江　李漁　董俞　葉舒穎　宋徵璧
陳子升　張遺　雷斑　唐采　顧鋋　汪琬　王鴻緒　紀映鐘
余懷　冒襄　李燧　張梧　儲士　王士祿　黃之雋　趙執信

談遷　沙鼎　吳懋謙　沈彥章　劉體仁　吳兆騫　姚士升　焦袁熹
張二嚴　徐夜　徐波　姜垓　宋之繩　計東　王頊齡　葉舒崇
惲壽平　顧樵　萬壽祺　李雯　周肇　杜濬　查慎行　尤侗
屈大均　鄭棻　潘正衡　盛傳敏　彭孫遹　王士禛　孫瑒　顧景星
性德　儲方慶　劉獻庭　孫星衍　陳治　方正樹　王昶　江德量
黃任　梁佩蘭　朱彝尊　錢載　周稚廉　張養重　淩應曾　王曇
吳雯　舒大成　商盤　袁枚　何默　方殿元　張熙純　沈起鳳
傅山　陳維崧　李重華　朱稻孫　吳之振　顧敏恒　姜曦　張端木
潘夢龍　方淩霄　陳鴻寶　譚尚忠　曾晥　楊揆　吳錫麒　張問陶
潘肇振　徐雲路　朱筠　畢憲曾　張篤慶　蔣士銓　曹仁虎　黃文蓮
杭世駿　胡星阿　董均　汪懋麟　董以寧　鮑皐　丁岵瞻　朱之樸
葛景中　錢大昕　徐乾學　嚴繩孫　陶爾燧　沈德潛　程光鉅　張希賢

曹禾　舒位　厲鶚　江闓　潘牧　袁樹　趙翼　黃士珣
方觀承　劉大櫆　惠周惕　許迎年　卓爾堪　馬曰璐　朱荃　蔣廷鉉
陳梓　陳朗　福增格　姜遴　張以寧　朱方藹　鄭燮　姚椿
唐瑄　吳垠　曾燠　王世奇　王攄　管世銘　畢沅　蘊端
郭麐　金慰祖　陳廷慶　鄭永和　秦汧　吳慈鶴　高錫蕃　彭兆蓀
盛徵璵　黃景仁　程夢湘　金鴻書　陳祺芳　胡敬　江璧　孫廷樟
王禮堂　王之瑜　宋九芝　錢耀　祝光燦　吳嵩梁　程康莊　朱次琦
李暘　李心怡　夏震　郭束　邵崧　程恩澤　劉開　石景芬
朱文虎　吳文溥　余穀　金獻士　姚燮　吳毓珍　郭嵩燾　周壽昌
程宗洛　嚴元照　陶梁　劉廣智　張祥河　陳文述　張維屏　黃增塗
汪端揆　周爲漢　王世錫　曹埼　黃安濤　程虞卿　龔自珍　鐘曾淇
魯鳳藻　黃泰　程晉　王紹舒　劉嗣綰　李鐘潢　羅汝懷　陳元鼎

李廣滋　張崗　王慶麟　方積　李兆洛　吳鼒　陳魁　袁翼

高繼珩　楊芳燦　李遇春　程來泰　劉樞　樂鈞　梁紹壬　邵亨豫

顧玉霖　劉霞裳　許鐘　史逢年　孫原湘　陸繼輅　許槤　吳德旋

吳繪文　陶日熙　史承謙　鍾岱　盛大士　吳振棫　吳淮　蘇士棠

朱爲燓　陸耀適　黃鈞宰　朱克敬　經半園　莊禮本　王謝家　朱爲霖

恩錫　諸豫　鄧繹　楊恩壽　江逢辰　張仁壽　易宏　姚伊憲

呂廷煇　鳳藻　李慈銘　謝掄元　曾廣鈞　張簽　諸聯　宗得福

韓問南　盛昱　王詠霓　曹元忠　陳陔　汪瑔　汪昌　嚴以盛

陳玉樹　曾璞　張謇　孫放　石嘉吉　劉宗向　鄭鍾淇　陳三立

袁祖光　范當世　徐士怡　彭玉麟　陸崇蘭　譚獻　樊增祥　王以慜

朱銘盤　姚洳　黃宗起　李繹　朱鑑章　李希聖　姚鵬圖　龐樹柏

姚熙　蔣敦復　張之洞　邵曾鑑　葛金烺　姚文枏　江峰青　王闓運

蔣春霖　秦煥堯　范祝崧　易順鼎　梁鼎芬　夏時濟　徐　灼　戴　望

楊葆光　吳保初　康有爲　陸增煒　柳棄疾　郭鍾岳　葉廷琯　閔萃祥

蔡寶善　張　預　田其田　陳　寅　程頌萬　海　秋　林如璋　曹昌麟

枕　亞　孫顒元　饒智元　瀟湘花侍　林鎬　蔣　黼　俞　鍔　顧敦愉

曾蟄庵　易宗夔　惇葉祀　張丹斧　堯　生　陸應宿　陳孟楷　芬　陀

恒　仁　景耀月　語　儂　王汝翰　梁煥奎　樸　園　張裕穀　執　虛

劍　潭　莊元燮　逃　時　淮南劍客宗元鼎　慧　禪　無名氏　何春巢

以上各香艷體作者人名，近人中爲鄙人師友者頗不少。然「當仁不讓」欲發揮我根本主義不能不一筆抹殺論以　輕薄文人」之號。何以故？我用兩法解決一切法，由超世法第一義論之，一切皆空，色空不二，本無歎美可言，言者妄也。由世法論，兩性美本係自然，應從自然學上發展女性，化雄祛殺，致太平，乃兩性調和之正，而自來輕薄文人，上不能通出世色空解脫法，下不能扶陰美以抑陽暴，如老莊所謂得自然性

輕薄文人之罪案與將來性美文學改造之路

情之正。徒因肉慾之感，藉女性爲玩具，名則贊女爲仙佛，實則供雄性文人之侮弄耳。吾爲衆生謀世間福樂，非謂性愛不當互贊，特要從性情自然上得適宜之道。此種境界絕非輕薄文人可與語也。故特斷舊派香奩體文人之罪案，而改造將來性美新文學之路也。

紅樓夢鏡花緣的社會學研究序

我爲何來批評紅樓夢鏡花緣小説呢?因爲在今日環境「大相殺」時代。深感覺有提倡「大相愛」之必要。而託爾士太 Tolstoy 式的愛太高尚。難以迅速而普遍。所以我就在克氏 Kropotkin 的動物兩性社會學中。得一種情素, feeling 就是古代拍拉圖 Plato 所説的大同情。Common feeling 但欲達到拍克的境界,也不容易。我就想了個最好的「方便法。」好像佛説妙法蓮花經中的方便品。尋得了紅樓夢鏡花緣二書。鏡花緣博雅整齊,爲有組織的女政府。而紅樓夢中伏着兩大問題一出世生死觀二世間情愛觀。書中將最高學理,用林賈二人爲代表。表示人人心中的疑案,要引起人人解決。但可惜至今尚未得科學法來解決。我就用之爲藍本。證以託氏克氏拍氏及佛老等學術,整理出來,使明白易曉。令一般人讀之,自然「變化氣質。」把相害的性質,變成相愛。用希拉化的和諧律。以「解決今日爲爭物質而殺同情的愛人的慘世界」由全人類柔性（女）政府，達到大同世界；再到人天大解脫世界。而第一步必須從情化上起點，以愛化殺。小之以一村成一更進化的大觀園。大之一世界成一更進化的大觀園。此二十世紀之新紅樓夢。非從前悲慘不圓滿之舊夢也。我最愛之

讀者諸君，可以與子同夢矣。

十六，十一月，上海天養館主。

紅樓夢兩性心理學序

我所以立本篇的緣故有五條。一，是從科學方面看起來。紅樓夢確有可批評研究的價值。二，此書曾經公衆投票議決證明在社會上流行最廣。勢力最大。三，我自己在十八歲的時候。初曾用十天的功夫看了一遍。因在「聽曲文寶玉悟禪機」一篇。早伏了後來學佛的種子。四，我的相識者。若王國維蔡元培胡適諸先生。均曾對于此書有很深的研究。而我久想用哲理的研究。深深的整理一番。若等到學成再下筆。更是無期。也就趁此發表。五，我對于此書根本的批評。仍覺得他是不完全的，舊式的片面的。悲觀的。沒解決的。而我確是圓滿主張。非片面的悲觀的。就趁此借他題目。爲改造社會思想的藍本。因此所以立下本篇，把原書上的與問題有關之處。略略批評一番。要之。讀過紅樓夢的人。就對于男性的劣點。女性的優點。上有些承認。可算是社會大革命的先鋒了。

但我不承認女男可以革命。另詳于天下太平書序中。而要改革雄性。必須用一種藥劑。在紅樓上看出來可得兩種道理。一是無常觀。二是性愛觀。一是人生問題。二是兩性問題。賈林諸人完全爲此二問題而癡愚犧牲。出世就是生死問題大。在世就是兩性問題大。所以紅樓全部最高問題就在此。從前王國維先生是用叔本華的厭世哲學來批評。我今卻是從厭世觀。樂生觀。美藝觀。情化觀四種來圓成此主義。不教將來有情，重歸失敗。卽利用此大化同情和諧一切。解決乃至解脫一切。庶幾大地可成一大觀園。一村成一小大觀園。而自在過之。此坤化世界必須用紅樓夢爲教科書而不取水滸也。

十六，十一月，上海天養館主。

不用殺人 ☰☷ 天下太平書卷八

紅樓夢鏡花緣的社會學研究

天養館叢書甲部之四

下邳劉仁航靈花著

一女見識出男上

(一)紅樓夢兩性心理學

第一章　開卷述作者動機

開卷作者自述緣起。即曰「此開卷第一回也。作者自云。曾歷一番夢幻之後。故將眞事隱去。借說此一書也。…… 風塵碌碌。一事無成。忽念及當日所有之女子。一一細考較去。覺其行止見識。皆出我之上。我堂堂鬚眉。誠不若彼裙釵。我實愧則有餘。悔又無益。大無可如何之日也。編述一集以告天下。知我之負罪固多。然閨閣中歷歷有人。萬不可因我之不肖，自護己短。一並使其泯滅也。故 …… 用假語村言，敷衍出來。亦可使閨閣昭傳。故曰賈雨村云。……竟不如我半世親見親聞的這幾個女子。雖不敢說強似前代書中所有之人。但觀其事跡原委。亦可消愁破悶。……不過談情。亦只實錄其事。曹雪芹題曰金陵十二釵。即此便是石頭記的緣起。

開卷作者反覆述作書之故。因他承認有些女友實在見識比他高強。他不肯護短泯沒。所以一一寫出。這是篇篇常常借寶玉口中說出女兒比男人聰明的緣故。這一事是他作書的動機。

二男濁

第五回。警幻仙曲演紅樓夢云。只見房中走出幾個仙子來。皆是嬌若春花。媚如秋月。一見寶玉。都怨謗警幻道。我們不知係何貴客。忙的接出來。何故引了這濁物來。汚染這清淨女兒之境。寶玉聽如此說。便唬得欲退不能。果覺自形污穢不堪。

三男臭

第十五回。北靜王將聖上所賜蕶苓香念珠。贈與寶玉。十六回。寶玉將香串珍重取出。轉送黛玉。黛玉說。什麼臭男人拿過的。我不要這東西。遂擲而不取。寶玉只得收回。

上兩段都是貴女賤男的公案。本來惡男人不清潔。不但是寶玉。差不多女人都是如此。因女兒性質大都是愛潔美的。

第二章　林黛玉的人生觀

第一節　落花無常觀

二十三回牡丹亭豔曲警芳心。林黛玉收葬了花。見寶玉去了。自己悶悶的正欲回房。剛走到梨香院牆角外。只聽見牆內笛韻悠揚。歌聲婉轉。便知是那十二個女子演習戲文。雖未留心去聽。偶然兩句吹到耳內。明明白白一字不落道。

原來是姹紫嫣紅開遍。似這般都付與斷井頹垣。

是無常觀。林姑的根本觀念。抵得尤西堂的落花賦。林黛玉聽了。倒也十分感慨纏綿。又聽道：

良辰美景奈何天？賞心樂事誰家院？

聽了這兩句。不覺點頭自歎。心下自思。原來戲上也有好文章。可惜世人只知道看戲。未必能領略戲中的趣味。又聽道：

只爲你如花美眷。似水流年。

黛玉聽了這兩句不覺心動神搖。又聽道。「你在幽閨自憐」等句。越發如醉如癡。站立不住。便一蹲身坐在一塊山子石上。細嚼「如花美眷似水流年。」八個字的滋味。（此處却又有樂生觀的趣味）忽又想古人詩中有「水流花謝兩無情」之句。再詞中有「流水落花春去也。天上人間」之句。又兼方才所見西廂記中「花落水流紅。閒愁萬種」之句。都一時想起來。湊聚在一處。仔細忖度。不覺心痛神馳。眼中落淚。（是無常觀樂生觀的交戰）

三厭世觀與樂生觀同源

由來哲人一切思想。不論佳人才子。乃至仙佛。都是由于一念動機。而平常最易感人動機是春景。是花月。所以佛所有說法。都喜借花來比喻。是因花容易引起人研究與趣的緣故。所以黛玉的落花無常觀。與佛家無常觀基本上沒有不同。左引佛經二節證之。智者可以由此入門也。大智度論十八。如一國王。在園遊戲。晨見林樹花果蔚茂。甚可愛樂。食已而臥。夫人婇女皆共取花。毀折林樹。王覺已見花林毀壞。

才子美人仙佛之同情

詩詞中無常觀與楞嚴經

而自覺悟。一切世法無常變壞。皆亦如是。思惟是已。斷諸結使。得辟支佛道。

楞嚴經卷二佛告波斯匿王汝身現在。今復問汝。汝此肉身爲同金剛常住不朽?爲復變壞?世尊。我今此身終從變滅。佛言大王。汝未曾滅。云何知滅?世尊。我此無常變壞之身。雖未曾滅。我觀現前念念遷謝。新新不住。如火成灰。漸漸消殞。殞亡不息。決知此身當從滅盡。佛言如是。大王。汝今生齡已從衰老。顏貌何如童子之時?世尊。我昔孩孺膚腠潤澤。年至長成。血氣充滿。而今頹齡。迫於衰耄。形色枯悴。精神昏昧。髮白面皺。逮將不久。如何見比充盛之時?佛言大王。汝之形容。應不頓朽。王言世尊。變化密移。我誠不覺。寒暑遷流。漸至於此。何以故?我年二十。雖號年少。顏貌已老初十歲時。三十之年又衰二十。於今六十又過於二。觀五十時宛然强壯。世尊。我見密移。雖此殂落。其間流易。且限十年。若復令我微細思惟。其變寧惟一紀二紀?實爲年變。豈惟年變?亦兼月化。何直月化?兼又日遷。沈思諦觀。剎那剎那。念念之間。不得停止。故知我身終從變滅。

關于此點。佛的厭世觀。與東方楊朱。西方伊壁鳩魯 Epicture 的現世快樂派。其基本人生觀。都從無常觀上起點。不過後來目的不同。可知無常觀爲人生最要。不通此者。不可以入智海之門。就是紅樓上說的「牛心」了。

第二節　煩惱生死觀

十七回。黛玉生氣回房。將寶玉囑付他做而未完的香袋。拿起剪子就鉸。寶玉連忙趕過來。早已剪破了。……寶玉道。你也不用剪。我知你是懶怠給我東西。我連這荷包奉還何如?說著。擲向他懷中而去。黛玉越發氣得哭了。拿起荷包又剪。寶玉忙回身搶住。笑道。好妹妹。饒了他罷。

此處爲將來林之終于破壞伏線。又貫也摔玉。所以也終于出家。

二十回。黛玉道。我死我的。與你何干?寶玉道。何苦來大正月裏。死了活了。黛玉道。偏說死。我這會子就死。你長命百歲的何如?寶玉笑道。要像只管這樣的鬧。我還怕死麼?倒不如死了乾淨。黛玉忙道。正是了。要是這樣鬧。不如死了乾淨。寶玉道。我說自家死了

以自殺爲解決

乾淨。別錯聽了話賴人。

他們終日開口就說死。所以終于死散。這是他們的人生觀了。

二十八回。黛玉正自傷感。忽聽山坡上也有悲聲。心下想道。人人都笑我有癡病。難道還有一個癡子不成？擡頭一看。見是寶玉。黛玉便道。啐。我當是誰？原來是這個很心短命的。……長歎一聲。抽身便走了。（是兩人葬花的同情，也是千古哲人的同情，同情便是癡了。）

又寶玉詫異道。我要是這樣。立刻就死了。黛玉啐道。大清早起。死呀活的。也不忌諱。……寶玉出來。黛玉向外頭說道。阿彌陀佛。趕你回來。我死了也罷了。

上面剛不叫他說死。下面自己又說出來。是他們不自覺處。

三十二回。寶玉擡起手來。替他拭淚。黛玉忙向後退了幾步。說道：你又要死了。做什麼這般動手動脚的？寶玉笑道。說話忘了情。不覺的就動了手。也就顧不得死活。林黛玉道：死了倒不值甚麼。只是丟下了什麼金，什麼麒麟，可怎好呢？

他們開口就想到生死問題。以外例尙多。不遑枚舉了。

八十五回。黛玉生日。開戲出了場。自然是一兩齣吉慶戲文。乃至第三齣。是蕊珠記的冥昇。小旦扮的是嫦娥墮落人寰。幾乎給人爲配。虧觀音點化。就未嫁而逝。昇引月宮。曲裏唱的：「人間只得風情好。那知道秋月春花容易拋？幾乎不把廣寒宮忘卻了。」第四齣是喫糠。第五齣達摩帶著徒弟過江去。

此段第三齣影射林。四齣影薛。五齣影賈之出家也。是全書大題目。而蕊珠之詞特悲感動人。但他的解決煩惱法。終歸自殺。

第三節　無常觀的文學

❀林黛玉葬花詩

花謝花飛飛滿天。紅消香斷有誰憐？游絲軟繫飄風榭。落絮輕沾撲繡簾。閨中女兒惜春暮。愁緒滿懷無釋處。手把花鋤出繡簾。忍踏落花來復去。柳絲榆莢自芳菲。不管桃飄與李飛。桃李明年能再發。明年閨中知有誰？三月香巢已累成？梁間燕子太無情。明年花發雖可啄。卻不道人去樑空巢亦傾。一年三百六十日。風刀霜劍嚴相逼。明媚鮮

葬花詩

姸能幾時？一朝飄泊難尋覓。花開易見落難尋。階前悶殺葬花人。獨把花鋤淚暗灑。灑上空枝見血痕。杜鵑無語正黃昏。荷鋤歸去掩重門。青燈照壁人初睡。冷雨敲窗被未溫。怪儂底事倍傷神？半是憐春半惱春。憐春忽至惱忽去。至又無言去不聞。昨宵庭外悲歌發。知是花魂與鳥魂？花魂鳥魂總難留。鳥自無言花自羞。願儂脇下生雙翼。隨花飛到天盡頭。天盡頭。何處有香坵？未若錦囊收豔骨。一抔淨土掩風流。質本潔來還潔去。强於汚淖陷渠溝。爾今死去儂收葬。未卜儂身何日喪？儂今葬花人笑癡。他年葬儂知是誰？試看春殘花漸落。便是紅顏老死時。一朝春盡紅顏老。花落人亡兩不知。

秋窗風雨夕詩

❀又秋窗風雨夕詩

秋花慘淡秋草黃。耿耿秋燈秋長夜。已覺秋窗秋不盡。那堪風雨助淒涼？助秋風雨來何速？驚破秋窗秋夢續。抱得秋情不忍眠。自向秋屛挑淚燭。淚燭搖搖爇短檠。牽愁照恨動離情。誰家秋院無風入？何處秋窗無雨聲？羅衾不奈秋風力。殘漏聲催秋雨急。連宵霢霢復颼颼。燈前如伴離人泣。寒煙小院轉蕭條。疏竹虛窗時滴瀝。不知風雨幾時休？已教淚灑窗紗濕。

又桃花詩

桃花簾外東風軟。桃花簾內晨粧懶。簾外桃花簾內人。人與桃花隔不遠。東風有意揭簾櫳。花欲窺人簾不捲。桃花簾外開仍舊。簾中人比桃花瘦。花解憐人花也愁。隔簾消息風吹透。風透簾落花滿庭。庭前春色倍傷情。閒苔院菴空門掩。斜日闌干人自凭。凭闌人向東風泣。茜裙偸傍桃花立。桃花桃葉亂紛紛。花綻新紅葉凝碧。樹樹烟封一萬株。烘照樓壁紅凝糊。天機燒破鴛鴦錦。春酣欲醒移珊枕。侍女金盆進水來。香泉飲醮胭脂冷。胭脂鮮豔何相類？花之顏色人之淚。若將人淚比桃花。淚自長流花自媚。淚眼觀花淚易乾。淚乾春盡花憔悴。憔悴花遮憔悴人。花飛人倦易黃昏。一聲杜宇春歸盡。寂寞簾櫳空月痕。

三首結句。無一不歸于敗興者。言爲心聲。夭死之兆已現。正與楚騷作者屈原歸于投水相等。此三首。春花秋雨。可代表黛玉無常觀的文學。但實際所有哲人。無不有

尤侗落花賦

此種思想感情。而最與此同調者。爲尤西堂之落花賦。左特引以作証。

尤侗落花賦

悲乎哉！試望郊原。荒涼滿目。蔓草孤青。叢條盡綠。花影誰留？花魂不復。薄命紅顏傷心一哭！　猶記夫歲既晏。臘就殘。風迴小暖。霜勒餘寒。隋宮細剪。唐苑催看。于是花始出。有似乎破瓜之年。初籠霧鬢。微掠烟鬟。溫脂粉膩。清玉香攢。芳心一點。綵縷雙纏。憨如欲笑。弱不勝憐。　及夫春光好。風信急。蝶夢江南。燕思寒食。鈴護房櫳。鼓催顏色。于是花正開。有似乎定情之日。夜帳腰欹。曉奩黛拂。酣睡夢紅。淡粧浴碧。薄醉雲欄。小垂月陌。嫵媚移情。溫柔殢魄。　孰意春將暮。日欲西。奈何歸鶯喚。去鵑啼？風驚片片。雨泣枝枝。于是花乃落。有似乎北邙之死別。南浦之生離。飄零翠鈿。碎剪羅衣。脂肌土葬。玉骨烟飛。淚痕界面。愁暈侵眉。朱簾不捲。青幙空垂。問花無語。見花無期。從今一去。地角天涯！　已焉哉！昔日三眠。舊時一捻。含笑已非。含歡逐絕。分開並蒂之枝。扭斷同心之結。西窗閉兮環佩杳。東風去兮音塵闊。咽復咽兮隴頭水。怨復怨兮關山月。　至如夫人

林賈的戲劇禪化與穆麗士

黼帳。天子壁臺琵琶雁塞。繡襪馬嵬。綠珠樓墜。紫玉塵埋。巫山雲散。洛水舟迴。悲別離兮自古。孰能喻我落花之哀？

第三章　賈寶玉的人生觀

第一節　寄生草的空觀

二十二回。聽曲文寶玉悟禪機。賈母命寶釵點戲。寶釵點了一齣魯智深醉鬧五臺山有寄生草詞云。

漫搵英雄淚。相離處士家。（是英雄感慨）謝慈悲，剃度在蓮臺下。（是報恩願）沒緣法轉眼分離乍。赤條條來去無牽掛。（是無上禪語）那裏討烟簑雨笠捲單行？一任俺芒鞋破鉢隨緣化。（是出家人本色）

以上寫兩人都是由戲劇悟入正合現在藝術化之文明。將來必以藝術戲劇代各種組織。女學校，家族，乃至政府宗教等。此是穆麗士 Wiliam morris 的美術無政府派學術。可于林賈思想證之。

寶玉大哭起來，占一偈云。你證我證。心證意證。是無有證。斯可云證。無可云證，是立足境。寫畢。又塡一寄生草在後。又念一遍。自覺心中「無有掛礙。」便上牀睡了。

第二節　林黛玉禪鋒之向上一提

誰知黛玉見寶玉此番果斷而去。假以尋襲人爲由。來覗動靜。襲人便將寶玉寫的與黛玉看。黛玉便拿去與湘雲寶釵同看。寶釵看畢。因笑道。這個人悟了。都是我的不是。是我昨兒一支曲子惹出來的。這些道書機鋒。最能移性。明兒認眞起來。說些瘋話。存這個念頭。豈不是從我這一支曲子起。我成了個罪魁了。說着便撕了個粉碎。遞與丫頭們。叫快燒了。黛玉笑道。不該撕了。等我問他。你們跟我來。包管叫他收了這個痴心邪念。三人果往寶玉房裏來。黛玉先笑道。寶玉。我問你。至貴者寶。至堅者玉。爾有何貴？爾有何堅？寶玉竟不能答。二人笑道。這樣愚鈍。還參禪呢。湘雲也拍手笑道。寶哥哥可輸了。黛玉又道。你那偈末云。無可云證。是立足境。固然好了。只是據我看來。還未盡善。我續兩句。「無立足境。方是乾淨。」

此段寫黛玉禪鋒向上一提。竿頭進步。就不能再下轉語了。

第三節　一生悶葫蘆與魏晉文學

八十一回。因爲迎春遠嫁。寶玉逕往瀟湘館來。放聲大哭。黛玉道。爲什麼傷起心來？寶玉道。我只想着喈們大家越早些死的越好。活着眞眞沒有趣兒。

看來寶玉本是樂生觀。不過因爲悲別離。就感動成了出家的悲觀了。

又回了怡紅院。睡了起來。隨手拏了一本古樂府看看見曹孟德「對酒當歌人生幾何」一首。不覺刺心。因放下一本。又拏了一本看時。却是晉文。翻了幾頁。忽然把書掩上。托着腮只管呆坐。襲人倒了茶來。見他這般光景。便道你爲什麼又不看了。寶玉也不答。接過茶。呷了一口。便放下。襲人只管站在旁邊。獃獃的看著他。忽見寶玉站起來。嘴裏自言自語道。好一個「放浪形骸之外」！

此段不過是要發揮形骸之外一句的意思。看作者有如許曲折筆力。乃能十分曳滿弓而發利箭。今讀者注意此一大問題。乃知此子所稱癡愚瘋獃俗濁病魔種種

寶玉之癡與西哲蘇克雷地Sorates

名稱。都是胸中有大事因緣在。無可告語。就癡了。試拏此節與希拉聖哲蘇克雷地比。蘇氏有時靜思一日一夜。人不見其動身。又佛入三昧方能解決問題。賈正是如此。讀者明白此段。乃知凡是說寶玉愚獃呆想等處。正是作者深心處。欲人注意去解決人生重要問題。讀者。乃說寶玉眞癡。那就是癡人說夢了。切切注意。他是專用力冥想也。

二十回。寶玉對賈環道。大正月裏。哭甚麽?這裏不好。到別處頑去。你天天念書。倒念糊塗了。譬如這件東西不好。橫豎檢那一件好的。就檢了這件取那件。難道你守着這件東西。哭會子就好了不成。你原來是取樂的。倒招的的自己煩惱不成?

由此段看來。賈的人生觀。不限定要破壞的。是樂生的。很像楊學的憐生主義。他不定用破壞手段。善能避苦就樂。有活潑氣象。不像林之一味衝破。所以林是絕對厭世。賈是相對的。

以上第一第二兩節分清楚。便知林賈人生觀的同點和異點了。此是本書最深處。

六祖的公案

餘的便容易理會。

第四章　薛寶釵之禪機與三種人生觀之比較

第一節　寶釵之禪機

三十二回。寶釵道。實在這方悟徹。當日南宗六祖惠能初尋師，聞五祖宏忍在黃梅。他便充役火頭僧。五祖欲求法嗣。令諸僧各出一偈。上座神秀說道。

身是菩提樹。心如明鏡臺。時時勤拂拭。莫使染塵埃。(此是用工境界，也不算錯，是漸法。)

彼時惠能在廚房舂米。聽了這偈。說美則美矣。了則未了。因自念一偈曰。

菩提本非樹。明鏡亦非臺。本來無一物。何處染塵埃。(此是彈丸脫手，更無轉語，是頓法。)

五祖便將衣鉢傳他。今兒這偈語亦同此意。了只是方才這句機鋒尚未完全了結。這便丟開手不成？黛玉笑道。他不能答。就算輸了。這會子答上了，也不爲出奇了。只是以後再不許談禪了。連我們兩個所知所能的，你還不知不能呢。還去參禪呢？寶玉自以爲覺悟。不想忽被黛玉一問。便不能答。寶釵又比出語錄來。此皆素不見他們能者。自已想了一想。原來他們比我的知覺在先。尚未解悟。我如今何必自尋苦惱。想畢。便笑道。誰又參禪。不過一時的頑話兒罷了。（所以作者處處服女兒聰明）

第二節　林賈薛三種人生觀之比較

八十四回。寶玉始提親。賈母道。林丫頭只是心重些。所以身子就不大結實了。要賭這靈性兒。也合寶丫頭不差什麽。要賭寬厚待人裏頭。卻不濟他寶姐姐有耽待，有儘讓了。

這回是因提親。賈母用正式批評釵黛二人的生平。又算是兩人的結論。也是他們適者生存的原理。這就是釵能和衆優生之點了。

論起紅樓全書。是以林賈薛三人爲骨。而三人的人生觀，就爲全書之骨。能了解他三人人生觀的異同。便能了解全書的意義。現在比較言之。林是絕對的出世主義。悲觀厭世。不能與世合作。高標出塵。似屈原騷人。結果悲感自殺。薛是入世主義。無論如何。是同流俗。合汙世。他對于上下一切人等。自賈母王熙鳳以至襲人等等。都一概巧于應酬交際。所以雖然非賈的知己。而一時也得優勝。又熱心功名富貴。通達俗情。完全是守舊派。合時宜的勢利人。唯有寶玉。又想樂生現在。又想着出世無牽掛。所以每每交戰。成了獃癡種種怪癖。沒有辦法。他既不肯若林之自殺。又不肯若薛之隨俗。所以終于出家。他的思想是在林薛的中間。所以林的人生觀也直捷。一死便了。薛也容易。橫竪是隨俗圓轉。惟賈最困難。二者不能兩全。賈的許多怪癖。都是因爲想解決這個大問題。今用表列於下。

林賈薛三種人生觀比較表

比較表

林黛玉
孤高厭世
絕對悲觀喜散不喜聚
哭的生活
虛無主義傷感無常
近仙
獨立精神
大革命家創作家
直線前進派
自殺犧牲其同調爲尤三姐等
最易解決

都

賈寶玉	薛寶釵
態度不明	隨俗和世
悲樂相離聚喜散則甚悲	忍苦以求樂觀能忍悲苦
歌哭無時	外樂內悲
空有二端感常	現世主義飽嘗世味
近佛	近儒
在出入間	媚世手段
想革命創作	守舊派守分安命
想前進	曲線對付
肯犧牲同調爲惜春	苟全同調爲襲人
最難解決	也易解決
不圓	滿

據表觀之。林賈二人，均爲家庭及社會及性愛的革命家。甚似屈原之于楚國。留萬古恨也。所以遺社會甚大影響。至今不但不衰。且益盛行研究。非無故矣。但仔細考查三人同歸失敗。因林的厭世也是不得已。薛的一時優勝。終久失敗。賈兩面交戰。一頭也無着。所以紅樓一書。沒有結果辦法。乃是社會大問題。若說起來。林的

三人的問題是人人代表。

問題易解決。薛能忍耐也易解決。而頂難解決的是賈。這部書始終也沒法解決。所以以夢解之。實在人生終不是夢。也要知道他們三人的問題。就是我們人人的問題。他三人就是人人的代表。所以至今許多人都肯研究這書。就是也自然受這問題的牽動。要知道眞解決這問題。就非到佛說北俱樂洲。廢家庭政府一切自由而後可也。到了那時。他三人問題都解決。就是我們大家全問題都解決了。這就是我來批評這書的目的。不是空增加問題。我是要解決問題。

第五章　賈林是無政府主義的知己

第一節　厭惡禮教與仕進

寶玉的賤權服女似淵明。

三十六回。那寶玉素日就懶與士大夫諸男人接談。又最厭峨冠禮服賀弔往還等事。每日甘心爲諸丫頭充役。竟也得十分消閒日月。

此處賈頗似陶淵明閒情賦的趣味。不爲權貴折腰。卻甘服侍女流。

或如寶釵輩有時見機勸導。反生起氣來。只說好好的一個清淨潔白的女子。也學的釣名沽譽，入了國賊祿位之流。這總是前人無故生事。立意造言。原爲引導後世的鬚眉濁物。不想我生不幸。且瓊閨繡閣中亦染此風。眞眞有負天地鍾靈毓秀之德。衆人見他如此瘋顛。也都不向他說正經話了。獨有林黛玉自幼不曾勸他去立身揚名。所以深敬黛玉。

所以林是他的知己。因爲同一出世觀也。後來一個自殺。一個出家。

八十二回。黛玉道。我恍惚聽見你念書去了。這麽早就回來了。寶玉道。噯呀！了不得。我今兒不是被老爺叫了念書去了麽？心上倒像沒有和你們見面的日子了。好容易熬了一天。眞眞一日三秋。……黛玉道。你也該瞧瞧他們去。寶玉道。我這會子懶得動了。只和妹妹坐着說一會話兒罷。黛玉道。你坐坐兒。可是正該歇歇兒去了。寶玉道。我那裏是乏？只是悶得慌。這會子咱們坐着才把悶散了。你又催起我來。（這一段極細緻難得他寫出來）黛玉微微的一笑。叫紫鵑泡龍井茶。說二爺如今念書了。比不得頭裏。寶玉道。還提什麽念書。我最厭這些道學話。更可笑的是八股文章。拿他誑功名混飯喫也罷了。還說代聖賢立言。……東拉西拖。弄的牛鬼蛇神。目下老爺口口聲聲，叫我學這個。我又不敢違拗。你這會子還提念書呢！

寶玉既不承認念書。更何況書中的八股呢。

八十四回賈政說。老太太這樣疼寶玉。畢竟要他有些實學。日後可以混得功名才好。也不至糟蹋了人家的女兒。（這話也有幾分爲女兒打算）

第二節　薛政府派的混帳話

三十二回。寶玉道。罷罷。我乃俗中又俗的一個俗人。並不願同這些人往來。史湘雲笑道。不是這個情性改不了。如今大了。你就不願讀書去考舉人進士的。也該常會這些爲官作宰的。談談講講那些仕途經濟的學問。也好將來應酬庶務。日後也有個朋友。沒見你成年家只在我們隊裏攪些甚麽。寶玉聽了道。姑娘請別的姐妹屋裏坐坐。我這裏仔細髒了你知經濟學問的人。襲人道。姑娘快別說這話。上回也是寶姑娘說過一回。他也不管人臉上過得去過不去。他就咳了一聲。拿起脚來走了。這裏寶姑娘登時羞得臉通紅。幸而是寶姑娘。那要是林姑娘。不知又鬧得這樣呢。寶玉道。林姑娘從來說過這些混帳話不曾？要是說過。我早和他生分了。襲人和湘雲都點頭笑道。這原是混帳話。林黛玉剛走來，正聽見寶玉的話。不覺又驚又喜又悲又嘆。喜者果然自己眼力不錯。果然是個知己。

此段形容寶玉痛惡政府官僚派。不願與他們往來。誰與他往來。他就與他絕交。說他是混帳。由此便知道他平生一個眞知己。只是林姑娘。像寶釵襲人湘雲全體一班人。全是俗人。也是混帳派。所以他生平不認他是眞知己。他更恥惡假着甚麽經濟學問字樣去鬼混。無可奈何。他說自己是俗中又俗。便是罵世。總之他是拿佛眼觀世界的。就像託翁的無政府主義。後來出家，也正相同。而賈林二人乃是無政府黨的眞知己了。所以他二人代表全書的結晶，決非偶然。

第三節　賈的廢君臣主義與老子楊子

三十六回。寶玉聽至濃快處。見他不說了。便笑道。人誰不死。只要死的好。那些個鬚眉濁物。只知道文死諫。武死戰。這二死是大丈夫死名死節。究竟何如不死的好。必定有昏君，他方諫。他只顧他邀名，猛拚一死。將來置君於何地？必定有刀兵，他方戰。猛拚一死。他只顧圖汗馬之名，將來棄國於何地？所以這皆非正死。襲人道。忠臣良將皆出於不得已。他纔死。寶玉道。那武將不過仗血氣之勇。疏謀少略。他自己無能。送了性命。這難道也是不得已？那文官更不比武官了。他念兩句書。記在心裏。若朝廷少有瑕疵。他就胡彈亂諫。只顧他邀忠烈之名。濁氣一湧。即時拚死。這難道也是不得已？可知他那些死的。都是沽名。並不知大義。比如我此時若果有造化。該死于此時的。如今趁你們在。我就死了。再能彀你哭我的眼淚流成大河。把我的屍首漂起來。送到那鴉雀不到的幽僻之處。隨風化了。自此再不要託生爲人。就是我死得時了。是他的死法

這一段是從老子的國家昏亂有忠臣一句演出來，與楊子廢婚宦，孔子評丈人的「君臣之義如之何其廢之」之廢的意思一樣。是紅樓對政治思想的正面。

四十二回。寶玉道。男人們讀書不明理。不如不讀書的好。男人們讀書明理。輔國治民。

寶釵自託爾斯泰思想

這更好了。只是如今。並遇不見有這樣的人。讀了書倒更壞了。可惜他把書遭蹋了。所以倒不如耕種買賣，倒沒有甚麽大害處。黛玉心下暗服答應是的。

這段看來寶釵也有許行及託翁思想。不過是不徹底。又大觀園中有稻香老農可見紅樓作者也注意到農民社會正不獨於劉老老見之。

二十二回寶玉想到南華經內「巧者勞而智者憂。無能者無所求。蔬食而遨遊汎若不繫之舟」一越想越無趣。……黛玉見他去了。便知賭氣去了。（便是老莊無政主義的眞面目藉寶玉寫出來）

五十六回。寶釵道。你纔辦了兩天事。就利欲薰心。把朱子都看虛浮了。探春笑道。出你這樣一個通人。竟沒看見姬子書有云。「登利祿之場。處運籌之界。竊堯舜之詞。背孔孟之道。」

探春辦兩天事。就染官僚氣。姬子書四句。是痛惡政治本色。像耶蘇罵法理賽人語。

第四節　沒有靈魂的甄寶玉

五十六回又一個丫鬟笑道。咱們快走罷。別叫寶玉看見。又說。同這臭小子說了話。把咱們薰臭了。……甄寶玉說。我聽說長安都中也有個寶玉。我做個夢，到了都中一個花園裏頭。遇見幾個姐姐。都叫我臭小廝。不理我。好容易我到他房裏。偏他睡覺。空有皮囊。眞性不知往那裏去了。（入世便失了眞面目）寶玉聽說。忙說道。我因找寶玉來到這裏。原來你就是寶玉。這可不是夢裏了。（賈寶玉說世界是假的，甄寶玉把世界看眞了，所以就俗就臭了）

百十五回。證同類寶玉失相知。寶玉聽了甄寶玉的話。心想，這個人果然同我的心一樣的。但你我都是男人。不比那女孩兒們淸潔。怎麼他拿我當作女孩兒看待起來?便道。世兄謬贊。實不敢當。弟是至濁至愚。只一塊頑石耳。甄寶玉道。……世兄必是文章經濟高出人上。將爲席上之珍。賈寶玉聽這話頭。又近了祿蠹的舊套。想話回答。倒是賈蘭聽了這話。甚覺合意。便說道。文章經濟，實在從歷練中出來的。方爲眞才實學。寶

林賈似佛與文殊

玉心裏想道。這孩子從幾時也學了這一派酸論。便說道。弟聞得世兄也詆盡流俗。性情中只有一番見解。今日弟想領敎一番超凡入聖的道理。可以淨洗俗腸重開眼界。不意視弟爲蠢物。所以將世路的話來酬應（看來寶玉是出世的人，看世事總覺得蠢）百十五回寶玉知甄寶玉來京。原想得一知己。豈知談了半天，竟冰炭不投悶悶的回房。寶釵便問那甄寶玉果然像你麼？寶玉道。相貌倒還是一樣的。只是言談間看起來並不知道什麼。不過也是個祿蠹。寶釵道。怎見得？寶玉道。他說了半天。並沒個明心見性之談。不過說些甚麼文章經濟。又說什麼爲忠爲孝。這樣人可不是祿蠹麼？只可惜他也生了這樣一個相貌。我想來有了他。我竟要連我這個相貌也不要了。

我們看紅樓的，都受作者一種暗示。每每看過些許多人的閒文雜事。過一會子。必定記掛林賈二人何以無聚會？他二人一聚會。好像總有些秘義謎語新解。不是公開的。這是作者故意將所有最深哲學借二人談出。所以一看他二人的情形。如魚得水。如佛和文殊。文殊遇維摩。孔子與顏回的一樣。又如詩家李杜會面。必有奇文。

非人間所有。而背面卻寫一甄寶玉是熱心仕進。恰相反比。所以寶玉因此不要面貌。無面目生在世上。這是說世上人貪着俗世。就是無靈魂的木偶。因爲把世上太看眞了。假就靈，眞就蠢了。而寶釵反贊成這派。所以根本與賈不能和諧。

寶釵道。做了一個男人原該要立身揚名的。誰像你一味的柔情私意？不說自己沒有剛烈。倒說人家是祿蠹。寶玉心中更加不樂。悶悶昏昏。舊病復起。並不言語。只是傻笑。

寶釵這話。正中寶玉所悟。只因黛玉一死。伯牙便失鍾期。天涯更無鼓琴之地。只是傻笑。就不必對牛談琴了。

第六章　賈之兩性社會觀與林之禪機

第一節　女善男惡

第二回。寶玉說。女兒是水做的骨肉。男人是泥做的骨肉。我見了女兒便淸爽。見了男子，便覺濁臭逼人。必得兩個女兒伴我讀書。我方能認得字。心上也明白。不然。我心裏自已糊塗。又常說。這「女兒」兩個字。極尊貴。極淸淨的。比那瑞獸珍禽，奇花異草。更覺希罕尊貴呢。你們這種濁口臭舌。萬萬不可唐突了這兩個字。要緊要緊。若要說時。必用淨水香茶嗽了口。方可說。若說錯了。便要鑿牙穿眼的。其暴虐頑劣。種種異常。只上學進去。見了那女兒們。其溫厚和平。聰明文雅。竟又變了一個樣子。二十回。寶玉料定天地靈淑之氣。只鍾于女子。男兒們不過是些渣滓濁沫而已。因此把一切男子都看成濁物。可有可無。並不想自己是男子。

按寶玉此言未免失于公平。看的男子一錢不值。也不是自然的道理。實在兩性的關係。本乎地球的磁氣。與太空的電氣。兩性有自然吸引力。當相遇時。互相羨慕。有天然「忘我」的心理。有時就像有神秘作用。誠如寶玉所云。但雌性對於雄性。也未常無此渴望。我是倡坤化的。當然極尊女性。但是要平情而論。雄性壞在他的殺機。及不文雅的暴性。一班雄徒。要能用我的科學方法。聽從女哲人的指導。受柔化的薰陶。組成一種情化社會。用希拉化的 Harmony 和諧律。則不但男應尊重女兒。女兒也應相當的尊重男兒。紅樓雖然大體形容女兒性善。但有像夏金桂趙姨

對女性無條件降服

娘一派的閻王老婆。並不能說絕對善。因世上無絕對善的。只此相對罷。這是我公平的性論。

六十六回。興兒道他（指寶玉）成天瘋瘋癲癲的。說話人也不懂。又不習文。又不學武。又怕見人。只愛在丫頭羣兒鬧。再者也沒個剛氣兒。有一遭見了我們。喜歡時沒上沒下，大家亂頑一陣。尤三姐道。他行事言談喫喝。原有些女兒氣的。自然是天天在這裏頭慣了的。若說糊塗。那些兒糊塗。……姐姐要茶。那個老婆子就拿了他的碗去倒。他趕忙說。我喫髒了的。另洗了再斟來。——這兩件上，我冷眼看去。原來他在女孩兒跟前。不管什麼都過的去。只不大合外人的式。所以他們不知道。（看來寶玉對於女兒是無條件降伏的）

七十二回。司棋聽了。又急又氣。又傷心。因想道。縱然鬧出來。也該死在一處。眞眞男人沒情義。先就走了。（看後來黛玉之死，死得乾凈壯烈。爲女兒爭氣。寶玉却撐不起骨勁來。畢竟男人眞沒情義，眞能死在一處的有幾個呢？除非是陳後主）

要防女漢奸

司棋罵盡天下男人

七十七回。那婦人不由分說。拉着司棋（是迎春的婢）便走出去了。寶玉恨得只瞪着他們，看已去遠了。方指着恨道。奇怪奇怪！怎麽這些人只一嫁了漢子。染了男人的氣味。就這樣的混帳起來。比男人更可殺。守園門的婆子聽了。也不禁好笑起來。因問道。這樣說。凡女兒個個是好的。男人個個是壞的了！寶玉點頭道。不錯不錯。

寶玉本是想立個女兒國的。對於女人是無條件降伏。但有一條說女人一嫁了漢子。染了男人的氣味。比男人更可殺。就是女界的漢奸二毛子了。這是紅學的條例。

九十七回。林黛玉焚稿斷癡情紫娟想這些人怎麽竟這樣很毒冷淡？黛玉這幾天竟連一個人問也沒有。越想越怨。寶玉今日竟公然做出這件事來。可見天下男人之心。眞眞是冰寒雪冷。令人切齒的。（這句罵盡天下男子，却是十分之八。但却有尾生一流人不能一筆抹殺的。所以紅樓這書是寫女兒的性質品學，實在有愧死男人的地方）

一百三回。那裏跑進一個野男人。在奶奶們裏頭，混撒村混打。這可不是沒有王法了。

（這種也是形容男人不值錢的地方，誠然不錯，我極將來一定有個理想的男人，還不是寶玉這樣人）

第二節　林賈的貴人賤物情化公産主義

三十一回。晴雯笑道。我慌張的很。連扇子還跌折了。那裏還配喫菓子？倘或再打破盤子。還更了不得。寶玉便笑道。你愛打就打。這些東西原不過是供人所用

由此見得人爲重。物質爲輕。要爲人而支配物質。不可因爭物質而害人。就是太王避狄說的「吾聞之也。君子不以其所以養人者害人。」託克所以反對現世文明。併不是反對物質。就是壞是因物質壓着人的生活。所以人反供物質的奴隸了。所有制度。壓人。若家族。若宗教。若政法。權力。若資本制度。都是一樣。不僅資本一種也。你愛這樣。我愛那樣。各自性情不同。（甚合分工制）比如那扇子原是搧的。你要撕着頑。也可以使得。只是不可生氣時拿他出氣。就如杯盤。原是盛東西的。你喜歡聽那一聲響。就故意砸了。也可以使得。只別在生氣時拏他出氣。這就是愛物了。

這是說可以歡喜而解脫。不可以動煩惱而破壞。

晴雯笑道。這麼說。你就拿扇子我來撕。我最喜歡撕的。寶玉聽了。便笑著遞與他。晴雯

撕扇子作千金一笑

果然接過來。嗤的一聲。撕了兩半。接著又聽嗤嗤幾聲。寶玉在傍笑著說。響的好。再撕響些。正說著。只見麝月走過來笑道。少作些孽罷。寶玉趕上來。一把將他手裏扇子也奪了。遞與晴雯。晴雯接了。也撕作兩半。二人都大笑。麝月道。這是怎麽說？拏我的東西開心兒。寶玉　打開扇匣子。你揀了去。是什麽好東西？麝月道。這麽說。就把扇子搬出來。讓他儘力撕。豈不好？寶玉笑道。你就搬去。……古人云。千金難買一笑。幾把扇子能值幾何？

這段哲理。是明人要相愛。對物質無所惜。如李白詩云。「好鞍好馬乞與人。五千十千還沽酒。」就是此意。但是實行起來。我看是從兩性上起。頂容易。兩性要互相公愛。財產本不算甚麽。所以人類問題。是要兩性同樂調和。不要傷損一個。大家各盡所能。各取所需。做去頂好。假若男人要是像寶玉。就可以立罷天下的兵爭。讓女兒去支配。他也不怕。喫虧的。他再不向女兒面前爭權利的。但是女兒得勢。也更不可効從前少數暴男橫行。更要用溫情愛惜男人。輕物質。重情誼。如此兩性便可和諧

男女互相服役

而解決物質環境。不用爭了。這就是情化公產世界。你想像寶玉這樣身分。還終日爲衆丫頭服役。那世界一般雄闊何不可拋鎗下野?讓女子支配社會男人既然肯服役女子。女子更可以服役男人如此便到了不爭世界。

七十九回。黛玉笑道。何妨?我的窗卽可爲你的窗。何必如此分晰?也太生疏了。古人異姓陌路尙然「肥馬輕裘。敝之無憾」何況咱們?寶玉笑道。論交道不在肥馬輕裘。卽黃金白璧。亦不當錙銖較量。倒是這唐突閨閣上頭。卻萬萬使不得的。

林賈與拍拉圖及克氏之同情

此段是色重於食。男女重於飲食。先從兩性上來解決。而視財產爲輕。所以果然自然兩性調和,用情化來解決財產,成大同社會。乃是人的本性了。本來照生理學論。先有生機。後乃須營養。色是先天。食是後天。所以果用兩性的情化調和。來解決財產問題。此用武力解決的好。乃是人的本性。乃是人生的眞義。至于因爭財產而失去兩性的眞愛。乃至犧牲。未免太可惜了。由林賈議論看來。以無常觀爲人生基礎。以兩性和諧 Harmony 爲工具。實行拍雷圖的「同感」及克魯泡金的「同情社會」Plato's Common Felling and Kropotkin's Solidarity 以達到各盡所能各取所需境界。一切人類慈愛相憐之不暇。何暇相爭教殺?乎此須大注意。柏氏「同感」與克氏「同情」爲古代理想國及現代 Aarchism 無政府主義建設中心。而賈林之同情生死觀,與此點關係最大。

第三節 林是賈的女禪師

九十一回。寶玉把眉一皺把脚一跺道。我想這個人生他做什麽?天地間沒有了我,倒也乾淨。黛玉道。原是。有了我。便有了人。有了人。便有無數的煩惱。生出來恐怖顛倒夢想。便有許多障礙。剛才我說的都是頑話……都是你自己心上胡思亂想鑽入魔道裏去了。寶玉豁然開朗笑道。很是。你的心靈比我竟强遠了。怨不得前年我生氣的時候。你和我說過幾句禪語。我實在對不上來。我雖丈六金身。還藉你一莖所化。

這段完全是禪語。大約如作者自述,當時想實在有此情境。他佩服一個高明禪鋒的女友。所以寫出丈六金身還藉你一莖所化。好像不是隨便做出來的。

第七章　賈林俠烈觀之同點

第一節　林論荊聶賈論文君紅拂

五十七回。湘雲聽了，動了氣便要去。黛玉笑道。你要是個男人。出去打一個抱不平兒。你又充什麼荊軻聶政。眞眞好笑。

這段露出黛玉俠氣本色。爲後來殉情地步。又見紅樓兒女場中也有俠氣。

九十二回。寶玉說列女傳與巧姐聽。說文君紅拂是女中的豪俠。

紅樓中雖講柔情，也屢屢提出豪俠。把文君紅拂列在俠中，大有作用。是作者藉寶玉說出來的。

六十五回。尤三姐便啐了一口說。我們有姊妹十個也嫁你弟兄十個不成。難道除了你家。天下就沒有好男人不成?（尤也是烈俠者）

第二節　媲嫿將軍女俠詩

七十八回。媲嫿將軍林四娘行。寶玉所作。

恆王好武兼好色。遂教美女習騎射。穠歌艷舞不成歡。列陣挽戈爲自得。眼前不見塵沙起。將軍俏影紅燈裏。叱咤時聞口舌香。霜矛雪劍嬌難舉。丁香結子芙蓉絲。不繫明珠繫寶刀。戰罷夜闌心力怯。脂痕粉漬汚鮫綃。明年流寇走山東。强吞虎豹勢如蜂。王率天兵思勦滅。一戰再戰不成功。腥風吹折隴中麥。日照旌旗虎豹空。青山寂寂水澌澌。正是恆王戰死時。雨淋白骨血染草。月冷黃昏鬼守屍。紛紛將士只保身。青州眼見皆灰塵。不期忠義明閨閣。憤起恆王得意人。恆王得意數誰行？姽嫿將軍林四娘。號令秦姬驅趙女。穠桃艷李臨輕場。繡鞍有淚春愁重。鐵甲無聲夜氣涼。勝負自難先預定。誓盟生死報前王。賊勢猖獗不可敵。柳折花殘血凝碧。馬踐臙脂骨髓香。魂依城郭家鄉隔。星馳時報入京師。誰家兒女不傷悲？天子驚慌愁失守。所時文武皆垂首。何事文武立朝綱？不及閨中林四娘。我爲四娘長歎惜。歌成餘意尚徬徨。

此一段是藉林四娘殉恆王。一來表女兒俠義壯烈。二又是表女兒的人格。三來也表恆王待女兒有恩的結果。

第八章　女兒與和尚兩大問題

百十六回。得通靈幻境悟仙緣。寶玉只管呆呆的看着。只聽見有人說道。你是那裏來的蠢物？在此窺探仙草。寶玉聽了。吃了一驚。回頭看時。卻是一位仙女。……寶玉聽了發怔。只覺自形穢濁。（全書只是男濁女清）

百十八回。寶釵道。這一番悔悟回來。固然很好。但只一件。怕又犯了前頭的舊病。和女孩兒們打起交道來。也是不好。襲人道。奶奶說的也是。二爺自從信了和尚。才把這些姐妹冷淡了。如今不信和尚。眞怕又要犯了前頭的舊病呢。

這段不要看輕。是全書大關鍵。因爲前半是情的問題。後半是性的問題。不貪愛情。便貪仙佛。不貪仙佛。便貪愛情。總是惡政府祿蠹的。所以和尚與女兒是人生入世出世兩大問題。

第九章　紅樓夢總評

總之。紅樓一部書中。包含宇宙人生觀很大意義在內。令人百讀不厭。但不可不知的。他只能提出問題。卻仍然落在東方思想舊套。不能解決問題。除了迷于戀情。便是出家。仍然是破壞社會。不能圓滿建設的。迷于戀情的時候。是沒辦法。出家更是沒辦法。不能改造社會。只是空談。藉着女兒口中說說。并無推翻祿蠹改造社會的力量。不過是引起人研究人生觀的動機罷了。我對于紅樓夢的批評。只承認他有提案的價值。卻無解決問題的學識和能力。但他發明男濁女清男愚女慧。爲數千年尊男卑女社會，放一大光明。確是兩性心理上一大革命。歸宿到出家。不認政府。也是確有老莊派無政府的精神。

至于我卻大不然。既然生到今日。也不同往日。今日女男問題。成了社會大衆生死的問題。也不比空談和閒話。大家要努力十二分的本領。來解放本身生死利害問題。與從前評人闔閣的大不同。我是主張澈底解決社會的而解決的工具，是面面并用的。卻大部分要先用哲俠女子來解決男閥，救濟雄殺。不是但望柔情纏綿，無學術的輭

弱巾幗也。（注意，其詳須閱大同學案）

(二)鏡花緣女政府的理想序

我列入本編的意思，是藉鏡花緣証明我女政府的意見。我的女政府意見，卻非從此出。但是我細看此書。卻很合我的意思。他首尾貫串一致。始終主張組織女政府。的以武后爲首領。以洛如花等爲女八元，八愷。破除種種迷信。做到士。農。工。商。無人不學。無人失業。好讓。不爭。的。君子國。其中描寫男子待女子的苦痛。甚切實動人。字句文雅。體裁整齊。思想高尙。毫無淫穢之筆。典故豐富。無學的人得之，如得寶庫。比之紅樓彼則白描神情。此則處處踏實。可算紅樓是革命的工具。鏡花是建設的成功。我因爲主張女政府組織的。所以特立此篇。用科學社會學的眼光。把他整理一番。供獻于讀者。

李汝珍鏡花緣 共一百回

第一回。女魁星北斗垂景象。老王母西池賜芳筵。以王母聖誕。引起百花仙子。與百草。

王母聖誕引起百花仙子
嫦娥爲敎化主
一念之差女魁星垂象
紅樓宗佛
鏡花宗仙

百穀。百果。百鳥。百獸仙子。純是以仙爲正宗與紅樓夢以佛爲正宗者不同。女魁星化爲魁星夫人點女狀元，爲「坤化」「玉碑所放文光屬女象。」後來本書百花仙子下凡。成一百才女。盡現于碑中。好似一部石頭記，純歸在石頭上。

第二回。因爭論百花齊放事。百花仙子道。要是「嫦娥仙子臨凡。做了女皇帝出這令。那時我竟任百花齊放情願墮落紅塵。」話未畢。那邊女魁星早已執筆過來把百花仙子項上點了一筆。駕著紅光竟奔小蓬萊保護玉碑去了。

可見一念關係甚大。佛云有願無不成就。

第五回。說閨中應廣育英才。亦如古時八元八愷。風雲際會。武后封洛如花爲文運女史。青囊花爲文化女史。

石頭記是厭世玄談。鏡花緣卻想組成女元愷的女政府。彼消極。此積極。

第六回。說我有言在先。自然要受一番輪迴之苦。只要你家仙姑留神看我在這紅塵中自有根基。可能不失本性。日後。緣滿。纔棄。紅塵。就能。還原。（此言極細又合正道）百果

海外各國才女同會

紅樓厭世鏡花却主組織成女元愷之政府

仙子道。聞仙姑謫在嶺南。年未及笄。遍歷海外浪濤之險。及妖魔盜賊之害。又唐朝地理天下共分十道。即後世之省。如關內。河南。河東。河北。山南。隴右。淮南。江南。劍南。嶺南。外國尚有衆仙姑降生。若君子黑齒淑士歧舌智佳女兒各國。

此處連外國在內。是中外大同。都要用女子來組織政府的先聲了。

一日。紅孩兒金章兒同青女玉女在入夢叢游幻洞。備了酒果。替百花仙姑。並諸位仙子餞行。請百草百果百穀玄女織女麻姑并麟鳳龜龍四靈大仙，相陪飲酒。百花仙子因百草仙子說他將來下凡。要遍歷海外風波各險，甚爲憂懼。紅孩兒道。仙姑只管放心。今日大家既來祖餞。都是休戚相關之人。將來設有危急。豈有袖手之理？將來諸位仙姑如在下界有難。我等在坐諸人。分當去救的，即去相救。立即知會同往。彼此務須時時在意。非同小可。倘有遺誤怠緩不前。教他也墮紅塵。

此段甚要緊。爲女界合團體的要素。向來最缺乏的。就是女界無團體。不能休戚相關。

中國向來無女團體之害
注重休戚相關
將來女化起首地當在珠江與長江
夢神與女可通靈
唐敖游歷聯絡
駱紅蕖報母恩主義

百花仙子降生嶺南唐敖秀才之家。海豐郡河源縣地方。名小山。

中國女權將來興盛之起點。必定仍在廣東及湖南江蘇等地。因北方被壓制年代較南方多三千年也。由珠江女歷史考之。當推先爲覺也。

第七回。唐敖在夢神觀前。夢神現夢。說百花俱降紅塵。將來雖可團聚。內有名花十二。飄零外洋。倘處士遍歷海外。將各花力加培植。俾歸福地。豈無功德?

如今游歷聯絡更邦緊。又女子常于靈夢。夢神一節。尤爲可信。余所經驗。

第十回。女獵戶駱紅蕖射虎割心。爲母報仇。

注意報恩主義。

第十一回。觀雅化閒遊君子邦。邦人好讓不爭。城門上寫「惟善爲寶」四字。唐敖向一位老翁問其好讓不爭之故。老翁聽了。一毫不懂。又問國以君子爲名。是何緣故?也不知。連問了幾個。都是如此。多九公道。看來這國名以及好讓不爭四字。大約都是鄰邦替他取的。所以他們都不知。說話間。見有一人在那裏買物。道老兄如此高貨。卻討恁般賤價叙小弟買去，如何能安？務求增價，方好遵教。若再過讓。那是有意不肯賞光了。二人又朝前進。又有個農人買物，原來物已買妥。將銀付過。擋了貨物要去。那賣貨的一枰銀子有餘。農人道。些須小事。容小弟他日再來買貨扣除。說罷又要走。賣貨人攔住道。去歲有位老兄。也將餘銀存在我處。曾言買物再算。誰知至今不見。無從歸還。豈非欠了來生債麽？今老兄又要如此。倘一去不來。到了來生。小弟又要變驢變馬歸還。先前那位老兄業已轂忙。那裏還有工夫再還老兄？（看來尙非佛法因果不行）

注重因果業報

君子國王嚴諭。如進珠寶。除將本物燒殺。幷正典刑。

君子國與U'opia之同點

這是理想君子國與 Thomas More. 的理想國說。那時「犯罪的才帶着金珠首飾」的正同。

不主張出家人太多

第十二回。不主張出家人太多。尤反對女子出家。謂「生出無窮淫奔之事。」反對屠宰耕牛。媒婆。卜筮。合婚。風水。厚葬。宴會奢侈。說燕窩是粉條子。

破迷信

都很有科學社會學思想。

廉錦楓報母恩

第十三回。廉錦楓入海取參奉母。亦是君子國的女兒。

處處知道母恩重。

觀音居士化

第十四回。吃肉的夫妻供觀音。他夫妻也稱僧尼。對林之洋道。若問小僧所生兒女喚甚麽？只向貴處那些看文廟的所生兒女喚作甚麽？我們兒女也就喚作甚麽。

現在廣東有一派居士教。不用出家人加入就是如此。

勞民國與託爾斯泰伊曼愚人國相仿

勞民國人永壽。智佳國人短年。

此與列子及託爾士泰愚人國思想差不多。

黑齒國之女學

第十六回。黑齒國女塾紅紅亭亭與多九公談切韻及周易百部。大受其辱。

不會詩藝是俗人

第二十一回二十二回。白民國先生說。「你生天朝，連詩也不會作。無此事」既知道他們不會做詩，就說道。「原來你們都是俗人。」

詩能變化人性情很要緊的。是一種藝術化。所以說不會詩是俗人。是重藝術化。

人人盡工讀與克氏全教育相同

二十三回。淑士國無論農工商旅，都是讀書人打扮。書聲遍地。

女兒國正面文字

長壽主義

是無人不學無人不作工了。與克氏全教育正同。Integrated Education

二十七回。到了伯慮國。唐敖道此地壽數如何?多九公道。他們自從略知人事就是滿腹憂愁。從無一日開心。不知喜笑歡樂爲何物。年未弱冠鬚髻已白。不過混一天是一天。那還講壽數?

正是現在世界了。

三十二回。智佳國人好天文算法。奇巧百技。爭強賭勝。用盡心機。苦思惡想。愈出愈奇。久之心血耗盡。不到三四十歲。就如古稀。從無長壽之人。

上二條均注意長壽主義。

三十二至三十三回。是女兒國正面文字。

三十二回。到了女兒國。唐敖聞得唐三藏西天聖經。路經女兒國。幾年被國王留住不得出來。所以不敢登岸。多九公笑道。此地女兒國卻不同。本有男子。其所異的男子反穿衣裙。作爲婦人。以治內事。女子反穿靴帽。作爲男人。以治外事。唐敖同多九公細看那些人並無鬍鬚。雖是男裝。卻是女音。唐敖道。你看他們原是好好婦人。卻要裝作男人。可謂矯揉造作了。多九公笑道。你是這等說。只怕他們看見我們。也說我們放着好好婦人不做。卻矯揉造作。竟作男人哩！唐敖點頭道。不錯。俗說「習慣成自然」我們看他雖覺異樣。無如他們自古如此。他看我們自然也以爲非。看時，有個小戶人家。門內坐著一個中年婦人。一頭青絲黑髮。油搽的雪亮。頭梳一盤龍鬏。鬢多珠翠。耳墜金環。身穿紫衫。下穿綠裙。裙下露着小小金蓮。穿一雙大紅繡鞋。剛只三寸。伸着一雙玉手。在那裏繡花。一雙秀目。兩道蛾眉。面上許多脂粉。再朝嘴上一看。原來一部絡腮鬍子。看罷。忍不住撲嗤笑了一聲。

那婦人停了針線。望著唐敖喊道。你這婦人敢是笑我麼？這個聲音。老聲老氣。倒像破鑼一般。把唐敖嚇得拉着多九公朝前亂跑。那婦人還大聲說道。你面上有鬚。明明是個婦人。你卻穿衣戴帽。混充男人。你也不管男女混雜。你明雖偷看婦女。實要偷看男人。你看，臊貨！去照照鏡子。你把。本來。面目。都。忘了。你這蹄子。也不怕羞。你今幸虧遇見

唐敖被裹足選爲男妃

老娘若遇別人把你當作男人偷看婦人只怕打個半死哩唐敖向九公道他果然竟把我們當作婦人他纔罵我蹄子大約自有男子以來未有如此奇罵這可算得千古第一罵

此是作者得意之筆爲千古未有之文完全創作的思想

三十三回歇了片時有幾個宮娥把林之洋帶至一座樓上擺了許多肴饌剛把酒飯喫完有許多宮娥上來都呼娘娘，磕頭叩喜捧着鳳冠霞帔裙褲簪環頭飾之類七手八脚把林衣服脫淨香湯沐浴換了衫裙搽了頭油香粉戴上鳳釵，戒旨金鐲把唇染紅此時林之洋倒像做夢細問纔知國王將他封爲王妃內有一白鬚宮娥手拏針線走到牀前跪下道稟娘娘「奉命穿耳」林痛叫幾聲兩耳穿過戴了一副八寶金環接著有個黑鬚宮人手拿一匹白綾也跪下道稟娘娘「奉命纏足」……林之洋夜間把白綾脫了次日宮娥啟奏國王教保母過來跪道「王妃不遵約束奉令打肉」打了五板林之洋承認改過宮娥從新把足纏好日夜看守林之洋到了這個地位只覺得湖海豪情變作柔腸寸斷了。

這是描寫男人挫折女子的。卻從反面說來，足以猛醒。

三十四回。林之洋只教保母去奏。情願處死。不能纏足。卽奉王命。將王妃足倒掛梁上。林之洋挨了片時。咬定牙關。那裏忍得住。只求饒命。從此只得忍痛。隨著衆人。不敢違拗。（想見女性被壓迫而降伏的情景）

這日保母啟奏。足已纏好。國王親自來看。見他面似桃花。腰如弱柳。眼含秋水。眉似遠山。越看越喜。不覺忖道。如此佳人。當日把他誤作男裝。若非孤家看出。豈非埋沒人才?又將金蓮細細觀玩。……林之洋想起妻子。心如刀割。並且兩隻金蓮已被纏的骨軟筋酥。像酒醉一般。毫無氣力。每逢行動。總要宮娥攙扶。想起當年，眞似兩人。萬種淒涼。肝腸寸斷。足足哭了一夜。（算是痛快淋漓）

治河工人證明女巧男拙

三十六回。唐敖治河一段。說許多工人傳到。唐敖把器具樣兒取出。一一指點。開爐打造。衆工人雖係男裝。究竟是些婦女。心靈性巧。比不得那些蠢漢。任你說破舌尖。也是

大盜對於妻子解放

武則天后發文榜是女政府正文

陰若花坐飛車回女兒國是飛行世界思想

茫然。這些工人。只消略爲指點。全都會意。

也是承認女慧男愚。而說女人也要做工。

五十一回。寫大盜怕妻子。大盜連連叩頭道。只求夫人消了氣惱。不記前讎。聽憑再打多少。我也情願。婦女叫嘍囉再打二十。道。爲何一心只想討妾？總而言之。你不討妾則已。若要討妾。必須替我先討男妾。我這男妾。古人叫作「面首」並非杜撰。大盜道。這點。小事。夫人何必講考據。無不遵命。

以此爲小事，盜也明白。

六十七回。發文榜後。武后將一等的授爲女學士。二等女博士。三等女儒士。

是女政府正文。

六十八回。陰若花封文艷王。坐飛車回女兒國。（有飛行世界思想）陰本女兒國太子。又奏請枝蘭音。黎紅薇。盧紫萱同去。亭亭（紫萱也）心頗得意。婉如恨他無良心。亭亭正色道。我所以歡喜者，有個緣故。我同他們三位。或居天朝。或回本國。無非庸庸碌碌。虛

婉孀與亭亭之社會政治兩面思想

兩性心理之最高哲學

無我之調和解決法

度一生。今奉太后勅旨，伴送若花姊回國，正是千載難逢際遇。將來若花姊做了國王。我們同心協力，興利剔弊，除暴安良，佐他做一國賢君，自己也落個女名臣的美號，日後史册流芳，豈非千秋佳話？

是作者主張女政府正面文字，不主純在社會一面無組織的。

九十八回陽衍入「巴刀陣」道：天下豈有美人害人之理？況如此絕色，卽使不測，亦有何妨。

此數語特奇妙，然却是甚深極深的性理哲學。此理乍聽，覺其甚愚，而仔細考究，卻極合衆生世界的心理，大可利用以救衆生。因一切宗教哲學到最高處，不外如康德所說「無關心」，佛說的「無我」，然平常人都不易到此，惟從兩性上引到此處，卻極易。大抵普通人都可爲性的吸引而爲無條件的降伏。雖陶淵明、賈寶玉也不免，何況其餘。所以我正要利用此點，調和全世界，去殺同樂，以達仙佛之域焉。雖與原作者不同，而各有目的也。

讀遍四庫奇書之作者

今後當實現鏡花之果

鏡花比紅樓有辦法

一百回。結尾。作者自叙欣逢盛世。喜戴堯天。官無催科之擾。家無徭役之勞。讀了些四庫奇書。享了些半生清福。心有餘閒。涉筆成趣。……

看來作者自負。有讀遍四庫奇書的大眼界。才做出此書。可見不是偶然感想。是確有一生的研究。此點是要注意的。是他用意所在。說明他的一生心血。和研究的功夫。決非偶然的。所以今日便可以他的理想為藍本。實行組織女政府。起來。這是鏡花緣比石頭記有辦法的地方。

紅樓夢鏡花緣(無政府與女政府)社會科學研究的總評

這兩書總評起來。紅樓革命。鏡花建設。紅樓有缺憾。鏡花得完全。我是主張有辦法。且達到圓滿的人。所以要尋一個大思想的文學家尤西堂的圓滿人生觀。來代表我的思想。算做本書的結論。上卷悲觀代表的林黛玉。我既然以他的葬花詩與尤的落花賦有同點。現在我因鏡花的建設。與尤的反恨賦有同點。就用他的反恨賦作兩篇的結論。也可以安慰多少天涯淪落人。和地下的寃魂。

尤侗反恨賦

試登高堂，金石絲簧。旨酒既設，寶劍既張。僕乃揖古聖坐先王，美人君子，左右侍旁。咏歌書史，擊節未央。　有如屈原被放，懷沙欲死。楚王忽悟，車騎迎止。冠鋏蘭臺，旌蓋江沚。宋玉弭筆，景差布紙。笑鼓枻之漁翁，謝申申之嬃姊。若夫荆卿……李陵……武侯……岳侯……信國……別有夜郎仙人，長沙才子。宣室再召，沈香更倚。明妃返于洛陽。班姬拜爲彤史。宋玉之美得壻巫山，子建之才重婚洛水。莫不窈窕珮環，輝煌金紫。風雲生色，花鳥送喜。人生如此，其可已矣！

余擬作大同春賦而未下筆，僅得起四句云。日行東陸，佛照北洲，月圓天上，春滿全球。

不用殺人

三三天下泰平書卷九

天養館叢書甲部之九

下邳劉仁航靈花著

兩性諸問題

希臘單數配合制之失敗
耶教單配制理想難行之三點
一生殖數
二戰爭損失
三生活遷移

第一章　女男配合之單複制

第一節　單制配合不合於事實

希臘初定一男一女例，然大戰大疫以後，即不能守此例，下令國中准其多娶。（通考第五集）

按一男一女之單配合制，雖爲耶教理想，然一，則生育上多三男五女。二，每每因男性死傷多，事實上不能行。如歐戰後，男丁死傷數千萬。三，因生活上如東美大都，有男一女七之比例者，勢不能不分潤也。

陸費逵述西女願爲妾之風

陸費逵婦女雜談七述，其友人A，B，C，均有西女之有學術者，願爲之妾。B君貌醜，從一女助教補習工課，後女助教卽嫁之隨來中國。且能下廚房，待客人，訓子女。C君和一女法學家戀愛，回國時很躊躇。女法家「情願作妾。」C君夫人本稍通西語，三人遂甚相得，常同步行出外。某國領事大怒，干涉之。女法家問領事道：『我國之籍法，女子國籍，是不是隨丈夫變更的？』領事答：『是』女法家說：『我嫁了中國人當然是中國籍了。照中國制度，作妾你是不能管的。』Good By 揚長而去。

妾與侍夫不成問題

陸君評之，大抵由西洋結婚困難之故。但事實上若皇英同嫁，并非妾制，而爲同情相從，生命可殉，妻妾虛名，果爲愛情又何足爭？昔伊尹爲媵，太公爲侍夫而見出，今俗各地侍夫有數人候補者。男子且然，女子更何足論乎？且今人類平等自由之風日盛，君臣且廢，何有於妻妾長夫侍夫之名，亦不過第一第二數目關係耳。

第二節　世界配偶制度六七種

配偶制度不外六七種：一，一男一女，如耶徒。二，一男多女，如孔教徒。三，一女多男，如西藏佛教。四，男女屢易，如中亞回教國一禮拜內，女在甲夫家三四日，而在乙丙家數日。五，多女多男，如歡喜佛教。六，獨身，如出家佛徒。七，同性友愛。（非必有性的戀愛不過人不能無羣耳）此六七種變化無常皆以自然相合並無高下。惟「佛法」對于「世法」毫無所反對，要以慈愛不相害爲基礎，而最後歸于解脫，不若他教之偏執一門也。

六種配合制度

佛圓教無礙法

第三節　獨身守寡與衛生

婦女雜談第十七：『上海約翰大學校長美國卜航濟與其女教員結婚，乃英孀婦，五十多歲。』又十二：『闢獨身主義，西醫調查二十八歲以上獨身女子，大半都有病，甚至成癆。中醫亦云，若乾血癆，室女尼姑，婢女年長多患之。』按觀于動物牝性生殖期如不欲生者然，蓋生殖要求，乃動物天性，不得則病，由生理自然也。

五十餘歲新嫁娘

獨身者多病

非動物性

又曰：『年輕女子氣盛可傲志不嫁，至三四十歲反變了，某寡婦于三十外失節，後勸女早嫁，女疑之乃曰：『三十好過，四十難熬』這半是生理，半是志氣盛衰關係，俗人

晚節難於盛年

妄評短長，乃是無生理學的常識。

第二章　配偶者之年齡與美醜

第一節　年齡問題

雜談十五：『前美總統威爾遜之女，一日宣布與父執某定婚，某曾任財政總長，已五十六歲。人問女士：『何故，嫁此老人？』答：『我重他人格。』

一九二七年十一月各報載：『德廢皇維廉第二之妹維多利亞年六十二歲，與俄一貴族少年二十八歲，在某處成婚，因教士及社會干涉，嫌其年齡相差太遠，而維多利亞發出辯護書，終成婚云。』

威爾遜之女嫁老人

美干沙士大學校長安得爾乃一醫哲學家，年百歲，與七十二歲之梅麗結婚，一音樂家也。

七十二歲新嫁娘

八十老婦成孕。東京通訊云，最近有一年逾八十老婦能成孕之奇事，該老婦爲日本福岡縣大牟田市人。姓道山某氏，今年已屆八十二歲。近來因腹部日漸膨脹，疑係

八十老婦與青年成孕

徵在十九與六十叔梁紇野合

穆罕默德與凱地加

幼年盧梭侍貴婦等

有何病症，遂赴該市醫院求診，唯據診斷結果，謂其已有五個月妊娠。於是且驚且愧，卽僞稱有病，入該醫院避居。據聞其配偶爲其鄰近之二十二歲青年。該老婦自數年前與其夫死別以來，過其寂寞之生活中，遂與該青年發生此愛戀云。

按兩性之年齡，誠有關係，然亦視其愛情何如，如徵在十九而與孔子父叔梁紇野合生孔子。叔梁紇年已六十矣。昔文王大武王十五，而武王有兄伯邑考，武王大成王八十，而成王尙封弟唐叔。蓋年歲亦難限制生育也。又回祖穆罕默德年二十五，贅于四十歲寡婦，凱地加，爲穆生平知己。盧梭十餘歲時，爲某貴婦爲侍者，呼之爲母親。又西國某有名文學家，其妻長之二十餘歲，亦生平知己。常審定其名著。託爾士太夫人比託少十七歲。由上諸證，年齡尙非甚重要問題也。

第二節　孰爲私生子？

婦女叢談：『歐戰後法律保護私生子，只父母承認，並可以分受遺產。生理學家且謂私生子多優秀。孔子耶穌是也。若拿破崙亦是盧梭之私生子。』

按本來古時人祖皆自然而生，無所謂公私，公私乃是婚姻惡制度以後，定人罪之產出物。若以吾人祖眼光觀今人，凡在婚制內所生之子，皆私生子，而吾人祖先乃公子也。又以動物眼觀人，人盡私生子，動物皆天生子也。左列余驪貓詩一首：

貓生貓無罪一案

我家有驪貓，未辨其雌雄。嚴冬「虎交」候，貓偶羣其風。自然天愛合，不分東西宮。遂產三貓子，無姓亦無名。兒童歡喜弄，勝於小弟兄。四鄰都來賀，拍手發笑聲。各願分貓養，斷斷致相爭。忽聞鄰女哭，我乃問其情。人言：『女長大，未嫁嬰兒生。名爲私生兒，賤惡棄東坑。』女生有母性，慈哀泣嚶嚶。我心怦然動，此理太不平。『生生之謂性。』天地動物情。除彼太上者，超世遺八紘。若在人道侶，后妃等倉庚。誰人制「教梏」？女男枉死城。貓生貓無罪，人生人不行？達哉孔子哲，『禮實起刀兵。』人生所以貴，豈爲受天刑？『樂善苦卽惡。』邊沁有西銘。人命不如貓，安用萬物靈？化世有大道，恢恢乃天經。神權與僞教，枉作囚人囹。放眼遊自然，窗外草青青。坤（小女名坤化）母李雲俠，養貓作居停。令紀「貓産子，」案交大家聽。

第三章　美醜哲學面面觀

第一節　各民族美醜習慣之衝突

今人動談「自由戀愛，」但我用佛眼觀，「戀」字不妥，戀則苦而不自由矣。余於大同學案定名爲「自然性愛，」既講自然性愛則美醜問題起矣。美醜不定，則爭風將起而愛轉不自由，苦甚矣。左引諸例，足破成見，可見美醜哲學之義至無定也。

男之有鬚美與無鬚美

一，紐西蘭以男黥面爲美，法用針刺破而入墨汁。男無鬚，因女不喜也。

二，西姆國之男亦然，故有鬚皆拔之。而富支島以男有鬚爲貴，鬚少爲醜云。

低鼻與高鼻美

三，南洋達以其島以鼻低爲美，於幼兒時壓鼻使低，見歐人之高鼻，謂母不知育兒也。

四，尼哥羅黑人以鼻低色黑爲好，白者爲僞飾。

蘇門答剌亦以押鼻爲美。

黑齒美

馬來女因食檳榔，故齒黑，因以齒黑爲美。日本女亦有黑齒之俗。婆羅洲女以男能殺數男人頭者爲勇，掃羅門島亦有此風。

黃美人

五，其西鄰爪哇則以黃美人爲佳。

野蠻選壻法

六，馬達加斯加之選婿法，使男立定，以槍投之不動者，則嫁之，有怖容者，則落第矣。埃及南邊司登人之選婿法，一女兩臂縛兩刀立於兩男中間，振兩臂以刺兩男之腿，而擇其不顯苦痛色者，則嫁之。

肥美人

七，非洲某地，以肥美人爲好。

大臀美

八，非洲南方，霍台土族以婦人臂部，脂肪富而突出者爲美。

尖頭美

九，北美土人，以頭尖者爲好，故壓小兒頭使尖。

黥面美

十，蝦夷女黥面爲美，法先以小刀劃破，用沸木汁洗之，擦以鍋墨，至於口之周圍腫起，有二十日間不能食者。

按觀上各族風俗美醜定義之衝突而各美其美，足令坐井觀天者失笑矣。

第二節　主觀心理美

齊相晏子辭公主

晏子：『景公有愛女，請嫁於晏子，公乃往晏子家飲，酒酣見其妻曰：『此子之內子耶』曰：『然』公曰『嘻！亦老且惡矣！寡人有少女且姣，請以滿夫子之宮。』晏子違席曰：『嬰與之居故矣，故及其少而姣也。且人固以壯託乎老，姣託乎惡，彼嘗託而嬰受之矣。君雖有賜，可使嬰背其託乎？』再拜而辭。』

劉庭式娶瞽女

宋史卓行傳：『劉庭式初議娶鄉女，既約未納幣，庭式及第，女以病喪明。女家躬耕貧甚，不敢復言或勸納其幼女。庭式笑曰：『吾心已許之矣，豈可負我初心哉？』娶之生數子，後死，庭式喪之，不復娶。蘇軾問之曰：『哀生於愛，愛生於色，今君愛何從生哀何從出乎？』曰：『吾知喪吾妻而已！若緣色生愛愛生哀，色衰愛弛，吾哀亦忘，則凡揚袂倚門，目挑心招者，皆可爲妻耶？』後監太平觀，老於廬山，絕粒不食，目有紫光，步上下峻坂如飛，以高壽終。』

許允妻阮

許允妻阮，賢而醜。允曰：『婦有四德，卿有幾？』妻曰：『新婦惟乏容，士有百行，君有幾？』允曰：『皆備。』妻曰：『好色不好德，何謂皆備？』允有慙色，知其非凡，遂相親重。

蘇軾以詩論美人

蘇軾孫華老求墨妙亭詩：『杜陵評書貴瘦硬（杜八分小篆歌，書貴瘦硬始通神）此論未公吾不憑。短長肥瘦各有態，玉環飛燕誰敢憎？』（楊妃肥趙飛燕瘦各爲美人也）紀昀注曰：『此眞通人之論，詩文皆然，不但書也。』某雜志載哲人言：『世間男女當愛慕時，皆以爲世上無第二人可與比美者，實則自旁觀人觀之，絕不可解。』

楊子論美

蓋楊朱云：『美者自美，吾不知其美。惡者自惡，吾不知其惡。』誠所謂風馬牛不相及。『情人眼裏出西施』也。

觀於諸條，美之定義至不一，則爭風爭美之問題，亦解決矣。下引詩一首爲證——

第三節　回教穆罕默德及凱地加詩頌

Muhamad and Kadija

摩罕默德與凱地加詩一首

穆氏二十五歲，贅於一寡婦凱地加氏，一夕穆自云：『吾得道，』以印證於凱，凱大然之。遂以其家財共傳敎。後凱死，穆娶美人愛沙氏 Ayesha 穆甚愛之。愛沙一日問穆曰：『君愛我何如？』答曰：『甚愛卿也。』『君愛我比凱氏何如：』穆變色曰：『卿安

知己同志乃眞美耳

能比伊，彼乃我第一知己也。』詩以頌之：

女爲悅己容，士爲知己死。相知復相悅，穆默凱地氏。穆本不識丁，沙漠驅駝筆。凱助財富力，優遊參道旨。又得凱證明，天眼忽開視。遂爲三洲雄，亞歐非遠被。凱功過后妃，漢廣化遐邇。穆亦知報恩，初念永顧諟。形體精神偶，眞愛寶倍蓰。新人只色相，靈寔通生死。凱地與穆默，信哉稱「兩美」！

按信哉穆氏不愧教主矣。夫眞愛者，不限年齡，容貌，地位，名義，而要以同志爲歸宿也。

第四章　族制來源與其大害

第一節　雄殺之惡制與佛道耶之平等制

天下罪大惡極殺人無數者，其惟族制乎？此罪魁爲夏禹流毒，至今未艾。西方之爭，雖爲宗教，爲資本，爲民權，有時甚愚笨，然均尙有主義可言，乃無若吾東方四千年戰爭，專爲一家一姓而殺千萬人之命者，皆「雄匪」假造族制宗法爲之也。於文家下爲豬，此等窩豬思想，一日不推翻，人類永無太平，故佛身爲太子，廢家去姓，一律平等，誠痛之也。中國宗法之根据根於孔教「小康派」之賤女，爲歷代皇帝造鐵劵，以視佛徒均姓釋，耶徒多姓耶，道徒多采仙號者，眞太狹劣淺陋矣。

第二節　雄姓之來源

春秋尚有氏

檀弓：衞將軍文子之內子死，復者曰：『皐媚女復，』子思曰：『此女氏之字，非夫氏之名也。』

按此則春秋女尚有氏也。

姓之假定有九種

又風俗通姓有九，成於號，或於謚，於爵，國，官，字，居，事，職。

以號……唐虞夏殷。

謚，戴，武，宣，穆。

爵，王，侯，伯。

國，曹，魯，宋。

官，司馬，司徒。
字。伯，仲，叔，季。
居，城，國，園，池。
事，巫，卜，陶，丘。
職，青牛，白馬。

按風俗通，則姓者本假定之物，而後世以誌血統，殊為謬妄矣。至劉氏得天下刑白馬而盟，「非劉氏不當封王。」遂開千古崇拜一姓之怪例，為爭殺根本，自非民國，此帝制毒根因仍存在也。左錄一廣告以證族制之害。

第三節　族制械鬭惡俗之廣告

梁族何族械鬭之廣告

廣告云，請看東村梁族焚殺何族之慘劇。竊我東村鄉。係梁何李三姓聚族而居。歷安無異。詎于本年夏間。梁族恃富逞橫。强將公共街閘圖佔。刋入「安定」二字。敝族據理力爭。旋據情投訴蓮華總團局，請求秉公辦理。旋由總團局斷，令梁姓勿刋安定郡名，表示公有之物。詎梁族竟違局斷。糾黨乘夜持械，蠭擁過何姓，强刮魚塘。敝族見其來力兇悍。乃正當防衛。以保生命財產。竊思釁自彼開，但械鬭早經結束。自宜靜候解決。乃梁族挾械尋仇。運動拘人。尙未飽其虎噬。旻於舊歷九月初一日三時。賄買營勇到敝鄉焚燬更樓二座。營勇甫去。梁姓子姪復假扮農團擁蠭而來。縱火燬我祠堂屋宇。復將我圓頭鄉何姓祠堂屋宇焚燬洗掠一空。損失在十萬餘元。似此靑天白日。蠻橫無理。敝族姓寡。無力抵拒。現除稟請列憲究辦外。特登報端陳訴。各諸君幸垂鑒焉。

東村何族永思堂披露。

欲根本解決族制問題，必須如佛說北俱樂洲制，令男女自由組織，以村爲單位。吾於大同學案末，曾主男用天干，女用地支以代姓，則善矣。至太炎又言村與村，個人與個人亦有爭，則係故爲論難，不必多辯也。

佛之俱樂洲制與干古代姓法

第五章　兩性同性無性論

第一節　兩性差異表

一形體差異表甲乙

日本文明協會出版美國女子吉門氏 Mrs Gilman. 婦人與經濟二十六頁：「古來偏性之思想家，以兩性關係爲罪惡，以獨身主義爲最高道德，此乃無了解事物之智力，于社會學原理毫無所知，不通生物生理者也。」

按今日無此智識無發言之資格矣。

一　兩性形體差異表　甲

文明人腦重	男　平均六百二格侖。 女　平均五百十六格侖。
人類女性	細胞(即卵子)較精子大三千倍。
寄生物	亦大雄性數千倍。
下等動物	雄性僅爲寄生生活，止交精作用而已。
昆蟲類	大抵雄小雌大，蜘蛛，螳螂，雌性極猛，蝶蛾均雄小雌大。
下級脊骨動物	大抵雄小雌大。
魚類	大抵雄小雌大。
鳥類哺乳類	普通雄大且美而雌小，但強弱則無別，惟雌鷹較雄鷹美大。
齧齒類	普通雄大且美而雌小，但強弱則無別，

二　生產數差比例表
三　雌雄配合數差表

乙　兩性形體差異表

孔雀	雄，長尾。
雞	雄，高冠善鳴。
獅馬	雄，鬣。
鹿	雄有叉角，雌無。
貓	雄體重，大而猛。
男人	雄性慾激烈，粗野或無情。

二　兩性生產數差比例表

	陰	陽
狗	一〇〇	一一八
鴿	一〇〇	一一五
鼠	一〇〇	一一四
人	一〇〇	一〇五
馬	一〇〇	九八
羊	一〇〇	九七
鷄	一〇〇	九四

三　雌雄配合數差表

家禽多	一	雄多雌
鳥	一	雄一雌者爲多
類人猿	一	雄一雌

第二節　雌優雄劣論

婦人與經濟第七章論社會進化與兩性關係之變遷曰：「溯其本原，男性爲消費者，而女性乃貯者蓄。且男性乃附屬于女性者。由生物學上見之，下等動物中，若擔輪類，昆蟲類，甲殼類，雄皆極劣，除供生殖外，更無所用，有時全失其生存。例如雄蜂常供雌蜂生殖以後，卽死去。蜘蛛亦常被雌偶所吞食，蓋下等動物，雌優而雄劣也。」

第三節　高下動物之誤解

村多實著生命與性慾曰：「高等下等動物，視如貓，嗅如犬，爲最優而毛顎動物，與圓形動物，高下難分。普通定高下之條例有二。

（一）複與簡，　但如寄生蟲，因適應環境，卻以簡爲宜，而幷非退化，（二）以無性生殖爲原始，以有性爲進化，　但菊科爲植物最高等者，而無性生殖甚强，人所素知。又雌雄同體，兩棲以上之動物雖無之，而本爲雄身有雌器官，雌體有雄器官也。

由此例觀之，高下動物等名詞，乃不過一假定耳。又可知有性生殖，無性生殖，孰爲高

高下名詞之假定

有性生殖與無性生殖

下，亦不過假定。而一性生殖，異性生殖，亦爲假定，均非篤論。例如蝸牛類，本身具雌雄二體，特不過交合之事，仍須二體，而不能自交耳。但無性生殖，不但有形植物，即無形之精神亦營此作用，凡教主，哲學家，事業家，不以形骸子孫爲念。而以精神傳世者皆無性生殖，佛所云「法子」也。佛學最高，仙學圓成，皆歸於無性，因有性即多一層障礙，故昔蘇克雷地從帝姬美 Diotima 女巫學愛美之學，即歸宿於精神生殖也。

第四節　自然性愛與血統問題

上古天民，不知不識，自然相忘，均無意識。故無是非罪惡之名，而社會極泰平。自婚姻制起，族制名義成立，於是男女自然天倫之愛，有固定的鴻溝之界限，而是非罪惡等名詞成立以人爲的人倫，消滅自然愛的天倫，而人類有罪惡矣。但明白此理者，并不之人，如創世記明明講樂園中項好，喫了是非果才犯罪的，大同天倫惟有女男一倫而已。回教書因耶教書有攻擊穆罕默德娶子婦一事，（實則遊牧風俗夫婦制度觀念甚淺薄）亦攻擊耶蘇偏愛馬大三姊妹，并攻耶蘇與拉薩盧有同性愛之事，又攻耶教古代先知，若羅得與其二女通，生摩押及亞米事。又攻古多少先知，均有與所謂親族相通事。以後世死倫理，而追戮古代諸先知賢哲之尸。則舜妻皇英，乃舜之同族祖姑，應科好罪矣！豈非夢話。卻不知古代天民無一犯罪者，耶回教主亦決無犯罪之事也。耶蘇曰：「不定人罪，人亦不定你罪。」現在人說愛如雨露，滴在何處，便是何處。與歡喜佛圓教同一大解脫也。惟古書言「男女同姓其生不蕃」就衛生上立論。但近人又考查一切動物本來同姓，亦未見其不蕃。要之能避可避爲較好，不能避者應用拍拉圖自然性愛之例亦可矣。

第六章　性變

第一節　同性異性之假定

据動物生理學言，凡一性之身，必兼具雌雄二性，此非但證之蝸牛等動物也。卽以人亦爾，故太監去勢後，不生鬚，性似女人，而母動物用去卵巢之手術後，亦似公動物也。此屢驗可知者，足徵動物本身，本兼遺傳父母之雌雄兩性，特平時不顯耳。故由此言之，謂人類迥異於下等動物，必有異性愛者，亦非盡然，由動物考之，其同性自然相交之事例，統計極多，而人類同性愛之例，中外相同，報載廣東某地女子有「不愛家」之俗，同性相處終身，免去嫁娶之困苦。由此言之，同性異性，亦非絕對定義，乃獨身合羣之變相也。

第二節　大同世以唯愛代爭殺

但大同世應廢兵殺及諸刑，因大同世人不應尙有罪惡也。因世人不以相殺爲最可羞恥，而用一種假名字入人罪。須知一切學術智識，皆爲使人類「樂」不是與人類「苦」此問題決非一般欽定道德律者所包辦。比方斷食家可以有斷一兩個月不食，我的朋友如此者，不爲出奇，我也曾斷過一禮拜，但是要拿此法去律天下人，人人就都要餓死。伊壁鳩魯說：Pleasure is the highest good. Epieures 前 344-270『使人樂的，就是善。使人苦的就是惡。』耶蘇來到世上，不是多敎人犯罪，乃是赦免人的罪。佛亦如此。一切哲學敎主無不如此。大同書言：『大同世無刑。同性者，亦應任其自然相愛。」又言：「佛說一切世界，非垢亦非淨。」此言合乎耶蘇赦免一切罪惡之義，又云「人道只求樂天心惟有仁。」因人類最苦者是爭殺大同世所亟去者乃是兵殺問題，其餘皆不細問也。所以耶蘇說：「莫定人罪，人就不定你們的罪，」照上諸例，同性也應與兩性愛根本同一解放。要知道今日解放一問題，不是片面智識的事，我所以用以上各家的學術，才敢下一斷案。但進而言之，解放同性愛也不一定壞，也有時有幫助解決異性問題的時候，前天我同人研究起兩性配偶問題有了困難，恐怕分配不勻，我就想起來到了分配不均時，不論男女也可以任人自由同性的友愛，雖然不定是好法子，要知道也可以免少衝突，因爲免少衝突是克氏學說的根本，Kropotkin's Avoid Competition

第三節　兩性形體互變之例

所謂性變者，古來歷史所載男化女女化男之例。史鑑極多，而雌雞化雄，雄化雌之事也很多，就是今日男化女女化男之事也甚多，我所親聞而有据的，也不少。下舉四例：

(二)東方二十卷第三號，『美國梅英州農場報告，一九一五年，牝牛變雄，此牛於一九〇六年生，曾產兒三次自一九一三年，乳房漸縮小，後乃變壯，對能牝起作用，梅英農場有四雌雞變雄，』余在晉博物館，自養牝雞變雄者二尾也。(三)日本九州久保教授使雞，牛雄變雌法，卽割睪丸是。(三)變種化學美國卜技力學校化學專科生魯士，考得一法用特士電光及「厘也店質」配裝欲使黑色之皮，變爲白人。其校中教習，浦思氏言：曾試練「厘也店」製料，將來使黑人變爲白人之事，必能成功。(四)十年前各報載某男子忽生乳，哺兩小兒事極確證明雄性乳亦有用也。

第四節　兩性精神同化之例

前條論兩性形體之變化，本條論性質之變化性質不外剛柔比方人常看紅樓夢多少有些女性化，常看水滸，不覺就有些梁山泊性化，不但常看，就是提起林黛玉焚稿，人就有些柔情。提起武松打虎，人馬上就起些雄心。要專用養成某種人性的工夫，那更可想而知。在昔亞理士多德惡「雄性」之強曾主女性化。「謂男子一切舉動，都

新女性男子與新男性女子之所短

須用女人周旋之。敷粉簪花，以養成其柔美之德。」嚴又陵評爲不適於國家時代，但到大同時代，卻要尙柔了。所以男性要女化，女性要男化，是今日最要的事。但是有人誤會我所主的女性化的男子。成了無用的紈袴，卻大不然，如北京大同晚報一文錄於下：

中國新女性的男子（北京大同晚報十五年四月七日）

我說的中國新女性，不是中國的新女性的女子，而是中國新女性的男子！男子在如今之女性化，己然是一種不能掩蔽的事實了：執政府衞隊殺人的時候，有幾個新女性的女子——如周作人先生所說爲請願爲愛國而犧牲了，但是一般新女性的男子，卻決沒有這種勇敢，和不怕死的精神。當愛國民衆飲彈的時候，一定有些女性的男子在叉麻雀，在寫情書，在看電影，在「做愛」呢。

「秦鍾」在紅樓夢裏總算是一個女性的模範了！但是牠不是中國的新女性男。中國的新女性男是：

肺結核三期鉛粉二寸走路洋八字——就是阿拉伯字碼的8字。愛唱兩句梅蘭芳所愛唱的中國戲愛作詩——抒情的詩。愛說話——說女人味的女人聲調的話。愛交女朋友，尤其愛交男朋友。愛穿粉紅，淺綠的衣服。他們愛發愁，愛微笑，愛音樂愛裝飾。

他們這種人全都是富於情感，抑制力薄弱，理智的自制力小的人。他們多年是少爺，或是有錢的青年。他們不愛讀書——除去紅樓夢，西遊，等等小說兒。他們是社會上一種賸下的人，因爲他們太沒有用了。有女的性而非女，故不能做女的做的事；是男人而無男性，也不能做男人做的事。他們是幹什麼的呢？只好說他們是中國的裝飾品而已。但是中國有爲的青年當了中國的裝飾品，中國有多們不幸呀！現在中國的女性男子很多了而中國現在缺之的不是這種人缺乏的是有爲的青年青年們呀！青年們呀注意。

如果稍一不愼使「女性男化」的流行病蔓延全國，於是中國便成了鏡花緣上的

希拉式之調和化

「女兒國」了，男的在家裏頭看孩子，哄孩子，而中國的新女性的女子，反幹政治的生活，幹革命的事業，未免有些難堪。

此文痛罵女性男甚痛快，但我的女性男並不如此，乃是要完成個慈柔平和建設事業的美哲學工家。我所主的「坤化」也不定女人，是指柔慈平和的人。若是女强盜也不能稱「坤化」因現在有許多猛進太過的女子，矯枉過甚，變而爲粗暴兇很，學雄閥的無恥，捨其慈善天長而染雄之短。但我說坤化，就是平和化，結果是要大用希臘的 Harmony 調和，化使女男兩性歸於同化的中道，便是中正和平，才可到大同時代。

不用殺人

䷊天下泰平書卷十

女男優劣決定論

天養館叢書甲部之四

下邳劉仁航靈花著

第一章　各教上女男性情優劣判

第一節　儒家陰陽之顚倒

各教中或不認儒爲一教，但儒本從道教分出，道先天名陰陽，無名陽陰者。儒大同亦不賤女，惟小康以下陋儒，顚倒陰陽，成爲陽陰；處處賤女。如稱「牝鷄司晨，惟家之索」出自僞古文尙書。其最尊母道者，道教而外，耶教佛教均優待女子，二教推行，大半賴女子之力。今各國社會，尙稍有春溫生氣，足與戾殺氣相調和者，惟賴此一點慈祥耳。故耶佛傳道開會，均男女同一講堂，聽道唱歌，禮拜贊頌，而儒教丁祭，非秀才以上不得與，乃儒教之大失策，致教民均被他教吸收以去。而僞作吃人禮教，造成數千年乾燥無味之亢陽跛形病態社會，儒教不得辭其咎矣。今後不改，必歸淘汰，尤謬如易經以陰爲惡，爲刑，爲小人，爲鬼。以陽爲德，爲君子，爲神，荒謬迷信甚矣。但若棄去解易各家文字，而專玩卦象，陰陽調和，并不如此。至于大同儒教亦完全解放矣。

第二節　耶教在世界上倡女權之功

耶教根本出于「自然性愛」之聖母馬利亞，其後耶蘇傳教，打破假冒爲善法理賽人之偶像式禮教，經數千年帝國利用，多失其眞。然所到之處，倡平等博愛，傳教全球，有功女化不少。其在印度中國日本，大改尊男陋習，至可欽感，惟舊約神話，誤以女爲男人一條肋骨，太乏科學智識，然大抵在各教中能主平等者矣。茲據耶教出版之五大洲女俗通考論兩性者如下：

第六集：愛心女較男爲褊，而悟性較速，目明耳順，直覺不待思索也。

兩性心理表

男	女
男信於女，較男爲易	改過能力，男易女難
男尙義	女多仁
過，男失之太過	女失之不及
想像，男人多實	女多虛幻之想
德性，男好動而暴	女謙靜而守分
宗教，男重福音	女重救主

第六集，女人遇事先見，靜細敏捷，口才尺牘，小說才華，較男爲優。至品行更遠勝，犯罪人多男也。至忍耐，安貧，保守，克己，節慾，治家，訓子，能盡本分，均優長，而潔淨溫柔和順諸德，尤男所不及。因愛心厚，仇心少也。平常女人胆小，但臨大節見義不屈，女胆反大，誓死如歸之烈女，女史不絕書。

基督教未興以前，論德者皆重男而輕女，基督教興而人心一變，論德者始重女而輕男，昔人言男女而今人稱陰陽女男矣。故古時雕刻，長于表男之筋骨，而今尙繪畫表女之文采，雕刻術屬男美，油畫屬女美也。十五周大匠安奇羅所雕羅馬彼得堂顯明男美，同時意畫家拉飛爾畫聖母馬利亞爲女美代表矣。

女人易感，故基督教首傳于羅馬者實爲女人，故歷史上受逼害時，女殉道者較多。

第三節　用佛五戒判女男罪惡百分表

佛敎，以「報母恩」爲第一義，以「大慈大悲」爲因緣，觀音化身，世稱老母，佛像莊嚴，多半係慈悲女相，故不知者，每問佛究竟爲男爲女？蓋佛敎取義大慈，以殘殺爲首惡，故亞東各國婦女，晚年大抵均入佛門，文人學士亦往往而有。善男信女，四部衆同堂受敎，固不限于出家，出家乃小乘最狹之一部分耳。韓愈所闢之佛敎，乃下劣之「和尙敎」耳。比一遇大顚及文暢師等，則贊歎不已。佛經以法華爲最妙，而「法華會」上，女子成佛，較男子尤速，豈非以其慈悲忍讓，力尤勝與？今姑借佛所謂道德標準，以五戒止五惡者，列表以審查男女性之異點，夫道德標準，本未易定，今姑假定以資參考，讀者勿以此而個人起無明煩惱可也。佛言五惡者：一殺，二盜，三淫，四妄語，五飲酒是也。

試用學校考課百分法，而判斷男女兩界罪惡之多寡，造業之厚薄：

第一殺業　前已經承認世界殺業，大致女子百分中不占十分，幾等于零，實例如今日中國各省之亂，全歐大亂，其所殺人，屬女子所殺者，斷不及千分之一，而女子特被殺者耳；蓋女子在人類中，但有被殺被打之權利也。噫！

第二盜業：今世界及中國各地大強盜，及小偷，女盜甚少，試驗犯罪報告，每盜犯百人中，恐亦不能過一二分，卽盜業一層，亦可云無有，有亦不過百分之一二。

第三淫業：此事表面上爲男女共作之業，女子應占百分之五十，而事實上主動者，百分之八十以上爲男子。且多以威力金錢，強迫女子爲之，例如被人賣身之妓女，已失自由，斷不能指爲犯淫，而凡身帶金錢足踵妓女之門者，乃眞誠意專造淫業者也。此外以吾所知者推斷，女子能終身不二色者，或當有十之二三以上，若男子乎，殆難言之矣。試欲求一貞順有德女子，尚不爲難，而欲擇一溫良之壻，則難于登天，此吾人由實驗而知者，故判斷淫業男子應得百分之七十五以上，女子得百分之二十五爲允。

第四妄語：　此條驟觀之，似長舌婦爲專責，實不盡然。若大小政客，及常處事會官之惡劣紳董，若報館造謠，若文士好爲艷體寫情淫詞小說，及代女子爲春怨秋悲詩文，其妄語蓋十百倍於家庭婦人。從嚴判斷女子認百分之六十可矣。

第五飲酒：　此條惟佛敎認爲惡，他敎均從寬不計，今姑捨之。要之飲酒行兇恣事者多男子，女子亦百分之二三耳。而美國女子且聯合禁雄閥飲酒，可見酒惡盡屬雄矣。

試就以上四惡之積分，列表統計。

事項 ╲ 性別	男	女
殺	百分	○

若以四除之，社會惡業共爲百分，則

男惡　占七十八分强。

女惡　占二十一分强。

盜	九十八分	二
淫	七十五分	二十五
妄語	四十分	六十分
共計	三百十三分	八十七分

蓋百分之二十，卽十分之二，爲女子之惡業。百分之近八十，卽十分八，爲男子惡業以造成今日大恐慌苦惱，大亂之社會者也。準此論之，不欲改造社會則已，若欲改造社會，必大獎女學，使其知識能力發達，共任扶持社會風化之義務方可，培養女子爲國民母，以生人愛人，較提倡殺人害人之武力，其是非緩急，庸待辯乎，其利益更何待言乎。

第二章　哲學上之女權論

第一節　雅理士多德柔雄策，與紅樓夢女性論

孟德斯鳩曰：『雅里士多德 Ariststeles 常窮計極思以擢散人之强暴，以柔其少壯之精神，則全國中少年，宜作髻如女子，簪花弄姿，習歌舞，出必有女子爲持織扇，薰蘭麝，列鏡以供浴，則獻比梳，以此爲教育，弱冠乃習他業。』嚴幾道論之曰：『侍女添香，

宮人執扇，含雞舌，冠鵕鸃，皆先朝法制，廊廟且用之，況閭閻乎？」吳虞以此譏儒者之弱，然天下大同時固尙柔，與殘暴國家時代所尙固不同，雅里氏之論各有用意也。

紅樓夢第二回，寶玉說：『女兒是水做底骨肉，男人是泥做底骨肉，我見了女兒便淸爽，見了男子，便覺濁臭逼人，必得兩個女兒伴着我讀書，我方能認得字，心上也明白，不然我心裏自己糊塗。』又常說：『這「女兒」兩個字，極尊貴極淸淨底，比那瑞獸珍禽，奇花異草，更覺希罕尊貴呢！你們這種濁口臭舌，萬萬不可唐突了這兩個字，要緊要緊，若使要說底時候，必用淨水香茶嗽了口方可說。若說錯了，便要鑿牙穿眼底，其暴虐頑劣種種異常，只上學進去見了那女兒們，其溫厚和平，聰明文雅，竟又變一個樣子』可悟女性化暴男之奇效 因此他令尊也曾下死笞楚過幾次，竟不能改。每打底喫痛不過時，他便姐姐妹妹底亂叫起來。後來聽得裏面女兒們拿他取笑』

按此節可與亞理士多德柔雄策對讀，知有同調也。

第二節　叔本華母遺傳論

叔本華 Schopenhauer 1788-1860 遺傳論云（見其意志中之世界文中）人之知力皆自母遺傳，古諺所謂母之知慧者早示此理，而人知力之大小，與其母之知力爲比例，此經驗上所明示也。若父之知力，決不遺傳於其子，故名父而子庸愚者，其例甚夥。即子有高尙知力，而其父知力平平者是也。今使婦人之位置與男子相等，而其知識得表白之於公衆，則知力自母遺傳之證據，必倍蓰於吾人之所知。不幸婦人之位置如此，而其聰明才力僅爲家庭上之事實，而非歷史上之事實，故不得完全引之。且婦人以性質柔弱於男子之故，其智力發達之度，常不如其子，非由知力不同，而實由發達之度不同故，此其理之證據如下：

約瑟第二 Joseph II 德皇名 馬利亞之子也。盧騷 Rousseau 之母，聰慧之婦人也。褒豐 Buffoon 亦然，法國大文學家 休蒙 Hume 英大哲學者 於自敍傳中，言母之明智，康德 Kant 之母，據康氏述，乃有極大之理解力者；其與康德散步時，常使注意於天然現象，至歌德 Goethe 德之大詩人 之母之學識，則盡人所知，而文學上時時稱道之，若其父，則絕

諸名人之母
Schopenhouer
Rousseau
Buffoon
Goethe
Schiller
Scott
Baccon

贏之證明

無人道及者，席爾 Schiller（德之大詩家）之母，好讀詩而亦自作之。保加爾 Burger之天才，爲歌德以後第一流詩人，彼自信其知力得之於母。斯高德 Walter Scott（英大詩人）之母亦一女詩人也。其詩見於白絡克華斯所編母之知慧中，此書蒐集古今賢母事實，余茲取二條，一培根 Bacon之母，言語學者也，撰譯之書頗多。包海甫 Boehave（荷蘭醫學家兼哲學家）之名，以醫學著名，若母之知力弱者，其子亦然。故狂易之疾，得自父者較少，得自母者爲多。

叔氏以意志本質屬之父，以知力偶性屬之母。王國維否定之，謂叔氏母乃一名小說家，而大詩人歌德之友，彼自信知力得自母，而性質得自父，甚愛其父，又自憤哲學名反出其母下，故蔑視婦人，謬矣。然要以父母均善良，其子必較善良，爲平允之論耳。抑余有一公例如下，吾鄉以牡馬與牝驢交而生者名爲驢贏，以牡驢與牝馬交而生者爲馬贏，馬贏大而驢贏小，于此可證明人體之事，母遺傳者，關係大而父關係小。由此，證明叔本華承認薩利克族 Salic（古代法蘭克之一族）法律中，婦人不能維持種族者謬矣。

第三節　斯賓塞之絕對女權論

斯賓塞女權篇：『天下之至可痛惡而爲野蠻之極點者，莫如尊己所言謂之命令而强人以必從我。俄帝所頒於伊頓 Cton 學院之勅諭，暴惡殘忍，與禽獸之聲無異，而尊曰「勅諭，」豈不可羞！要之命令者，野蠻時代之怪物。命令者，其言本不善，以强力逼人耳。其語中常伏殺機，道德中所必無而犯倫背理無可疑也。……何以故？有命令者，謂有專制與奴隸，屈人與屈於人，背理惟均。嗚呼！殖民者對黑奴，夫對於妻，東方暴君對其奴隸，皆同此道也。』

斯賓塞女權篇又云：『主神人同形者曰，人之志於其信仰見之，然分析一人之議論，必知其嗜慾議論不足據也。私欲既熾者，抹殺一切證據，且鎔鑄之以文其奸，史多有之，夫巴徒婁秒 Barholrnew 之殺戮，至慘之事也。辯護者，反稱帝意焉。古來以兵侵人國者，莫不自稱義師，自該撒至今日，盜邊小寇，莫不祈禱曰：『上帝助我也！』兩軍相戰，各禱上帝，勝則禱謝曰：『上帝助我！』上帝固無與也。亞提拿 Attila 自以爲天賜管世界之權,西班牙之征美洲土人也,曰:『我將以耶蘇教化之。』英人之植民也,曰:『天將以英人種布世界。』有巧思之竊賊,爲斯巴達之所譽,豈惟斯巴達,耶蘇之徒,莫不皆然。哉生 Jason 之徒,以海盜爲英雄,羅司門 Mursemen 之族亦然;馬來族亦然。今日教徒猶謂異宗者爲魔鬼,莫不以國立教爲正教也。嗚呼!世界社會情狀大略如是矣。』

畜奴之主人,謂黑人爲非人類,回教徒謂女人無靈魂,妄誕狂吠野蠻國所謂道理莫不如是也。

女權篇又云:『反抗男女同權說者,多以女性卑下,不及男子,然不可空言,當考之事實,政治學藝文章美術,婦人有大名者,何可勝數!由齊斐比亞 Zenobia 至加德林 Catherine 馬利亞 Maria 有學之女后多矣。學藝則有斯美維耳 Sumerville 喜士差爾 Herechel 政治學羅倫 Roland 哲學司推爾 Stael 經濟學家馬亭樓 Martinepu 然鈴 Zarnlin 詩家梯格司 Tighes 戲曲家超伯爾 Jouna Baillie 赫門塞司 Hema

歷數諸名后名士 Zenobia Maria Sumerville Herechel Roland Stael

Martinepu Zarulin Tighes Jouna Baillie Henans-es Austens Bremero Gores Budevons

nses 小說家歐士天司 Austens 小說家布累美耳 Bremero 小說家鉤雅 Gores 小說家巴德文。Budevons 然而女人才智至今不表見者何也？蓋有二因：

一，女人以前不許入中學大學，惟男人能入，故男人建大名者不少，而女人入世淺，無以刺激其雄心。

二，女人教育多因舊俗，不能發揚其高才，又不許與男子交際，大妨礙女子學業。

夫平等自由，天然法律，固應如是。而或曰婦人易爲感情激動，無反覆思考力，才智劣於男人，故不能同權。如此說，則才智不同，權亦不同，其說不通。駁之如下：

一，若男女兩類之權，一一以才智爲量，而定其比例數，則男人才智亦各不同，一一量其才智而定其權，則聖人不能堪此複雜矣。按此說最好

二，天下女人衆矣！有才智遠過男子者，若據才智以定權利，則此等女人之權，必大過男人而後可。或謂女人心才不及男人，故不能同權，夫正惟其不及，故應同權，以練習其固有之能力。因女人有生命，卽莫不有能力。惟無同權不能自由練習，遂爲劣耳。

雄對於生殖之無責任

或又難曰，男人與女人，共公事操政權於男人大不便，必致亂男人感情。其說亦不通。夫中國婦人多見纏足，謂不如是則行動自由，必大亂男人感情。或告以美人不纏足，華人必不信也。……要之一國文明程度如何，必以其國待遇女人情形爲斷，苟規定男人與男人之關係，極其嚴酷，其規定男人與女人關係，亦必嚴酷故也。或謂服從乃人類之美德善行，女類柔弱服於强男，有益不少，嗚呼！迷邪不悟，吾不暇與辯矣。按斯氏不愧名哲通論也

第三章　科學上女性中心說

女性中心說者，謂母性乃生物之主，公性不過盡交精之任務而已。而論者每稱男性之强大與優美，不知男性之大與猛，並非用以護其雛者，乃受雌性選擇淘汰之結果，卻無所謂最後競爭生存，但其動機由於媚雌而演成，並非以其壓伏雌性，而公性比於母性之大劣點，卽卽何雄性遇敵來卽驚遁，惟母性不然。卽如一母雞，當其伏卵護雛時，人狗不敢近之，必遭其啄。而雄性則猛如獅，一見人不免膽怯。可知種類生存之

中心，完全操於母性也。」

按此論甚精，至男性中心說，無充足之理由，故不足取也。

又曰：（一八十二頁）「虐待婦人之事，完全是成了人類以後的現象，人以外的動物，決無此事，不但如此，且都受女性支配的，這是動物界公共的現象。斯賓塞也說越古代虐待女性越利害，但不知再往上追，可要追出母系時代了。」

觀此條斯賓塞之社會學，尚有誤點，至克氏乃大明，蓋研學之難也。如上所言，考諸社會現象事實既如此，證諸舊宗教及新科學又如彼，悔既往，悟將來，女教女權之宜興審矣。故各國每言觀人國文化程度，視其女子教育程度而知之，此言今後將更驗，尚柔化抑雄殺者，即眞文明也。

第四章　論女性三種優權

本書根據各種統計，定爲過去歷史女生男殺。故女。善男惡，苟欲去殺，必使雄性化剛爲柔，則女子必須有三種優權：即——

一，優等教育權。二，優等政治權。三，優等經濟職業權。

女有天賦不當兵權

於此應大注意特注意者，卽女子無當兵義務，非其所短，乃天賦女性有不當兵權。天性爲盡生人義務而來，非爲殺人也。所謂三優權者。

第一節　優等教育權

優等教育權者女子生有綿密懇切之性，不但宜於爲母，亦宜於爲師。故自來容或有「無父無君」之學說，而不能有無母無師之學說，因無母則不能生身體，無師則不能有知識。今世界美國女子任小學教師爲最多，多年前美國小學教師卽有四十萬，女教師已三十餘萬，今必更加多。日本小學女教員亦將及半，前經教育家會議，認爲文明進步之象。惟仍以不如美國爲恨。但非自幼至長女男同校，不足調和兩性，此理關係甚深甚深，可名女男同校權也。問者曰：「女男同校，社會習慣，以爲不便奈何？」

男女同校權之必要

曰：「子之主張乃欲順社會之習慣乎？則教育可不辦，而辮髮纏足吸鴉片賭博，固皆舊社會所認爲至便者也。將亦隨之乎？」問者又曰：「同校於女子道德似有礙。」曰：

「前已述女子道德之積分矣夫何所疑？今卽不據動物學家自然道德論而據江亢虎君所經驗云：不惟無礙，而且有益。惟亦不能於一事一日判斷之。例如放足者，初亦甚不便，似有苦痛，而實非苦痛也。且夫社會心理，常樂趨於惡而憚爲善，今試取一最確之喻喻之。有某小姐太太相赴而趕會聽戲，雜於人叢中，竟日無一人敢言不當者，入戲園且艷其裝飾，否則不敢往焉。獨至同校學有用之學術，則謂不可。大抵在戲園觀惡劣之淫劇，則公認爲當然，而無或非，同在學校從良師益友，習實用學藝，則羣焉非之，眞不知其何心也。亦爲不善辯耳！甚至男女同賭博吸鴉片烟，喫金丹丸者，往往有之，而社會毫不覺其非，惟至同上學則引爲大恥，此未之思耳。誠以同上學與同聽戲比之，孰是孰非，孰利孰弊，不待細辯，雖愚人亦明之矣。近教育大家，皆知欲實行自由結婚，非男女同校不可，故不主同校，卽與結婚大有礙，不可不知也。男女同校，足令人道德增高。今試令最强暴之武夫，出席於男女大會，發表其政見，任如何剛愎者，亦有同情惻隱之良發見。故西俗男女宴會時，其男子無形中禮貌無敢不謹，正爲此也。

美學上陰陽兩性，有競美之心理，雖甚悍劣之夫，不畏父兄師友之嚴責，而於會場甚畏女子之嘲笑。此一嘲笑能令其久失之四端，一旦復返，而默化其殘暴之性，洪範所謂：「沈潛剛克，高明柔克。」此蓋男有陽剛之美，女有陰柔之美，皆謂其合德，不可但作玩具觀也。今人入女校參觀時，其對於清潔禮貌，較入男校尤注意，舉動一有不合，面部即生赧羞，即兩性相遇，惻隱羞惡之良，易於啓發故也。友人某君，常爲人作草書，落欵時人告以求書者乃女士也。君始知之，以原作太草率，乃棄而另書一副，此可知陰陽合德，足啓同情競美之義矣。故余常念各國行政立法界，若使有過半女子，則世界兵禍必大減。若各政府根本改組成一世界女政府，而以男助之，永廢國界去爭殺，則天下太平，可斷言也。因女性好生惡殺，女子主政，必可減暴男野心殺氣矣。何以故？女性富同情，惡爭殺，不忍輕致其夫子投身膏血，非不得已，必可維持太平也。兵一廢去，至資本問題，可用會議公平解決也。

第二節　近年世界女權進步表與英國之女天下

優等政權者，茲錄一表，如下：照此表推之，五年以內，女子參政已進步如此，不但可與男子平等，并可超過而可達「坤化時代」矣。一陰一陽，合德有體，乃入於離宮，文明之卦，其可以勝殘去殺乎！嗚呼，今殺機迫矣！他皆無望，惟望多出女菩薩聖母，誕育新哲人，以免世界惡漢殺機，爲吾救世之第一願耳。

附錄上海基督教新民報第八年第四期二十世紀以來各國女子參政史。近年更大進步矣

澳洲　男女同等投票，上下院及州議會，均有女議員。

奧國　男女同投票一五二一年，有二百萬女子投票，市尹一人，市參事一百二十六人。

坎拿大　有權尚未實行，州議會已有三女議員。

丹馬　一九〇八年，實行市政女子投票，近已男女同有服官受俸權。

德國　一九一八年，女子有投票權者二千萬人，上屆國會女議員三十九人，州議員一百卌五人，市參事四千人，本屆上下院共三十人。

英國　國會中有一女議員及市參事，一九〇二女子參政案通過國會。

匈加利　男二十一有投票權，女子必二十四歲，又能寫字讀書者。

荷蘭　一九一九年立法女子年二十五有與男子同等投票權合格者，千五百萬。

一九一八年國會有女首領被選。

那威　女權發達最早，男女同等。

紐西蘭　雖一小島，凡英國人男女權無別。

波蘭　男女權無別。

俄國　同　國會內閣均有女子。

瑞典　一九一八年得參政權女子一百六十萬，女市政議員四百人。

意大利　女子僅參市政。

比利時　同。

塞爾維亞　同。

羅馬尼亞　同。

女天下實現之英吉利

大阪每日新聞：『一九二七年十月十六，倫敦聯合郵信云滿二十一歲以上有選舉權婦人之法律案，在英議會已通過，照此就選舉法實施，則來年度總選舉，婦人選舉數，較男多二百二十四萬，卽現在男有選舉權者一千一百萬，而女數從本年之八百萬人，復增加五百二十四萬合計較男多二百二十四萬。其結果，女在政治上較男爲强。』

按大戰結果，雄性自然淘汰，故女天下實現乃雄性自身之破產所演成也。

第三節　優等職業權

優等職業權者昔大哲斯賓塞已極論之，人當爲之職業，古者四民止士農工商，無認殺人之兵，可爲一業者有之自募兵殺人始也。除殺人不能獨立爲一職業外，士農工商及公吏今各國皆有女子爲之，而女子性質精細安詳，富於美情，爲士任教育過於男子，世所公認，吾常遊紡紗冶絲各工廠詢之主人，均女工價優，而男工價低，以男性粗暴，線易斷，又乏美性，故試觀各學校女校起風潮者絕少，此知女性爲士爲工均于優男。又大可爲男性愚劣，女性善良之鐵證，惟若開鑛等極粗之工似以男爲宜，然觀淮南各地方，女子之務農揷秧挑草養鴨汲水，及輪船碼頭之挑行李，則女勞力殊不亞於男子。故淮南一帶結婚時，先有商訂養漢與漢養之分。漢養者，女子坐食於家，養漢者，則女子任一切苦役，男子遊閒，或在家抱兒而已，恰相反也。廣東女子亦樸健可把犂鋤，登山砍柴，入水牧鴨，其在江浙廣東，女子搖船之力，亦不減男子。意大利國婦女亦有在田耕地者，前年外國史天遜女史來華，駕駛飛行機，及此次歐戰各種事業，盡由女子爲之，則女子宜工宜農無待贅論，其明效大驗矣。至於爲商，漢書貨殖傳，巴寡婦清以丹穴起家最著，秦始皇至爲立懷清臺以嘉之。今南方商店多女子，惟僅以爲助手，而財權仍操之男子耳。上海有一女子合羣獨立之商店有年矣。日本女子經商，及在郵政鐵道公所者甚多。西國則尤多矣。無錫電話局，特專雇女工爲之，某處女子爲商，甚得社會歡迎，故其商務甚發達，男子經商者至無人過問焉。而今世界日進於文明，其事業最要者爲教育醫學，交通美術，醫學美術，均女子特長，男子不及也。故女子生活獨立，必較男子生活尤易，能力尤足，特須今日男子當權者，一換其誤想之主觀，脫其數千年舊式習慣，與以充分之高等職業教育，勿存以爲奴隸愚弄之心，而資以財產平分之，則職業一途，綽可獨決，不至如今日，但爲男子累也。男子一人終年勞動，叫苦連天，常不能供八口之坐食，譬如人有兩手兩足，自縛其一手一足，坐視室中起火，欲救不能，有勸其解放者，則怒以目，愚不可及，自貽伊戚，此今日中國女男社會之現象也。至於女男職業，或同或異，異者男子宜於征服自然界之粗工，女子宜於教育衞生美術事業爲宜，否則以粗重笨事苦女子，乃爲野蠻人俗也。

第五章　本卷決論之結論

要之，從種種方面考察，今後非以女子社會爲中心不可，茲再舉諸點以結吾論。

第一節　從女男歷史代謝上觀察

乾坤，一大舞臺也。男女二性，同在此舞臺上之兩種角色也。故英索士比雅曰：『世界爲舞臺，而人類爲俳優。』清高宗乾隆帝，常以戲劇咏史，其聯云：『堯舜淨，湯武生，桓文丑末，古今來幾名角色？日月燈，雲霞彩，風雷鼓板，宇宙間一大舞臺。』斯言信矣。無如五千年中乾角之堯舜不多見，至今於於登臺者，惡劣醜狀，黑幕重重，叫倒好之聲，不絕於耳，不但人厭之，即登臺人物自己亦厭之，而且不能不敷衍出臺，且尤奇者，仍不許坤角出臺。且謂「坤角不能演戲，老板自有權衡」結果必致拆臺，大家散火而後已。吾意此地球大舞臺過去五千年中，乾角包辦扮演之列幕，成績歷歷在目，二十世紀以後之新舞臺，最好讓坤角登場試演，至少讓出多半爲男女合演，方可得下臺。不然今日男角舞臺開幕不可，閉幕不能，已下臺不得，處於自窮絕地矣。

第二節　男性能力太大，反成罪惡

或謂据久研女子教育家言，女子性質乏高遠之慮，故劣於男子，此言甚當。何者？男性之惡，正以其慮太遠，時時有跋扈縱橫誇大之狂，每易壟斷他人權利，以縱其貪心，有爭無讓，乃大亂之本也。非代以女性之坤順主義，解脫亂源不可。或又謂男子能力終較女爲大，故理應占優權，亦知能字爲何解乎？能者乃獸之一種，與熊羆同類，若不尙德而尙力，此非人道也。人道須和平只須有供給飮食男女同樂相生相養之德足矣。過度能力，如項羽黃巢成吉思之流，人道之敵也。不惟不尊重之，且應撲滅之，與撲毒蛇大蟲瘋犬等。故男子若恃其能力期占優勢者，此自殺之道，公理所不容也。故以往凡雄性片面所創之兵刑政敎道德制度風俗是非苟不顧女性或害及兒童者，皆雄性能力過大濫用智勇所貽之罪惡，正電缺負電之調攝，四出橫決，以造成五千年殘殺史也。故雄性能力太大，卽罪惡也。由雄匪殘殺史觀之，卽謂「雄性少才便是德」亦可矣。故老子尙雌主無爲本先天坤乾易。佛耶使人如兒童，皆尙柔以和天下。正合乎女性化者也。至回敎表面上雖尙剛，然其最初亦是純尙感化不報復主義，因被害受迫，乃一變而成剛性。故各敎本來宗旨，大體都可云女性矣。

第三節　女政府可能性，較無政府易行

或謂男子之殺人，非男性惡也，以憑藉權力故。權能殺人，若女子，爲君爲將，亦必殺人，不知權而殺人，此卽强暴，乃人羣之害敵。旣名爲人，不應相殺，如虎狼吞食然。欲去人羣之害，必先去暴權。男之用暴權以殺人，過於洪水，此宜用克氏託氏穆麗士 William Morris 等無政府主義行之，而本書乃先用女化以殺雄勢，則水由地中行，其害免矣。而女性慈善，終非男子可及，故欲使人類勝殘去殺，非重女權而輕男權，不足以抑五千年來好殺之雄性，須知同是人類，君子何厚於女而薄於男，而爲維人道計，暴權所在，不能不先去而代以慈善者也。若將來女權又太過，暴與男等，則亦應鋤去之，特今尙未見其例耳。

第四節　與女化乃爲救男人

余作此書之動機，由於草東方大同學案時，於古書中考出舊約耶利米三十一章說：「地上有一件新事，就是女人衛護男子。」預言講得極明白。又克氏互助論屢引證各族戰爭中間，賴女人爲保救男子之護符，各族風俗習慣，甚至如女子首飾衣服住所，汲水之路，經過之地，皆爲兩雄爭戰之禁地，又同時爲避難所，可救許多雄匪性命。由此考察，若能推廣此俗，天下廢兵，卽謂女子爲救雄爭之聖母觀音可也。

第五節　聖母觀音化眞救世主

蓋雄好爭殺不能自救，非賴女性以敎之，彼等互殺將永無止期，故今爲女子計，固應恢復母權，從各村市起，凡爲母女妻者，應管理一村市之男，毋使亂動，實則爲救衆雄匪之命，非此不能休戰息兵，宜乎初民古代女神貴於男神也。女能救雄性命，非眞聖母而何？昔西方尊耶蘇聖母馬利亞，及自由女神，東方皆尊觀音菩薩，而不得眞義解釋，成爲迷信鬼神敎，今得克氏互助科學說破，乃知眞聖母觀音眞是救世主，眞自由女神，何以故？女性廢兵止殺故也。凡非此說，卽是眞殺人魔鬼也，眞聖母復活，撤旦退矣。

不用殺人

䷊天下泰平書卷十一

經濟組織及羣性三種大改造

天養館叢書甲部之四

下邳劉仁航靈花著

第一章　世界經濟大改造新法五種（本章係吳竟生寶濤君稿）

世界怎樣能夠太平？方法多得很！但是世界仍然不能得永久的太平，我們大膽天天在準備戰，天天在大戰小戰，我們人種未必這樣無能。這樣愚劣，不能實行一個永久制止戰爭的方法嗎？可憐的人類，在幼年時代就要聽見爸爸戰死了！爸爸因戰爭死了！母親的悲哀，幼年無所謂而啼哭的傷心，都要領略一番，或至母親被姦污而死了，人類有不殺抅蛋母雞的仁慈，而殺我幼年的母親。歐戰後柏林道赤脚走的小孩與近年中國內戰，傷父傷母的人們向誰算賬呵！在少年時代，更是最不幸的，最危險的時期，無情者一個徵集令就要送許多人到枉死城裏，可憐無定河邊骨，猶是春閨夢裏人，戰爭爲的我們壯年嗎？在老年時代，在現代經濟組織之下，已經是「不能工作該餓死的人」加上戰後經濟組織破產，求餓死工錢的工作尙不可得，終結是餓死，只多聽些大兒子戰死，大閨女守寡；這些慘痛的消息而已。戰爭是與我們幼年壯年老年有益嗎？益在那裏？還有一件可注意的生人的母性！整個世界是你們造成的！你們免不了，受丈夫的死亡於無理的戰爭！兒子死亡於無理戰爭！父親死亡於無理的戰爭！令你們淪落爲賣皮肉的妓女！

戰爭果眞像毛奇，Moltke 言：「永久之和平殆夢想耳……而爲上帝所制定也。」果如此，人類何必待人而戕，自戕可耳！我們生，我們要樂生！

我們考查世界戰爭有兩種：一種是物質不足的戰，一種是生產過剩的戰，在產業革命以後已無物質不足的戰。換言之，現在的戰，就是爭貨物輸出與資本輸出的戰！生產果過剩嗎？現在有多少人啼飢呵！號寒呵！

不是不是世界上只有少數人是人類的惡魔！多數人是被他們引誘而殘殺，被他們迫逼而殘殺，血肉橫飛，斷頸裂肚的是我們得利潤 Profit是他們！現在求世界永久和平，我們要解決物質上的爭執！我們不能因物質而傷我們的生命，打碎我們在世上的樂趣！我們要樂生，我們不要殘生呵！怎樣去解決物質咧？

第一是要設立一世界生產管理委員會。

世界生產管理委員會，牠的職務是各就地方歷史習慣，定爲生產區，不許移動。如闢牧場而爲農田，一方侵害牧民生活，一方强迫農民趨於不適之地。如遷移工廠來東方，一方破壞農業國的經濟組織，一方叫慣於工業的人民失業，來音哈氏 E. Reinhard 的書上說：比較一九二〇年和歐戰起初那年紡織業開工的錠子數便得以下的結果。（以百萬支爲單位）

國別	一九一四	一九二五	增或減

英	五九・三	五六・九	減二・六
中國	〇・九	三・三	增二・四
印度	六・五	八・三	增一・八
日本	二・三	八・一	增二・九

看表可見英國的錠子已向中國，印度，日本移轉，同時有二十萬紡織工人失業，孟加斯德的工友你怨誰呵！

這個會把世界的需要派定世界上的人供給，如英國精於紡織，英國就辦紡織好了。你每年只能喫三個月的糧食，也不着慌，自有東方農國供給你。一切的細細規劃起來，農者農，工者工，世界美滿，不讓一些害人的人們顛倒，令各不適宜，因工農失宜而起社會擾動，是誰之過歟？

第二是國際間交易以物易物。

均平銀行，我們由國際委員會定出：

$3A=4B=5C=6D=7E\cdots\cdots$

這樣的一表就各國之需要，適合酌換。這樣辦，是向有無生產過剩咧？生產不足應由國際委員會。指定某物之生產，加增生產，則天下無失業之苦，無享受缺乏之苦，無銀行搗鬼（幣價漲跌）一令一般工商業『可憐盤中餐送入他人口』的苦況。（注（A.B.C.D.）代表商品。）

第三，是國際以物易物。交易之後，劃一世界幣制。

把世界上所有金錢取消，行世界上一種工劵，勞者得了工劵，把工劵易世界上所有貨物消費。

第四，是世界上所有之大資本，用財產稅，所得稅，遺產稅，方法逐漸使托挪斯，辛底開等商業機關，漸進於大同公平的合作社。

第五，是世界救災局，遇各洲島有非常災患時，由中央調查，隨時補救。

啊！這五條的行使靠誰？靠世界上把不殺人的人聯合起來，組織一全世界最高政府。

怎樣能夠組織世界政府咧？就是一切愛和平的人，尤其生人的母性，在同一時間，向五千年來雄性政府用不合作手段，要求實行，不達目的不止。

第二章 社會各種組織制度大改造

第一節 罪惡之由來 凡種

現在社會無人不認爲有罪惡者，數千年來於斯矣。試就刑律條文及歷史上觀之，刑律數百條，人舉足即犯罪矣。然而最可笑者，即在施用法律者之本身，亦無日不在犯罪之中。君主犯罪者，若湯放桀，桀焚死，武王懸紂頭於太白旂，路易十六被人民戮於斷頭臺，俄皇尼古拉被民聚殲其全族等事，史書數見不鮮。以孔子之聖，耶蘇之仁，蘇克雷坻之哲，皆被當時權奸認爲有罪，然則人類之罪，固不可辭矣。兵刑存在一日，即人人之罪，須審判一日也。雖然，人人有可犯之罪矣，某日槍斃某犯，按刑律第幾條也，某黨宣布某人罪狀也，某國下「哀的美敦」書討某國也，均仗義執言，聲罪致討矣。某報登載某人罪惡史也，罄南山之竹，書其罪不盡矣。雖然，均是人也，同是耳目鼻口，何至如討武氏檄文中所言：「人神之所同嫉，天地之所不容」乎？反而觀乎鳥，并無若是大罪也，詩云：『黃鳥於飛，集於灌木，其鳴喈喈。』鳥亦有羣，鹿亦有羣，何彼等羣中害馬之少，而人羣害馬之多乎？豈人羣不如鳥乎？其天性乎？抑人羣組織不良所致乎？孟子曰：『及陷於罪，然後從而刑之，是網民也。』不但網民，卽桀紂犯罪亦屬寃枉，曾子答士師曰：『上失其道，民散久矣。如得其情，則哀矜而勿喜。』孔子爲魯司寇，有父子訟者，孔子赦之，此皆世俗所謂大逆不道，而尙得容於孔子矣。而佛耶均許懺悔免罪，由此以言，則人固皆有罪，然果個人犯罪乎？抑人羣犯罪乎？

若自「耶教」言之，自祖母以來，代代犯罪，固似寓言，然歷史法律，固明明承認可考知者也。夫犯罪來原，固深遠而複雜，但左姑舉三條，考社會學者必須承認：

一人羣組織法之錯誤

一曰認人羣組織法之錯誤　卽病在計劃太大與太遠是。莊子最「惡衆至」卽惡人羣組織太大也。如帝國主義之惡，卽誤認以國爲單位，而害他人之國耳。而大國主義，爲人羣之害深矣。故老子曰『小國寡民。』所謂計劃太遠者，以秦始皇爲代表，卽子孫萬世之業，二世三世千萬世傳之無窮之謬想，由各人對於家族思想之誤謬也。佛言「等視親與仇。」耶言「去分別，」莊子言「無甚親亦無甚疏。」試就家與國二者對比之：

家國同苦表

家	親之至	愛之極	生人之機關
國	仇之至	仇之極	殺人之機關

同爲人羣進化之大害

此對待不破，則人羣苦痛永無止息。故一切聖哲均主泯親仇之兩極。而替代之法，莫如用「大同新村」辦法，今所云組合，是其小者也。其要則公同養老做工與育兒三事。

二人羣無慚愧心之錯誤

二曰認人羣無慚愧之錯誤：　人羣之苦痛萬端，其根由於無慚愧。淵明詩「望雲慚高鳥，臨水愧游魚。」佛言「慚愧爲上服。」孟子曰：「無恥之恥無恥矣。」最可恥者，人殺人而不自慚也，反矜其功也。改造人心第一，必從慚愧起，不但善戰服上刑，屠戶應慚愧，即政客殺人，官守錢虜，僧侶學閥，寄生蟲，皆應慚愧。舉凡不工而食，兵刑政教學者，均應日夜慚愧，思所以改造人羣之新法，則庶幾近之矣。

責任慚愧心理比較表

或問『伊尹聖之任者也，慚愧心比責任心何如？有責任心不亦可乎？何爲必慚愧耶』！

答：『是大不同，責任心有好處，但易生我慢驕傲。慚愧最易啓良知。責任易養成誇大狂，久假不歸，妄自尊大，聖祖仁皇帝，教主偉人，大主教之神聖不可侵，均是責任妄想所造成，慚愧則無此病。比較如下——

責任心	剛性	從氣骨上起	易激動而或有客氣	豪傑派可以襲取
慚愧心	柔性	從天良良知上覺悟	似徐緩而精進不懈	完全是佛哲境界

如佛說：六波羅密經述發五種勝心，終於慚愧心，則幾矣。

不知物質進化之錯謬

三，應知物質進化，生產增多，人類同樂之可能，此說詳於克翁各著述中，凡悲觀派皆以人羣不可改造，由不知近世科學史近世統計史示明科學日進，生產多於往昔者數十倍，若分配得宜，決不至甚苦也。

又學者或偏於個人改造，及環境改造，與組織改造，不知就組織精神，物質三方面同改造，則得之矣。

第二節　戴震去僞道德論

孟子字義疏證序，戴震孟子字義疏證及原善二書，發明公理，確遵漢詁，盡掃去宋儒舍理論勢，以勢爲理之謬見「我國自宋以來，盛倡名分之說，以犯理卽爲犯分，君主利用其說，以禍天下」自二書出，始抉其藩籬，舍名分而論是非，舍勢而論理，其解理字，以爲理出於欲，情得其平，是爲循理，與西國公好惡平等說合。

解理曰：「無過情無不及情之謂理。……」孔子曰：「少之時，……及其壯也，……及其老也」云云，凡身之嗜欲，根於氣血明矣！非根於心也。誠之解曰：「由血氣心知而語知仁勇，非外別有智仁勇。」宋儒外形體咎氣質，雖視人之饑寒號呼，男女哀怨，以至垂死冀生，無非人欲，空指一絕情欲之感者，爲天理之本，然事情未明，執其意見，方自信天理非人欲。而小之一人受其禍，大之天下國家受其禍。……人倫日用，聖人以通天下之情，遂天下之欲，權之而分釐不爽，是謂理。……故君子亦無私而已，不貴無欲。今舉凡民之饑寒愁怨，飲食男女，常情隱曲之感，咸視爲人欲。孟子於民之放辟邪侈，以陷於罪，猶曰：『是罔民也。』古之言理也，就人之情欲求之，使之無疵。今之言理，離人之情欲求之，使之忍而不顧。」

程子云：「犬牛人之性不害爲一，孟子言性善者乃窮源之性。」朱子解天命之謂性曰：「天以陰陽五行，化生萬物，人物之生，各得其所賦之理，以爲性。」戴震引此以爲程朱之意，人與禽獸，得之也同。

按昔之道學，毫無人生科學常識，其出發點在主觀的，理想的，帝王式的，「男閥」式的，強權式的道德，要之非人性，非人道的道德，如戴震所斥者是也。觀克魯泡金有「無政府之道德論」，可悟矣。而若以動物自然道德律之，蓋人類道德亦破產度大抵道德標準，大半須順自然之性，特稍防其妨害人與人之關係一點耳。標過哉！道德者，爲天主教及佛教之僧侶，然天主教徒之禁慾也，有人置一鐵鞭，其法，於牀頭，慾動則以自撻，至出血乃止。僧侶稱無妻，乃其結果，清眞者固多，而劣者無其名而有其實。雖不可因噎廢食，然亦未始非創始標準過高，而不適通行之弊，故路得以一僧娶一尼，而革天主出家制。美之摩門宗大倡多妻制，而革一夫一妻之單調式。濕婆教，與羅素等極倡男女自由，並廢婚姻制也。要之，大同運近矣，今後當廢束縛而返人性之自然道德矣。

第三節　去虛名

莊子徐無鬼第二十四『聖人并包天地，澤及天下，而不知其誰氏。是故生無爵，死無謚，實不聚，名不立，此之謂大人。狗不以善吠爲良，人不以善言爲賢，而況爲大乎？』耶穌曰：『誰要想爲大，誰扶侍人。能扶侍人的，就爲大。』

禮檀弓上：『幼名冠字，五十以伯仲，死謚，周道也。』

論語，孔子曰：『大哉！堯之爲君也。巍巍乎！惟天爲大，惟堯則之。蕩蕩乎！民無能名焉。』

莊子逍遙遊：『至人無已，神人無功，聖人無名。許由讓天下於堯曰，吾將爲名乎，名者實之賓也。吾將爲賓乎！』

按刑法起於名，有名則衆惡聚焉。故佛老絕對主打破名相。今美國憲法，禁止授爵號，而中國三皇無名，堯舜僅單名，禹湯仍用名，商朝王名多用甲子，至周而謚法大行，文盛而僞滋，衰世之法也。今蒙古南洋各地人多無姓，不知自己之年者，故廢姓氏乃大同世要法，而去階級之本也。

第四節　五無論之批評

法相宗破碎之流弊

章太炎五無論曰：『一無政府，二無聚落，三無人類，四無衆生，五無世界。』一之說曰：凡種族相爭，皆以有政府。二曰，國界雖無，而聚落猶未破，則慘烈之爭未已。三曰，縱大地悉無政府聚落，而相殺毀傷，猶不能絕，是故大士者出，誨以斷人道而絕其孳乳，以觀無我爲本因，以斷交接爲方便。四曰，一物尙存，人類必不能斷絕。五曰，衆生悉証法空，世界消弭，斯爲最後圓滿也。……以無政府主義中道自畫而不精勤以求其破碎淨盡，此亦乏遠見也。

按章氏此論，亦恣意爲之耳，實則不必過爲高論。

第五節　人生眞宗教論

太炎建立宗教論：『宗教之用，上契無生，下教十善。其所以化民者，特其餘緒，此謂塵垢粃糠陶鑄堯舜而已。今之世非周秦漢魏之世也，彼時純樸未分，雖孔老常言，亦足化民。今則不然，六道輪迴地獄變相之說，猶不足取濟。非說無生，則不能去畏死心。非破我所，則不能去拜金心。非談平等，則不能去奴隸心。非示衆生皆佛，則不能去退屈心。非舉三輪清淨，則不能去德色心。此沙門居士所以不得不分職業也。』又『所以提倡佛學，則自有說，民德衰頹，於今爲甚。姬孔遺言，無復挽回之力，卽理學亦不足以持世。且學說日新，智慧增長，而崇拜天神，既近卑鄙，歸依淨土，亦非丈夫，（一十住毗婆論既言之）非法相之理，華嚴之行，必不能制惡見而淸流俗，拳拳之心，獨在此耳。至如仁學之說，拉雜失倫，非所敢知矣。』（按斥念佛太過亦不盡然）

按宗教爲精神修養之一法，特形式太重，反而有害，純粹無之，亦未必做到。亦聽其自然去其不合於大同法者已。例如若以自由性愛爲眞合理，卽如仁學所言，成爲宗教，亦無不可，「拉雜失倫，」又何所据乎？要之今所需者爲人生之宗教，非人死之宗教，在此如佛說之北俱樂洲，耶蘇之埃田樂園。若出世則獨修証果，兩無礙也。

第六節　小組織論

莊子山木第二十，市南子見魯侯曰：「君有憂色，何也？」有人者累，見有於人者憂，願去君之累，除君之憂，而獨與道游於大莫之國。（此係述建德國事學案老莊卷二引之）

又孔子辭其交游，去其弟子，逃於大澤，衣裘褐，食杼栗，入獸不亂羣，入鳥不亂行，鳥獸不惡，而況人乎？

徐無鬼二十四「神人惡衆至，衆至則不比，不比則不和也，故無所甚親，無所甚疎，抱德煬和，以順天下，此謂眞人。」

老子曰，「小國寡民，雖有什伯之器而不用。」又曰：「挫其銳，解其紛，和其光，同其塵，三十六輻共一轂，當其無有車之用。」

老子小國寡民

韋爾士Wel s組織改造論

按有人謂古之雅典，今之瑞士，皆以地小人少，故易治，地多人大，則難及，但韋爾士反對此論見其世界史綱中 Wells's Outline of History 謂今日交通機關便利，大小已不成問題雖大國亦易治，只要好耳。由此言之，以今日之物質便利管理全球，與今日管理一國等耳。故今日之大組織，猶之古之小組織也。

第三章　羣性（或名個性）改造法

第七節　近於女性之新超人論

德國尼采 Nietzsche 謂人有二種，一爲超人 ubermensch 一爲獸人 Herdenmensch 謂超人在上，獸人在下，而分君主道德，Herenmoral 奴隸道德 Sklovenmoral 公然立治人治於人之限。謂社會者，非爲社會而存，乃爲二三偉人而存，其著乍拉斯德一書，以發揮波斯教專制之精神。又爲超善惡論，打破一切善惡之界。但其後德王威廉第二之欲橫行海陸，霸於世界，實由此說而推演之。至於全國顚覆，全歐困苦，蓋超人學說之流弊。如此其不適用也。自美總統威爾遜 Wilson 主「德謨苛拉西」Democra

女性亦不定女人

cy之說，大倡羣衆主義然而未成功，列甯之成功，則昌 首領專制集權一人，眞爲可怪。蓋將來解決超人與羣衆同一難言也。克氏互助論開卷先攻超人主義，但克氏不能不算一種新超人，我與明慈韶斌嘗研究今後必用新超人主義，折衷於超人與羣衆之間，名爲新超人，或名爲哲人導治主義。因講集權嫌武斷，純講自然化又太高而散漫，故折衷以得中道義。既非若英雄之獨裁，又不若玄學家之浪漫。其庶幾乎！

余在北京，與張明慈辦四民自治報，卽用克氏互助原理圖新村團建設，大旨用分工互助主義，以試驗哲人導治，而哲人者，卽在四民中同化，要以近於女性者，爲將來引導衆生之哲人矣。吾言女性，非必女人，若耶蘇若佛若華盛頓其像均似女子。將來非有理想上之新超人出，改造個性與羣體，雖打破環境，仍然不能解脫苦痛。而此種與平民同化之新超人，又必須同時成立新道德，新社會，乃可出現。決不能以舊式鄉愿奴隸宗教，奴隸倫理，奴隸道德律之也。此種哲人在余樂天却病詩末數卷中，處處彷彿相像而神游之，讀者可細玩焉。

克氏全教育論

若養成此羣性新超人之方法使人免罪惡須從各方面上用工。據余所知，則克氏全教育法爲最善。Kropotkin's Integrated Education 可從根本上同化階級門爭，以達美術世界故也。此外若佛之圓慧，耶之愛，老之柔，及近各家獨到之科，哲，美藝，均可師所長矣。

本卷結論

往者於拙著東方大同學案中，已述三種改造原理，爲一，新精神，二，新物質，三，新組織，本卷仍本此意以作結論。經濟，必求全人數之公平不偏。組織，求不大不小，不寬不嚴，適合人生活潑樂趣。個性及羣性，務求進化圓成焉。

不用殺人 ☰☷ 天下泰平書卷十二

天養館叢書甲部之四

下邳劉仁航靈花著

全書結論　歡喜佛俱樂洲今日實現之決定

本書主旨在根本除去殺機，推翻雄閥暴權，改造新人種，養成新人性，建設美化世界，但研究尚未完全，僅爲隨時雜記備忘之用，故左姑以佛經三篇作結，但條例上大體上亦未嘗不圓滿矣。

第一章　佛說起世經退化論（世運退化之故）（出大藏經惡字函一）

第一節　光音天下生梵天之神話

起世因本經第十一：「復次，世間云何壞已轉成？如是經無量年歲，起大黑雲，徧覆世界，便降大雨，風沫吹輪，造徧淨宮，雜色顯現，出生如是成時，衆生多得生於光音天上，

一念之貪

身心歡豫，喜悅爲食，自然光明，又有神通乘空而行，得最勝色，年壽長遠，安樂而住，爾時世間空無有物，光音天上福業盡者，乃復下生梵宮殿中，不從胎生，忽然化生。此初梵（淨也）天，名世界主，諸餘衆生，端正喜悅，有神通力，無有男女良賤。時此地上出生地肥，凝如乳汁，後漸成酥，甘美如蜜。時衆生中，有性貪嗜者，作如是念，（一念便受苦矣）以指取嘗一至再三，卽生貪著。次以手抄，漸漸手掬，後遂多掬，恣意食之，餘人見彼，亦卽相學，競取而食。食之不已，其身自然漸漸澀惡，皮膚麤厚，色貌改異，無復光明，神通滅沒，世界便成黑暗，忽然日出，便有晝夜。

罪惡起源熱帶爲原人樂園之推證

按此神話，述罪惡起源也，想見原人住熱帶，果食易得故耳。

第二節　爭財色爲罪惡起源

常以爲人已愈有

又第十二『刼初衆生，食地味時，多所貪益，久住於世。若多食者，顏色卽劣。若少食者，光相便勝。（老子曰常以人已愈有，以與人已愈多，正合此理）形色現故，衆各相欺，共諍勝劣，勝者生慢，以我慢故，地味便沒，續生地皮，色味具足，衆憂困乏，呼我地味。時彼衆生，食於地皮，亦久住世，

爭爲罪惡起源

私婚姻爲罪惡起源

國家法律之起源

懶爲衆惡本

佛說退化與舊約埃田

多食色麤，少食形勝，以勝劣故，我慢相凌，（爭爲罪惡起源）地皮復沒，便生林蔓，色香具足，汁流如蜜，衆復慢諍，林蔓復沒，有粳米出，不耕不種，自然而生，無芒無檜，淸香具足。彼時衆生，食是米已，身分卽有脂髓皮肉筋骨膿血及男女根，（拍垃圖亦言古時人體兩性不分合於動物學下等動物兩性不分也）相貌彰顯，染心卽起，數相視瞻，遂生愛欲，便於屏處夫妻事出，（乃有私婚姻也）乃至作種種舍宅。（乃有私財也）爲彼惡業作覆藏故，村城聚落，國邑王都，次第出生，（乃有國家法律也）更增非法。」

第三節　分界諍罵爲刑罰起源

「福盡衆生，從光音天下，來於母胎中受胎生身，餘福力故，不須耕種，粳米出生。若有須者日初分取，於日後分尋復還生，福漸薄故，嬾惰懈怠貪吝心生，一時頓取二時粳米，（貪懶二念爲諸惡本也）更有餘衆一時幷取數日粳米，以此因緣粳米便生皮稽盛裹，刈者不生。爾時衆生悲哭，憶昔光明神色，今宜分境，結爲疆界，並立要契，侵者罰之。諸比丘，以此因緣，世間便有界畔，讁罰名字出生。（此刑罰之起源）時有衆生，自惜己稻，盜取他稻，餘人見

老莊述上世及近世托克氏科學之證明

言，咄！女作甚惡，三呵不改，而此盜者。對衆拒諱，諍鬭麤罵，衆人便求正人，共立爲王，守護謫罰，復名大平等王。（王之起源）

按此篇與老莊述退化原理，鑿破混沌，人道乃苦。舊約謂人食分別果而退出樂園，可証古諺相同，證以近託氏克氏述初民之文明，及各邊鄙小民之太平，均同例也。

第二章　歡喜佛

（按二經錄一此外尙有歡喜雙身毗那夜迦法十卷唐沙門不空奉詔譯）

第一節　大聖歡喜天使咒法經

（大藏經閏字第十四函）南天竺三藏菩提留支奉詔譯

歡喜天神偈語

「爾時毗那夜迦，於雞羅山集諸大衆，梵天自在天，釋提桓因等，及無量億數鬼神，從座而起稽首作禮於大自在天，請言。我今欲說一字咒，饒益衆生。唯願印可，聽我所說。諸天言，善哉！如汝所說，毗那夜迦得說，歡喜踊躍，卽說毗那夜迦一字咒曰。

唵虐伽頡里唵訶餅泮吒。

欲得此法，先須造像，或用白鑞及金銀銅樺木等，各刻作其形像夫婦二身，和合相抱立，幷作象頭人身，其造像直不得還價，造其像已，白月一日於淨室內用淨牛糞，摩作圓壇，隨意大小。當取一斤胡麻油，用上咒，咒其淨油，一百八遍。煗其油，以淨銅器盛著煗油。然後將像放著銅盤油中安置，壇內用淨銅題若銅杓等，攀油灌其二像身頂一百八遍以。後日日更咒舊油一百八遍。一日之中，七遍灌之，平旦四遍，日午三遍，共成七遍。如是作法乃至七日。隨心所願成，卽得稱意。正灌油時，數數發願，用蜜酥和麨作團，蘿蔔根，并盞酢酒漿，如是。日成獻食，必須自食，方得氣力，爾時，毗那羅曩伽將領，九千八百，諸大鬼王，遊行三千世界，我等所爲，神力自在，遍歷諸方，奉衞三寶，已大慈悲，利益衆生，於世尊，俱發聲言，我以自在神通，故號毗那羅曩伽。亦名毗微那曩，亦曰摩訶毗那夜伽。如是四天下，稱皆不同。我於出世，復有別名。卽以神變昇虛空，而說偈言。

我有微妙法。　世間甚希有。　衆生受持者。　皆與願滿足。　我行順世法。
示世希有事。　我能隨其願。　有求名遷官。　我使國王召。　有求世異寶。
使世積珍利。　家豐足七珍。　有求色美者。　發願宛然主。　莫須言遠近。
高貴及難易。　志心於我者。　我使須臾間。　有衆生疾苦。　癲狂及疥癩。

病毒衆不利。依我皆無畏。夫心令得女。宛然無所乏。我悉能加護。上品持我者。富貴無窮已。遊行得自在。神力得自在。持我陀羅尼。誦我即時至。毒蟲諸神難。

百種害加惱。劫賊忽然侵。我必令相愛。有念皆稱遂。住居皆吉慶。我與人中王。恆欲相娛樂。隱顯能隨念。降世希有事。我皆現其前。過於險難處。持我皆安穩。

誦我陀羅尼。我皆令自縛。世間陵突者。隨有咸滿足。宅舍悉清寧。中品持我者。無不充滿足。出入無所礙。我皆悉所爲。夫妻及眷屬。大海及河江。若有侵嬈者。

無不解脫者。若欲自然福。我悉令摧伏。設衆惡來侵。男女得英名。我與爲帝師。奴婢列成羣。無能測量者。若說我所能。當隨得衞護。深山險隘處。頭破作七分。

獨行暗冥處。若有求男女。逍遙自快樂。我使如其意。夫妻順和合。下品持我者。美女滿衢庭。我於三界中。窮劫不能盡。我有遊行時。獅子象虎狼。壽命悉長遠。

歡喜解脫法門之說明
觀音降魔相證明女善男惡

福祿自遷至。

爾時毗那夜羅迦說是偈已，告世人言。說處世陀羅尼法，最護衆生，隨其所願，皆得滿足。當須日夜誦持，滿十萬遍，乃至二十萬遍，皆得如所說。即昇虛空而說咒曰：

按此係秘宗義，然今略用科學解釋其一部；即歡喜解脫也。至以余所聞，此乃是觀音降魔相，然則可証明佛經女善男惡之理矣。

曩牟，毗那夜迦音上寫阿悉知目佉音上寫，怛姪他
三 阿智耶那智耶二合五 殊皤帝耶六 烏悉曇二合迦耶
七 悉婆二合拖鉢耶八 婆達薩寫耶九 婆利跛遲十
莎訶。

歡喜佛考 一

歡喜佛梵音譈那鉢底爲毘那夜迦之一種。據蘇悉地經蘇婆呼童子經，毘那夜迦有摧壞野干一牙龍象四種。所謂歡喜佛者，乃夜迦之皈依佛法而得道者也。故密宗修

法。凡欲調伏毘那夜迦者。必先修歡喜天法。密宗稱歡喜佛，曰大聖歡喜天故也。大藏秘要卷四『有大聖歡喜雙身毘那夜迦眞言及像法』可資考證。雍和宮爲密宗大寺。故。應。以。歡。喜。佛。爲。大。聖。歡。喜。雙。身。天。也。

歡喜佛考　二

乙丑十二月十九日生春紅報戴君美記西藏有歡喜佛作男女裸體交媾狀，多鑄以銅，亦有繪諸壁者，陶九成輟耕錄所稱『演揲之戲』殆卽此歟？明人集云，『崇禎辛已，同姜如須過後湖入一庵，後殿封鎖，具施乃開，皆裸佛交媾形，凡數百尊。守者曰：天地父母，前年大內發出者，其像皆女坐男身，有三頭六臂者，足下皆踏裸女，累人背而疊之。考元成宗大德九年，天寧寺有秘密佛，卽言此佛，鄭所南亦言素佛裸與女合是也。今聞紅敎喇嘛，僧食肉近女，「每年十一月黑十日，於寂靜時，在毡上端身而坐，合掌恭敬，以虔誠心發願曰，普爲利益法界一切有情，願我速證本尊吉祥形嚕葛身，故我今依欲樂定劑門也。本尊吉祥形嚕葛（裸男）一面二臂，其身白色，右手持（中闕）

左手持白色鈴頭髮結髻，三目微少嚙齒，（中闕）身上並無嚴飾衣絡，展右跪左，二手交抱金剛亥母，（裸女）一面二臂，其身白色，右手向上持白色鈎刀，左手抱吉祥形嚕葛之頸，及持滿盛五肉五果甘露頭器，三目微少嚙齒，具喜悅容，披髮散垂，身上並無嚴飾衣絡，展開左足右足，騎於本尊吉祥形嚕葛口出訶訶大樂之聲。其金剛亥母口出分兮大樂之聲，其兮兮大樂之聲，充滿十方佛土。爾時十方一切報身佛如空注雨，入於吉祥形嚕葛淨梵竅中，變成法身，自性白菩提，充滿亥母花宮之內，充滿亥母一身，其法身自性白菩提心展轉滿盛，流出二根相交之門如空注雨，（中闕）誦本尊字咒百八遍已後，證諸法平等妙理，心境兩空，樂雙融住，或錄記句，皆消除也。出定之後，隨意遊行，威儀中起，共觀誦實哩形葛吭五字。若修習人不獲成就，再依前例作共觀定，及誦咒補闕記句，卽得成就。一切勇猛母常隨擁護，無始以來所積一切罪障悉得消滅，福德壽命展轉增。臨終之時，無諸痛苦，住於正念，無量萬億勇猛母衆會，親來接引，隨意往生，空行宮中爲大樂金剛尊也。

右歡喜佛考第二，余不能判斷其眞僞，姑妄存之，以俟善知識。余爲佛弟子，言無妄說，「知之爲知之，不知爲不知也。」佛出世有二大事，一爲圓衆生之福，而袪殺害。一爲圓衆生之慧，同歸成佛。但第一步必先解決世法，而解決世法，兩性問題爲至要。歡喜佛法北俱樂洲法，以方便論乃人天福報，用護佛法，以第一諦論無非菩薩化世界皆「曼陀羅」，歸於「方便爲究竟」拔苦與樂，一切解脫而已。知此則當今全球交通，廢除互殺而代以互愛時代，非大聖歡喜佛之教，何以使衆生皆大歡喜乎？佛藏爲至寶，用之不盡，至一時卽發現一時之法門，此在昔不通兩性科學時代，故爲秘密，今用動物學，及人祖社會考之，並無秘密，不過一種神話耳。但佛有，更進一步解脫法，此則妙義之秘密，決非動物交媾之秘密也。余深信決定，人類既可由下等進化入高等，必可由肉界入靈界，謂靈肉一致則可，謂人之靈止於如動物交媾而已，則不圓也。此爲最大之進化，卽根据進化論原理，毫無可疑者矣。

今科學之證明

最新進化論

歡喜佛與自由戀愛之異點

第三節　雍和宮歡喜佛與蒙藏佛化之太平

歡喜佛降伏數千年兇暴蒙古之大效

歡喜佛應與二十世紀科學同化

北京雍和宮歡喜佛，人所共和，北京市上頗有賣銅像歡喜佛者。但雍和宮門外售歡喜佛像甚多，余常細觀之其像多怪不美故不列出蓋多爲女人與魔交抱之狀，種種不一。有專門畫師世世爲業，其像大小五彩不等，有一定儀式。蒙藏人視爲神聖，特南方人視之，殊感不美。余問畫師，畫師則云，佛爲衆生現相，南善北惡，因北方人性兇猛，故非現惡像，不能降伏之也。吾念以數千年，匈奴蒙古之勇武，自歡喜佛入蒙古而泰平如此，亦可見柔之眞能克剛矣。將來欲降伏世界一切雄魔，非普遍此法，不能袪兇暴殺機也。今人多反對佛法之枯槁，與「新文化」潮流相反，而我獨取其「隨順世法」一部，先降伏人天，變成樂園，再弘出世法，此一定步驟也。知此義者，可與言普賢十願，及妙法蓮華經之義矣。故余常携一歡喜佛及起世因本經以之與新文化家印證，凡少年遇余，無一謗佛者，蓋八萬四千法門，非可執一也。我敢斷言二十世紀——

（一）爲科學物質時代，故爲佛說起世經，俱樂洲物質科學美世界。

（二）爲女男兩性自然天倫相愛，以代雄匪互殺時代，故爲歡喜佛時代。

性美解脫
化與戀愛
爭風迴異

觀音圓教
解脫

（三）不用佛之大慈愛解脫無礙妙法門，成性美化，以解脫衆苦，而但講共產結果，難免有分配不公相殺之苦。更過講戀愛，必致爭風相殺，人不能安睡也。至於歡喜佛像，以女伏雄魔，正合坤化主義，仍是觀音化身，降伏雄匪耳，與第一義無違，智者思之，至出家修道，卽身證果，是出世正法，各不相違也。

第四節　明慈氏歡喜佛頌（廟在北京，蒙古喇嘛所禮拜也）

愚衆皈苦佛，寒岩枯木黃。眞仙圓福慧，拈花下天閶。蒙古昔大元，世界宏法王。至今留廟貌，歡喜佛珍藏。同枝如連理，交頸似鴛鴦。能參密教諦，惠愛發祥光。天人與化游，床第轉佛堂。破除色身相，欲海變淸涼。衆生迷六親，妬娼逞兇強。空談自由戀，爭風起恐慌。我佛大喜捨，男女化道場。婆須密多聖，維摩天女房。不思議解脫，乃是大乘王。滔滔新標語，謗釋太薄涼。那知佛秘義，奇妙眞難量？闕陀成化禽，翩翩舞鳳凰。苦行降外道，樂行有妙方。觀音新女化，殺場脂粉香。匪寇通婚媾，永脫家國殃。非垢亦非淨，康氏語：是北俱樂鄉。我佛乃歡喜，特此現吉祥。遍告新青年，皈佛憐愛昌。

第三章　佛說北俱樂洲（梵名欝單越）世界淨土

佛說起世因本經卷第一（此經共十卷大藏經惡字函一）

佛說起世因本經欝單越洲品第二。隋三藏法師達摩笈多等譯。

第一節　俱樂洲之山樹鳥河寶船

「諸比丘！欝單越洲，有無量山。彼諸山中，有種種樹，其樹欝茂，出種種香，其香普薰。徧彼洲處；生種種草，皆紺青色，右旋宛轉，如孔雀毛。香氣猶如婆師迦華，觸之柔輭，如迦旃連提迦衣。長齊四指，下足則偃，舉足還復。別有種種雜色菓樹，樹有種種莖葉花菓，出種種香其香普薰。

按佛每說一境界，先說土田與樹木花草，可知佛甚注意花園生活也。

種種諸鳥各各自鳴，其聲和雅其音微妙。彼諸山中，有種種河。百道流散，平順向下，漸漸安行，不緩不急，無有波浪。其岸不深，平淺易涉，其水清澄。衆花覆上，闊半由旬（一由旬合一站路遠）水流徧滿，諸河兩岸，有種種林，隨水而生，枝葉映覆，種種香華，種種雜葉，青草

舊佛徒說空之謬

彌布，衆鳥和鳴。又彼河岸，有諸妙船，雜色莊嚴；殊妙可愛，並是金銀琉璃，頗梨赤珠，硨磲瑪瑙等七寶所成。

按各經佛對於人者，最重香色音樂，感動人處，改變人性，每靠音樂樹及花鳥說法，可謂改造環境最圓滿了。而學佛者反多講空論，不亦怪哉！

諸比丘！鬱單越洲，其地平正，無諸荆棘深邃稠林坎坑屏廁，糞穢不淨，礓石瓦礫。純是金銀。不寒不熱，時節調和，地常潤澤，青草彌覆，諸雜林樹，枝葉恆榮，華果成就。」

第二節　香器菓樂火等機器樹

諸比丘，鬱單越洲，復有樹林，名曰安住。（說心安的衆生才有住此地的幸福）　其樹皆高六拘盧奢，（一拘盧奢五里）葉密重布，次第相接，如草覆屋，雨滴不漏。彼諸人等，樹下居住，（百年後新社會書主張將來市上有公共之傘蓋遮日蔽雨而通風此樹正與彼同功又託克書中每言長屋即公用屋 Longhouse）　有諸香樹，亦高六拘盧奢，或復有高五拘盧奢，四三二一，拘盧奢者。其最小樹，高半拘盧奢，悉有種種枝葉華菓。此諸樹上，隨心流出種種香氣。復有波婆樹，亦高六拘盧奢，乃至五四三二一拘盧奢。如是最小者半拘盧奢，悉

自來火

機器盒

有種種枝葉花菓。從其菓邊，自然而出種種雜衣，懸置樹間。復有種種瓔珞之樹，其樹亦高六拘盧奢乃至五四三二一拘盧奢者，如是最小半拘盧奢，亦有種種枝葉花菓。從其菓邊，隨心流出種種瓔珞種，懸垂而住。復有鬘樹，其樹亦高六拘盧奢乃至五四三二一拘盧奢，如是最小半拘盧奢，亦有種種枝葉華菓。從其菓邊，隨心而出種種鬘形（菓就是機器開合的樞紐）懸著於樹。復有器樹，（即是今機器枝管也）其樹亦高六拘盧奢，乃至五四三二一拘盧奢者，如是最小半拘盧奢，亦有種種枝葉花菓。從其菓邊隨心而出種種器形（有種種機器）懸著於樹。復有種種衆雜拘盧（種種機器管）其樹亦高六拘盧奢，乃至五四三二一拘盧奢，如是最小半拘盧奢。亦有種種樹葉花菓，從其樹枝隨心而出種種衆菓在於樹上。又有樂樹，其樹亦高六拘盧奢，乃至五四三二一拘盧奢者。如是最小半拘盧奢，亦有種種枝葉花菓。從其菓邊，隨心而出種種樂器，（像自動八音盒）懸在樹間。其地又有自然杭米，不藉耕種，鮮潔白淨，無有皮檜。欲熟食時，別有諸菓，名曰「敦持」用作鎗釜，燒以火珠，不假薪炭自然出焰。（明明是現在電爐氣竈了）隨意所欲熟諸飲食。食既熟已，珠焰乃息。

按此明言器形樹火珠。可知佛之神通，明見今機器世界也。高大形狀，卽機器廠也，其枝卽機管耳。如此物質文化圓滿世界都被一般把佛作談空的法師解錯了。

第三節　大花池及船鳥

諸比丘：鬱單越洲，周匝四面有四池水，其池皆名阿耨達多，並各縱廣五十由旬。其水涼冷，柔輭，甘輕，香潔不濁，七重塼壘，七重板砌，七重欄楯，周匝圍繞；七重鈴網，周匝懸垂。復有七重多羅行樹，四面周圍，雜色可愛，金銀琉璃頗梨赤珠硨磲瑪瑙等七寶所成。於池四方各有階道，一一階道，亦七寶成，雜色綺錯。復有諸華，優鉢羅花，鉢頭摩花，拘牟陀花，奔茶利迦花等，青黃赤白及縹碧色。一一華量大如車輪，香氣氛氳，微妙最勝，復有諸藕，大如車輪，破之汁出，其色如乳，食之甘美，其味如蜜。諸比丘！阿耨達多池之四面，有四大河，闊一由旬，雜華彌覆，其水平順，直流無曲，不急不緩，無有波浪，奔逸衝擊。其岸不高，平淺易入。諸河兩岸，有種種林，交柯映覆，出衆妙香。有種種草生於其側，色青柔輭，宛轉右旋。略說乃至高齊四指，下足隨下，舉足還復。亦有諸鳥，出種種聲。

善現池

善現苑

於河兩岸，又有諸船雜色可樂，乃至硨磲瑪瑙等七寶之所合成。觸之柔輭，如迦旃鄰提迦衣。諸比丘！鬱單越洲，恆於半夜，從阿耨達多四池之中，起大密雲周匝偏布，鬱單越洲，及諸山海悉彌覆已，然後乃雨八功德水，如犛牛乳，雨深四指。當下之處，卽沒地中，更不傍流，（按此下水道也）還於半夜雨止雲除，虛空清淨。從海起風，吹此甘澤，清涼柔輭，觸之安樂。潤彼鬱單越洲，普令調適，肥膩滋濃。如巧鬘師，及鬘師弟子，作鬘既成，以水灑散，彼鬘被灑，光澤鮮明。諸比丘！鬱單越洲，其地恆潤，悅澤光膩，亦復如是。當如有人，以酥油塗。諸比丘：鬱單越洲復有一池，名曰善現，其池縱廣一百由旬，清冷柔輭，清淨無濁，七寶塼砌，乃至藕根味甘如蜜。（善現者言此世界人性善妙世界乃現耳一爭殺即不現也下仿此意）諸比丘，善現池東，復有一苑，亦名善現。其苑縱廣一百由旬，七重欄楯，七重鈴網，多羅行樹，亦有七重周匝圍繞，雜色可樂，乃至悉是硨磲瑪瑙七寶所成。一一方面各有諸門，於一一門，悉有卻敵，（望樓也）雜色可樂。亦是金銀琉璃珊瑚赤珠硨磲瑪瑙等七寶所成。

按大同世廢錢捐金，金土同價，故用金爲牆，等於用土。

諸比丘，彼善現苑平正端嚴，無諸荊棘，丘陵坑坎，礓石瓦礫，及屏厠等諸雜穢物，（是用機器吸水洗糞法了）惟多金銀種種異寶節氣調合，不寒不熱；常有泉流，（自來水）四面彌滿，樹葉敷榮華菓成就。有種種香隨風芬馥。復有種種異類衆鳥，常出妙聲，和雅淸暢。有草青色，右旋苑轉，柔輭細滑，如孔雀毛，香氣皆似婆利師華，觸之如觸「提迦旃隣提迦衣」以足踏之，隨足上下。復有樹諸，其樹各有種種根莖華葉菓實。咸出衆香，普熏彼地。

第四節　女男共浴堂

安住林

諸比丘！善現苑中，亦有樹林，名爲安住。

按性安仁之人乃可住也。

樹並舉高大拘盧奢；葉密重布，雨滴不下，更相鱗次，如草覆舍。諸人於下，居住止宿。復有香樹，劫波婆樹，瓔樹鬘樹器樹菓樹。又有自然杭米熟飯，淸淨美妙。諸比丘！彼善現苑，無我無主，亦無守護。

按守護卽兵警，大同廢世之也。

廢兵警無所有權

鬱單越人，欲入此苑，自在遊戲，受諸樂時。於其四門，隨意所趣。入彼苑已，遊戲澡浴，恣情受樂。欲去卽去，欲留卽留，隨心自在。諸比丘！爲鬱單越人故；於善現池南復有一苑，

普賢苑

名曰普賢。

按普賢者，人皆堯舜仙佛性皆善也。

其苑縱廣，一百由旬，七重欄楯，周匝圍繞，乃至熟飯清潔美妙。諸比丘！此普賢苑，亦無守護，（可見廢兵警是大同要務）鬱單越人，若欲須入普賢苑中，澡浴遊戲受快樂時，從其四門。隨意而入；入已澡浴遊戲受樂。旣受樂已，欲去卽去，欲留卽留。諸比丘！爲鬱單越人故，善現池

善華苑

西，復有一苑，名曰善華（言善心開花）其苑縱廣；一百由旬，七重欄楯，周匝圍繞，略說乃至如善現苑，等無有異。亦復無有守護之者。（反覆說去兵警）鬱單越人，若欲須入善花苑中，澡浴遊戲，受快樂時。從其四門，隨意而入，入已澡浴遊戲受樂，旣受樂已，欲去卽去，欲留卽留。諸比丘！爲鬱單越人故，於善現池北，復有一苑，

喜樂苑

名曰喜樂（無悲但有喜皆大歡喜也）縱廣正等，一百由旬，乃至無有守護之者。鬱單越人，若欲須入喜樂苑中；澡浴遊戲快樂時。從其四門，

隨意而入，入已澡浴遊戲受樂。既受樂已，欲去卽去，欲留卽留，略說如前善現苑等。諸比丘！爲鬱單越人故，於善現池東，接善現苑，其間有河名易入道，（言人易入善道）漸次下流，無有波浪，（言人無煩惱）不緩不急，雜華徧覆，闊二由旬半。諸比丘！易入道河，於兩岸上，有種種樹，枝葉映覆，出種種香，普薰其處，生種種草，略說乃至觸之柔軟，如迦旃隣提迦衣。高齊四指，以足蹈之，隨足上下，或舉或伏。又有種種雜色菓樹，菓葉華菓，悉皆具足，亦有種種香氣普熏，種種異鳥，各各和鳴。其河兩岸，有諸妙船，雜色可樂，七寶所成，金銀琉璃頗梨赤珠硨磲瑪瑙等莊嚴校飾，（以上反覆說人性善現人心開花易入善道心無波浪乃魔兵警是人性和環境同時改造）諸比丘！爲鬱單越人故，於善現池南，有一大河，名曰善體，（以善爲體無惡事）漸次下流，略說皆如易入道河，此處所有種種樹林，與彼無異。乃至諸船雜色所成，柔軟猶若「迦旃鄰提迦衣。」諸比丘！於善現池西，爲鬱單越人故，有一大河，名曰等車（平等也妙經言等與大車皆成佛也）乃至略說漸次而下。諸比丘！於善現池北，爲鬱單越人故，有一大河，名曰威主，（人皆自由自主）漸次而下，略說乃至兩岸有船，七寶莊飾，柔軟猶若迦旃鄰提迦衣。此中有鬱陀那偈

「善現普賢等，善華及喜樂，易入並善體；等車威主河。」（是說想得以下快樂先以善喜爲代價也）諸比丘！鬱單越人，若欲入彼易入道河，善體等車威主等河，澡浴遊戲受諸樂時，即皆至彼河之兩岸，脫其衣裳，置於岸側，各坐諸船，乘至水中，浴澡身體，遊戲受樂，既澡浴已，隨有何人在前出者，即取上衣，著已而去，亦不求覓所服本衣。（今入醫院之人都不用本衣將來大同世界到處如此）何以故？鬱單越人，無我，我所，無守護故。

第五節　公共衣食歌舞堂

是諸人等，又復往詣衆香樹下，到樹下已，其樹自然低枝垂屈，爲彼諸人，出衆妙香（此明明是樂機器盒）令其自手攀擥，得及彼人。於樹取種種香，用塗已身，復各往詣劫波婆樹。（此是衣櫃機器）到已，其樹亦復如前低枝垂下，出種種衣，令彼諸人，手所攬及彼人，於樹復取種種上妙衣服，著已而去，轉更往詣瓔珞樹下。既到彼已，瓔珞樹枝亦皆垂屈（此化粧機器盒）爲彼諸人，流出種種上妙瓔珞。手所攬及彼人，於樹牽取種種瓔珞之具，繫著身已，更轉往詣諸鬘樹下。既到樹已，鬘樹自然爲彼諸人，垂枝下曲，流出種種上妙寶鬘。令彼人等手攬所及，便於樹枝取諸妙鬘，繫頭上已。轉更往詣諸器物樹。既到樹已，器物自然枝亦垂下，令其手及，隨意所欲，取彼器已，持詣菓樹。時彼菓樹，亦爲諸枝垂下曲出生種種勝妙甘菓。（果食）（機器）令手所擥，彼人於樹，隨心所欲，取其熟菓，適意食之。於中或有搦取其汁，器盛而飲。（飲汁機器）食飲既訖，乃復往詣音樂樹林。（音樂機器）到彼林已，爲諸人故，音樂樹枝枝皆垂下，爲出種種音樂之器。手所攬及，彼人於樹各隨所須，取衆樂器。其形殊妙，其音和雅，取已抱持，東西遊戲。欲彈則彈，欲舞則舞，欲歌則歌，隨情所樂，受種種樂。其事訖已，各隨所好，或去或留。

按此段文甚明白，是指大同樂園公用機器廠了，今已實用之，惜尙不能各取所需，因善性未現故。

第六節　破種界之大食堂

諸比丘！鬱單越人，髮紺青色，長齊八指，人皆一類，一形一色，無別形色，可知其異。（此一條要）

人種進化淘劣汰種也，現在格爾通 Galton 講優生學，正是爲此）諸比丘！鬱單越人悉有衣服，無有裸形及半露者，親疏平等，無所適莫。齒皆齊密，不缺不疏，美妙淨潔，色白如珂，鮮明可愛。諸比丘！鬱單越人若有，飢渴須飲食時，便自收取，不耕不種，自然粳米，清淨鮮白，無有糠檜，取已盛置敦持菓中，復取火珠，置敦持下。眾生福力，（教育智德兼到也）火珠應時忽然出焰。飲食熟已，焰還自滅。彼人得飯，欲食之時，施設器物，就座而坐。爾時若有四方人來，欲共同食，即爲諸人（古時斯巴達人國王同上飯堂，將來也必廢私廚，如羅素所說公共食宿館，克翁所說 Popottes Communistes 公竈也）具設飯食，飯終不盡，乃至食人坐食未竟，所設之飯，器常盈滿。彼人食者，無有糠檜，自然粳米，成熟飯時，清淨香美，眾味備具，不須羹臛，其飯形色，猶若諸天酥陀之味，又如華叢，潔白鮮明。彼人食已，身分盈充，無減無缺，湛然不改，無老無變。是食乃至資益彼人，色力安辯，無不具足。

按佛甚講辯，乃印度化也。人能通辯，便易覺悟，人生大家講明辦法，自然廢殺同樂了。

第七節　女男自然性愛

諸比丘！鬱單越人，若於男女生愛著時，隨心所愛，迴目觀視。彼女知情，即來隨逐，其人將行，至於樹下，所將之女，若是此人母姨姊妹，親戚類者，樹枝如本，不為下垂，其葉隱時，萎黃枯落，不相覆蓋，不出華葉，亦不為出牀敷臥具。若非母姨姊妹等者，樹即垂枝垂條覆蔭，柯葉鬱茂，華葉鮮榮，亦為彼人出百千種牀敷臥具，便共相將入於樹下，隨意所為，歡娛受樂（更可證樹即大同機器房場公園丁大同世人如伏羲以前無姓氏大抵用天干地支以文身誌血統遠近）

第八節　兒童公育

諸比丘！鬱單越人，住於母胎，唯經七日，至第八日，即便產生，其母產訖，隨所生子，若男若女，皆將置於四衢道中，捨之而去。（此言兒童公育甚明）於彼道上，東西南北，行人往來，見此男女，心生憐念，為養育故，各以手指內其口中，於彼指端，自然流出上妙甘乳（此即令用之機器）（乳頭也）飲彼男女，令得全活。如是飲乳，經於七日，彼諸男女，還自成就，一色一類，身與彼舊人，形量無異。男還逐男，女還逐女，各隨伴侶，相隨而去。（人合大羣真成天下一家彼時無家族婚制人人各稱伴侶而已今人稱女男亦漸漸稱伴侶又中外人都剪髮成和尚頭是世界大佛化成歡喜伴侶的徵兆了）

第九節　長壽千歲生天

諸比丘！鬱單壽人壽命一定，無有中夭，命若終時，皆得上生。何因緣故？鬱單越人，得此定壽，命終已到，皆復上生。諸比丘！世或有人專事殺生，偷盜，邪淫，妄言，兩舌，惡口，綺語，貪，嗔，邪見，以是因緣，身壞命終，墜墮惡道，生地獄中。或復有人，不曾殺生，不盜他物，不行邪淫，不妄言，不兩舌，不惡口，不綺語，不貪，不嗔，不懷邪見，以是因緣，身壞命終，趣向善道，生人天中。何因緣故，向下生者？以其殺生，邪見等故，何故因緣，向上生者？以不殺生，正見等故。或復有人，作如是念，我於今者應行十善，以是因緣，我身壞時，當得往生鬱單越中，（此言今人能行十善，卽變爲鬱洲也）彼處生已，住壽千年，不增不減。彼人既作如是願已，行十善業，身壞得生鬱單越中，卽於彼處，復得定足滿壽千年，不增不減。諸比丘！以此因緣，鬱單越人，得定壽命。諸比丘！何因緣故，皆得上生？諸比丘，閻浮洲人，（卽此世界也）以於他邊受十善業，是故命終，卽得往生鬱單越界。鬱單越人，以其舊有具十善業，鬱單越中，如法行故，身壞命終，皆當上生諸天善處。諸比丘！以此因緣，鬱單越人，上生勝處。鬱比單！鬱單越人命行終盡，捨壽之時，無有一人憂戀哭悲，惟共舁置四衢道中，捨之而去。諸比丘！鬱單越中，有如是法，若有衆生壽命盡時，卽有一鳥，名憂承迦摩（福言高逝）從大山中，疾飛而至，銜死人髮，將其屍骸，置諸餘方洲渚之上。（此又是一種飛行機器將來用飛艇運死尸也）何以故？鬱單越人，業行淸淨，樂淨潔故，樂意喜故，不令風吹臭穢之氣，來至其所。諸比丘，鬱單越人，人大小便利，將下之時，爲彼人故，地卽開裂，便利畢已，地合如故？（此亦是機器便池）何以故？鬱單越人，樂淨潔故，樂意喜故。

復次，彼處有何因緣？而得說名鬱單越洲，諸比丘！彼鬱單越洲，於四天下中比餘三洲，最上最妙最高最勝，故說彼洲爲鬱單越也。（洲名義爲最勝言福善業勝乃得此）

按此篇爲佛論物質世界之實現，惜人多不解，只作莫須有空言了之，致佛化未得與科學化合一。成哲藝美世界圓滿互助，創化新天地，改造女男新羣性。不但能互助，且遠過於鳥之道德也。從此永斷爭殺，洗淨人類恥辱歷史，造成東方淨土，地上天國，圓滿所有聖哲仙佛本願，人享太平極樂，成一大花園，男女自由仙佛世界，吾願亦圓成矣。是在女男愛友之創造力。佛云萬法惟心造，近宰謨士 James 心理學最重創造，羅素 Russell 言創造性即算善，占有性即算惡，故須創造耳。

第四章 女相亦非相但為化衆生

一寶積經女三昧

大寶積經卷二十九佛說女三昧頌曰。

四大假為女。其中無所有。凡夫迷惑心。執取以為實。女人如幻化。
愚者不能了。妄見女相故。生于染著心。譬如幻化女。而實非女人。
無智者迷惑。便生于欲想。如是了知已。一切女無相。此相皆寂靜。

是名女三昧。（按本文自明）

二大集經佛呵呼姊者

大集經卷二十一『爾時有一梵王名菩提（智慧也）自在自變其身，而為女像，端嚴殊特，踰于人天，在阿彌陀佛前，欲說咒法，聲徧世界。會有一帝釋，名曰高持，言姊，莫于如來生戲弄心。佛告帝釋言：善男子，當先思惟，然後發言，無復生惑。何以故？是女人者，即大丈夫。』

于無量佛所，久修善本，為欲莊嚴此土衆生，現為女身，實非女也，即菩薩身。汝云何言？

稱之爲姊。帝釋聞已，即前懺悔。　按本文佛呵呼姊與維摩經維摩天女轉舍利弗
成女身同一不可思議破相解脫也。

三菩薩現女身敎化

大集經卷二十二：『時有魔王名莊嚴花，現七寶，首而爲女相，身佩種種微妙瓔珞，言我今至心于諸佛前，立大誓願，願于賢刼以此女身，常施衆生香華甘果，而調伏之，令成菩提，我則具足六度，護持正法。佛言，善男子，汝得菩提時，世界名法行，佛名功德意，又吉意女願承佛命，與之共護法，不相舍離。如影隨形。佛言：汝于當來蓮華世界成佛號善見如來，時有地天，水天，火天，風天，虛空天種花果樹，四天下乃至六萬七千神天，亦復如是。皆是菩薩現受女像，爲調衆生，是等女天悉得授記成佛，所以現爲女像，敎化衆生，故以女身敎化。本文甚明

佛經言地水火天等名詞，是泛神論，或與自然神論相似 Pantheism, Deism 可與希拉神話，離騷女神等觀，決非迷信也，

四女佛出世

涅槃經卷一：『時有拘陀羅女善賢比丘尼，與六十億尼等，是大阿羅漢，諸漏已盡，心

得自在，離諸煩惱，猶如大龍，有大威德。又有諸尼，皆是菩薩，人中之龍，位階十地，爲化衆生，現受女身，而常修四無量心，得自在力，能化作佛。又有三恆河沙優婆夷，八萬四千而爲上首，悉堪護持正法，爲度無量衆生，故現女身。」

按此可見佛說之女佛世界矣。以科學分析，即今世界所需要也。何以故？先去殺拔苦，後與樂故。

五維摩天女散花

維摩詰經時維摩詰室有一天女，便現其身。即以天女散諸菩薩及大弟子上，花至諸菩薩，即皆墮落，至大弟子，便著不墮。一切弟子神力去花，不能令去。爾時天女問舍利弗，何故去花？答曰，此花不如法，是以去之。天曰，勿謂此花爲不如法，是花無所分別，仁者自生分別想耳。觀諸菩薩花不著者，已斷一切分別想故。弟子畏生死故，色聲味觸得其便也。結習未盡，華著身耳。結習盡者，花不著也。舍利弗言，天止此室，其已久？如天曰，耆年（如言先生長老）解脫亦如何久？舍利弗默然不答。天曰，言說文字皆解脫相，所以者何？解脫者不內，不外，不在兩間。文字上不內，不外，不在兩間。無離文字，說解脫也。所以者何？一切諸法是解脫相。舍利弗言，不復以離淫怒癡爲解脫乎？天曰，佛爲增人慢人說，若無增上慢者，佛說淫怒癡性即是解脫。舍利弗言，善哉！善哉！天女，汝何所得？以何爲證？辯乃如是！天曰，我無得無證，故辯如是，舍利弗言，汝于三乘爲何志求？天曰，以聲聞法化故，我爲聲聞。以因緣法化故，我爲辟支佛。以大悲法化故，我爲大乘。……舍利弗言，汝何以不轉女身？天曰，我從十二年來，求女人相，了不可得，當何所轉？譬如幻師化作幻女，若有人問何以不轉女身？當何所轉？云何乃問不轉女身？即時天女以神通力變舍利弗令天女，天自化身如舍利弗而問言。汝何以不轉女身？舍利弗以天女像而答言我今不知何轉而變爲女身？天曰，舍利弗若能轉此女身，則一切女人亦當能轉，如舍利弗，非女而現女身。一切女人亦復如是雖現女身，而非女也。是故佛說一切諸法，非男非女。即時天女還攝神力，舍利弗還復如故。天問舍利弗，女身色相今何所在？舍利弗言，女身色相無在無不在？天曰，一切諸法亦復如是，無在無不在。舍利弗問，天，汝于此設當生何所？天曰，佛化所生無沒生也。舍利弗問，天，汝久如何時也當得菩提？天曰，如舍利弗還爲凡夫，我乃當成菩提。成佛也舍利弗言，我作凡夫無有是處。天曰，我成菩提亦無是處。所以者何？菩提無住處，是故無得者。爾時維摩詰語舍利弗，是天女能游戲菩薩神通，以本願故，隨意能現，教化衆生。

按本文自明，破除女男相也。近各園演天花散花戲，也算色身方便作佛事。

六　善財參婆須蜜多女

華嚴經卷六十七：「善財童子參婆須蜜多女言：我久已發阿耨多羅三藐三菩提心，言無上下覺心也而未知云何行菩薩行？婆須蜜多女言：我得菩薩解脫，名離貪欲際，隨其欲樂，而爲現身，皆令得見。若有衆生欲意所纏來詣我所，則離貪欲，得無着三昧。若有暫見于我，則離貪欲，得菩提歡喜三昧。若有衆生暫與我語，則離貪欲，得無礙音聲三昧。若有衆生暫執我手，則離貪欲，得徧往一切佛刹三昧。若有衆生暫升我座，則離貪欲，得解脫光明三昧。若有衆生暫觀于我，則離貪欲，得寂靜莊嚴三昧。若有衆生見我頻伸，即咳嗽之類則離貪欲，得催伏外道三昧。若有衆生見我目瞬，則離貪欲，得佛境光明三昧。若有衆生，抱持于我，則離貪欲，得攝一切衆生常不捨三昧。若有衆生，唼我唇吻，則離貪欲，得增加一切福德藏三昧。若有衆生，親近我身，則離貪欲，入一切智地，現前無礙解脫。

按他經云：（一時忘其經名）釋迦佛自言：『我于前生作妓名曰美顏』在佛菩薩化世如母撫兒，無所不至，但或疑此非凡女所能。答之曰：以佛眼觀，孰爲凡？孰非凡？要須提高女子教育地位，并習社會科哲學，如古代女哲愛斯斐雪亞及蘇克雷地聖師帝姬姆之流，自然降化雄閥，雖多出維摩天女婆須蜜多有何難者？

第五章　佛預言極樂世界決定無疑

妙法蓮華經化城喻品第七：（古今一切聖哲思想預言，相差不遠，茲特舉佛爲代表，而法華又爲佛最後決定義無復疑惑者，故用以作結論。）

是故以方便，　引汝趣佛慧。　以是本因緣，
今說法華經。　令汝入佛道，　切勿懷驚懼。
譬如險惡道，　迴絕多毒獸。（可作雄匪觀）　又復無水草，
人所怖畏處。　無數千萬衆，　欲過此險道。

其路甚曠遠，經五百由旬。（一由旬約一站路）時有一導師，

強識有智慧。明了心決定，（不要一點惑疑）在險濟眾難。（就像今大殺的世界）

眾人皆疲倦，而白導師言：我等今頓乏，

於此欲退還。導師作是念，此輩甚可愍。

如何欲退還，而失大珍寶？尋時思方便，

當設神通力。化作大城郭，（就是新村市）莊嚴諸舍宅。

周匝有園林，流渠及浴池。重門高樓閣，

男女皆充滿。（可見佛只說男女世間更無他組織只除導師耳）即作是化已，

慰言眾勿懼。汝等入此城，可各隨所樂。（一切自由了）

諸人既入城。心皆大歡喜。（是歡喜佛即彌勒也）皆生安隱想，

自謂已得度。導師知已息，集眾而告言。

汝等當前進，此是化城耳。我見汝疲極，

中道欲退還。故以方便力，權化作此城。

汝今勤精進，當共至寶所。今我亦如是，

引入於佛慧。若有聞此法，無一不成佛。

天下泰平書全部圓滿

不用殺人 三三天下泰平書卷末

天養館叢書甲部之四

下邳劉仁航靈華著

世界女性政府泰平實現方略

仁航對于一切事理皆主「圓滿同化」而不主一偏。此次乃絕對主張以坤化代雄閥主持人類社會，下此勇决之判斷，大抵爲世界上創造。雖西國間有作者，恐未必如余之堅決。且即女性諸友人中屢屢告我，「女性亦非全善者。」（韶斌君，大俠君皆如此說）以余圓照一切之眼光現察，竊不知之。除理想之神佛外，世間豈有全善之人，可託以全體責任而無弊害者？未之有也。雖然，法在救時耳。就過去七千年歷史觀，純爲雄閥偏枯病態緊張之社會，成爲互殺世界。今救其弊，至少在五百年或一千年中，純由女子爲社會中心，決不致發生甚大爭殺，如雄匪者，余敢斷言保證也。若行之甚久，女進男退，容或又有須矯正之處，是在將來耳。但無論如何，女性生理，天然爲生人養人者。故能知人苦痛寒暖，而心理又富于感情。在任何時間，必較雄性爲柔慈，此敢斷言也。茲陳除祛殺業，降伏雄閥，示人類正鵠，改組世界女政府天下☷泰平方略于下。

甲，坤化泰☷平學綱領

一，就人類社會學史統計上，斷定過去五千年，純爲雄閥互殺之舞臺，斷定雄匪之罪惡，爲無可逃無可諉，無可狡辯。

二，深察動物社會學人類社會史，確是雄性鬭殺，雌性生養。斷定女生男殺，在歷史科學上無可疑惑。

三，深知社會擾亂害羣，乃由諸雄性不和，擾亂人類母子之安全生活。故少數好亂之雄，乃母子社會之公敵。凡被害之母子，及老弱殘廢，應羣結團體爲廢兵運動，一致不信任雄閥。但不必用武力，而用柔化。取公開討論分治實驗方法。

四，應深知人類應重生命，輕物質。應爲養人而分配物質，不可因爭物質而害人命。勞力與資本問題，應用公道仲裁解決。不可用權力爭殺，須由雙方合作以漸至各取所需。

五，深知生育職務，十之七八在母，母恩較重于父。

六，性愛自由，應十之六以上，以女性選擇爲主。其原理，

一，避雄選擇之爭殺太烈，

二，優生淘汰，應重母性，須多半由母性認爲適宜者，乃滿足母情而利生殖。

七，「自由戀愛」戀字不妥，有大滯礙。應用楊學之憐生主義，稱「自由憐愛」，或「自然愛」亦可。

八，應提倡雄德，讓道以避爭，Avoid Competition

九，女應重愛重俠，男習佛學哲學，惟不宜剛性哲學，如尼采Neitzsche之流。

十，女性亦非絕對善良，大抵百分之七十或六十性質較平和。百分之三十或四

十，性質有劣點。而男正反是。故政治配合法，以女七男三，或女六男四爲止。如此方可真平等。

十一，女合羣結社，絕對自由。而男則須加以相當限制，以防暴動。

十二，須深知此學之深，任何時女男不能平等。因雄性先天强暴，又無生育之累。不扶弱抑强，不能保持平衡。要之，第一期坤化進行中，視雄性爲社會危險物，爲和平公敵。凡五千年舊式一切宗教法律政治道德學說，皆利用造作文字，供雄閥兇器，擾害天然母子社會之太平者耳。惟除傾向坤化主義真理，助天然社會發展者。

十三，凡性的問題，應一切解放，惟罰强暴耳。

乙，坤化泰平社會組織法。

一，從一村，一學校，一工場等機關起，皆用女爲正主體，以男副之，或不用男子。萬不得已一時未能去兵，在有主義抗暴之軍隊，亦須受女團體之監督，而定戰守。但最好以貫澈女性無抵抗主義爲宜。

二，女子之教育地位，須高于男子，養成指導者之知能。

三，政治權，須優于男子，裁判警察權，選舉權，十之六以上歸女子支配。

四，經濟權，大半須歸女子管理，而自由營業團仍聽男女之自由。視各人能力。

五，凡征伏自然界之工作，若農礦等工，以男子爲之。亦輔以女性，以資調和。如教育，政治，美藝，醫學，衛生學，大半女子爲主。亦輔以男子，使之調和，

丙，世界女政府廢兵會推廣法。

一，先立世界女政府廢兵會，將各國改稱部，或區或道。如言希拉部，英吉利部，日本部，由全世界女性或贊同女性同志成立。先由各部每部至少數女男發起之。

二，擇地開大會，通過世界女政府廢兵案如下。

（一）通告各國雄閥政府，限期改組。從村市以上至部止，立法行政人員，百分

之五十五至七十，必須更選女人爲之。男子至多不得過三十五，女亦不得過七十。

(二)廢除國民當兵及募兵義務。聲明人有不當兵不納兵稅之權利。

(三)廢國家名稱，種族界等，但有人界。一律平等相待。

(四)廢一切海陸空兵工廠，及大小製造殺人機械場。并禁止關于此類理化學術，禁止雄閥聚黨學習殺人事業，并嚴監察。惟除防衛地方蛇獸。

三，適用中山民生主義，及試驗克魯金等主義節制資本，調和勞資，使漸至各取所需程度。

四，開文化大會。召集社會科學家，教育，哲學，美藝家會議，分途試辦工讀合作社等，學村學市。不用一黨一派學術把持壟斷，侵略異派。令各派得自由試驗新社會組織。但此等學派價值至少應有如中山學說及小康學說程度。

五，用Kropotkin's Integrated Education克氏全教育法，使勞腦勞力接近，養成

分工合作社會。

六，實驗優生學Engenics專以交通機關，運輸各地優種女男。自由配合，造新人種，成自由新村市。誠驗名家最新學說。

七，開大會，統一世界文語貨幣歷法風俗等，

八，獎勵新科學，哲學，藝術，與他世界交通。

九，獎勵與動物交通，教化動物諸事。及與植物交通，改良植物諸事。

十，獎勵科學，實驗靈魂，長生無病，蛻化生死等諸學術，與諸天世界星球及鬼神交通諸事。根据拙著陳方大同學案 The History of Cosmopolitism in the Orient

注意一，　本書原理，取東方三家爲佛老耶西方三家爲託爾士太克魯泡金韋爾士 Tolstoy, Kropotkin, Wells

注意二，　此學爲全世界人類根本解决家國，資本，等主義之辦法，决非爲一國。若在中國適用之方法，仍以實現三民主義，迅速建設成功，再努力全世界之大改造爲標準。但須實現男女平權。方真能建設。

注意三，本主義殆絕對主張新無抵抗主義 New Non-resistancism 但較託氏易行。因以性爲根本進行之基礎，蓋兩性本無須抵抗以相吸attraction and tharmony 爲用也。

注意四，　本主義爲毫無危險性之澈底大改造，比一切舊革命式，彼皆爲物理的革命，此爲化學或磁電的革命也。Physical revolution and Chemical revolution or magnetize revolution

雄性屠殺罪案詩，

（用統計學調查判斷之）

動物有公性，雄惡雌順遜，倮蟲殺機張。暴男益可恨。白起坑趙卒。一夕四十萬。項羽坑秦卒。一夕二十萬。漢末盜如毛。戶口減半論。赤壁鏖曹兵。一炬八三萬。唐衰黃巢横。殺人八百萬。明史張獻忠。屠人六萬萬。（彼時無統計、蓋侈言耳、）成吉思 Genghis 父子。殺人五百萬。凱沙 Caessr 定西海。殺掠三百萬。中世宗教爭。Martin Luther殺人五千萬，苛涕 Cotze 定墨西。殺人四百萬。拿破侖圖霸。Napoleon殺人二百萬。威廉 William II 帝國狂。殺人五千萬。列寧 Linin 造新俄。殺人兩千萬。噫自有史來。寃海碧血怨。每吟戰場文。哽咽不能飯。人生自長成。撫育賴慈母。磨刀霍霍屠。皆出男人手。世間害良多。無如殺業厚。女生而男殺。善惡判正負。萬惡殘殺刼。民命不如狗。舊約神話荒。夏娃枉受咎。科學判兩性。强暴罪孽藪。人類之公敵。「殺乃萬惡首」。此案勝南山。統計永不朽。欲除人道苦。永斷殘殺根。滌盪男性暴。培養慈母魂。柔道化天下。春臺花滿園。

高加索朗故巴等地女子弭兵之妙法頌

互助論百十四頁記高加索 Caucasian mountaineers 朗故巴 Longobards, 索利佛倫勤 Sale franks 啓維蘇 Khevsoures 諸民習慣法律。諸族有爭執。則拔刀相戰。若有一女子忽拋入一頭巾。其戰立即停止。將刀入鞘。故名女子首飾爲救星云。The customary law of them throw much light on the jurdicial procedure of the barbarians of old. Being of a very impressionable character, they do their best to prevent quarrels from taking a fatal issue; so with the Khevsoures, the swords are very soon drawn when a quarrel breaks out, but if a woman rushes out and throws among them the piece of linen which she wears on her head the swords are at once returnel to their sheaths, and the quarrel is appeased. The head-dress of the woman is Anaya. Mutual Aid p. 114

此習慣之裁判法律。故甚大光明于古代初民。其最堪注意者。彼用此妙俗。以弭致命之戰禍也。——但余讀尤西堂集外國竹枝詞詩。述明史記載爪哇俗有『竹鎗會上鬪風流』之句。又暹羅詩有『女兒斷事男兒聽』之句。可考各邊地本皆有此風。與斯巴達承受小亞細亞衣阿尼亞之『母政體』者均古遺教也。故以詩記之。爲世界女性廢兵會必成功之鐵證云。頌曰。

初民友麋鹿。淡泊樂自然。一自知識開。漸次尙强權。兩性被戕賊。男進女退偏。暴漢日相斫。大地白骨田。政教道德名。均出男手編。孔教主陽剛。女子小人連。耶教矯神鬼。犯罪女爲先。佛眼稱平等。小乘五障詮。（小乘法、女子有五障不能成佛、）殺業重如許。恨海有誰塡？近世生學明。人類真理宣。社會進化跡。精考恥談玄。破除文野界。實證太古前。邊地俗近古。女化尙留傳。高索朗故巴索利弗侖勤喜維蘇民等。古俗解糾紛。暴漢挺刀時。列陣鬪三軍。若有一女過。拔簪或投帉。立時罷兵戈。效過南面君。兩國感女惠。觀音妙慈雲。尤侗竹枝詞。記有爪哇文。羣男挺鎗鬪。賴女釋戎氛。又記暹羅俗。斷事必女員。宿止亦聽命。丈夫唯諾云。凡此坤化澤。息爭古風存。末世戰禍慘。無量冤鬼魂。報復何時已。因果轉迴輪。人皆矜小知。弗戢只自焚。物極必反本。羣學今探原。『守雌』真大道。禍福豈無門。至柔騁至剛。去殺遊渾渾。女子弭兵戍。洗甲建『坤元』。

信是生男惡　反是生女好

生女猶得嫁比鄰　生男埋沒隨百草

杜甫詩

中華民國十七年仲春初版

天下泰平書全 布裝三元 平裝二元五角

版權所有

著者　劉仁航

發行所　上海四馬路泰東書局及各埠大書坊

印刷者　上海閘北天主堂後面鴻吉坊第一弄第一家友文印刷所

天下泰平書小册價目

一 五千年衆兒大審判 附總序及卷末世界女性政府實現方略　定價大洋二角
二 動物性人性比較學人而不如鳥乎　定價大洋五角
三 各家人性罪惡論 四 人生觀　定價大洋一角八分
五 原始母性及世界女俗考　定價大洋五角五分
六 女性分類考　定價大洋四角
七 歷代婦女與文學　定價大洋五角
八 紅樓夢鏡花緣的社會學研究　定價大洋三角
九 兩性諸問題　定價大洋一角半
十 女男優劣決定論　定價大洋一角半
十一 經濟，組織，及群性三種大改造　定價大洋一角
十二 歡喜佛，俱樂洲，今日實現之決定　定價大洋二角